"博学而笃志，切问而近思。"

(《论语》)

博晓古今，可立一家之说；
学贯中西，或成经国之才。

作者简介

吕蓉，女，高级经济师，法学硕士，公职律师。曾获"上海市新长征突击手"荣誉称号。著有《现代广告管理》（1999年复旦大学出版社出版，合著）等多部广告学专著，在《现代广告》、《中国工商管理研究》、《工商行政管理》等国家专业性权威杂志上发表论文十余篇。曾担任上海市职业培训指导中心《广告设计员（师）》职业资格标准及相关培训鉴定体系评审专家。参与上海市广告审查员的培训教学工作，并应邀为春兰集团等著名企业做广告法律法规方面的专题讲座。

博学·广告学系列

吕 蓉 编著
Lü Rong

广告法规管理

第二版

Guanggao Fagui Guanli

复旦大学出版社
www.fudanpress.com.cn

内容提要

本书以国家的广告法律法规为“经”，以广告及对广告的监督管理活动为“纬”，详细阐述了广告活动及广告监督管理的基本制度规范、广告活动的基本准则、广告的道德规范、广告发布的具体标准、广告法律法规的体系构建、广告违法行为的法律责任，以及国际广告的发展和监管情况等。

本书在作者原著《现代广告管理》(1999年复旦大学出版社出版，合著）一书基础上，吸收了国家对广告业管理的最新规定，对我国广告管理方面的法律规定和涉及的具体内容作了深入具体地全貌性地阐述，并对广告业发展中的热点和难点问题提出了独到的见解。本书内容包括了广告和广告管理的理论知识和实务操作，通过对本书的阅读，可以充分领略集科学性、严谨性、复杂性、多样性于一身的广告法规管理的独特天地。

本书适合用作广告法律法规教学、培训的教材或参考用书，亦适合广大的广告从业人员以及关心广告业发展和有关法律知识的读者作为参考读物。

本书第二版以最新出台的有关广告法规为准对全书进行了修订。

第二版前言

伴随我国改革开放25年，中国广告业正进入一个具有分水岭意义的发展阶段。首先，我国的广告业克服"非典"等不利因素的影响，在2003年以近20%的增幅，首次突破1千亿元营业额的大关。据专家预测，2010年左右，我国广告业营业额将再增1千亿元，达到2千亿元的规模；其次，2005年底，按照我国加入WTO的市场准入承诺，中国广告市场对外资全面放开，新的资本运作的大潮悄然涌动，中国广告市场在一个更加国际化的背景下开始新一轮的竞争和发展；同时，在我国广告市场日益走向成熟的发展过程中，政府行政管理的职能和体制也在发生着重大的变化。2003年8月27日《中华人民共和国行政许可法》出台，并于次年7月1日起施行。该法对行政许可的设定范围、设定权限、实施机关、实施程序等做出了明确的法律规范，对现行行政许可制度的改革与完善具有深远的影响和意义。

广告业的深入发展和政府行政许可制度的改革必然为本书所着重阐述的广告法规管理带来重大的影响和变化。长期以来，我国的广告管理体制是一个政府主导型的体制，而政府监管广告业的主要手段体现在名目繁多的广告行政审批（许可）。随着广告市场竞争机制的发育完善，行政部门重审批、轻监管的管理方式某种程度上提高了广告运作的商务成本，降低了广告业的活力和效率，并容易孳生行政权力的"寻租"现象，与政府部门"经济调节、市场监管、社会管理、公共服务"的16字职能定位和《行政许可法》的原则亦相冲突。令人欣喜的是，自2003年以来，广告业的管理方面发生了实质性的转变。广告行政审批事项得到了清理和削减，广告经营的门槛大大降低。同时严厉打击虚假违法广告被列为全国整顿和规范市场经济秩序工作的主要内容，国家工商总局在全国工商系统开展"打虚假，树诚信"广告专项整治行动；2005年6月，国家工商总局、中央宣传部、公安部、监察部、国务院纠风办、信息产业部、卫生部、国家广电总局、新闻出版总署、国家食品药品监管局和国家中医药管理局联合发布《关于印发〈虚假违法广告专项整治工作方案〉的通知》，广告监管力度得到空前加强，广告市场环境得到明显净化。广告行政监管的重心从过去的重审批开始真正转向重日常监管、从重资质把关转向重行为监管。

根据以上变化，本书对相关内容进行了调整和修订，以供读者及时了解和掌握。同时我们应认识到，作为广告业根本大法的《广告法》1995年施行至今也有待进一步修订完善,我国广告业的法规管理仍带有一定的试验性和过渡性,中国广告业的发展和管理面临新的挑战和机遇。因此,让我们共同努力和期待,中国广告业的法律体系和管理体制更加完善,中国广告业的明天更加辉煌!

作 者
helenlr26@hotmail. com
二〇〇六年六月

序

广告业的发展状况一直被喻为经济发展的“晴雨表”和“航标灯”,对广告业的法规管理在我国广告业蓬勃、健康发展的过程中,起到了保驾护航的重要作用。随着我国加入WTO,相比行业自身面临的冲击,政府对广告业的监督管理面临着更为严峻的考验。许多过去我们轻车驾熟或行之有效的管理手段、管理方式和管理思路等,都面临着变革的要求,广告的法制化管理成为广告监督管理的必然要求和选择。所谓“物竞天择,适者生存”,加强广告法律法规的学习、研究,一方面对广告业的规范运作有直接的指导意义,另一方面成为广告监督管理工作进一步转变思路和方式,适应依法行政要求的关键所在。《广告法规管理》一书正是顺应了这一形势要求,抓住了广告业发展中的一大热点问题,进行了专题研究和详尽阐述。

阅读该书,我们不难发现该书具有以下几方面特点:一是内容全面、结构完整。该书的内容围绕广告监督管理的完整框架,对广告监督管理涉及的广告市场准入、各项广告活动制度规范、广告发布标准、广告道德规范、广告法律法规体系、违法广告法律责任等,从法律规定到实务操作都进行了详尽地介绍和论述。二是理论与实践相结合。该书作者既具备丰富的广告监督管理工作的实践经验,同时又是上海工商行政管理系统最年轻的高级经济师,具有很强的业务钻研和理论研究能力,并长期致力于广告法律法规的研究探索,掌握广告法律法规发展、运用的最新动态。三是视角独到。当前广告方面的书籍非常多,但涉及广告管理题材的较为少见。作者较早选取了广告监督管理的选题,多年以前就出版了相关专著,填补了当时上海该类广告书籍出版的空白。作者结合近年来广告监督管理的最新动态情况,在原有基础上进一步对有关的广告法律法规进行梳理、研究,再次写就该题材广告书籍中拓宽视野之佳作。四是作者结合近年来广告发展中出现的热点问题以及广告监督管理实践中遇到的难点问题进行了深入的探讨,并提出了许多深刻见解。如对网络广告问题、WTO与广告监督管理问题、广告发布标准涉及的具体问题、广告法制的不足和完善问题等,形成了本书鲜明的理论亮点。

总之,我认为《广告法规管理》一书不失为一本兼具实务操作和理论价值的、广告法律法规管理方面的实用之作。该书非常适合作为广告法律法规教学及培训用书和广大广告从业人员的案头读物,对我们广大广告监管执法人员来说,阅读此书也会受到启发。因此我建议广告业内人士以及社会各界关心、关注广告业规范发展和我国的广告法制建设的人士都来读一读这本书。

最后对作者长期不懈、坚持理论和业务探索，最终完成这部专著表示祝贺。并愿全社会共同努力，使广告业沿着法制的轨道，规范、健康、快速地发展，为促进经济的发展再作新贡献！

上海市工商行政管理局局长

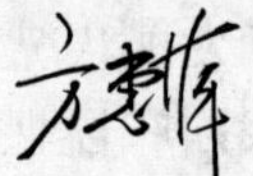

二〇〇三年八月

目　录

第一章　广告法规管理综述

第一节　广告基础理论概述

广告是广告法规管理活动的对象，研究广告的法规管理，首先要对广告有一个全面的、科学的认识与界定。

一、广告的定义

广告一词是个外来语，源于拉丁文"Adverture"，意为"注意"。后该词逐步演变为英语中的Advertise，广告界将之简称为Ad，意思是使人们注意某事或通知别人某事。从汉语的字面上看，广告即"广而告之"，也就是广泛地向公众告之某事以引起注意或了解。关于广告的定义，历来众说纷纭，并体现了特定时代广告发展的特点。到目前为止对于广告的定义学术界也并无一个中外公认，最具权威的定论。这里列举一些在不同时期具有代表性的广告的定义。

在1890年以前，国外对广告的公认的定义为"广告是有关商品或服务的新闻。"

1894年美国人将广告定义为"通过印刷的推销术。"

1932年美国《广告时代》杂志公开征求广告的定义，最终入选的定义为"由广告主支付费用，通过印刷、书写、口述或者图画等，公开表现有关个人、商品、劳务或运动等信息，用以达到影响并促成销售、使用、投票或赞同的目的。"

美国行销协会将广告定义为"是由一位被确认的广告主，在收费的原则下，所进行的观念、商品或劳务的非人员的提示以及促进活动。"

《简明不列颠百科全书》中对广告下的定义是"广告是传播信息的一种方式，其目的在于推销商品、劳务，影响舆论，博得政治支持，推进一种事业或引起刊登广告者所希望的其他反应。广告信息通过各种宣传工具，其中包括报纸、杂志、电视、无线电广播、张贴广告及直接邮寄等，传递给它所想要吸引的观众或听众。广告不同于其他传递信息形式，它必须由刊登广告者付给传播信息的媒介以一定的报酬。"

我国《经济大辞典》中把广告定义为广义和狭义两种，"广义指唤起人们注意某项特定事物的一种手段。狭义指通过各种媒介向用户或消费者宣传商品或劳务,以促进销售或扩大服务的手段。”

《中国广告年鉴》(1988年版)对广告的定义也做了广义和狭义之分,“广义的广告是指广告本身、广告宣传和广告经营,它既包括由广告客户支付费用、通过利用各种媒介和形式来宣传商品、传递信息,也包括非经营性的各类广告、声明、启示等。狭义的广告是指广告宣传中的某一种形式,如经济广告、文化广告、体育广告等。”

其他散见于各种著作中的关于广告的定义还有:“广告是由一个可被识别的广告客户支付费用,为这个广告客户所做的任何形式的思想、产品、服务的介绍和宣传”、“广告是为了促进企业的市场活动而使用的信息交流方式”等等。

1994年我国颁布的《中华人民共和国广告法》第二条第二款明确指出:“本法所称广告,是指商品经营者或者服务提供者承担费用,通过一定的媒介和形式直接或者间接地介绍自己所推销的商品或者所提供的服务的商业广告。”这是我国法律首次对广告的定义做出明确的界定。

上述种种关于广告的定义在内涵和外延上虽有所不同,代表了不同时期,不同层面对广告这一复杂的社会现象的认识和概括,但从本质上看,表面存在差异的对广告的认识具有相通之处。表现在对广告的认识触及到了以下的基本特征。

(1) 广告是一种信息传播活动。广告就其本质而言,是一种面向大众的,有针对性的推销商品、服务或观念的劝服性的传播活动,广告活动的开展以传播理论为基础。

(2) 广告通过一定的媒介来发布。广告具有对媒介的依附性特征。广告媒介是传播广告信息的必要载体,在广告发展的不同时期,其媒体形式也有不同的发展和演进。在广告业高度发展的今天,广告的媒介形式日益多样化和高科技化。

(3) 广告通常需支付一定的费用。在广告活动中,广告主是广告费用的承担者,广告具有有偿性的特征。

(4) 广告有其特定的宣传目的。广告活动是围绕广告主特定的宣传目的而有计划开展实施的,广告具有目的性的特征。

二、广告的分类

广告的分类方法很多,从不同的角度可以做不同的划分。掌握广告的不同类型,有利于把握各类广告的不同特点,便于广告监督管理活动的实施。具体分类列举如下。

(一) 按广告的内容和性质划分,广告可分为商业广告和非商业广告

商业广告,亦称经济广告,是最为普遍的广告类型。我国《广告法》第二条第二款对此类广告有明确的定义,即“商品经营者或者服务提供者承担费用,通过一

定媒介和形式直接或者间接地介绍自己所推销的商品或者所提供的服务"的广告。它能够传递各种经济信息,提高产品知名度,塑造品牌形象,指引和促进市场消费,推动市场的繁荣和发展。这类广告充斥各类媒体,是社会公众最经常接触的广告类型,在经济生活中占有重要的地位,也是广告监督管理的最主要的对象。

非商业广告,亦称非经济广告,是除了商业广告以外的,不以推销商品和服务为目的,而是出于特定的、非营利的目的而发布的广告。主要包括:① 公益广告,是指出于实现公共利益的目的,而非营利的目的发布的,对社会的公益活动、公益事业、公益观念等进行宣传的广告。公益广告具有观念性、倡导性和题材的广泛性等特点,在我国的社会主义精神文明建设中发挥着独特的作用。② 社会广告,即提供社会生活服务的广告,如社会福利、寻人、挂失、招领、人才流动等。③ 政府广告,是指各级政府机关和部门向社会公开发布的广告,如公安、交通、卫生、城建、财税、金融、工商行政管理等部门发布的公告和通告。目前中国政府开始注重城市形象的推广,中国政府公关成为一大热点,政府广告的外延有了新的扩展。例如北京申办 2008 年奥运会时曾聘用公关广告公司提升其国际形象,收到良好效果;上海市政府为彰显具有时代特征,与上海发展成就相匹配的城市精神,树立良好的国际形象,提升上海在海外的知名度、吸引力和影响力,以及为 2010 年上海世博会造势,2003 年 2 月,向 7 家公关广告公司招标 2003—2010 年上海对外形象推广全球战略公关计划。

(二)按广告媒体划分,广告可分为电波媒体广告、平面媒体广告、户外媒体广告和新兴的网络媒体广告、手机广告等

电波媒体包括电视和广播,平面媒体则以报纸和杂志为主,以上传统四大媒体在广告传播中发挥着主渠道的作用。近年来通过邮寄、派发、直递等形式发布的印刷品广告发展较快,它也是平面媒体广告的一种。电视广告是通过电视传播的广告。它具有形象、直观、传播范围广、速度快等特点,随着经济的发展以及电视频道资源的开发和地面卫星接收装置的发展,电视广告得到突飞猛进的发展;广播广告是运用无线或有线广播传播的广告。它是一种较大众化的媒体广告形式;近几年来,POP 广告(Point of Purchase Advertising),即售点广告在世界各国日益普遍,它是购物场所内外一切悬挂、设置的广告的总称。售点广告强调时间、地点,通过橱窗、霓虹灯等店内外的装饰和商品的柜台、货架陈列、现场广播、文字图画招贴等形式传播商品或服务的信息。目前,售点广告被广泛应用于超级市场、大型商场和百货商店。

户外媒体广告是指通过存在于开放空间的媒体载具发布的广告。户外媒体主要有交通类和建筑类两种。前者主要有户外的电子显示屏、广播系统、车体船体内外、车站及车站站牌、流动广告车及广告飞艇等;后者主要有建筑物的外墙、立柱、

灯箱、热气球、LED 等载具。上海 2002 年出现了一种新型的运用无线数字技术的车载数字移动多媒体，它除了播放电视节目外，同时成为了一种新型的数字式的公交移动广告媒体。

网络广告随互联网的发展而兴起，近年来网络广告在世界范围内普遍呈现迅猛的发展势头。中国自 1997 年 3 月出现第一个网络广告，在其后的几年间，网络广告经营额迅速由 1998 年的 3 千万元上升至 19 亿元，占广告经营总额的比例也由 1998 年的 0.05% 窜升至 2004 年的 1.5%。2004 年我国网络广告的经营额已与杂志广告经营额基本持平。各种数据显示，国内网站的经营额处于增长态势，网络广告成为网络公司的主要营业收入来源，网络广告市场处于其发展的“黄金时期”（关于网络广告的发展和监管情况本书另有专门章节进行介绍）。

2003 年中国短信市场总规模突破 200 亿。截止到 2004 年底，全国手机用户为 3.3 亿。随着手机用户的不断扩容和手机技术的不断开发，手机广告已引起广告商的日益青睐，以手机短信、移动互联网、手机电视为代表的广告形式具有很大的发展潜力。1995 年问世的第一代数字手机只能进行语音通话；而 1996—1997 年出现的第二代数字手机增加了接收数据的功能，如接受电子邮件或网页；第三代与前两代的主要区别是在传输声音和数据的速度上的提升，它能够处理图像、音乐、视频流等多种媒体形式，提供包括网页浏览、电话会议、电子商务等多种信息服务。3G 手机即第三代数字通信手机完全是通信业和计算机工业相融合的产物，被喻为“个人通信终端”。手机广告具备两大特性，一是精准性。由于手机终端与个人联系紧密，可以通过对个人特性、偏好的判断来传递一些有针对性的广告，因此传播的精准性高。二是手机广告能做到非常高的阅读性。非常容易通过点击来判断广告实际的到达率。当 3G 真正到来之后，网速得到数十倍的提高，手机终端更趋智能化，流媒体在手机上的应用更成熟，手机广告随之将呈现出极为丰富的表现形式和更为广阔的发展前景。

（三）按广告使用的策略和目的，广告可以分为开拓性广告、竞争性广告、劝导性广告、维持性广告、提示性广告等

开拓性广告，是指通过向消费者介绍商品的有关信息，例如商品的性质、用途、特点、价格等，突出新旧商品的差异，从而诱导、激发消费者产生需求，初步确立商品的市场地位，扩大商品知名度的广告。竞争性广告，是指以进一步谋求市场竞争优势，巩固和扩大商品知名度和市场占有率为目的的广告。劝导性广告，是对消费者进行劝导、说服，增强所宣传商品的知名度和美誉度，从而促进销售的广告。维持性广告，是指以维持已占有市场为目的的广告。提示性广告，是对消费者进行提醒，以促使消费者保持对所宣传商品的消费习惯的广告。根据商品的生命周期理论，商品要经历由在市场出现到被淘汰的生命过程。商品的生命周期可划分为投

入期(也称开发期,即商品初次进入市场)、成长期(即商品销售量与利润迅速增长的时期)、成熟期(即商品销售量增长比较缓慢时期)、衰退期(即商品需求量、销售量和利润呈现下降趋势,产品面临市场淘汰的时期)四个时期,对应商品所处的不同的生命周期,有不同的广告使用的策略。一般而言开拓性广告适合在商品投入期和成长期的前期使用,竞争性广告和劝导性广告多用于商品的成长期和成熟期,维持性广告和提示性广告多见于在商品进入成熟期和衰退期的阶段使用。

除上述的广告分类外,我们还可从其他角度对广告进行分类。如按广告诉求的对象划分,可分为消费者广告、工业用户广告、商业贸易广告和专业性广告;按广告覆盖面,可以分为国际性广告、全国性广告、区域性广告和地方性广告,等等。

三、广告的性质与作用

广告的性质包括自然属性和社会属性两个方面。广告作为一种社会现象,属上层建筑的范畴,其性质取决于其产生的相应的经济基础。我国是生产资料公有制为主体的社会主义市场经济国家,总的说来,我国广告的性质是社会主义性质的。从自然属性讲,广告有其内在发展运作的特定的规律,具有科学性和艺术性的特征;从广告的社会属性看,广告脱胎于一定的经济基础和社会环境,具有民族性、时代性、社会性的特征。因此,在我国,广告的设计、制作、发布必须既遵循广告业发展的一般规律,同时又要符合我国特定的国情,在促进社会主义物质文明和精神文明建设发展的过程中,达到两者的和谐统一。

广告对社会的经济、文化、政治都会产生一定的影响。因此,广告被形象地比喻为国民经济发展的"晴雨表",精神文明程度的"风向标",市场经济体制完善程度的"度量计"以及构建和谐社会的"助推器"。在我国社会主义市场经济条件下,广告的作用突出表现在以下几个方面。

(一)传播市场信息,加速商品流通,推动社会主义市场经济的发展

信息传播是广告最本质的特征和最基本的功能。广告所传播的信息是多种多样的,其中大量的商业广告把企业生产、服务、销售方面的信息传递给广大消费者,生产者也可以通过广告传播的信息了解市场行情。广告活动就是一个不断地传播各种信息和进行信息反馈的过程。同时,作为沟通生产和消费中介的广告,能加速商品流通速度,缩短社会再生产的周期,扩大商品销售量,提高企业的经济效益。广告及其相关活动一方面促进了消费,另一方面又指导了生产。如果没有广告,不仅会使流通费用增加,而且会因信息不畅,导致流通过程的梗塞与中断,影响社会再生产的正常运行。而且,广告业本身是一种知识、技术、人才密集型的第三产业,在经济增长中占有一定的份额。也正是由于广告促进经济发展的独特作用,一个国家经济发展的水平往往与其广告业发展水平成正比。

(二) 指导消费,创造并满足大众生活的需要

现代社会的商品极大丰富、多样化。在商品的海洋中，广告可以成为指引消费的“航标”。广告通过信息传播，向消费者介绍商品的商标、商号、性能、用途、价格、商品的使用情况和效果等，帮助消费者提高对商品的认识，从而起到很好的消费指导作用；同时广告还能起到刺激需求、创造潮流与时尚的作用。广告往往通过对购买某商品后的美妙情调、高尚享受、成功荣耀等的渲染与暗示，唤起人们的消费欲望，塑造人们的消费行为模式。现代社会的消费者普遍对广告产生“依赖效应”。

(三) 有助于开展公平的市场竞争

市场经济条件下的公平竞争促使商品生产者改进技术,缩短生产和流通时间,降低产品成本,提高产品质量,关注和掌握市场信息。而要在市场上占据有利的竞争优势,除产品本身具有竞争条件外,广告就是企业开拓市场,获取和扩大市场份额的营销利器。广告主利用广告向消费者展示商品或树立企业形象,为产品进入市场打开通道,广告的成功,某种程度上预示着竞争的胜利。广告是竞争的手段,又是竞争的表现,广告有助于优胜劣汰市场竞争法则的实现。一位美国经济学家曾指出,在美国一些禁止做眼镜广告的州,眼镜的价格高出25%到40%,做广告的玩具比不做广告的玩具价格更低。由此可以看出,广告有助于同行业的竞争,从而最终使消费者获益。

(四) 沟通国际商情,促进对外贸易发展

当前世界经济往来越来越频繁。国际贸易发展迅猛,广告在国际贸易中发挥着重要作用。通过广告,可以了解到国际市场信息,有计划、有针对性地开展出口商品的广告宣传,提高我国出口产品的声誉；另一方面,也可从外来广告中了解国际市场的需求,从而调整产业结构,提高生产效率和质量,使我国产品适应国际市场的需求,提高国内产品在国际上的竞争能力。

(五) 美化生活,促进社会主义精神文明建设

广告具有很强的艺术性的特点,现代广告在传播信息的过程中,必然要渗透一定社会条件下的某种意识形态、观念和价值取向,从而对人们的思想、生活和社会风气产生潜移默化的影响。一则成功的广告往往是运用美学原理,通过美术、音乐、诗歌、舞蹈等丰富的、综合的艺术表现形式展示广告的主题,从而增强广告的欣赏性、艺术性和趣味性,给人带来美的享受。许多经典、优秀的广告作品本身就是艺术品。广告在其发展的过程中已成为社会文化的一个独特的分支；同时广告还可以宣传社会主义道德风尚,弘扬中华民族传统美德。好的广告可以以艺术的形式,给人以有益的启迪和教益。我国从1996年开始由广告监督管理机关组织并大力倡导的“公益广告月”活动正是从此目的出发,充分发挥广告促进精神文明建设

的作用；广告还具有美化城市、愉悦生活的作用。例如户外广告在城市的亮灯工程以及城市景观方面就具有举足轻重的作用。

四、我国广告业发展的特点

伴随着我国社会主义市场经济体制的建立、健全和国民经济持续快速稳定的发展，我国广告业呈现出良好的发展势头。尤其进入20世纪90年代以来，广告经营单位迅速增加，素质不断提高，广告营业额逐年攀升，在国民生产总值中占据的比重也不断提高。广告业发展的具体情况，可从表1-1有关统计数据中得到说明。

表1-1　1983—2002年中国广告业发展情况表

年份（年）	全国广告营业额（亿元）	全国广告额增长率（%）	GDP（亿元）	广告费占国民生产总值的比例（%）	全国广告经营单位（户）	全国广告经营单位增长率（%）	全国广告从业人员（人）	广告从业人员增长率（%）
1983	2.34	56	5 934.5	0.039	2 430	44.2	34 853	93.6
1984	3.65	55.98	7 171.0	0.051	4 077	74.2	47 269	35.5
1985	6.05	65.75	8 964.4	0.067	6 052	48.4	63 819	35.0
1986	8.45	39.67	10 202.2	0.083	6 944	14.7	81 130	27.1
1987	11.12	31.60	11 962.5	0.093	8 225	18.4	92 279	3.7
1988	14.83	34.26	14 928.3	0.100	10 677	29.8	112 139	21.5
1989	19.99	33.89	16 909.2	0.118	11 142	4.4	128 203	14.3
1990	25.02	25.16	18 547.9	0.135	11 123	-0.2	131 970	2.9
1991	35.09	40.25	21 617.8	0.162	11 769	5.8	134 506	1.9
1992	67.87	93.42	26 638.1	0.255	16 683	41.8	185 428	37.9
1993	134.09	97.57	34 634.4	0.388	31 770	90.4	311 967	68.2
1994	200.26	49.35	46 759.4	0.429	43 046	35.5	410 094	31.5
1995	273.27	36.46	58 478.1	0.475	48 082	11.7	477 371	16.4
1996	366.64	34.17	67 884.6	0.548	52 871	11.0	512 087	7.3
1997	461.96	26.00	74 462.6	0.620	57 024	7.9	545 788	6.6
1998	537.83	16.42	78 345.2	0.686	61 780	8.3	578 876	6.1
1999	622.05	15.66	81 910.9	0.759	64 882	5.1	587 474	1.5
2000	712.66	14.57	89 442	0.797	70 747	9.0	641 116	9.1
2001	794.88	11.54	95 933	0.829	78 339	10.7	709 076	10.6
2002	903.15	13.6	102 398	0.882	89 552	14.3	756 414	6.7
2003	1 078.68	19.44	116 740	0.924	101 786	13.7	871 366	15.2
2004	1 264.6	17.2	159 878	0.791	113 508	11.5	913 832	4.9
2005	1 416.3	12	182 321	0.777	125 394	10.5	940 415	2.9

（数据来源：国家工商行政管理总局、国家统计局）

总结我国广告业发展情况，有以下特点：

（1）广告行业规模迅速扩大，广告业发展步入相对成熟时期。受传统计划经济体制影响,1992 年以前,国家对广告经营单位的发展实行“总量控制”的方针,导致广告业的规模与经济发展的需求不相适应。1992 年建立社会主义市场经济体制的目标确立以来,我国广告业进入快速发展时期。1995 年广告业开始由快速发展步入稳步发展的相对成熟时期。中国广告业是国内发展最快的产业之一。从上个世纪 80 年代以来,国内广告业的年增长速度平均保持在 30% 以上,远远超过 GDP 的增长速度,中国也因此成为全球广告业增长最快的国家之一。1979 年我国广告经营额仅为 1 000 万元,广告经营单位不过几十家;10 年后的 1989 年,广告经营额已达 19.99 亿元,广告经营单位超过 1 万家;20 年后的 1999 年,广告经营额已达 622.05 亿元。进入 2003 年,全国广告总量首次突破 1 000 亿元的大关,达到 1 078.68亿元。2004 年广告营业额更是高达 1 264.6 亿元,实现 17.2% 的年增长率。广告营业总额占 GDP 的比例从 20 年前的 0.04%,到 2003 年的 0.93%,取得了质的飞跃。

(2) 广告行业结构不断调整,广告资源配置趋向合理。在广告业的发展中,专业的广告公司的地位日渐突出,在广告业中的主导作用初见端倪。广告公司和广告公司从业人员的数量逐年上升,其营业额在全行业的比例日益扩大。从媒体发展情况看,四大媒介中,除杂志广告,其他三种媒介广告均有大幅度的发展,电视广告尤其突出。新的媒体形式和技术不断出现和发展,广告媒介容量狭窄的问题明显得以改观。近年来随着我国加入 WTO 贸易减让承诺的兑现,我国广告业、传媒业及相关的上游、下游产业开放度日益增加,外资的进入加剧了行业竞争,给广告市场带来新的活力,同时也意味着对民族广告产业发展形成巨大挑战。

(3) 有关广告监管涉及的法律法规日益健全，广告监管力度加强，广告市场得到净化。广告监管机关通过广告经营审批，广告审查、出证管理，广告日常监测，虚假、违法广告的查处等，依法规范广告经营活动和广告竞争行为，净化广告市场。尤其近年来，广告监管部门积极按照《行政许可法》精神，清理削减和规范广告行政审批事项，加大对违法虚假广告的整治查处力度，并探索广告长效监管的措施和制度，对维护广告市场秩序、促进广告诚信经营起到良好作用。

第二节 广告法规管理概述

一、广告法规管理的涵义

(一) 广告法规管理的概念

广告法规管理,是指国家机关、社会团体或其他组织和个人,运用国家的广告法律法规,对广告活动进行的监督管理。简言之,广告法规管理就是以广告法律法规为依据的广告监督管理活动。可见,对于“广告监督管理”的理解,是理解广告法规管理概念的关键。在广告监督管理的概念中,"监督"是监察、督促之意,"管理"有管辖和处理的意思;监督管理,是指人们为实现一定的目的,对一定范围的人员及事务进行检查、督促、安排和处理。对于广告监督管理,可以从不同的角度加以理解。从一般意义上讲,广告监督管理(简称广告监管),是指为了适应社会政治、经济、文化及广告业发展的需要,对广告活动进行监督、规范、规划、组织、协调、控制等的有目的的管理活动。

（二）广告法规管理与广告监督管理的关系

鉴于我国广告管理体制的特点,广告法规管理与广告监督管理两者在内涵上有很大的关联。广告法规管理是运用广告法律规定进行的广告管理,广告监督管理是以国家对广告业的行政管理为主体,其他方面的广告监督管理为补充的广告管理。而国家对广告业的行政监管主要体现在制定和实施广告方面的法律法规以及制度性规范方面,尤其在我国行政管理体制日益走上法制化道路的今天,广告监督管理某种程度上可视为广告法规管理;由于内涵上的关联性,两者在外延上有很大的重合,同时广告监督管理的外延大于广告法规管理。广告监督管理中形成的制度性规范虽不属于法规范畴,但与广告法规的关系密不可分。广告监管方面的制度性规范很多是对广告法律规定的具体执行,很多法律规定本身是由广告监管活动中形成的制度性规范上升而来。

（三）广告监督管理的分类

通过对广告监督管理的分类,可以进一步明确本书所着重阐述的广告法规管理的类型。

1. 广义的广告监管和狭义的广告监管

广义的广告监管包括以下几个层面。

第一,政府的行政管理。即政府的广告监督管理机关依照广告监管的法律法规及有关规定,对广告活动进行监督管理。这是一种法律层面的具有行政管理性质的刚性约束,主要由国家各级工商行政管理局的广告监管部门承担。

第二,行业的自我规范。即广告行业的有关行业组织通过会员共同制定的会员守则及行业自律规则对广告活动进行监督管理。这主要是一种道德层面的自律性质的软性约束,主要由各级广告协会来承担。

第三,企业的自我管理。即企业依照国家法律、法规和行业规则,针对本企业实际情况制定的企业内部管理的规定,对自身涉及广告的经营行为和宣传内容进行的管理。这种管理既有严格遵守国家法律法规的刚性约束,也有自觉遵守行业规则和职业道德规范的软性约束,由企业自行实施。

第四,公众的社会监督。即社会公众对广告的监督。尤指公众对于虚假、违禁广告等破坏社会经济秩序、侵害消费者权益的广告违法行为的揭露、投诉。还包括新闻舆论的监督、广告受众的监督、竞争对手的监督、受到违法广告损害的消费者以及消费者组织的监督等。

第五,司法部门的法律裁判。即司法部门依法处理虚假广告方面的违法犯罪行为,以及由于广告侵权行为造成的民事纠纷等。

狭义的广告监管是指政府的职能部门对广告的监督管理。尤指以国家的工商行政管理部门为主体实施的广告监督管理活动。

2. 广告业的内部管理和外部管理

广告业的内部管理,是指在广告业的内部,广告经营单位对自身广告活动的自我约束和管理,这是广告业在市场经济中加强自律,走向成熟,不断取得发展的内在条件;广告业的外部管理,是指广告业外部的社会各界对广告业发展的监督、约束和规范。包括国家机关、社会公众对广告活动进行的监督管理,是对广告经营和宣传活动的外部约束和规范,这是广告业健康、持续、快速发展的必然要求和保障。

3. 宏观的广告监督管理和微观的广告监督管理

宏观的广告监督管理是指通过各种手段,从长远、全局和整体对广告行业和一般广告活动进行规划、协调、指导、控制等的监督管理活动;微观的广告监督管理是指对具体的广告经营行为或具体的广告宣传内容实施的直接监督管理活动。

本书的广告法规管理着重阐述的是立足狭义的、社会管理的、微观的广告监督管理层面进行的广告管理活动,并以其他相关方面的广告监督管理加以补充。从此意义上,本书中的广告法规管理主要是指国家行政机关的一种执法活动,尤指工商行政管理部门作为《广告法》明确规定的广告监督管理机关,依据广告法律法规,对广告经营行为及广告宣传内容进行的指导、监督和管理活动。

二、广告法规管理的性质和作用

(一)广告法规管理的性质

对于广告法规管理性质的理解,直接关系到我们对广告法规管理的特点、内容及方法等的全面、科学的把握,而这是构成我们认识、把握广告法规管理活动的基础。

据马克思主义的基本观点,监督管理活动作为一种社会活动具有自然属性和社会属性的双重性质。自然属性是人类社会所固有的,在监督管理活动的社会实践中不断积累、日渐丰富的经验和技能等,代表了监督管理的共性;社会属性则体现了一定社会和时代监督管理活动所特有的特征,反映了监督管理的特性。广告法规管理作为一种特定的监管活动,同样体现了上述双重性质的结合。

广告法规管理的自然属性主要体现在通过广告监督管理对广告科学性、真实性、艺术性的维护上；广告法规管理的社会属性主要体现在通过广告管理对广告思想性、政策性和民族性的维护上。广告法规管理的双重性还决定了我国的广告监管既要善于借鉴古今中外广告发展历程中被证明行之有效的广告监管的理论、制度和方法等，又要结合中国广告业发展的特点和中国具体的国情以及社会主义市场经济的体制特征等，不断探索形成富有中国特色的广告监督管理。

（二）广告法规管理的作用

广告法规管理的作用概括起来，主要体现在以下四个方面：

一是规范广告活动，促进广告业健康发展。二是维护广告的真实性，保护消费者的合法权益。三是发挥广告在经济中的积极作用，促进社会主义市场经济的发展。四是对广告进行道德规约，促进广告为社会主义精神文明建设服务。

三、广告法规管理的内容和原则

（一）广告法规管理的内容

广告法规管理的内容，就是依据法律法规以及特定的职责和权限，对广告主体和广告活动进行监督管理的具体、特定的环节和方面。广告法规管理的内容主要包括：

1. 广告业发展的规划

广告业发展规划，是广告监督管理部门依据国家对广告业发展的政策，根据对广告业发展状况的分析、把握，对将来一段时期广告业发展要达到的目标做出具体的、量化的预测和计划，并就达到特定的目标规定相应的配套手段、措施等。

2. 广告市场的准入

广告业在我国一度定位于知识密集、技术密集、人才密集的高新技术产业，同时，广告业作为特殊的文化产业、创意产业，涉及到精神文明和意识形态领域，因此对于这一特殊产业，我国在很长时期内实行较为严格的广告市场准入制度。国家工商行政管理总局曾将广告经营分为 7 种类型，分别设置了相应的经营资质标准，经审核符合相应的资质标准，才能够取得《广告经营许可证》，按《广告经营许可证》上的经营范围经营广告业务。近年来随着国务院对行政审批事项的清理和《行政许可法》的施行，广告市场准入的门槛大为降低。目前除广播电台、电视台、报刊出版单位、事业单位以及其他法律、行政法规规定申请兼营广告业务应当办理广告经营许可登记的单位须申请《广告经营许可证》外，设立经营广告业务的企业和个体工商户的前置许可已经取消。根据我国加入 WTO 后对广告服务贸易的承诺，自 2005 年 12 月 10 日起，允许设立外商独资广告企业，我国广告市场已对外资全面开放。

3. 广告经营活动的规范

广告经营中存在许多不正当竞争、垄断行为,例如在广告经营中,广告公司、媒介与广告主之间存在的回扣行为,对竞争对手的贬低、诋毁等,以及侵犯他人商标权、著作权、肖像权等侵权行为。这些广告经营活动方面存在的违法违规行为严重损害了广告业发展的正常秩序,是广告监督管理的重要对象之一。

4. 广告发布标准的监管

广告发布标准的监管,包括广告发布标准的制定、修改、解释和实施,是广告监督管理的基本内容。广告发布标准是广告主、广告经营者和广告发布者都必须遵守的准则。目前广告发布的标准分为一般标准和特殊标准。一般标准普遍适用于任何内容的广告,而特殊标准是针对一些特别商品和服务的广告,如药品、医疗、化妆品、房地产等;一般标准主要在《广告法》中体现,特殊标准大多在工商行政管理部门、卫生行政部门、食品药品监管部门、广播电视行政管理部门等制定的行政规章和规范性文件及广告协会等组织的自律性规范中加以规定。

5. 广告内容的审查管理

广告内容的审查,包括广告行政审查机关的审查和广告经营者和广告发布者的审查。《广告法》等法律法规对药品、医疗器械、农药、兽药等特殊商品规定了发布前必须由特定的广告行政审查机关进行审查,未经审查,不得发布;《广告法》还规定了广告经营者和广告发布者的广告审查义务。《广告法》第二十七条规定:"广告经营者、广告发布者依据法律、行政法规查验有关证明文件,核实广告内容。对内容不实或者证明不全的广告,广告经营者不得提供设计、制作、代理服务,广告发布者不得发布。"广告经营者、广告发布者是否履行了其对广告的审查的义务,是广告监督管理机关追究违法广告行政责任时的重要归责依据。

6. 广告发布的审批和备案

根据有关法律法规的规定,一些特殊形式和内容的广告在其发布前后,应经有关部门的审查,广告经营者或发布者应向有关部门办理审批或者备案手续。例如户外广告、车体广告、固定形式印刷品广告、烟草广告等在发布前必须到工商行政管理部门、市容环卫部门等办理审批登记后发布。随着行政许可法的实施和广告业自身发展的不断成熟,广告发布的行政审批或备案必然不断减少,或转移至行业协会等中介机构来实施。从实际看,近年来以印刷品形式发布的药品、保健食品、医疗器械、医疗、农药、兽药、房地产、化妆品 8 大类特殊商品广告、自费出国留学中介广告、因私出入境中介广告、牌匾广告的审批以及店堂广告的备案等均已取消。

7. 虚假违法广告的查处

虚假违法广告损害消费者和其他经营者合法权益,危害社会主义市场经济秩序,一度引发社会对广告行业的"信任危机",被比喻为"社会公害",成为社会各界诟病的焦点和影响我国广告市场健康发展的"毒瘤"。对虚假违法广告的查处是广告行政监管部门最重要的法定职责之一。广告监督管理机关根据广告监管的法律法规，对虚假违法广告进行检查、认定和处理，可以及时发现和有效制止虚假违法广告的蔓延，追究违法者的法律责任，从而规范广告宣传行为，维护正常的广告市场秩序。

（二）广告法规管理的原则

1. 行政法治原则

广告法规管理总体上是政府的广告监督管理机关依据法律、法规和规章赋予的职责与权限，进行的广告监督管理活动。广告监督管理机关不能逾越法律规定的管理范围。20 世纪 90 年代以来，我国广告监督管理方面的立法进展较快，目前已初步形成了以《中华人民共和国广告法》为核心和基础的广告监督管理法律体系，为广告法规管理工作提供了有效的依据。可以说，对广告的监督管理过程就是广告监管的法律实施的过程，而且随广告监督管理实践的不断充实和发展，广告监督管理的法律也得以不断丰富和完善。

2. 规范、协调与服务相结合原则

广告法规管理的目的是通过规范广告经营行为和宣传行为，协调广告活动中的各方利益，服务于广告业的协调与健康发展。随着我国加入 WTO，市场经济的发展进入一个新的发展阶段，广告业的发展面临新的机遇和挑战。一方面，广告经营者之间在客户资源、人才资源、媒介资源等方面的竞争越来越激烈；另一方面，各个广告经营者之间相互依存、相互协调、相互制约的关系越来越密切。广告监督管理机关既要规范广告经营行为，打击不正当竞争和虚假、违法广告，又要协调广告经营者之间的关系，促进其经验与业务的交流与合作，提供必要的咨询，指导行业发展的方向等，从而发挥广告对社会和经济发展的积极作用，促进广告业的健康发展。

3. 综合治理原则

广告活动是一种较为复杂的社会活动，广告业是知识密集、技术密集、人才密集的第三产业，涉及国民经济的各个部门。对广告的法规管理同样涉及面广，具有广泛性和复杂性的特点。在广告法规管理方面，应充分发挥社会各个不同方面的作用，对广告活动实施综合治理，这样才有可能保证广告业的健康、快速、稳定发展。除广告监督管理机关外，司法机关、广告自律机构、相关行政部门、新闻媒体以及社会公众等社会方方面面应相互配合、共同协作，做好对广告的综合治理和监管。

第三节　中国广告管理体制

所谓体制是由相互联系、相互作用，为实现特定目标的要素组成的有机整体。

我国的广告管理体制是以工商行政管理部门的广告法规管理为主体,其他方面的监督管理为补充和必要组成部分而构成的监督管理体系。其他方面的监督管理主要包括了其他广告行政审查机关、广告行业协会、企业自律机构及社会监督机构等对广告的监督管理。以上组织从不同的方面对广告实施广义上的广告法规管理,共同规范、促进我国广告业的发展。

一、广告行政监管机构及职能

广告行政监管是我国广告法规管理的主体部分,它在我国目前的广告监督管理体系中占据主导地位,在广告监督管理方面承担主要的职责和义务。

(一) 广告行政监管的特点

1. 权威性

广告监管的权威性在于,广告监督管理机关是国家法定的广告执法机关,其广告监管活动代表国家进行,体现了国家意志,是国家行政权力在广告监督管理方面的实施和体现。

2. 法制化

依法行政是现代公共行政管理的最基本特征之一。广告监督管理的法制化表现在:一是广告监督管理行政主体的法定性,即工商行政管理等部门执行广告行政监管的主体地位是广告法所明确规定的;二是广告监督管理执法的依据在于以广告法为核心和基础的一系列广告法律法规,目前我国已初步形成了由法律、法规、行政规章、地方性法规组成的广告法律体系,为广告行政执法提供了丰富的法律资源;三是广告监督管理程序的法定性,广告监督管理必须遵循法定的程序;四是对行政违法行为有法定的救济渠道。当事人如果认为广告监督管理机关的执法行为不当可以向其上级部门申请行政复议或提起行政诉讼。

3. 综合性

广告监督管理的综合性特点体现在:一是广告监督管理的覆盖面很广,它是对广告活动、广告经营全过程、全方位的监管,而非限于某一环节或某一方面;二是广告监督管理手段的综合性,它具有行政指导、审批、监测、告诫、曝光、行政处罚等多种监管方式和手段。

4. 强制性

广告监督管理以国家强制力为后盾,以法律法规为依据加以实施,而不以个人意志为转移。广告监督管理机关依法监督各种广告活动,督促广告活动的主体在法律框架内从事其经营,对广告违法行为依法做出行政处罚,并对情节严重,构成犯罪的违法行为,移交司法机关追究其刑事责任。

（二）广告监督管理机关及其职能

我国《广告法》第六条明确规定："县级以上人民政府工商行政管理部门是广告监督管理机关。"（这里值得注意的是《广告法》颁布实施后，1999 年工商行政管理部门的管理体制发生了重大变化，省级以下实行垂直管理，即省级工商行政管理部门仍为省级政府的直属部门，省级以下工商行政管理部门则脱离了原隶属地方政府，转而由其上级工商行政管理部门实行垂直管理。）政府对广告的行政管理主要通过国家工商行政管理机关和地方县级以上各级工商行政管理机关来实施。国家工商行政管理总局（以下简称国家工商总局，2002 年 4 月，国家工商行政管理局更名为国家工商行政管理总局，本书一般情况下采用其现用名称）下设的广告监督管理司（以下简称广告司）是全国广告最高管理机关；各省、自治区、直辖市、计划单列市的工商局下设广告处；各地、市、县工商局也设相应的广告科、股。

国家工商总局广告司负责制定和贯彻全国性的广告监督管理政策、法规；指导、协调、监督全国的广告监督管理工作；审批全国性的广告企业、中外合资、中外合作经营广告业务的企业及全国性的临时广告经营活动。

广告监督管理机关为维护广告经营秩序，规范广告宣传内容，促进广告业健康发展，保护消费者合法权益，主要行使监督、检查、控制、协调、服务、规划六个方面职能。

1．监督职能

监督职能是指监督广告主、广告经营者、广告发布者的广告经营行为和广告宣传内容，监督其严格按照法律法规的要求，从事广告活动，不允许其采取非法的不正当的手段和方式损害国家利益、公共利益和他人利益。

2．检查职能

检查职能是指适时检查广告活动情况，了解、掌握广告活动的动向，及时发现问题、判定问题的性质，并做出适当的处理。检查的方法可分为常规性检查和突击性检查。常规性检查一般作为一种制度固定下来，比如广告经营资质标准的检查；突击性检查一般是针对广告活动中的突出问题，有针对性地组织专项检查、治理整顿。如国家工商行政管理总局针对一个时期广告市场存在的违法情况突出、社会反响强烈的特定广告进行集中查处。近年来就房地产广告、保健食品广告、药品广告、医疗广告、电视直销广告等在全国范围进行了整治，有效制止了特定领域违法广告的蔓延。

3．控制职能

控制职能是指按照广告监督管理的目标要求，采取必要的措施和手段，纠正广告活动中的偏差。这里所说的偏差，主要是指广告活动中偏离了社会主义方向，违背了国家和人民的利益，违反了国家的法律、法规。广告监督管理机关采取的控制职能主要包括两个方面：一是依据国家的法律、法规，结合广告活动的实际情况，制定必要的法规，对广告活动划定一个范围，实行一定的限制；二是对发生偏差的行为，查明事实及其性质、情节，依照法律处理，将已经发生的偏差重新纳入正常的轨道。

4. 协调职能

协调职能是指广告监督管理机关对从事广告活动的主体之间的关系以及广告活动主体与外部有关方面的关系进行协调，使其在优化的环境中从事广告活动，使广告业在和谐有序的环境中健康发展。

5. 服务职能

服务职能是指广告监督管理机关为促进广告业的健康发展，对全社会的任何组织和个人进行的非营利性的扶助。如提供信息服务、法律政策咨询服务等。服务职能在转变政府职能的改革中将日益凸显其重要性。

6. 规划职能

规划职能是指广告监督管理机关根据广告业发展的历史和现状，描绘出未来广告业发展的蓝图。即对广告业将来一段时间内要达到的规模、水平，制定切实可行的发展方向、目标和途径。1993 年 7 月，当时的国家计划委员会（现为国家发展和改革委员会）和国家工商行政管理局（现为国家工商行政管理总局）共同制定了《关于加快广告业发展的规划纲要》（具体内容详见本书附录五），分析了广告业发展状况和主要问题，提出了广告业发展的目标和重点，制定了包括进行广告代理试点等的促进广告业发展的政策措施等，成为指导我国广告业发展的纲领性文件。根据新的国务院“三定方案”，对我国广告业规划的职能现归属于国家工商总局。

各级广告监督管理机关的具体职责包括：

第一，宣传、贯彻、执行广告管理的法律、行政法规和有关方针政策，并监督检查实施情况。

第二，以法律法规和有关政策为依据，制定行政规章。

第三，对申请经营广告业务的法人、其他经济组织或个人进行审查、登记，核发广告经营证照。

第四，依法对广告宣传和广告经营活动实行监督、检查和管理，保护合法经营，取缔非法经营。查处虚假广告及其他广告违法行为。

第五，指导广告协会的工作。

（三）广告行政审查机构及其职能

广告行政管理机构还包括广告行政审查机构。广告行政审查机构是由《广告法》等国家法律法规规定的，对特定内容广告进行发布前的事先审查的有关行政主管部门。根据《广告法》的有关规定，利用广播、电影、电视、报纸、期刊以及其他媒介发布药品、医疗器械、农药、兽药等商品的广告以及法律、行政法规规定应当进行审查的其他广告，如社会力量办学的招生广告，必须在发布前依照有关法律、行政法规由有关行政主管部门，即广告行政审查机关对广告内容进行审查，未经审查，不得发布。广告主申请广告审查，应当依法向有关广告行政审查机关提交证明文件。广告行政审查机关应当依法作出审查决定。具体来说，目前广告行政审查机构主要包括卫生、中医药行政管理部门、食品药品监督管理部门、农业行政管理部门、畜牧业行政管理部门以及教育行政管理部门等。

二、广告行业自律的组织及职能

广告行业自律，是指广告主、广告经营者和广告发布者等广告业者，以行业内部普遍认可的制度、准则等成文或不成文的规范为标准，对自身的广告活动进行约束和管理，使广告活动符合国家法律法规、职业道德和社会公德的要求。广告行业自律组织，就是广告业进行自我规范、自我管理、自我教育的自律性组织。广告行业的自律性组织通过制定、实施为其成员所普遍认可、共同遵守的行业内部的规章、制度等规定，达到行业的自律效果。在许多广告业发达的国家和地区，广告行业自律组织是规范广告业发展的"主角"，它在我国的广告管理的体制中也扮演着越来越重要的角色，对广告行政监管起到重要的补充作用。广告业的自律是广告业发展到相对成熟阶段的自发要求和必然结果。广告业的自律程度是广告业发展成熟与否的重要标志。

（一）广告行业自律的特点

广告行业自律具有自愿性、广泛性和灵活性等特点。

1. 自愿性

广告行业自律组织，一般是广告业者出于行业自我发展、自我管理、自我规范的目的，自发组成的；参加广告行业组织，实行广告自律，是广告活动参加者的自愿行为；组织的章程和行动规则、行为准则等自律性规则也是其成员在自愿基础上共同制定的；对于这些规则的遵守，依靠的主要是其成员的自觉性、主动性和行业组织本身的影响力。行业自身的影响力的发挥也依赖于其成员的认同。

2. 广泛性

广告行业自律的范围可以涉及广告活动的方方面面，其自律范围大大宽泛于法律法规调整的范围。而且随广告业发展的进一步成熟，其活动的深度和广度会进一步扩大。法律法规对广告活动的调整必然带有原则、抽象的特点，对于广告活动发展过程中的具体的、动态性的问题，广告业自律规定可以对此做出详细的规范，有效弥补法律法规的盲点和不足。

3. 灵活性

广告行业自律的具体方式没有严格的限制，只要得到其大多数成员的认可，即可在行业内部实施。其自律的有关规则，可以根据行业发展的变化而随时加以修改和调整，具有很大的灵活性。相比之下，广告法律法规的适用必须严格，不得随意变通，其制定、修改和废止，也需要经过严格的法定程序。

(二) 广告行业自律与广告行政监管的关系

在我国，政府对广告行业的监督管理与广告行业的自律之间有根本的区别，同时两者又密切相关。

首先，广告行业自律是在法律法规允许的范围内进行，不得与政府的行政监管相抵触，这是广告自律作用发挥的重要前提；其次，两者具有目的的统一性，都是围绕促进广告业健康发展的目标而开展工作。但两者作用的层次又有所不同。政府的广告监管立足于促进广告业与其外部经济生活和社会生活的协调发展，在监管实践中体现了对广告活动的规范，对公平竞争市场秩序、消费者合法权益的维护。广告行业的自律侧重于维护本行业的发展利益，为其成员谋求更有利的内部和外部发展空间；再次，我国的广告行业自律组织是政府和行业之间的中介，具有在广告行业与政府之间进行沟通、协调的“桥梁”作用。当前它更多体现了政府的管理意志，广告行业自我管理的“精髓”尚未完全发挥；第四，广告行业的自律与政府的广告监管之间的新型关系正在形成。社会主义市场经济的深入发展呼唤政府管理职能和社会管理职能的重新定位。“小政府，大社会”的管理模式已出现雏形。政府管理职能将进一步转变，社会中介组织将承担原先政府承担的社会管理职能。在广告行业的监督管理方面同样可以预计，广告行业的自律将逐渐改变其对行政的从属性，更多地承担起行业管理方面的重要职责，在广告行业的监管体系中扮演日益突出的角色。而政府的行政监管将面临“有所为，有所不为”的取舍和变革，并将在这一过程中实现其法制化、效能化的进一步提升。

(三) 我国主要的广告行业组织

我国最早的广告行业组织是成立于 1981 年 8 月的对外经济贸易广告协会。它是全国外经贸系统的广告公司和报纸、杂志、出版社以及具有对外业务经营的广告公司的联合组织。它具有法人资格，受对外经济贸易部的领导。该协会以发展我国与世界各国广告界和贸易界的友好合作关系，促进我国商品出口，发展对外贸易和经济技术交流为宗旨。协会直接参与国际广告活动，推动了我国广告业的对外交流与发展。协会会刊有《国际广告》杂志；我国目前统一的全国性广告行业组织是中国广告协会。它成立于 1983 年 12 月，是具有法人资格的社会团体，接受国家工商行政管理局的指导。中国广告协会下设报纸、广播、电视、广告公司、学术、公交、铁路、广告主、法律咨询等专业委员会，各省、自治区、直辖市也都根据各地的情况设立了地区性广告协会，分别接受当地工商行政管理机关的领导和上级广告协会的业务指导。中国广告协会主办有《现代广告》杂志。1987 年 5 月，中国广告协会和对外经济贸易广告协会共同组成国际广告协会(IAA)中国分会。

(四) 中国广告协会的主要职能和活动开展情况

中国广告协会的主要职能包括:

(1) 宣传、贯彻国家有关广告方针、政策和法规。

(2) 维护广告的真实性、科学性,提高广告的思想性、艺术性,推动我国广告事业的发展。

(3) 调查、研究国内外广告发展趋势,传播国内外广告界的信息和先进的科学技术,研究制定中国广告业的发展规划,向政府提出建议。

(4) 加强广告行业自律,建立良好的经营秩序。提倡正当竞争,反对不正当竞争。协助政府进行行业管理,并接受广告投诉,向政府提出处理建议。

(5) 协调广告经营单位之间、广告客户和广告经营单位之间的关系,促进横向联合和协作。

(6) 组织经验交流,开展咨询服务,促进广告业改善经营管理,提高广告的经济效益和社会效益。

(7) 开展广告学术研究,举办优秀作品展览,培训广告专业人员。

(8) 开展国际交往,加强同国外广告界的联合与合作,代表中国广告界参加国际广告组织及其活动。

围绕上述任务、职责,中国广告协会探索开展了多种多样、行之有效的活动。举例如下:

(1) 制定广告业自律规则。中国广告协会于1990年制定通过了《广告行业自律规则》和《广告行业岗位职务规范(试行)》; 1994年12月审议通过了《中国广告协会自律规则》,该规则共计12条,对广告企业的经营行为做出了较为全面的规定; 1996年10月制定通过了《广告宣传精神文明自律规则》,由当时的国家工商行政管理局予以转发,要求各地贯彻执行。全国性的自律准则和行业规范对建立良好的广告经营秩序,提高广告业道德水准和整体服务水平,抵制不正当竞争十分有利。

(2) 启动"中国广告信誉年"。2001年1月中国广告协会配合国家工商行政管理总局开展的"反误导,打虚假"广告市场专项整治活动,启动了"中国广告信誉年——真实承诺我先行"活动,倡导全行业自觉抵制虚假广告。

(3) 广告行业精神文明先进单位的评比活动。

(4) 建设"中国优势广告企业"活动。通过该项活动在全国广告企业中树立了一批经营业绩突出,实力较强的优势广告企业。2001年12月中国广告协会隆重推出49家"中国优势广告企业",形成了中国广告业发展的"排头兵"。

(5) 开展"中国广告企业资质认定"工作。该项工作于2003年正式启动,广告企业资质认定的等级标准、程序按照《广告企业资质管理暂行办法》执行。

(6) 主办每年一届的“中国广告节”活动。“中国广告节”经过多年的运作,成为广告业交流、协作的知名盛会。2003 年将举办的第十届“中国广告节”将进一步增强其专业水准,并将中国艾菲广告实效奖作为本届广告节的特色。除了“中国广告节”活动,中国广告协会 2003 年将举办首届全国大学生广告节 ,扩大广告业在大学生中的影响。

(7) 组织参与国际交流活动。组团参加亚太广告节、法国戛纳广告节 、美国艾菲广告实效奖、伦敦国际广告节等。2001 年 11 月取得“2004 年第 39 届国际广告大会”的举办权,标志着中国广告业的国际地位进一步提升。

(8) 评定广告专业技术资格。2005 年,中国广告协会在京召开了中国广告专业技术资格评定工作委员会成立大会。会议审议了《广告专业技术资格评定试行办法》、《广告专业技术资格评定工作实施细则》、中国广告专业技术资格评定工作委员会工作规程。这标志着广告行业从此可以“有证可循”了。广告专业技术资格证书包括广告行业的四个最主要的技术层面,即广告策划师、广告文案师、广告美术设计师、影视广告师。每个类别划分为初、中、高三个级别,每年将分别在 5 月、11 月进行一次全国统考。评定采取自愿的原则,面向广告公司、媒体广告部门以及其他各类企事业单位从事广告业务的工作人员。广告专业技术资格的评定可以对业内的不同分工的从业人员进行不同层次的资格鉴定,有助于提升广告行业发展的专业水平。

三、广告业的社会监督的组织及职能

广告社会监督管理,主要是指消费者和社会各界,通过对广告宣传活动的批评、建议、申诉、投诉、举报、起诉等,对广告活动进行的监督。消费者是广告的受众,广告主希望通过广告活动促使消费者达成购买意向和行动,从而实现其广告目的。因此消费者在对广告的社会监督方面有着举足轻重的作用。根据我国的《消费者权益保护法》和我国的消费维权实践,消费者的社会监督主要是通过消费者权益保护组织——消费者协会承担。广告社会监督管理的主体,在我国主要包括了消费者协会、新闻界以及竞争对手等多方面,其中又以消费者协会等消费者的社会团体组织为最重要的广告社会监督主体。

(一) 广告社会监督的特点

1. 监督主体的最大广泛性

广告的社会监督的主体具有最大的广泛性。当广告通过一定的媒介向社会公众发布,就会受到其受众的监督,对于广告是否与其商品或服务的真实品质和状况相一致,是否存在损害消费者权益的违法情形等问题,每一个作为广告受众的消费者都有权提出质疑,并向有关部门反映。除广大消费者外,消费者协会等组织、广告主企业的竞争对手，以及新闻部门等都是广告社会监督的主体，并且多方力量相辅相成，共同组成对广告的社会监督体系。

2．监督途径和方式的多样性

对广告的社会监督可以通过多种方式和途径加以实现。对于普通消费者而言，可以通过积极的方式，选择向消费者协会投诉、向国家行政监管机关举报、申诉，以至向司法机关起诉等多种途径行使其监督违法广告、保护自身权益的权利。也可以通过消极的方式，即不消费违法广告所宣传商品或服务，这种对违法广告商品的自觉抵制其实也是一种实施监督的有效途径；作为法定的消费者的社团组织——消费者协会，其进行广告监督的途径包括：一是参与行政部门对违法广告及其所涉及商品和服务的检查；二是就消费者的有关合法权益问题向广告行政管理部门反映、查询、提出建议；三是受理消费者的广告投诉，并就投诉事项进行调查、调解；四是广告投诉事项涉及商品和服务质量问题的，可以提请鉴定，鉴定部门应当告知鉴定结论；五是就违法广告严重损害消费者权益的行为，支持受损害的消费者提起诉讼；六是对损害消费者合法权益的违法广告，通过大众传播媒介予以揭露、批评等。

3．对行政、司法等公共权力的依赖性

市场经济条件下，消费者被商家喻为“上帝”，并成为市场营销争夺的对象。同时作为广告受众的消费者与作为广告主的企业之间存在信息不对称、知识不对称等对消费者不利的情况，企业处于支配市场的强势地位，消费者处于相对的弱势地位，消费者个人对广告的社会监督呈分散、自发的状况，很难独立达成有效的监督。消费者组织的监督力量大大增强，但其在消费者和有关企业之间的作用方式总的说来以调解为主，在不适用调解的情况下，必须借重国家行政部门、司法部门等的公共权力的力量，以及新闻舆论的力量，这是其作用的局限性所在。这种对公共权力的依赖性会随消费者自我保护意识和法律意识的加强、经营者观念的更新，以及消费者组织的进一步壮大而逐步转变。

（二）消费者权益保护的运动和组织

1．消费者运动的产生

消费者权益保护运动是指在现代商品经济条件下，消费者为争取社会公正，维护自身权益，同损害消费者利益行为进行斗争的一种有组织的社会性运动。消费者与经营者、购买与销售之间存在对立统一的矛盾关系。由于消费者与经营者相比，在知识、经验、信息、资金实力等方面均处于明显的弱势，经营者受利益驱动，容易利用其强势地位，损害消费者利益，对社会经济秩序也构成不良影响。因此，将分散的消费力量集合起来，积极主张、倡导消费者的合法权益，形成对经营者的约束和制衡，成为世界各国普遍的选择。自第二次世界大战以来，世界上已有 90 多个国家和地区开展了维护消费者权益的运动。1960 年由美国、英国、澳大利亚、比利时、荷兰五个国家的消费者组织发起成立了国际消费者联盟组织(简称 CI),标志着消费者运动在国际范围内的兴起。国际消费者联盟组织于 1983 年将每年的 3 月 15 日确定为“国际消费者权益日”。1985 年 4 月 9 日,联合国大会通过《保护消费者准则》,敦促各国政府采取切实措施,维护消费者权益。

2. 中国消费者协会及其职能

中国消费者协会成立于 1984 年 12 月 26 日,是经国务院批准成立的全国性的社团组织。截止到 1999 年年底,全国已建立县以上消费者协会 3 086 个,基层分会 34 828 个,监督站、联络站 20 488 个,社团自愿者 38 869 人。中国消费者协会于 1987 年被国际消费者联盟组织接纳为正式会员。

根据 1994 年 1 月 1 日实施的《中华人民共和国消费者权益保护法》第 32 条规定,消费者协会履行的职能包括:

(1) 向消费者提供消费信息和咨询服务;

(2) 参与行政部门对商品和服务的检查;

(3) 就消费者有关合法权益问题向有关行政部门反映、查询、提出建议;

(4) 受理消费者的投诉,并对投诉事项进行调查、调解;

(5) 投诉事项涉及商品和服务质量问题的,可以提请鉴定,鉴定部门应当告知鉴定结论;

(6) 就损害消费者合法权益的行为,支持受损害的消费者提起诉讼;

(7) 对损害消费者合法权益的行为,通过大众传播媒介予以揭露、批评。

《消费者权益保护法》赋予消费者安全权、知情权、公平交易权、选择权、求偿权、结社权、获取知识权、受尊重权、监督权 9 项权利。消费者协会通过履行其职能,对消费者的法定权利进行保护。

(三) 消费者协会在广告社会监督方面的有关工作

1. 受理、调查、调解消费者对虚假广告的投诉

根据统计,“九五”期间(1996—2000 年)中国消费者协会共计受理消费者各类投诉 324.55 万件,其中关于虚假广告的投诉近 6 万件,并且逐年呈上升趋势。(消费者协会接受虚假广告投诉的各类具体数据见本节参考附录表 1-2。)

2. 支持消费者就违法广告寻求行政救济和司法救济

对于消费者对违法广告的投诉,消费者协会无力解决的,有权支持合法权益受到损害的消费者向广告监督管理的行政部门申诉或向人民法院起诉。消费者协会可以就消费者对违法广告的投诉情况向有关部门进行反映、查询,提出处理的意见和建议。例如工商行政管理部门每年所查处的违法广告案件中,有许多是从消费者协会提供的消费者投诉中发现线索,再予以查处的。对于消费者协会反映和查询的有关违法广告情况,有关部门应将处理意见和处理结果及时反馈给消费者协

会,并在办理过程中,可以适当参考消费者协会提出的有关建议。

3. 充分运用舆论监督的力量,通过媒体对损害消费者权益的违法广告进行曝光和批评

消费者协会运用新闻舆论的力量,对损害消费者权益的违法广告进行曝光和批评,一方面可以引起广大消费者对违法广告的识别和抵制;另一方面对违法广告可以起到有效的警示和震慑作用。例如2002年,中国消费者协会与中国保健科技协会对社会反应集中的保健食品宣传进行专项调查。调查结果表明:对产品功能进行虚假宣传的占42.1%,擅自宣称产品具有保健功能的占31.4%。该项调查结果经媒体公布后,引发了保健食品行业对自身发展的忏悔式反思,十多家大的保健食品生产厂商联合向社会发布自律宣言。消费者协会长期以来和新闻媒介之间保持良好的合作关系。各地电台、电视台往往有消费者协会主办或参与的固定栏目或节目,例如中央电视台每年举办大型的"3·15晚会";许多消费者协会有自办的报刊,例如中国消费者协会主办有《中国消费报》,在全国较有影响。

4. 开展消费调查和消费教育,提高消费者对违法广告的辨别能力

消费者协会从保护消费者知情权和倡导科学消费出发,可以开展消费调查和消费教育。为提高消费者辨别真假广告的能力,中国消费者协会(简称中消协)2000年8月至10月,在全国开展"慧眼识广告"调查活动,全国省级以上消费者协会联动。此次调查活动设计了以下11个方面的问题。具体包括:① 您认为消费领域的哪些广告损害自身权益比较严重?② 您认为哪种媒体广告更容易对自身的消费行为产生误导?③ 哪些广告宣传承诺更令您动心?④ 哪些形式的广告对您更有诱惑力?⑤ 您认为目前广告市场比较混乱的情况下应该怎样进行规范?⑥ 您比较欢迎的广告形式和内容有哪些?⑦ 您认为一个产品的广告宣传费用在全部产品的成本中占多大比例合适?⑧ 要做到"慧眼识广告"您认为消费者个人应注意什么?⑨ 去年以来您是否曾经因媒体广告(街头印刷品广告除外)误导在消费活动中上当受骗?⑩ 您在因虚假广告误导权益受到损害与经营者交涉未果后,最先想到向哪里投诉举报?⑪ 名人是否应当对自己出面做的虚假广告承担法律责任?基于调查的结果,中消协对广大消费者提出"十大提示":一是名人知名度不等于广告可信度;二是广告的投放量不等于产品的高质量;三是媒体名气大不等于广告无谎言;四是广告承诺好看不等于最后能够兑现;五是宣称百分之百有效不等于不是胡编乱造;六是打折降价虽多不等于全是实话实说;七是广告宣传"公证"不等于产品就有保证;八是某某单位推荐不等于经过严格检验;九是广告现场演示不等于实事求是;十是"熟人"推销介绍不等于安全可靠。同时鼓励号召消费者自觉辨识、抵制并积极举报虚假广告,明明白白消费。

第四节 中国广告法规管理的历史

对广告法规管理做历史考察,应对广告活动发展的历史有所了解。广告伴随商品生产和交换而出现,有5 000多年的历史,经历了古代、近代、现代三个时期。古代广告一般表现为叫卖、实物、音响、旗幌等原始形式。17世纪资本主义工商业的发展开创了广告业发展的新纪元。报刊广告的出现是广告进入近代时期的重要标志。1841年帕默在费城开办了第一家公司,与报纸签约,以折扣批量购买广告版面,再以稍高的价格将版面零售给广告主;1869年,弗兰西斯·艾耶在美国成立了美国现存历史最悠久的广告代理公司;这个时期政府制定了广告法规,对广告活动进行监督管理。进入20世纪,随无线电广播、电视两种新型媒体的诞生和发展,广告进入现代时期。1941年电视机诞生,第二次世界大战以后,电视广告飞速发展;广告业适应工业时代的企业战略、消费者和媒介的变化,不断调整、开拓发展的新领域,并逐步走向成熟。这一时期专营广告公司迅速发展,并形成了跨国广告公司。广告业成为第三产业的重要分支,在国民经济发展中发挥重大作用。这一时期还出现了许多闻名的广告大师,他们提出了许多有价值的广告思想理论,在今天仍有巨大的影响。例如克劳德·霍普金斯于1923年出版《科学的广告》一书,被业界奉为经典;李奥·贝纳强调"与生俱来的戏剧性";罗塞·里夫斯认为每条广告都应该提出自己的USP(即独特的销售主张);大卫·奥格威提出建立品牌形象的主张,广告的重心开始从产品特点转向产品形象或个性;20世纪70年代,特劳特和雷斯强调产品品牌的定位等,广告运作日益科学化。

伴随着广告活动的产生和逐步发展,对广告的监督管理活动和相应的法律规范也应运而生并逐步走向成熟。新中国成立以来,我国广告业逐步发展起来,广告监督管理和广告法制也经历了一个从无到有、从不完善不系统到逐步完善和系统化的曲折的发展历程。广告法规管理的历史某种意义上就是广告法律法规和广告监督管理活动发展、演进的历史。

新中国成立以来,我国广告法规管理的历史沿革大致分为以下几个阶段。

一、国民经济恢复时期的广告法规管理(1949—1952年)

1949年新中国成立后,我国进入了为期三年多的经济恢复时期。这一时期经济工作的中心任务是肃清帝国主义在华的经济势力,没收官僚资本,促使私人工商业朝有利于国计民生的道路发展,迅速恢复国民经济。在这一时期,国家对建国前遗留的广告业进行了整顿和改造,广告法规管理工作主要围绕以下几方面展开。

第一,废除伪法制,建立新的管理法规和机构。当时一些地方的工商局、公用局、文化局担负起了广告监督管理的责任，有的省市如上海、重庆、广州、武汉、天津等先后成立了广告管理机构，制定了一些地方性的广告监管法规、办法、条例。1949年，上海市人民政府发布了《广告管理规则》。1951年，上海市工商局制定了《电台、广播广告及报刊商业性广告管理办法》。1951年重庆市人民政府公布了《重庆市广告管理办法》。1951年，西安市工商局发布了《关于印刷厂商管理暂行办法》。1951年，广州市人民政府颁布了《广州市广告管理暂行办法》。1952年，上海市人民政府制定了《防止利用广告欺骗顾客的办法》。1952年，重庆市人民政府文化局制定了《重庆市广告管理暂行条例》。这些地方性广告监管法规的颁布、实施对恢复国民经济、促进我国广告业的发展起到了重要作用。

第二，整顿私营广告业。主要是政府及其行政管理机关直接管理和利用同业工会进行行业管理。

第三，在媒体管理方面，接管敌伪广播电台和报社，积极开办新中国的广告业务，并对私营商业电台和报社经营广告业务进行组织管理。

第四，组织和领导广告行业配合党的中心工作开展宣传。政治性的公益广告对党的方针、政策起到了良好的宣传作用。

但总的来说，在这一阶段，广告业的发展处于相当低的水平，广告在经济发展中的作用不明显，对广告的法规管理刚刚起步。人们对广告的认识也存在很大的局限性，没有正确地认识广告的作用，有些人视广告为资本主义的产物，这是后来限制和取缔广告的一大原因。

二、第一个五年计划时期的广告法规管理（1953—1957年）

1952年党提出了“使中国稳步地由农业国变为工业国，由新民主主义国家变为社会主义国家”的过渡时期的总路线，从此我国进入了第一个五年计划的大规模经济建设时期。这一时期广告法规管理工作主要围绕以下几个方面开展。

第一，对私营广告业进行社会主义改造。在全国各地建立了许多国营和公私合营的广告公司。如上海把全市的广告业改组为5个公私合营的广告公司和1个广告美术社，成立了中国广告公司上海分公司；天津市1951年把全市广告业合并为广告总站，后改名为天津市美术设计公司；北京成立了北京市美术公司；广州也成立了广州市美术公司。

第二，广告的服务对象、宣传内容和宣传效果发生了巨大变化。公私合营后，广告的主要内容是宣传过渡时期的路线、方针和第一个五年计划的主要内容，以及社会主义改造政策，广告成为社会主义政治宣传的重要工具。广告的形式以标语、路牌、口号为多。全行业公私合营后，由于实行统购统销，产品供不应求，广告行业不景气，以致部分城市取消了商业广告。

第三,地方政府的各有关部门补充、修订原有的广告管理法规,开展和改进对广告活动的管理。各地针对广告业发展的不同情况,制定了一系列广告管理措施和管理办法。例如 1954 年广州市发布了《广告管理办法》,共 10 章 38 条,它比 1951 年的《广州市广告管理暂行办法》更为具体、全面;天津市于 1955 年修改了《天津市广告管理暂行办法》,补充了各种医药广告、社会广告、公共娱乐场所设置的广告等方面的规定。这一时期的广告管理法规对违反规定的广告行为的处罚办法作了详细的规定,还加强了对香烟、药品、文教用品、照相器材和缝纫机等工业品传单广告的管理等。

第四,开展与国外广告界的业务交流。1957 年中国派观察员赴布拉格参加了欧洲等 13 国代表出席的国际广告工作者会议,进行了广告工作的国际性交流,使我国广告工作者深受启发。

三、"大跃进"和国民经济调整时期的广告法规管理(1958—1965 年)

由于对社会主义建设的经验不足,对经济规律和中国经济发展状况认识的不充分,导致了 1958—1960 年的"大跃进"和人民公社运动。此后党又制定了"调整、巩固、充实、提高"的经济发展方针,使国民经济在主要比例关系严重失调的情况下,得到了恢复和发展。这一时期的广告法规管理主要有以下几个方面。

第一,广告业的发展带有很浓的政治色彩。1958 年初"大跃进"开始,产品无论品种、质量、价格,全部由商业部门包销,出现了"工业不姓工,商业不姓商,大家都姓国"的现象,正常的流通渠道被堵塞。政治宣传和商业广告混杂在一起,一度使广告营业额畸形膨胀。广告数量、广告费用的大幅度上升,主要是靠行政手段在推动。商业广告主要由商业部主管。1959 年 5 月,商业部发出了《关于加强广告宣传和商品陈列工作的通知》,要求对外开放城市整顿和加强商业广告和商品陈列工作,使商业广告在短期内呈现出繁荣景象。但在 1959 年以后,商品奇缺、广告业凋零,广告营业额急剧下降,广告管理机构松懈,广告管理活动萎缩。直至 1960 年中央进行经济调整,国民经济得以恢复和发展,广告随之有了一定的发展。与此同时广告管理办法和制度开始恢复,有的城市还发布了新的管理规定,促进了广告业的发展。

第二,制定、修订了一系列广告管理法规及政策。这一时期,除各地方根据形势情况的变化修改、制定了一些地方性广告法规外,国家也制定了有关广告管理办法。地方性的广告法规如广州市工商局对原广告管理办法进行修改,于 1958 年 6 月公布了修改后的《广告管理办法》;1959 年,广州市工商局又发布了《广告经营管理补充规定》,明确规定了广告费用问题;1960 年,天津市公布了《天津市中、西药品广告宣传管理暂行规定》;1961 年,天津市发布了《关于仍由公用局管理广告的通知》；1963 年，上海市发布了《管理广告美术个体户》暂行办法；1965 年，天津市发布了《霓虹灯安排处理暂行办法》；与此同时，商业部、铁道部于 1958 年联合发布了《关于在铁路、车站及客车可做商业广告的联合通知》，规定允许在车站内外陈设广告，在车厢的图书、杂志、硬书夹、棋盘、扑克盒、餐车食谱、壁挂、风景画等均由广告公司负责供应，车厢内的广告，铁路部门一律不收费。此外，商业部于 1959 年主持召开了部分城市商业广告会议，提出了管理商业广告的方针政策。内容包括：在社会主义制度下，商业广告是经常向人民群众如实地介绍商品，指导人民消费的基本方法。商业广告应当具有社会主义思想性、政策性、真实性、艺术性，反映民族风格，做到真实、美观、实用、经济，并且要贯彻执行党和国家的路线、方针、政策，使社会主义广告水平不断提高。这些广告法规和政策的实施，加强了对广告的管理，在一定程度上促进了我国广告业的发展。

第三，各经济行政主管部门联合开展广告监督管理。商业部主管对商业广告的监督管理，各地方政府所属的经济行政主管机关也联合对广告活动进行监督管理。这种监管方式在一定程度上减轻了由于行政主管机关的限制而造成的对完整广告活动的分割，这也是我国广告监督管理事业发展过程中的一种创新和进步。

第四，明确对外商来华广告管理的办法和管理部门。在经济恢复时期，我国有 45 个城市对外开放，来华广告日益增加，为了加强对来华广告的监督管理，外贸部、商业部、文化部、国家工商行政管理总局于 1958 年联合发布了《关于承办外商广告问题的联合通知》，通知规定：外商来华广告由上海市广告公司、天津市广告美术公司、广州市美术装潢公司承办；地方商业局和工商行政管理局领导广告公司的业务活动，广告公司的主要任务是经办艺术性和事务性的工作，不主动招揽外商来华的广告业务，不签订长期的固定合同，佣金可以由 20% 提高到 35%，由国内外广告公司平分；各报刊不允许直接对外接洽广告业务。

四、十年动乱时期的广告法规管理(1966—1976 年)

1966 年，我国开始进入第三个五年计划时期，并发动了史无前例的“文化大革命”。在所谓的“破四旧”的口号下，广告被贬为资产阶级的产物和资产阶级腐朽思想和消费观的体现，广播电台和报纸杂志不准发布商业广告，《人民日报》等报刊只刊登少量的文化广告，广告事业遭到严重摧残，陷入瘫痪、凋敝的状况。广告法规管理工作也遭到严重破坏直至取缔，广告管理机构被撤销，有关广告的立法一片空白，大量广告管理的档案资料被销毁或散失。

五、党的十一届三中全会以来的广告法规管理(1978 年至今)

1976 年 10 月“文化大革命”结束，我国进入了一个新的历史发展时期。但由于"左"的思想的影响,经济工作出现的失误,广告业并没有解冻,广告法规管理工作也仍处于窒息状态。

1978年12月,党的十一届三中全会胜利召开,标志着我国进入了一个以经济建设为中心的新的历史时期。1987年,党的十三大报告提出了初级阶段理论,指出我国正处于社会主义初级阶段,还需要大力发展商品经济;党的十四大进而提出我国要建立和完善社会主义市场经济体制的目标;直至党的十五大,进一步勾画了我国高举邓小平理论伟大旗帜,全面建设社会主义市场经济的宏伟蓝图;2002年11月,党的十六大以"三个代表"重要思想(即中国共产党必须始终代表中国先进生产力的发展要求,代表中国先进文化的前进方向,代表中国最广大人民的根本利益)为灵魂和主线,总结了改革开放以来,特别是十三届四中全会以来的巨大成就和宝贵经验,确立了全面建设小康社会,开创中国特色社会主义事业新局面的奋斗目标;2004年9月,党的十六届四中全会做出《中共中央关于加强党的执政能力建设的决定》,提出坚持以人为本、全面、协调、可持续发展的科学发展观;2005年10月,党的十六届五中全会审议通过了《中共中央关于制定国民经济和社会发展第十一个五年规划的建议》(以下简称《建议》),《建议》坚持以科学发展观统领经济社会发展全局,推进社会主义和谐社会建设,描绘了我国"十一五"时期经济社会发展的宏伟蓝图。20余年以来,在党的路线方针政策的正确指引下,我国的经济建设迅速发展,呈现一派繁荣景象。广告业也随着市场经济确立、发展的进程而逐步解冻、复苏,并取得日新月异、翻天覆地的变化与发展,在社会主义市场经济建设中发挥着越来越重要的作用。随着广告业发展规模的初步形成,广告法规建设和广告监督管理水平也不断完善和提高,广告监督管理日益呈现出法制化、组织化和体系化的特点。

(一)广告法律法规越来越健全

广告管理法规是广告管理的主要依据。尤其是在社会主义市场经济条件下,市场经济是法制经济,广告管理法规的健全程度可以视为广告发展及广告监管水平的一个标志。十一届三中全会以来,随着广告业的恢复和不断发展,广告管理法规日益健全,极大地促进了我国广告监督管理水平的提高。以1994年《中华人民共和国广告法》(简称《广告法》)出台为界限,可以将十一届三中全会以来的广告监督管理的法制建设分为两个阶段。

第一阶段:十一届三中全会以后,到《广告法》出台之前,我国广告法制建设随广告业恢复和发展的需要取得了实质性进展。

1979年11月,中共中央宣传部发出了《关于报社、广播电台、电视台刊登和播放外国商品广告的通知》。通知提出"广告宣传要着重介绍四化建设中可借鉴参考的生产资料,消费品除烟酒外,也可以刊登",并要求"调动各方面的积极因素,更好地开展外商广告业务”。通知肯定了广告的积极作用,允许在我国刊登国外商业广告。这对恢复和发展报纸、杂志、广播、电视广告起到了重要作用。中央广播电台于1980年1月起开办广告节目,中央电视台于1981年12月也首次发布了美国的威斯汀豪斯汽车广告。

1982年2月6日,国务院发布了我国第一部全国性、综合性的广告法规《广告管理暂行条例》。这标志着我国的广告管理工作进入了一个新的时期。同年4月,国家工商行政管理总局为贯彻该条例,又制定了《广告管理暂行条例实施细则》,这个细则对《暂行条例》的内容作了详细、具体的规定,有力地保证了《暂行条例》的实施。依据以上两部法规,各地广告监督管理机关对广告业进行了一次清理整顿,有效克服了广告业在恢复发展的起步阶段中出现的一些混乱现象。

为进一步规范广告活动,国家工商行政管理总局还单独或会同国务院其他有关部门先后颁布了十多个单行广告行政规章,分别就烟酒广告、药品广告、食品广告、文教卫生、社会广告、赞助广告、体育广告等问题作出专门规定。如1983年财政部、国家工商局联合发布了《关于企业广告费开支问题的若干规定》,规定企业的广告宣传要注意讲究经济效益,节约开支。严禁以广告为名,向任何单位和个人赠送产品、实物或资助,等等。1985年4月,国家工商局、文化部、商业部、中国人民银行、国家体育运动委员会联合发布了《关于加强对各种奖券广告管理的通知》,规定禁止刊播工商企业有奖销售和单位、个人有奖募捐的广告。1986年11月,国家工商局、国家体育运动委员会联合发布《关于加强体育广告管理的暂行规定》,对体育广告的范围、代理费用、内容、广告形式等方面作了明确规定。1987年3月,卫生部、国家工商局联合发布了《关于进一步加强药品广告宣传管理的通知》,强调一切药品广告都必须经有关行政主管部门审批,未经批准,一律不准刊播,要严格审查把关,使药品广告做到真实、科学、准确。

随着广告业的发展,《广告管理暂行条例》中某些规定已不适应形势的要求。在总结经验的基础上,吸收广告管理单行法规的有关内容,借鉴国外广告管理的有益经验,国务院于1987年10月26日发布了《广告管理条例》,使我国广告管理法规得到了进一步发展和完善。它不仅为广告管理提供了更为全面、具体的法律依据,而且用行政法规的形式把广告宣传和广告经营的行为规范确立下来,为广告事业的健康发展提供了法律保障。与《广告管理暂行条例》相比,它鲜明地体现了“宏观管住、微观搞活”的指导思想和管理原则。在加强宏观管理方面,《广告管理条例》扩大了广告管理的范围,把通过各种媒介或形式在中华人民共和国境内发布的广告均纳入管理范围之内;突出了对虚假广告和非法经营广告的监督管理;增加了对广告违禁行为和违禁内容的规定;确立了更为明确具体的广告证明制度;严格了广告违法行为的法律责任,还规定了广告行政复议制度。在微观搞活方面,放开了对广告时间、版面的限制;将广告费用纳入市场调节的范围;取消了过去不允许个体户经营广告的限制,等等。为了进一步贯彻执行《广告管理条例》,国家工商局于1988年1月发布《广告管理条例施行细则》。

为了进一步整顿广告经营秩序,规范各类广告宣传,国家工商局会同国务院有关部门又制定了十几个单行广告管理规章,如1987年12月,会同国家医药管理局联合发布《关于加强五种医疗器械产品广告管理的通知》。1988年1月会同广播电影电视部联合发布《关于进一步加强电视广告宣传管理的通知》。1988年12月发布《关于整顿广告经营秩序、加强广告宣传管理的通知》。

第二阶段:《中华人民共和国广告法》发布,也就是1994年至今,是广告法制建设突飞猛进发展的新阶段。

《广告法》发布后至目前,具有中国特色的广告法制体系可以说已初具雏形。这一时期,在立法上开始注重兼顾广告市场的规范和广告业自身的快速发展,促进广告业在经济和社会生活中发挥出积极的作用;在法制建设的具体实践中,注重学习和借鉴发达国家的广告立法和监管的经验,并注重与中国具体国情和广告业发展的实际状况和需要的有机结合。在广告监督管理的基本法——《广告法》的制定方面,就充分体现了上述特点。该法从1990年开始酝酿,1991年开始起草,1994年10月27日,由第八届全国人民代表大会常务委员会第十次会议通过,并于同日公布,自1995年2月1日起正式施行。《中华人民共和国广告法》是我国建国以来所制定、颁布的一部最系统、最完整,且具有最高法律效力的广告法律。《广告法》的颁布是我国广告立法及管理历史上一件具有里程碑意义的大事,标志着我国广告法制建设进入了一个新的历史时期。《广告法》颁布、实施以来,国家工商总局于1998年和2004年11月对《广告管理条例施行细则》进行了修订,并会同有关行政部门制定发布了大量广告监督管理的行政规章和规范性文件,范围涉及广告经营资格、广告审查标准、审查办法、印刷品广告、店堂广告、户外广告管理以及酒类、烟草、加工承揽、房地产、食品、药品等特殊商品和服务广告的监督管理等多方面内容,各地省级人大、政府也制定了地方性广告监督管理法规、规章20多项,这些法规、规章具有很强的针对性和操作性,为保证《广告法》的贯彻实施起到了重要作用,并成为我国广告法制体系的重要组成部分。尤其值得一提的是,2003年《行政许可法》颁布前后,国家工商总局积极按照国务院清理行政审批工作要求和《行政许可法》精神,对广告监管方面涉及的行政审批事项和相应行政规章进行清理,废止、修订或重新制定、发布了一批行政规章或规范性文件。如发布了新的《广告管理条例施行细则》、《关于按照新修订的〈广告管理条例施行细则〉调整有关广告监管规章相应条款的规定》、《广告经营许可证管理办法》、《印刷品广告管理办法》、《外商投资广告企业管理规定》等规章,取消了广告企业经营审批、临时性广告经营活动审批、店堂广告备案、药品等8大类印刷品广告登记、自费出国留学中介广告审批、因私出入境中介广告审批、牌匾广告登记等广告行政审批事项。国家工商总局还积极探索和完善新形势下行之有效的广告监管制度,形成了广告监测工作、广告执法办案协调工作、广告审查员管理工作等方面的指导意见。与广告监管相关的其他行政主管部门也积极参与广告的法规建设和监管实践。如国家广播电影电视总局2003年8月发布《广播电视广告播放管理暂行办法》,成为规范广播、电视媒体广告的重要依据;国家食品药品监督管理局针对保健食品广告较为突出的违法情况,制定发布《保健食品广告审查暂行规定》,对保健食品广告实行出证管理;2006年3月施行的信息产业部《互联网电子邮件服务管理办法》对发送含有商业广告内容的互联网电子邮件行为进行了规范。总之,经过十余年的发展,我国已基本形成了以《广告法》为核心的,比较系统、全面的广告监督管理法律体系,为实施广告监管,规范广告行为,促进广告业健康发展提供了强有力的法律依据和保障。

（二）广告法规管理由过去的分散状态转变为相对统一的状态

1980年,国务院决定由当时的国家工商行政管理局管理全国广告,我国的广告法规管理由过去的分散管理步入一个相对集中统一的管理时期。1982年4月,国家工商总局首次在北京召开全国广告工作会议,对各地设立广告监管机构、进行广告行业整顿提出了明确要求。此后全国工商行政管理系统不断探索加强广告监督管理工作,健全和完善广告监管的工作制度和机制。

（三）广告监督管理的自律体系形成

广告行业自律,就是广告业的自我教育、自我约束、自我规范,是广告业发展到一定阶段的产物,也是广告业发展成熟的表现。1981年成立的对外经济贸易广告协会和1983年成立的中国广告协会是我国广告行业的自律组织,继这两个全国性的广告行业组织成立后,地方性的广告协会纷纷成立,制定了中国广告协会自律规则,如《中国广告协会自律规则》、《广告活动职业道德规范》、《广告宣传精神文明自律规则》等。这些行业组织和行业自律规则构成了广告管理的自律体系,与广告法规管理相辅相成,不可或缺。

（四）广告法规管理对广告业发展的指导、规划与促进作用增强

广告法规管理在发挥规范广告业发展作用的同时,其对广告业发展的指导、规划、促进的功能日益凸现,这是广告管理活动的根本目的所决定的。1993年7月,当时的国家工商局会同国家计委联合发布了建国以来第一部广告业发展的规划纲要——《关于加快广告业发展的规划纲要》,指出了我国广告业发展的状况和主要问题;确立了广告业发展的目标和重点;制定了促进广告业发展的主要政策措施等,集中体现了广告法规管理对广告业规划、促进、指导作用的增强。

问题与思考

1. 试述广告的含义和广告的分类。
2. 如何理解广告法规管理的含义？
3. 广告监督管理的内容和原则是什么？
4. 我国广告行政监管的职能和特点是什么？
5. 试述广告行业自律的特点和与广告行政监管的关系。
6. 试述加强对广告业的社会监督的重要性。
7. 试述如何进一步完善我国的广告监督管理体制。
8. 试述党的十一届三中全会以来我国广告法规管理的特点。

第二章　广告活动主体

广告活动主体主要包括广告主、广告经营者和广告发布者三方面。监督、规范广告活动,是广告法规管理的重要方面。对广告活动主体情况的把握,是对广告活动实施法规管理的基础和前提。本章内容着重介绍广告活动的三方主体——广告主、广告经营者、广告发布者的发展状况和在广告活动中所应承担的广告法律规定的基本义务。

第一节　广　告　主

一、广告主的概念和特征

广告主,根据《广告法》第二条的规定,是指为推销商品或者服务,自行或者委托他人设计、制作、发布广告的法人、其他经济组织或者个人。从《广告法》对广告主的界定中,可以分析广告主在广告活动中具有以下法律特征:

第一,广告主是广告活动意向的发出者。广告活动的目的在于推销广告主的商品或者服务;

第二,广告主可以是企业、事业单位、社会团体等法人和不具法人资格的其他经济组织、自然人等。

第三,广告主一般委托他人,即指广告经营者,通过一定的广告媒介进行广告宣传,并向广告经营者支付广告费用。广告主和广告经营者之间在一般情况下表现为因委托而产生的代理关系,对广告共同承担连带的法律责任。

第四,广告主也可以利用可能的条件和机会,不通过广告经营者,在自有媒体上进行自我宣传,这种自我宣传也是广告。由于这种宣传形式没有通过广告经营者参加,不存在广告经营的问题,所以对这种广告的管理只限于广告内容和发布形式的管理,广告主对广告承担一切法律责任。

二、广告主与广告业之间的关系

这里的广告主,尤指以企业为代表的广告投入主体,广告主的发展与广告业的发展之间相互依赖,密切相关。

首先,广告主在广告业的发展中具有举足轻重的作用。具体体现在以下两

方面:

一是广告主的发展状况影响广告业发展的总体规模和水平。广告的投向、分布基本可以反映出消费和行业发展的动向。人们说广告是经济发展的晴雨表、航标灯,也就是意味着我们可以从广告业发展的情况来反观有关产业的发展状况和经济的景气程度。分析近年的行业广告投放情况,可以发现,随着行业热点发生转变,行业广告投入的排序也随之发生新的变化。例如,2005 年药品、食品广告投放量从 2004 年的第二、三位升至第一、二位,药品行业广告投放额达 141.1 亿元,占总额的 9.96%,食品行业广告投放额达 137 亿元,占总额的 9.67%。房地产广告则受国家房地产宏观调控政策措施的影响,其投放额由 2002 年以来连年的第一位降至第三位。2005 年农资行业和金融保险行业的广告投放额增长幅度分别达到 63.97%、52.97%,增幅排名第一、第二位。究其原因,国家高度关注“三农”问题,全面实行免收农业税,极大地带动了农资市场的兴旺,从而带动了整个行业的广告投放;同时 2005 年我国金融保险市场的开放步伐进一步加快,金融保险业体制改革不断深入,行业竞争日益加剧,金融保险业的广告投入必然随之放大。另外我国广告营业额的行业集中度相对较高,据专业部门分析,长期以来我国广告投放额的 70% 以上集中于食品、药品、医疗、房地产、家用电器等 12 个行业,随着新兴行业的出现,广告投放逐步向金融保险、信息产业、家居建材等行业发生转移。从此意义上,广告业作为一种特殊的服务产业,对其他产业的发展和市场的整体景气状况具有很大的依赖性。

二是广告主在具体广告活动中,作为委托方和出资人,具有对广告活动的决策权。广告主是参与广告经营活动的一方当事人,是广告的出资者和广告内容和形式的最终决策者。他们对广告提供了资料,提出广告宣传的方向、目的和要求。广告经营者围绕广告主的意向实施具体的策划、安排。在市场竞争愈发激烈、市场营销手段越来越多元化的情况下,广告主的整合营销趋势越来越明显。例如 2005 年蒙牛集团和湖南卫视联手打造的“超级女生”活动成为市场整合营销的经典范例。在此活动中,蒙牛集团通过对“超级女生”节目的冠名赞助,将代言人广告、电视推广、网络和短信营销、销售终端促销等复合营销手段和方式相整合,取得了产品销售量和品牌价值的大幅度提升,显示了广告主借助传媒力量进行整合营销的惊人力量。目前虽然广告仍是广告主进行市场营销的最主要手段,但广告主在广告上的投入被市场公关、终端推广、业务咨询、互动营销等其他多样化的市场营销手段所分解和分流,广告主对广告营销的效果也提出了更高要求。

其次,广告业的发展对作为广告主的各行各业发展具有促进和推动作用。广告业的发展能够促进加速市场的流通,对市场有明显的“消食化积”作用。据有关方面数据,2002 年我国 86% 的商品种类供过于求,国内的库存积压商品总值高达

4 万亿元之巨。广告业的发展能够刺激和引导消费，为广告主提供更好地树立品牌、开拓市场的武器，带动相关行业的发展。从此意义上，企业的发展对广告存在依赖性，广告主对广告业的发展具有依存关系。

再次，广告业有其自身的运作规律，贯穿于广告活动实施全过程的各个环节，例如广告的设计、制作，广告的媒体投放等都具有一定的专业性和科学性。为达到广告主所要求的广告宣传目的，广告经营者在广告主的委托范围内，可以按照自己的意愿实施广告活动的具体操作环节，具有相对的独立性。

三、广告主在广告活动中的基本义务

广告主在广告活动中具有重要的地位和作用。实施广告法规管理，必须按照法律法规的规定，对广告主的广告活动进行一定限制和约束，确保广告主在其广告活动中履行一定的义务。这对保护消费者利益，充分发挥广告的作用，以及维护广告宣传的正常秩序十分必要。

广告主的基本义务是指广告主在参与广告活动的过程中，根据广告法律规定，应当承担为一定行为或不为一定行为的责任。广告主的广告活动是为了达到一定的宣传目的，享有广告宣传的效果，但是，广告主的宣传目的、宣传方式和宣传内容等必须合法，否则，不仅损害他人的利益，而且必须承担相应的法律责任，从而最终会给自己的经营造成损失。一般来说，广告主的义务主要有两个方面：一是提供证明广告符合法律规定要求的材料的义务，二是保证广告活动（包括广告的形式、广告的内容等）遵守法律规定的义务。具体来说有以下内容。

第一，广告主的广告宣传内容必须在其经营范围或国家许可的范围内。广告只能为广告主在经营范围或国家许可的范围内的合法活动服务。广告的内容也必须在广告主的经营范围或国家许可的范围内。

第二，广告主委托广告经营者承办或代理广告业务，应当与广告经营者签订书面合同，明确各方的责任。合同中委托的广告活动必须合法，包括广告内容和广告形式都要合法。在广告主委托广告经营者的代理合同中，还要明确授权范围，即明确广告代理人的工作范围，以便于广告经营者在广告主授权的范围内从事广告经营活动，也便于区分双方的责任。

第三，广告主应当对其发布的广告内容提供真实、合法、有效的证明文件、资料，对于发布广告需要经有关行政主管部门审查的，还应当提供有关批准文件，务必保证广告内容真实、客观、合法。广告主对广告宣传内容的要求得到有效证明的前提下，广告经营者才能在真实、合法的范围内发挥，使广告宣传更加有效。

第四，广告主应当遵守诚实、信用、公平竞争等市场经营的基本原则从事广告宣传活动。广告主要按照法规的规定，认真履行自己的各项义务，按照广告合同的

约定,如期履行合同确定的责任；不得利用广告宣传诋毁竞争对手,如利用广告,将自己的产品或者服务和其他同类的产品或者服务用直接或者间接比较的方法提高自己,贬低同类产品或服务、故意制造或者散布有损于其他竞争对手的商业信誉和企业形象的虚假信息；不得发布含有奖金金额超过5 000元内容的不正当有奖销售广告；不得利用广告宣传损害用户或消费者的合法权益。

本节参考附录:

表2-1 2003—2004年广告投放行业分布 单位:亿元、%

项目	2003年广告投放额	2004年广告投放额	与2002年比	与2003年比	2003年占总额比	2004年占总额比	2004年排序
房地产	159.15	125.32	156.97	78.74	14.75	9.91	1
药品	127.48	122.39	134.16	96.01	11.82	9.68	2
食品	100.37	107.04	108.45	106.65	9.30	8.46	3
化妆品	73.01	86.70	110.27	118.75	6.77	6.86	4
家用电器	88.00	76.51	111.76	86.94	8.16	6.05	5
医疗服务	52.54	62.10	107.29	118.20	4.87	4.91	6
汽车	47.33	59.29	116.89	125.28	4.39	4.69	7
保健食品	—	48.07	—	—	—	3.80	8
酒类	44.01	36.80	127.09	83.62	4.08	2.91	9
服务业	—	35.53	—	—	—	2.81	10
服装服饰	44.23	28.54	179.50	64.53	4.10	2.26	11
信息产业	—	27.80	—	—	—	2.20	12
医疗器械	31.86	26.78	100.03	84.04	2.95	2.12	13
烟草	13.23	17.86	143.96	134.99	1.23	1.41	14
招生招聘	—	14.52	—	—	—	1.15	15
金融保险	—	13.15	—	—	—	1.04	16
农贸	—	4.72	—	—	—	0.37	17
其他	—	371.43	—	133.91	—	29.37	—

(数据来源:国家工商总局,《现代广告》杂志)

第二节　广告经营者

一、我国广告经营者的概念和分类

(一) 广告经营者的概念

关于广告经营者的概念,根据《广告法》第二条规定,“本法所称广告经营者,是指受委托提供广告设计、制作、代理服务的法人、其他经济组织或者个人。”在广告活动中,广告经营者为广告主提供广告设计、制作和代理服务。广告设计,是指根据广告目标进行的广告创意、构思,广告中的音乐、语言、文字、画面等经营性创作活动;广告制作,是指根据广告设计要求,制作可供刊播、设置、张贴、散布的广告作品等的经营性活动;广告代理,是指广告经营者接受广告主或广告发布者委托从事的广告市场调查、广告信息咨询、企业形象策划、广告战略策划、广告媒介安排等经营活动。

(二) 我国广告经营者的主要类型

目前,我国的广告经营者从所有制形式来看有国有、集体、个体私营、外商投资、联营、股份制企业等。

从经营规模来看,有注册资金几百万元以上、广告年营业额几千万甚至数亿元的综合型广告公司,也有散兵游勇式的小型广告公司。

按照组织形式和业务性质划分广告经营者,具体可以分为以下几种。

1. 综合型广告公司

它是指具有为广告主提供市场调查、广告策划、广告效果测定及设计、制作、代理等全面服务能力的广告公司。包括有限责任公司、股份有限公司、中外合资公司和中外合作公司等多种经济形式的企业。

2. 广告设计、制作公司

它是指专门从事影视、广播、霓虹灯、灯箱、路牌、印刷品、礼品等广告的设计制作的公司。

3. 兼营广告的企业

它是指具有发布媒介的兼营广告的企业。如经营书刊、音像制品等出版物的单位及具有广告发布媒介的商场、宾馆等兼营广告的设计、制作的企业。

4. 兼营广告的媒介单位

它是指利用电视、广播、报纸、杂志、场(馆)等媒体设计、制作、发布广告的电视台、广播电台、报社、杂志社、体育场(馆)、文化馆等。

5. 个体广告经营户

它是指在法律允许范围内,依法进行核准登记,从事广告业经营的个人。

6. 外资广告公司

它是指具备设立综合型广告公司或设计、制作广告公司条件的中外合资、中外合作及外商独资的广告公司。根据我国加入 WTO 后对广告市场开放的承诺,2005 年 12 月 10 日以后,允许外国广告商在华设立外商独资子公司。外资广告公司与综合型广告公司在分类上有所重合,由于其在设立程序、业务运作等方面具有一定的特殊性,因此将其单独列为一种类型。

二、我国广告经营者的发展状况

(一) 各类广告经营主体持续快速发展,广告经营的前景看好

1992—1993 年,受改革开放形势的影响,我国出现了前所未有的"广告热",广告经营单位在 1992 年上升 162.7%,次年上升 263.69%;广告从业人员 1992 年上升 93.6%,次年上升 154.8%;广告公司的营业额 1992 年上升 162.7%,次年上升 263.6%。随后广告经营进入相对平稳的发展期,广告经营额以每年 20% ~50% 的速度递增(我国近年广告经营额增长情况见下图 2-1,数据来源:国家工商总局)。至 2005 年底,全国广告经营单位达 125 394 户,广告经营额达 1 416.3 亿元,比 1993 年的 134 亿元增长 956.72%;在广告经营主体数量、广告经营额快速增加的同时,广告经营主体的规模不断扩大,创意水平和服务能力大大提高。中国广告业已形成了一个跨地区、跨部门、多系统、多层次、多种所有制共同发展的格局。

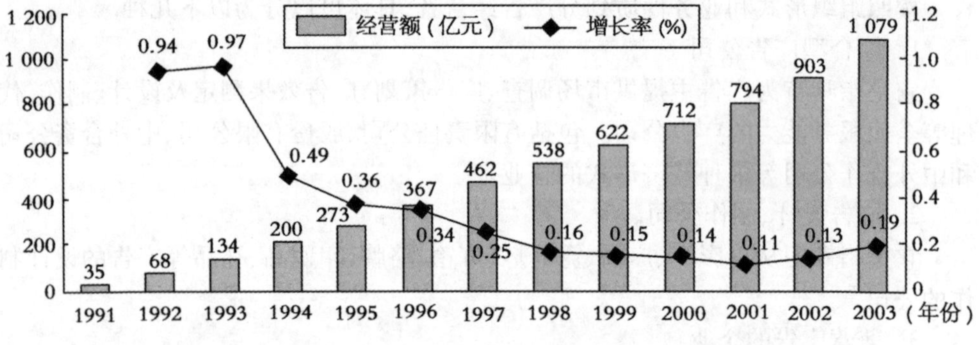

图 2-1 1991—2003 年中国年度广告经营额与增长率变化情况

我国广告业在经历了长期高速增长的历程后,目前已进入理性的发展时期,发展前景可观。自 1998 年起,我国广告营业额增幅开始低于 20%,增幅明显趋缓,同时 2003 年广告营业额突破 1 000 亿元大关,占 GDP 的比重上升至 0.924%。有学者总结发达国家经验认为,广告营业额占 GDP 的比重在 0.5% ~1% 是广告业的起飞期,比重在 1% ~2% 是广告业的成长期。因此我国广告业的发展是在取得质的飞跃后,进入了一个新的发展层次和阶段。据预测,在宏观经济向好的情况下,

2010 年我国广告业的营业额将突破 2 000 亿元。

（二）专业型广告公司异军突起，成长为我国广告业发展的中坚力量

自 1978 年我国广告业恢复和发展以来，直至 20 世纪 90 年代初，专业的广告公司逐渐崭露头角，尤其自 1993 年起，广告公司异军突起，广告公司的户数、从业人员数及广告经营额等大幅上升。1994 年至 2005 年，广告公司的户数由 1994 年的 1.83 万户上升至 2005 年的 8.43 万户，增长 360.66%，广告公司户数占营业单位总数的比例由 1994 年 42.56% 上升至 2005 年的 67.2%；广告公司从业人员从 1994 年的 21.9 万人增长至 2005 年的 65.59 万人，增幅达 199.5%，占广告从业人员总数的比例由 1994 年的 53.4% 上升至 2005 年的 69.7%；广告公司营业额从 1994 年的 70.6 亿元上升至 2005 年的 615.4 亿元，增幅 771.7%，超过电视广告、报纸广告经营额之和，占广告营业总额的比重由 1994 年的 35.3% 上升至 2005 年的 43.5%。近年来广告公司的发展某种程度上动摇了媒介在我国广告业发展中长期占据的强势地位。从下表 2-2《2003—2004 年广告企业与媒介单位发展情况》中，可以看出广告公司相比媒介单位在户数、经营额的绝对数和相对数上均居于优势，广告公司正逐步取代广告媒介的地位，成为我国广告业发展的重要的中坚力量。

表 2-2 2003—2004 年广告企业与媒介单位发展情况

单位：户，%，亿元

项目	2003 年户数	百分比	2004 年户数	百分比	2003 年营业额	百分比	2004 年营业额	百分比
广告公司	66 353	65.19	76 210	67.14	444.84	41.24	565.30	44.70
兼营广告企业	13 543	13.31	13 105	15.55	54.64	5.07	46.21	3.65
电视台	2 924	2.87	2 750	2.42	255.04	23.64	291.54	23.05
报社	2 225	2.19	1 955	1.72	243.01	22.53	230.72	18.25
电台	658	0.65	714	0.63	25.57	2.37	32.93	2.60
杂志社	4 009	3.94	4 006	3.53	24.38	2.26	20.37	1.61
其他	11 793	11.59	14 768	10.39	28.43	2.64	77.48	6.13

（数据来源：国家工商总局，《现代广告》杂志）

（三）广告经营的竞争日益激烈，开放、公平、规范、有序的竞争秩序有待建立

随着市场经济的发展，广告经营主体在数量上迅速“扩容”，广告公司之间对客户和媒介的争夺日益激烈。激烈的市场竞争一方面有利于发挥优胜劣汰、适者生存的市场法则，催生出符合市场要求的经营主体，另一方面也容易孳生不正当竞争等短期市场行为，扰乱广告经营和行业发展的正常秩序。据近年来的广告统计数据，广告公司数量的增幅远高于营业额的增幅。例如 2005 年底，广告公司在数量增长10.6%

的同时，营业额仅增长 8.9%，增幅较上年下降 18.1%，并首次出现个位数的增幅。这表明广告公司的整体利润水平下降，广告公司的发展面临新的压力。一方面中国广告市场长期存在的“媒介强势”、“广告公司零散化经营”、“夹缝中生存”、“零代理竞争”等突出问题直接束缚了广告公司的长足发展，另一方面，外资广告业的大举进入使广告市场的竞争更加激烈，并不可避免给本土广告业的生存、发展带来新的挑战。因此建立开放、公平、规范、有序的行业竞争规则和秩序，将对广告公司的经营前景产生重要影响。

（四）我国的广告经营发展呈现明显的不平衡性

我国广告经营的不平衡性主要体现在：

一是不同经济类型广告企业发展的不平衡。在我国广告业发展的多种所有制形态中，国有企业、个体私营企业、外商投资企业呈三足鼎立之势。从广告经营单位的户数上看，2004 年个体、私营企业单位户数达 76 916，比上年增长 25.32%，占经营单位总户数的67.76%，2005 年则继续增长 17.5%；2004 年国有企业数量为 6 024 户，比上年减少 13.26%，2005 年则继续减少至 5 662 户；外商投资企业的户数则连年呈上升态势，2005 年底广告市场对外资全面开放，外资企业户数增幅高达 24.6%，达 461 户。从广告经营单位的营业额上看，2004 年个体、私营企业单位营业额增长 36.48%，外商投资企业营业额增长 56.06%，国有企业营业额基本持平；2005 年个体、私营企业营业额增长 9.4%，外商投资企业增长 27%。总的看来，外商投资广告企业以 0.37% 的企业数，实现了 12% 的总营业额，显示了强劲的实力，而内资广告企业小而散的经营格局以及粗放式的、缺乏核心竞争力的经营状况注定面临新的洗牌。

二是不同地区广告经营发展状况的不平衡。长期以来，我国广告经营的重心集中于东部沿海地区，广告营业额在地区分布上呈现出高度集中的特点。北京、上海、广东三地广告经营额之和一直以来占据全国广告经营总额的“半壁江山”，2005 年达 51.13%，沿海地区（北京、天津、河北、辽宁、上海、江苏、浙江、福建、山东、广东、广西、国家局直管单位）广告营业额一般占全国广告营业总额的 80% 左右，2003 年居前十位的省、自治区、直辖市（北京、广东、上海、江苏、浙江、山东、天津、四川、辽宁、福建）广告营业额之和占总额的 78.14%（2002 年为 78.40%）。从下表 2-3《2003—2004 年各省、自治区、直辖市广告经营额分布》中可以看出，2003、2004 两年全国分别有 29 和 24 个省市广告经营额取得增长，西部地区的增长尤为迅速，例如西藏，占广告经营总额的比重由 0.02% 上升到 0.14%，排名由第 31 位上升至第 28 位。但西部地区所占的广告份额仍徘徊在 10% 左右，与沿海经济发达地区的差距十分显著。我国广告业的重心仍在东部，我国广告业发展的地区不平衡性特征还非常明显。

表 2-3 2003—2004 年各省、自治区、直辖市广告经营额分布

单位:万元 ,%

地区	2003 年营业额	与 2002 年比	与 2003 年总额比	2004 年营业额	与 2003 年比	与 2004 年总额比	2003 年排序	2004 年排序
北京	2 053 987.68	138.98	19.04	2 155 351.29	104.93	17.04	1	2
天津	374 120.96	126.94	3.47	451 573.57	120.70	3.57	7	7
河北	89 454.79	95.90	0.83	99 341.43	111.05	0.79	23	22
山西	66 980.42	109.98	0.62	60 347.29	90.10	0.48	24	24
内蒙	36 353.00	155.39	0.34	28 998.00	79.77	0.23	27	26
辽宁	284 845.00	108.73	2.64	358 015.00	125.69	2.83	8	8
吉林	107 543.00	113.15	1.00	124 807.00	116.05	0.99	21	17
黑龙江	153 071.49	106.07	1.42	170 266.36	111.23	1.35	15	15
上海	1 606 269.00	110.35	14.89	2 250 290.00	140.09	17.80	3	1
江苏	715 109.60	120.57	6.63	967 115.10	135.24	7.65	4	4
浙江	680 086.00	115.40	6.30	832 115.00	122.35	6.58	5	5
安徽	192 387.41	111.59	1.78	220 677.85	114.70	1.75	13	12
福建	272 105.16	112.07	2.52	30 320.81	111.43	2.40	10	9
江西	113 248.00	117.49	1.05	142 250.00	125.61	1.12	20	16
山东	499 013.00	103.41	4.63	570 394.28	114.30	4.51	6	6
河南	150 883.84	121.95	1.40	230 175.07	152.55	1.82	16	11
湖北	189 998.95	142.79	1.76	194 940.04	102.60	1.54	14	14
湖南	132 929.50	107.92	1.23	121 598.68	91.48	0.96	17	18
广东	1 658 946.68	115.86	15.38	2 115 873.91	127.54	16.73	2	3
广西	101 614.12	125.73	0.94	105 042.85	103.37	0.83	22	21
海南	20 063.00	111.14	0.19	27 309.00	136.12	0.22	28	27
重庆	218 083.96	124.28	2.02	241 787.81	110.87	1.91	11	10
四川	284 840.20	113.41	2.64	200 418.00	70.36	1.58	9	13
贵州	47 723.54	95.27	0.44	9 615.51	20.15	0.08	25	31
云南	114 370.00	122.80	1.06	119 659.00	104.62	0.95	18	19
西藏	2 209.72	105.00	0.02	18 044.43	816.59	0.14	31	28
陕西	199 044.04	133.82	1.85	84 076.14	42.24	0.66	12	23
甘肃	40 546.00	128.40	0.38	41 697.20	102.84	0.33	26	25
青海	10 200.00	110.87	0.09	12 000.00	117.65	0.09	30	30
宁夏	20 037.78	249.17	0.19	13 830.46	69.02	0.11	29	29
新疆	113 986.39	162.72	1.06	115 294.91	101.15	0.91	19	20

(数据来源:国家工商总局,《现代广告》杂志)

三、广告经营者的基本义务

广告经营者是广告活动中设计、制作、代理等主要环节的具体操作和实施者,其广告经营行为规范与否,直接关系到广告市场秩序的状况。广告经营者的基本义务,是指《广告法》规定的广告经营者在其从事具体的广告事务过程中,应当为或不为一定行为的行为规范。根据《广告法》等法律法规的规定,广告经营者的基本义务包括:

第一,办理广告经营登记的义务。从事广告经营,应当在具备必要的专业技术人员、制作设备等相应条件后,依法办理公司或者广告经营登记。这是从事广告经营活动的资质前提。

第二,订立书面合同的义务。即广告经营者在广告活动中,应当与广告主、广告发布者或者其他的广告经营者依法订立书面合同,明确各方的权利和义务。

第三,查验广告证明,核实广告内容的义务。为保证广告的真实、合法,广告经营者应当依据法律、行政法规的规定查验有关广告的证明文件,核实广告内容。对于内容不实,或证明文件不全的广告,广告经营者不得提供设计、制作、代理服务。

第四,建立、健全广告业务的承接登记、审核、档案管理制度的义务。

第五,广告收费合理、公开,并向物价、工商行政管理部门备案的义务。广告经营者应当公布其广告收费标准和收费办法。

第六,不得在广告活动中进行任何形式的不正当竞争的义务。广告活动中的不正当竞争行为主要包括:

(1)诋毁竞争对手行为。如制造或者散布有损于其他竞争对手的商业信誉和企业形象,以获取广告客户的行为。

(2)侵犯他人商业秘密的行为。如通过不正当竞争手段获取竞争对手的客户名单和与业务成交有关的要约承诺;侵犯他人商业秘密中的技术秘密;剽窃其他广告公司的广告创意和策划书。

(3)广告回扣行为。如以中介费、佣金、介绍费、劳务费等名义,向广告主或其他广告经营者、发布者或有关人员提供报酬和其他好处,以承揽广告业务,促成广告交易。

(4)串通广告招投标行为。如在广告招投标中,与投标者或其他招标人相互串通,故意抬高或者压低标价,以排挤竞争对手,牟取不正当利益的行为。

(5)附条件广告交易行为。如在提供广告服务时,利用自己拥有的经营优势,违背相对人的意愿,将自己提出的附带条件作为广告交易的前提。例如黄金和非黄金时间、版面的搭配销售。

(6)广告联合限制行为。如两个或两个以上的广告经营者以联合的力量限定广告价格、限定广告投放量等,以对抗其他竞争对手。

(7) 利用行政优势的广告垄断行为。如利用主管行政机关的权力获取独家允许经营权,排挤其他广告经营者的竞争。

第七,不得在广告活动中产生对他人的侵权行为。广告活动中的侵权行为,是指广告活动对他人受法律所保护的人身权利和财产权利的侵害,广告活动中较为常见的侵权行为包括侵犯他人的肖像权、名誉权、著作权、商标权,以及侵犯知名人物商品化权利等方面的行为。因此,广告中使用他人名义和形象的,应当事先取得他人的书面同意;使用无民事行为能力人、限制民事行为能力人的名义、形象的,应当事先取得其监护人的同意;对名人广告的使用,要根据合同约定的方式和时限使用;广告的创意、文案,采用的音乐、图片等不得侵犯他人的著作权,不得采取改头换面的手法将他人的智力成果占为己有或无偿使用等。

第三节 广告发布者

一、广告发布者的概念

根据《广告法》第二条第五款规定,广告发布者,是指为广告主或者广告主委托的广告经营者发布广告的法人或其他经济组织。在我国,广告发布者必须是经依法核准登记,从事广告发布业务的法人或其他经济组织,个人不允许从事广告发布业务。广告发布者发布广告,只能通过自己控制的媒介进行。如果没有一定的广告传播媒介,则不能发布广告。广告发布者主要有两类:一类是新闻媒介单位,即利用电视、广播、杂志、报纸等新闻媒介发布广告的电视台、广播电台、杂志社、报社;另一类是具有广告发布媒介的企业、其他法人或经济组织,利用自有或者自制音像制品、图书、橱窗、灯箱、场地(馆)、霓虹灯等发布广告的出版(杂志、音像)社、商店、宾馆、体育场(馆)、展览馆(中心)、影剧院、机场、车站、码头等。在两类广告发布者中,前者无疑在广告活动中占据相当重要和特殊的地位,也是本节内容所要重点论述的对象。

二、广告媒介的主要类型

广告发展的历史同时也是广告媒介不断丰富的历史。广告媒介随新技术、新材料的发展,在今天呈现空前的多样化。

按照广告媒介的综合特性划分,广告媒介分为大众传播媒介、户外媒介、促销广告媒介、网络媒介等。大众传播媒介,即指报纸、电视、广播、杂志四大传统媒体;户外媒介,即指暴露在开放的户外空间中的广告媒体,如户外广告牌、霓虹灯、电子显示屏、车身、站亭等;促销广告媒介,即 SP 媒体,主要包括直邮(DM)、电话簿(黄页)、POP售点广告、固定形式印刷品等；网络媒介，即指新兴的国际互联网。

按照传播介质的不同，广告媒介可以分为平面媒体、电波媒体和其他媒体。此种分类在第一章中已有介绍，在此不再赘述。

按照受众数量和传播范围，广告媒介可以分为大众媒介、中众媒介、小众媒介。大众媒介包括报纸、电视、广播、杂志，是受众最多，传播最广泛的媒介，在广告发布活动中占据最主要的地位；中众媒介主要是各种户外媒体，其受众数量众多，但少于传统四大媒介；小众媒介是针对特定对象的，在较小范围内传播的广告媒介。直邮的印刷品广告就属于此种类型。

此外，按照媒介能够传达到的地区范围，广告媒介可以分为全国性媒介和地区性媒介。按照广告与受众接触时间的长短，广告媒介可以分为长期媒介和短期媒介。按照媒介信息传播诉诸受众的感觉不同，广告媒介可以分为视觉媒介，如报纸、杂志、印刷品、户外媒体等；听觉媒介，如广播媒介、收听媒介，如电视、网络多媒体等。

三、广告媒介选择的标准

在现实的广告活动中，广告媒介功能作用的发挥要依赖于广告主对广告媒介的正确选择。而对广告媒介的正确选择，要依赖于对广告媒介本身功能的正确认识与评价。根据有关研究成果，大致有以下几个方面的选择标准：

(一) 媒介的威信程度

媒介威信程度一般是指拥有某种媒介物质条件的媒介单位的信誉。如国家级的媒介单位的信誉程度就比地方级的媒介单位的信誉程度高。然而，任何一种媒介的威信总是有限度的，它对应于一定范围内的特定对象，因此，在考虑这个问题时要注意与广告受众的一致性。

(二) 媒介的普及状况与普及的社会阶层

广告目标的人数和阶层将取决于媒介所普及的人数和阶层，两者要尽可能趋于一致。为此要确定媒介的涵盖率(coverage)，即在确定的诉求对象阶层中，可以暴露于一个媒体类别或载具的人数占阶层总人数的比例。涵盖率越高，广告的针对性越强。

(三) 媒介的被触收状况

媒介的被触收状况既包括媒介本身的状况，也包括广告在同一媒介上不同的部位、不同时间被阅读、收听、收看的触及接收状况。常见的指标有：收视率/收视点(Rating Point)，即收看某电视节目的个人或家庭点总人口或家庭数的比率。计算方式为收看该电视节目的人数或家庭数除以总人口数或总家庭数；总收视点(GRP，Gross Rating Point)，是媒体传送量的计算单位之一，为在一定期间内所有投放档次收视率的总和或到达率乘以平均接触频率；到达率(Reach)，即暴露于一个媒体执行方案人口或家庭占总人口或总家庭的百分比，为非重复性计算数值，即在特定期间内暴露一次或以上的人口或家庭占总数的比例。在期间的定义上一般为4周。有时也称"非重复到达率"(Unduplicated Reach)或"净到达率"(Net Reach)；有效到达率(Effective Reach)，即在有效频率以上的到达率。如有效频率的定义为3次，则3次以上(含3次)到达率即为有效到达率；总接触人次(Gross Impression)，即一个媒体执行方案运用的所有媒体载具所接触的人次总和。总接触人次以重复计量方式得出，即一个消费者接触3次与3个消费者各接触1次皆登记为3人次；反复性，即媒介被反复收看、收听的状况；注意率(如杂志封面的注意率为1，那么封底、封二、封三、插页的注意率可以类推)；传读率(读者的相互传读状况)等。

(四) 媒介的使用条件

首先是购买广告时间和广告版面的难易程度、手续的简便程度，它将影响广告信息是否能及时传递。其次是广告在媒介上表现的局限性、广告信息表达的传真程度，不同的表现对广告受众的心理影响差别很大。第三是广告的制作水平、制作风格。

(五) 媒介的相对广告费用

在不同媒介上刊播广告的费用是不同的。媒体单位所发行的刊例上的媒体广告收费定价，称为媒体的刊例价。媒介广告时段、版面的定价的依据主要有：① 按照媒介的涵盖率、权威性、收视(听)率、发行量、百分点收视成本(Cost Per Rating Point，即在电波媒体中每百分点收视(听)率所需支付金额，在计算上是以媒体单价除以接触人口，再乘以1 000)等因素定价；② 按照行业惯例定价；③ 根据前期广告销售情况定价等。在传播作用大体相同的情况下，当然要选择费用较低的一类媒介。

(六) 媒介的效果

媒介的效果考查是对上述各项标准的综合评价，即对候选的媒介运用上述标准进行全面分析和对比，以便找出效果参数较高的媒介作为选择对象。

四、传统四大媒介广告的特点

电视、报纸、广播、杂志是广告发布的传统四大媒介。据2004年的统计数据，我国有经营广告业务的电视台2 750家，节目全年播出总量1 004万小时、报纸1 955家、广播电台714家、杂志4 006家。2004—2005年我国四大媒介的广告经营及增长情况见表2-4。

表 2-4 2004—2005 年四大媒介广告经营情况表 单位:亿元,%

分类＼年份	2004 年			2005 年		
	营业额	占广告经营额的比例	增长率	营业额	占广告经营额的比例	增长率
电视	291.5	23.1	14.3	355.3	25.1	21.9
广播	32.9	2.6	28.7	38.9	2.7	18
报纸	230.7	18.2	-5.1	256	18.1	11
杂志	20.4	1.6	-16.3	24.9	1.8	22.1
全国广告	1 264.6	100	17.2	1 416.3	100	12

(数据来源:国家工商总局)

(一) 电视

电视是利用电子技术传输图像和声音的现代传播媒介。电视是大众媒介中最晚出现,也是发展最快的媒介。电视媒介自从诞生以来,已逐渐成为覆盖面最广、最有影响力的媒介。电视作为广告媒介,具有以下的特点:电视是视听合一的媒介,广告的表现力强于其他媒介;电视广告具有较强的渗透力和说服力;电视广告的成本较高,播出技术相对复杂。在我国,电视媒介是广告主和广告公司最看重的媒介形式之一。广告已成为电视台最主要的经费来源。我国所有的电视台都属国有,归广播电影电视部和地方各省市广播电视厅(局)管理。

按照传输技术的不同,电视可以分为有线电视、无线电视、卫星电视。有线电视使用同轴电缆或光纤电缆传送节目,或者是利用单一天线接收传送信号再经过放大增强,经过电缆直接传送到地区内的电视接收机。无线电视通过无线电波传送节目。卫星电视,就是通过卫星传送电视节目的电视系统;按照覆盖范围的不同,电视可以分为全国性电视媒介和地方性电视媒介。我国最权威的全国性电视媒介是中央电视台。随卫星电视传播技术的发展,越来越多的省级电视媒介已经覆盖全国,达到全国性电视媒介的覆盖效果;按照电视节目内容的差异,电视又划分为新闻频道、体育频道、音乐文艺频道、电影电视剧频道、生活频道、戏曲频道等内容各具特色的频道。现阶段,我国电视媒体基本形成了中央电视台、省级卫视、省级非卫视频道、城市电视台四级架构,电视市场收视份额竞争加剧。这对电视媒体寻求精准定位、打造品牌优势,以获取自身核心竞争力和对广告客户的吸引力提出新的要求。

(二) 报纸

报纸是最早出现的大众传播媒介,电视媒介的发展对报纸虽构成一定的影响,但直到今天,报纸仍是最主要的广告媒介之一,在我国报纸广告的经营额仅次于电视广告。报纸广告具有广告容量大,文字说明详细,易于保存,读者层相对稳定等特点,颇受广告公司和广告主的青睐。2002 年,我国报纸广告营业额前 10 名的报纸有《广州日报》、《羊城晚报》、《新民晚报》、《北京晚报》、《深圳特区报》、《中国青年报》、《新华日报》、《南方日报》、《人民日报》、《成都晚报》。我国报纸按照出版周期的不同,分为日刊报纸、周二刊报纸(如《申江服务导报》)、周三刊报纸(如《上海星期三》)、周报、月报等;按照出版时间不同,分为早报、午报、日报、晚报、周末版报纸等;按照内容不同,可以分为经济类报纸、时政类报纸、生活服务类报纸、体育类报纸、行业报纸等。目前中国出版的日报种类已经占全球日报总量的 14.5%,世界每 7 种日报中,就有一种出自中国;而日报平均期印量逼近 1 亿大关,居世界第一位,中国千人日报拥用量达到 75.8 份。同时中国报纸经济实力大幅上升,2004 年全年报纸总定价达 252.9 亿元,报纸广告经营额达 230.7 亿元,报纸印刷总量达到了 1 526 亿对开张,比上年增长 23.5%。

报业集团已成为我国报纸出版的主导力量。1996 年 1 月我国第一家报业集团广州日报报业集团成立,经过 10 年发展截至 2005 年 12 月,集团拥有一家主报、14 家系列报、4 家杂志、一个大型网站、一家出版社,总资本 61 亿元,净资产 45 亿元,日发行量保持在 165 万份的高位,2005 年广告经营额达到 17 亿元,连续 12 年居全国报业之首。目前全国获新闻出版总署批准成立的报业集团已达 39 个;报纸媒体的企业化改革深入实施。2004 年我国实施文化体制改革试点政策,推动报纸媒体企业化改革进入实质性阶段,报纸媒体在资本运营方面表现尤为突出,对报纸广告的规模化、多元化经营必将产生深远影响。

(三) 杂志

杂志媒介与报纸媒介一样,也是一种历史较长的大众传播媒介。杂志广告按照读者对象的不同分为一般性杂志和专业性杂志。一般性杂志是指针对一般受众,其读者群较为宽泛的杂志。专业性杂志是指针对一定专业和职业读者的杂志;按照杂志的内容,可以分为新闻杂志、财经杂志、生活类杂志、影视杂志、运动杂志、时尚杂志等。随现代印刷技术的发展,杂志媒介在其发展过程中体现了以下趋势:一是材质越来越精良,印刷越来越精美;二是时尚类杂志发展迅速;三是杂志的内容更加细分,其读者群也相应细分,并趋于稳定。以上趋势必然对杂志广告的发展产生影响。

在四大媒介中,杂志营业额的比重相对要小,在我国广告业中的地位偏低,但并不能说明期刊在传递广告信息上劣于其他媒介载体。杂志印刷精美,无论是内容还是广告,在创意和表现形式上都力求新颖别致、独具匠心;读者购买动机完全出于各人喜好,并且不分时间地点,读者可自由接触;读者对广告有自由选择性,这在一定程度上使读者心理抵抗性减小,提升了广告的说服效果;杂志在一定期间内能够被读者反复翻阅,也有可能被数人传阅,广告的传阅效果较好;所以它是一种近在身边、对个人影响力很强的媒体,在杂志上投放广告的干扰性比电视和报纸要低得多。目前的问题是多数杂志的读者群不明确,发行周期过长,广告公司和广告主对期刊广告的价值认识程度不够。目前期刊广告占整个媒体广告市场的份额不足2%,远远落后于美国的(约12%)、英国(约17%)、日本(约7%)等国家。可见,期刊广告经营额的增长仍有很大空间。

(四)广播

广播是通过无线电波或导线定时向广大地区传播声音节目的大众传播媒介。无线电广播发明于1906年,电台节目最早在1920年播出。广播出现以来即成为重要的广告媒介。由于电视的冲击,广播作为广告媒介的地位相对降低。但近年来,一些省市系列台的推出,受到各阶层受众的欢迎。广播广告的价格便宜,广告容量大,传播迅捷。广播在农村,尤其在偏远地区还是最重要的舆论工具,有很高的权威性。在城市,近年来伴随有车族的增多,广播广告的优势凸现。目前全国广播人口覆盖率高达93.56%,收听率上升5%,全国广播机构经营年收入保持20%的增长幅度,其中中央人民广播电台增幅超过40%。2003—2005年,广播广告的营业额连年上升,在广告经营总额的比重为2.37%、2.6%、2.7%,呈现良好发展态势。但是广播属于听觉媒介,导致广播广告是广告信息保存度最低的媒体,对于广播广告,其受众的专注程度一般也相对较低。

五、我国广告媒介发展现状分析

(一)广告媒体扩容,竞争加剧

广告时段、版面增加,在广告播出的时间上,2002年广告投放总量比2001年增加了6%。电视媒体方面,伴随城市有线网的普及,电视频道快速增加,目前全国已有3 595个电视频道。频道的增加,必然导致平均收视率的下降和广告的分流。随广告媒介的扩容,媒体间的竞争加剧,广告折扣现象愈演愈烈。

(二)广告媒介的形式更加多样,新形式媒介发展势头强劲

近年来随着媒体技术的发展和广告受众的细分,许多新的广告媒体取得迅速发展。网络广告、手机广告、楼宇液晶显示屏广告、数字地面移动电视广告等迅速成为广告发布的"新宠"。相对传统大众媒体,这些媒体具有分众化、小众化媒体的特征,成为广告主实行整合营销的重要选择。

(三)广告媒介与广告主的关系趋于紧密,广告代理制的推行受阻

企业与媒介直接接触,直接购买媒介时段、版面,导致企业和广告公司争相与媒介疏通关系,以拿到更大的折扣,并以此参加市场的竞争。据有关方面的调查:约有29.5%的媒介收入直接来自于广告主,电视媒介广告收入中由广告主直接投

放的比例达到39.7%。广告主与媒介的合作关系趋于紧密,而与广告公司之间合作的不稳定性却在增加。2006年央视黄金资源招标中标总额在2005年52.48亿元高位上继续攀升至58.69亿元,表明广告主对强势媒体的倚重和追捧。企业直接与媒介合作,容易使企业的广告投放片面以价格为引导,投放的科学性、专业性无法保证。

(四) 媒介自身进行资源整合,组建跨媒体的新闻集团

2001年以来的短短两年时间,从中央到省市级的媒体纷纷组建新闻集团。传统新闻媒介走向集团化,走向多媒体经营已成为一种趋势。2001年4月成立的上海文广集团,拥有3家电视台、4家报纸和16家演出机构,总资产超过146亿元,分别涉足广播、电视、报纸、体育、文化、演出等多个产业的经营,2002年广告经营额达211 048万元;2001年12月6日,中国最大的新闻集团——中国广播影视集团宣告成立,其固定资产超过200亿元人民币,年收入超过100亿元。与此同时,广州的南方报业集团,上海的文汇新民联合报业集团等地方性报业集团也相继成立,地市级的广电系统和报纸系统也纷纷走向集团化的道路。可以预期,今后主导中国新闻信息市场格局的不再是过去单体的报纸、电台、电视台,而是跨媒介的新闻集团。

(五) 媒体的资本运作加剧,产权结构发生变革

资本市场对传媒业的渗透改变了过去媒介的单一资产管理模式。具有传媒背景的上市公司有东方明珠、中视股份、电广传媒、北大青鸟、赛迪传媒等20多家。2002年12月,上海的文汇新民联合报业集团和江苏的上市公司春兰(集团)公司签署协议:文汇新民联合报业集团及其所属的上海星期三报社向春兰(集团)公司转让上海星期三报业经营有限公司部分股权,作为文汇新民联合报业集团旗舰之一的文汇报与春兰(集团)公司就今后的发行、广告、企业形象宣传和版面联动等方面开展多方位合作,开创了中国传媒业与企业界深层次合作的先河。2005年7月,中国最大户外视频传媒广告运营商分众传媒控股公司(FocusMedia)成为首家在美国纳斯达克市场上市挂牌交易的中国纯广告传媒股票。分众传媒此次发行股票1 010万股,募资1.72亿美元。同年10月,分众传媒以超过1亿美元的价格收购占据全国电梯平面媒体市场90%份额的框架媒介(Framedia)100%股权,将社区平面媒体整合入其媒体网络资源。2006年1月,分众传媒并购中国楼宇视频传媒第二大运营商聚众传媒,并在超市、卖场等建立起销售终端视频联播网络。分众传媒在短期内通过上市、并购的资本运作取得了神话般超常规的扩张和发展。

(六) 市场化运作手段普遍推广

市场化运作最彻底的是广告经营的市场化。1994年11月中央电视台广告经营改革,推出黄金段位招标举措,中标金额连年攀升;同样,众多的地方传媒都把广

告经营市场化演绎得丰富多彩,目前在媒介的广告经营上有媒介的广告部、广告公司经营,版面、时段的广告总代理制等多种方式。市场化的另一个鲜明特点,就是社会化制作的迅速形成,这种变化在电视媒介尤为突出。目前的社会制作机制有两种形式,一种是媒介利用自己丰富的信息资源,制好成品节目提供给其他媒介,另一种形式便是由专业电视制作公司给地方电视台提供节目,或附带广告,或购买版权,多为娱乐、体育、财经、人物类节目。2004 年 10 月国家广电局和商务部共同发布《中外合资、合作广播电视节目制作经营企业管理暂行规定》,明确境外专业广播电视企业可以在中国境内通过合资、合作形式设立专门从事或兼营广播电视节目制作发行业务的企业,合营企业可以制作除时政新闻节目外的专题、专栏、综艺、动画片等广播电视节目。随着传媒资源逐步对市场的公平开放,报刊的版面、广播电视的栏目引进各类专业制作公司的加盟将成为趋势。这种市场化运作的优点在于题材视野宽广,成本较低,节目质量明显提高,因而越来越成为传媒的理想选择。

六、广告发布者在广告活动中的基本义务

(1) 广播电台、电视台、报刊出版单位的广告业务,应当由其专门从事广告业务的机构办理,并依法办理兼营广告的业务;严禁新闻出版单位所属记者站、办事处等媒介的非广告部门、机构经营广告业务,新闻出版单位一律不得在外地设立代理广告业务的机构;由各省、自治区、直辖市新闻出版局批准,领取“内部报刊准印证”的报刊,即未编入国内统一刊号序列的非正式出版物,出版这类非正式出版物的报刊社,不得进行包括广告业务的任何经营活动,也不得在其他媒介上为自己刊登出版、发行广告;不得利用在指定范围内发行或标有“内部发行”字样的图书经营广告,也不得在其他媒介上为其刊登出版、发行广告。

(2) 查验广告证明文件、核实广告内容的义务。广告发布单位应当健全广告审查员制度,对内容不实或者证明文件不全的广告,广告发布者不得发布。

(3) 在从事广告经营活动中,应当依法订立广告业务的书面合同,明确合同各方的权利和义务,依法解决合同的纠纷。

(4) 按照国家规定,建立健全广告业务的承接登记、审核、档案管理制度。

(5) 广告收费应当合理、公开,其收费标准和收费办法应当公布,并应当向物价和工商行政管理部门备案;并且在收取广告业务费用时,开具税务机关统一监制的“广告业务发票”。

(6) 广告发布者向广告主、广告经营者提供的媒介覆盖率、收视率、发行量等资料应当真实。

(7) 对于法律、行政法规规定禁止生产、销售的商品或者提供的服务,以及禁止发布广告的商品或者服务,广告发布者不得发布其广告。

(8) 大众传播媒介不得以新闻报道形式发布广告。通过大众传播媒介发布的广告应当有广告标记,与其他非广告信息相区别,不得使消费者产生误解。

(9) 字幕广告播出的限制。1993 年,广播电影电视部规定: 各级电视台、转播台"不得在中央电视台和省级电视台新闻节目播出时插播字幕广告"。

(10) 插播广告和广告时长的限制。《广播电视广告播放管理暂行办法》(国家广电总局令第 17 号,以下简称 17 号令)规定:广播电台、电视台每套节目每天播放广播电视广告的比例,不得超过该套节目每天播出总量的 20%。其中,广播电台在 11:00—13:00、电视台在 19:00—21:00,其每套节目中每小时的广告播出总量不得超过节目播出总量的 15%,即 9 分钟。播放广播电视广告应当保持广播电视节目的完整性,除在节目自然段的间歇外,不得随意插播广告。除 19:00—21:00 以外,电视台播放一集影视剧(一般为 45 分钟左右)中,可以插播一次广告,插播时间不得超过 2.5 分钟;发射台、转播台(包括差转台、收转台)、有线广播电视传输网络机构在转播和传输广播电视节目时,应当保证被转播和传输节目的完整性。不得以任何形式插播自行组织的广告,不得随意切换原广告,不得以游动字幕、叠加字幕等形式播放广告; 电视台播放广告时不得隐匿本台(频道)标志。播放以企业或产品冠名的节目、栏目时,企业或产品的标志只能出现在屏幕的右下方,数量不得超过 1 个,标志画面不得大于本台(频道)标志,不得遮盖正常节目的字幕;禁止广播电视广告主、广告经营者干预广播电视节目的播放。在广告时长的问题上,香港《电视业务守则之广告标准》规定: 在节目当中的间断时间内播送广告(分类广告除外)及非节目类广告素材,以不超过 3 分钟为限。在节目之间的相隔时间内,则最多只限播送 5 分钟广告(分类广告除外)及非节目类的广告素材; 澳门《澳门视听广播法》规定: 任何广告之播出,不得超出该台每日播放时间的 20%。

(11) 建立广播电视广告的监听监看制度和公众投诉处理机制。17 号令规定,县级以上广播电视行政部门应当建立对广播电视广告的监听监看制度,对发现的问题及时进行处理。县级以上广播电视行政部门及广播电台、电视台应当建立公众投诉机制,对受众提出批评性意见的广播电视广告及时检查,并将结果答复投诉者。

(12) 不得在广告发布活动中从事不正当竞争行为的义务。《广播电视广告收入管理暂行规定》第 20 条规定: 任何个人均不得从广告收入中获取提成或回扣,违者视同贪污; 不得利用媒介的独占优势,进行附条件广告交易行为。如在提供广告服务时,将黄金时间、版面和非黄金时间、版面搭配销售; 媒介的广告业务不得由其下属的广告公司垄断。国家工商行政管理总局《关于在部分城市进行广告代理制和广告发布前审查试点工作的意见》(工商广字[1993]第 214 号)中规定：报刊、广播电台、电视台下属的广告公司，不得以任何形式垄断本媒介的广告业务。报刊、杂志社设立广告公司冠报纸、刊物名称，会使客户产生该广告公司垄断本媒介广告业务，排挤其他广告公司的误解，不利于广告业开展正当竞争。报纸、杂志社设立的广告公司中已经冠报纸、刊物名称的，应当按照企业名称登记管理的有关规定予以纠正。

本节参考附录：国家广播电影电视总局《广播电视广告播放管理暂行办法》及关于《广播电视广告播放管理暂行办法》有关规定的解释的通知

国家广播电影电视总局令(第17号)

第一条　为保证广播电视广告的正确导向，规范广播电视广告播放行为，加强广播电视广告管理，根据《中华人民共和国广告法》、《广播电视管理条例》等有关法律、法规，制定本办法。

第二条　广播电台、电视台(含广播电视台)从事广告播放等活动，适用本办法。

第三条　国家广播电影电视总局负责对全国广播电视广告播放活动的管理。

县级以上地方广播电视行政部门负责对本辖区内的广播电视广告播放活动的管理。

第四条　广播电视广告应当真实合法，不得含有虚假内容，不得误导消费者。

第五条　广播电视广告应当符合社会主义精神文明建设的要求，应当遵守社会公德和职业道德，有利于人民群众的身心健康。

第六条　广播电视广告应当维护国家尊严和利益，尊重祖国传统文化，不得含有危害国家统一、主权和领土完整的内容。

商业广告中不得出现国旗、国徽、国歌及国家领导人的形象和声音。不得利用或篡改领袖人物名言作为商业广告用语。

第七条　广播电视广告应当维护民族团结，遵守国家民族、宗教政策，不得含有宣扬民族分裂、亵渎民族风俗习惯的内容。

第八条　广播电视广告应当维护社会公共秩序，树立社会主义道德风尚，不得含有乱扔废弃物、践踏绿地、毁坏花草树木等破坏环境，以及不利于自然生态、珍稀野生动物保护等内容。

第九条　广播电视广告应当有利于青少年儿童的身心健康，不得含有可能引发青少年儿童不文明举止、不良行为或不利于父母、长辈对青少年儿童进行正确教育的内容。

第十条　广播电视广告应当尊重妇女、残疾人，不得歧视、侮辱妇女、残疾人，不得出现不文明的人物形象。

第十一条　广播电视广告应当健康文明，不得播放含有色情或性暗示等内容的广告，不得播放治疗性病的广告。广播电视广告不得播放含有宣扬赌博、暴力或者教唆犯罪内容的广告。

第十二条　广播电视广告应当尊重科学，不得含有宣扬迷信、邪教、伪科学的内容。

第十三条　广播电视广告应当使用规范的语言文字，不得故意使用错别字或用谐音乱改成语。除注册商标及企业名称外，不得使用繁体字。

第十四条　禁止广播电台、电视台播放烟草制品广告及麻醉药品、精神药品、毒性药品、放射性药品等特殊药品广告。

第十五条　广播电视广告应当与其他广播电视节目有明显区分，不得以新闻报道形式播放或变相播放广告。时政新闻节目及时政新闻类栏目不得以企业或产品名称冠名。有关人物专访、企业专题报道等节目中不得含有地址、电话、联系办法等广告宣传内容。

第十六条　广播电台、电视台每套节目中每天播放公益广告的数量不得少于广告总播出量的3%。

第十七条　广播电台、电视台每套节目每天播放广播电视广告的比例，不得超过该套节目每天播出总量的20%。其中，广播电台在11:00至13:00之间、电视台在19:00至21:00之间，其每套节目中每小时的广告播出总量不得超过节目播出总量的15%，即9分钟。

第十八条　播放广播电视广告应当保持广播电视节目的完整性，除在节目自然段的间歇外，不得随意插播广告。除19:00至21:00以外，电视台播放一集影视剧(一般为45分钟左右)中，可以插播一次广告，插播时间不得超过2.5分钟。

第十九条　播放广播电视广告应当尊重大众生活习惯，不得在6:30至7:30、11:30至12:30以及18:30至20:00之间人们用餐时播放容易引起受众反感的广告，如治疗痔疮、脚气等类药品及卫生巾等卫生用品的广告。

第二十条　广播电台、电视台应当严格按照国家有关规定控制酒类广告的播出。每套电视节目每日播放的酒类广告不超过12条，其中19:00至21:00间不超过2条；每套广播节目每小时播放的酒类广告，不得超过2条。

第二十一条　发射台、转播台(包括差转台、收转台)、有线广播电视传输网络机构在转播和传输广播电视节目时，应当保证被转播和传输节目的完整性。不得以任何形式插播自行组织的广告，不得随意切换原广告，不得以游动字幕、叠加字幕等形式播放广告。

第二十二条　电视台播放广告时不得隐匿本台(频道)标志。播放以企业或产品冠名的节目、栏目时，企业或产品的标志只能出现在屏幕的右下方，数量不得超过1个，标志画面不得大于本台(频道)标志，不得遮盖正常节目的字幕。

第二十三条　禁止广播电视广告主、广告经营者干预广播电视节目的播放。

第二十四条　广播电台、电视台从事广告经营活动的机构应取得国家规定的资质，非广告经营部门不得从事广播电视广告经营活动，记者不得借采访名义承揽广告业务。

第二十五条　广播电台、电视台应当建立健全广告经营播出管理制度，加强对广告业务承接登记、审核、档案保存的管理。

广播电台、电视台应当健全广告审查员制度，对拟播放的广播电视广告内容、企业资质等进行审查，未经广告审查员签字的广告不得发布。

第二十六条　县级以上广播电视行政部门应当建立对广播电视广告的监听监看制度，对发现的问题及时进行处理。

第二十七条　县级以上广播电视行政部门及广播电台、电视台应当建立公众投诉机制，对受众提出批评性意见的广播电视广告及时检查，并将结果答复投诉者。

第二十八条　违反本办法的，依据《中华人民共和国广告法》和《广播电视管理条例》予以处罚。

第二十九条　违反本办法第十七、十八、十九、二十、二十一条规定，情节轻微的，由县级以上广播电视行政部门予以警告、责令限期改正，并可处以2万元以下罚款。拒不改正或60日内3次出现违规行为的，由省级以上广播电视行政部门做出暂停播放广告、暂停相关频道（频率）播出的处理决定。情节严重的，由原批准机关吊销许可证，同时对直接责任人和主要负责人追究相关责任。

第三十条　本办法自2004年1月1日起施行。

关于《广播电视广告播放管理暂行办法》有关规定的解释的通知

2003年12月25日，国家广电总局向各省、自治区、直辖市广播影视局（厅）发出《关于〈广播电视广告播放管理暂行办法〉有关规定的解释的通知》，通知指出，在贯彻落实总局17号令的过程中，一些地方就规定中的一些具体执行问题提出咨询，现解释如下：

一、17号令规定的广告播放总量是指纯商业广告播放的时间总和。公益广告、广播电视播出机构或频道的宣传片、节目预告、天气预报等信息服务节目不计入广告播放总量。用自动统计方式不能区分的，可按实际播出情况在自动统计的总量中予以扣除。

二、17号令规定的在"电视剧中间插播广告"，系指打断每集电视剧故事情节插播广告的行为，在每集电视剧剧情未展开前或剧情结束时占时段的广告播出不属此列，但其广告播放时间计入总量。

三、新疆、西藏等与北京有时差的地区的地面频道，对17号令中"就餐时间"的标准可延后两小时执行。

（资料来源：国家广电总局网站）

问题与思考

1. 试述广告主、广告经营者、广告发布者的概念和主要类型。
2. 谈谈我国广告经营者的发展状况。
3. 试述广告主、广告经营者、广告发布者三者在广告活动中的基本义务。

第三章　广告活动制度规范

广告活动制度规范，是以广告活动为对象的一系列关于广告活动主体和客体行为规范的总和。这些制度规范是广告监督管理机关在监督管理广告活动的实践中，依据《广告法》等法律法规，在规范广告活动方面逐步产生、发展和完善，并通过有关的法律法规条文形式固定下来的。它是广告监督管理机关实施广告法规管理活动的具体表现，对广告业的健康发展和广告管理工作的顺利实施，起着基础性的保障作用。广告活动制度规范主要可以归纳为广告经营许可制度、广告审查制度、广告证明制度、广告代理制度、广告合同制度、广告收费制度、广告档案制度等。

第一节　广告经营许可制度

广告经营许可制度，即广告经营的审批制度，这里是指广告市场的准入制度。依据《广告法》，从事广告经营的，应当具有必要的专业技术人员、制作设备，并依法办理公司或者广告经营登记，方可从事广告经营活动；《广告管理条例》规定，经营广告的单位和个体工商户，即广告经营者，应当依照本条例和有关法规的规定，向工商行政管理机关申请，分情况办理审批登记手续。广告经营许可制度，是政府调控和规范广告市场的重要制度，是广告法规管理的重要方面。为适应广告市场发育不断成熟和政府行政审批制度改革的新形势，2004 年 11 月 30 日，国家工商总局出台《广告经营许可证管理办法》（国家工商总局令第 16 号），并于 2005 年 1 月 1 日起施行。这是一部规范广告经营许可的行政规章，它对《广告经营许可证》的申请范围、申请条件、许可管辖、许可程序、监督管理及法律责任等做出了明确规定，标志着我国广告经营许可制度发生新的调整和变化，广告市场准入的门槛进一步降低。

一、我国广告经营许可制度发展变化的背景

长期以来，广告业由工商行政管理机关全面实行广告市场准入的前置行政审批，国家工商总局的行政规章对各类广告经营单位（包括综合型广告公司、广告设计、制作公司、兼营广告的企业、外资广告公司、个体工商户等）规定了资质条件、审批程序和配套的经营资格检查等严格的管理制度措施。随着广告行业的发展和

政府行政审批制度的改革和规范，原先的广告审批制度必然发生相应的变化，《行政许可法》的实施则成为广告行政审批制度改革的契机。

2004年7月1日《行政许可法》实施，该法对行政许可的设定范围、设定权限、实施机关和实施程序等做了较为系统的规定，是对现行的行政许可制度的重大改革和完善。该法规定：设定和实施行政许可应当依照法定的权限、范围、条件和程序。该法第十二条对可以设定行政许可的事项作出了规定，即：直接涉及国家安全、公共安全、经济宏观调控、生态环境保护以及直接关系人身健康、生命财产安全等特定活动，需要按照法定条件予以批准的事项；有限自然资源开发利用、公共资源配置以及直接关系公共利益的特定行业的市场准入等，需要赋予特定权利的事项；提供公众服务并且直接关系公共利益的职业、行业，需要确定具备特殊信誉、特殊条件或者特殊技能等资格、资质的事项；直接关系公共安全、人身健康、生命财产安全的重要设备、设施、产品、物品，需要按照技术标准、技术规范，通过检验、检测、检疫等方式进行审定的事项；企业或者其他组织的设立等，需要确定主体资格的事项；法律、行政法规规定可以设定行政许可的其他事项六个方面。并规定除第十二条所列事项，通过下列方式能够予以规范的，可以不设行政许可，即：公民、法人或者其他组织能够自主决定的；市场竞争机制能够有效调节的；行业组织或者中介机构能够自律管理的；行政机关采用事后监督等其他行政管理方式能够解决的。

从原有广告经营许可的实施情况看，一是其设定的依据和条件主要体现为国家工商总局的行政规章。《广告管理条例》中有"兼营广告业务的事业单位，发给《广告经营许可证》"的明确规定，而对其他经营广告业务的单位和个体工商户未规定要申请《广告经营许可证》。行政许可法规定行政规章不具有行政许可的设定权，这意味着除兼营广告业务的事业单位外，其他广告经营行政许可缺乏法律依据；二是按照行政许可法规定可以设定行政许可的六方面事项，原先广告许可设定的范围过于宽泛；三是广告业在我国的发展逐步走向成熟，市场竞争机制的调节作用日益显现，广告行政审批制度逐渐成为广告市场充分竞争和发展的障碍。因此，《广告经营许可证管理办法》（以下简称《办法》）抓住广告发布监管的关键环节，进一步按照《行政许可法》的要求，严格规范了广告监管机关的广告经营审批工作。

二、广告经营许可管理的具体规定

（一）申领《广告经营许可证》的范围和条件

《办法》第二条规定，从事广告业务的下列单位，应依照本办法的规定向广告监督管理机关申请，领取《广告经营许可证》后，方可从事相应的广告经营活动：① 广播电台、电视台、报刊出版单位；② 事业单位；③ 法律、行政法规规定应进行广告经营审批登记的单位。随着报刊出版等事业单位进行体制改革，实行企业法人登记，这部分单位从事广告业务，属于应当申请《广告经营许可证》的范围。

《办法》第七条规定，申请《广告经营许可证》应当具备以下条件：① 具有直接发布广告的媒介或手段；② 设有专门的广告经营机构；③ 有广告经营设备和经营场所；④ 有广告专业人员和熟悉广告法规的广告审查员。

（二）申请办理、变更、注销《广告经营许可证》的程序

申请《广告经营许可证》，应按下列程序办理：由申请者向所在地有管辖权的县级以上广告监督管理机关呈报以下申请材料：①《广告经营登记申请表》。② 广告媒介证明。广播电台、电视台、报纸、期刊等法律、法规规定经批准方可经营的媒介，应当提交有关批准文件。③ 广告经营设备清单、经营场所证明。④ 广告经营机构负责人及广告审查员证明文件。⑤ 单位法人登记证明。广告监督管理机关自受理之日起 20 日内，作出是否予以批准的决定。批准的，颁发《广告经营许可证》；不予批准的，书面说明理由。

单位名称、法定代表人（负责人）、经营场所发生变化，广告经营单位应当自该事项发生变化之日起一个月内申请变更《广告经营许可证》。广告经营单位申请变更《广告经营许可证》应提交下列申请材料：①《广告经营变更登记申请表》；② 原《广告经营许可证》正本、副本；③ 与变更广告经营范围、单位名称、法定代表人（负责人）、经营场所事项相关的证明文件。广告监督管理机关自受理变更《广告经营许可证》申请之日起，十日内作出是否准予变更的决定。经审查批准的，颁发新的《广告经营许可证》；不予批准的，书面说明理由。

广告经营单位由于情况发生变化不具备本办法第七条规定的条件或者停止从事广告经营的，应及时向广告监督管理机关办理《广告经营许可证》注销手续。广告经营单位注销《广告经营许可证》的，应提交下列申请材料：①《广告经营注销登记申请表》；②《广告经营许可证》正本、副本；③ 与注销《广告经营许可证》相关的证明文件。

（三）《广告经营许可证》的核准要求

《广告经营许可证》载明证号、广告经营单位（机构）名称、经营场所、法定代表人（负责人）、广告经营范围、发证机关、发证日期等项目。

广告监督管理机关在《广告经营许可证》中按下列用语核定广告经营范围：

（1）广播电台：设计、制作广播广告，利用自有广播电台发布国内外广告。

（2）电视台：设计、制作电视广告，利用自有电视台发布国内外广告。

（3）报社：设计、制作印刷品广告，利用自有《××报》发布国内外广告。

（4）期刊杂志社：设计和制作印刷品广告，利用自有《××》杂志发布广告。

（5）兼营广告经营的其他单位：利用自有媒介（场地）发布××广告，设计、制

作××广告。

各级广告监督管理机关依据以上规定核定的申请者广告经营范围、广告经营项目或业务类别，应与其具备的条件相适应。国家有特别规定对广告经营单位的广告经营范围、经营项目、业务类别予以限制的，依照其规定。

（四）《广告经营许可证》的管理要求和措施

第一，广告经营单位应当在广告监督管理机关核准的广告经营范围内开展经营活动，未申请变更并经广告监督管理机关批准，不得改变广告经营范围。

第二，广告监督管理机关应当加强日常监督检查，并定期对辖区内取得《广告经营许可证》的广告经营单位进行广告经营资格检查。广告经营资格检查的具体时间和内容，由省级以上广告监督管理机关确定。广告经营单位应接受广告监督管理机关对其广告经营情况进行的日常监督，并按规定参加广告经营资格检查。

第三，广告经营单位在取得《广告经营许可证》后，情况发生变化不具备《办法》第七条规定条件，又未按《办法》规定办理《广告经营许可证》注销手续的，由发证机关撤回《广告经营许可证》；广告经营单位违反《广告法》规定，被广告监督管理机关依法停止广告业务的，由发证机关缴销《广告经营许可证》。

第四，广告经营单位应当将《广告经营许可证》正本置放在经营场所醒目位置。任何单位和个人不得伪造、涂改、出租、出借、倒卖或者以其他方式转让《广告经营许可证》。广告经营单位《广告经营许可证》发生损毁、丢失的，应当在报刊上声明作废，并及时向广告监督管理机关申请补领。

第二节　广告审查制度

广告审查，是指对广告内容是否符合法律的规定进行的审查。广告审查的主体有法律、行政法规规定的国家有关行政主管部门、广告经营者和广告发布者。广告审查的客体是广告内容的真实性、合法性。广告审查，是国家制定的广告发布标准得以顺利实施的基本条件，它可以有效地避免、控制、减少或制止虚假、违禁广告的产生，是广告业的有序发展的重要保障。广告审查制度是围绕广告审查的内容和环节而形成的一系列规定，是广告管理制度重要的组成部分。

一、广告审查的几种形式和相关制度

（一）广告审查机关的事前审查

《广告法》第三十四条规定，利用广播、电影、电视、报纸、期刊以及其他媒介发布药品、医疗器械、农药、兽药等商品的广告和法律、行政法规规定应当进行审查的其他广告，必须在发布前依照有关法律、行政法规，由有关行政主管部门对广告内

容进行审查;未经审查,不得发布。广告审查机关,即是指与以上规定中列举的待发布的特种广告的商品或服务有关的行政主管部门的简称。这些部门熟悉该类商品或服务的专业技术,负责管理商品的生产、销售环节,因此由这些部门对商品或服务的广告进行发布前审查,有利于控制广告发布的标准。除了《广告法》中所规定的四种商品(药品、农药、兽药、医疗器械)必须由广告审查机关进行发布前审查外,其他法律、法规和规章规定应当进行发布前审查或者出具证明文件的,必须由广告审查机关或者出证机关进行事前审查。需事先出证的商品和服务广告包括医疗广告、烟草广告、保健食品广告等。这些广告在发布前必须经有关行政部门审查同意,出具有关证明文件后方可发布。

(二) 广告经营者、广告发布者的事前审查

1. 广告经营单位进行广告审查的依据

《广告法》规定,广告经营者、广告发布者依据法律、行政法规查验有关证明文件,核实广告内容。对内容不实或证明文件不全的广告,广告经营者不得提供设计、制作、代理服务,广告发布者不得发布。广告经营者和广告发布者是广告活动中的两个主要行为主体,在广告内容的审查方面负有主要的责任和义务。广告经营者、广告发布者对广告内容进行事前审查的范围较广,凡其承办或发布的广告,无论是特殊商品和服务广告,还是一般商品和服务广告,均要进行事前审查。

根据《广告法》第二十八条规定,广告经营者、广告发布者应按照国家有关规定,建立、健全广告业务的审核管理制度。为了加强对广告发布活动的管理,严格执行各类广告发布标准,国家工商总局于1996年制定了《广告审查员管理办法》。规定广告经营者和广告发布者负有的广告审查的法定义务具体由广告经营单位的广告审查员来实施,广告经营者、广告发布者设计、制作、代理、发布的广告,应当经过本单位广告审查员书面同意。2003年2月,国家工商总局从转变政府职能,改革行政审批出发,取消了《广告审查员证》和《广告专业技术上岗证》。广告审查员证书的取消意味着政府取消了对广告从业人员的资格限制,但这并不代表免除了广告经营单位的广告审查义务,相反,随政府广告监管重心的转移,对广告经营者和广告发布者加强广告审查和行业自律的要求越来越高。2004年10月,国家工商总局发布《关于广告审查员管理工作若干问题的指导意见(试行)》(以下简称《意见》),对1996年以来实行的广告审查员管理工作做出了新的规定和规范。

2. 广告审查员管理制度

《意见》根据《行政许可法》、《国务院关于贯彻实施〈中华人民共和国行政许可法〉的通知》(国发[2003]23号)的要求以及国务院取消和调整行政审批项目的有关决定,对广告审查员管理工作的若干问题提出了指导意见,改变了过去广告审查员管理工作的行政强制性,形成了指导、引导和倡导方式为特征的新的广告审查

员管理工作制度规范。《意见》可以分为对工商行政管理机关和对广告审查员两方面的工作要求。

对各级工商行政管理机关的工作要求主要包括：① 指导广告经营者、广告发布者健全广告审查管理制度，配备符合广告审查工作要求的广告审查人员；② 进行广告审查员的培训、发证工作。对广告审查员的培训包括定期法规培训、知识更新培训和对违法问题严重的广告经营单位的广告审查员进行集中培训。国家工商行政管理总局负责编写制定全国统一的广告审查员培训教材。各地可将其地方性广告法规作为广告审查员培训、考试的补充内容。培训的方式方法由各地自行决定。对按照统一教材经过定期法规培训或集中培训考试合格者，可以发给《广告审查员培训合格证书》。工商行政管理机关对于辖区内违法问题严重的广告发布者的广告部门负责人，应当进行广告法规集中培训；③ 加强对广告审查员的日常管理。包括对广告审查员履行职责的情况，及时给予表扬鼓励或者批评教育。将对广告经营单位广告审查员的管理，作为广告监管信息化建设的一项基本内容，对辖区内广告审查员的培训、考试、日常审查工作中的违章情况和相关处理记录，应尽可能实行计算机化管理。

广告审查员的工作规范主要包括：一是广告审查范围：广告创意稿、广告设计定稿及制作后的广告品、代理或者待发布的广告样件。二是广告审查程序：① 查验各类广告证明文件的真实性、合法性、有效性，对证明文件不全的，提出补充收取证明文件的意见；② 核实广告内容的真实性、合法性；③ 检查广告形式是否符合有关规定；④ 审查广告整体效果，确认其不致引起消费者的误解；⑤ 检查广告是否符合社会主义精神文明建设的要求；⑥ 签署对该广告同意、不同意或者要求修改的书面意见。三是审查意见的报告。对于经广告审查机关审查的广告中存在的违反广告管理法规的问题，广告审查员应当签署不同意代理、发布的书面意见，并及时向工商行政管理机关报告，也可以同时向该审查机关提出意见。四是接受法规培训。已取得《广告审查员培训合格证书》的人员可以在广告经营单位从事广告审查工作，对未取得《广告审查员培训合格证书》的广告审查员，应当及时进行法规培训。

（三）广告监督管理机关在广告发布后的监测和检查

广告正式发布后，为确保广告发布质量，维护社会经济秩序，保护消费者的合法权益，广告监督管理机关应对广告内容进行监测。广告监测工作是及时发现、制止和查处虚假、违法广告的前提，也是对广告发布活动进行日常监督管理的一项内容。1996 年 2 月，上海市工商行政管理局率先在全国工商行政管理系统建立了广告监测制度。1998 年 8 月，上海市工商行政管理局在建立初步的广告监测网络的基础上，成立了专门的广告监测的机构——上海市广告监测咨询中心（以下简称监测中心)。经过5年的发展,监测中心拥有目前国内一流的多媒体数字化广告监播和信息处理系统,对上海《解放日报》、《新民晚报》等29份报刊、12个电视频道、10个广播电台频道的所有广告进行监测,对监测发现的违法广告当日报送上海市工商行政管理局广告监督管理处,并以《违法广告告知单》的形式将当天监测中发现的违法情况告知被监测媒体,媒体在48小时内将整改情况予以反馈。工商部门根据监测中心提供的监测情况,对违法广告分别情况进行处理。同时监测中心定期对监测结果进行统计分析,可以从中清楚地看出上海媒体的广告违法率和违法动态,为广告监管机关确立执法重点提供依据。在总结各地方工商部门广告监测工作经验基础上,国家工商总局为促进广告监测工作的规范化、制度化,提高广告监管工作的主动性、预见性,建立违法广告发布预警机制,有效实施对广告发布活动的动态监管,于2004年制定《关于规范和加强广告监测工作的指导意见(试行)》(具体内容详见本节参考附录),形成了相对规范统一的广告监测工作制度,广告监管机关就广告监测工作建立、健全专门的数据采集、监测报告、监测档案、监测信息发布、监测对象法规培训、违法广告查处等工作制度。广告监管机关可以根据监测结果显示的广告市场动态,确定广告监管系统一定时期监管重点,落实典型违法广告案件的查处及对违法广告主、广告经营者、广告发布者的整改。并定期向社会发布《广告违法警示公告》,公告主要违法表现和典型违法广告,提醒公众注意识别。广告监督管理机关在广告发布后的检查是抽查式、非固定的,可以根据监测或群众举报情况,以及其他需要和情况,有针对性地检查某种形式或某种内容的广告。

除以上三种主要的广告审查形式外,还有一度曾在部分省市试点推行的广告审查委员会的事前审查。事先规范广告宣传内容的还有广告行业组织的事前咨询等形式。广告审查委员会的事前审查已经停止。国家工商行政管理总局在1993年下发《关于在部分城市进行广告代理制和广告发布前审查试点工作的意见》,尝试通过建立广告审查委员会来克服当时广告审查制度中经营与审查一体化的弊病。但由广告监督管理机关建立的广告审查机关,一开始就存在三方面缺陷:一是广告审查委员会的法律地位不明确,广告审查委员会的机构、性质和地位不明确,使实际工作的操作受到影响;二是广告审查委员会的法律责任不明确,广告审查委员会对其审查通过的广告是否承担责任及承担什么样的责任,因其本身机构法律地位的不明确,也无从明确;三是其地位不超脱,集审查与执法于一体,影响公正执法。因此,广告审查委员会的工作已于1998年全面停止。

二、广告行政审查的程序性规定

这里的广告行政审查,特指有关行政部门依法对广告内容进行事先审查,并出具审查决定文件和证明文件的行为。广告行政审查的程序规定是广告审查制度的重要组成部分。

(一)关于药品广告审查的程序性规定

1. 药品广告的审查机关

国家对药品广告的审查实行国务院和省级两级行政审查。国家药品监督管理局(现更名为国家食品药品监督管理局,地方药监部门的名称也正在调整当中)和省级药品监督管理部门是药品广告的审查机关。广告审查机关在同级广告监督管理机关的指导下,对药品广告进行审查。

利用重点媒介发布的药品广告,新药、境外生产的药品的广告,须经国务院药品监督管理部门的审查,并取得药品审查批准文号后,方可发布;其他药品广告,需经广告主所在地省级药品监督管理部门的审批,并取得药品审查批准文号后,方可发布。需在异地发布的药品广告,须持所在地药品监督管理部门的审查批准文件,经广告发布地的省级药品监督管理部门换发广告发布地的药品广告审查批准文号后,方可发布。

2. 药品广告的申请程序

凡申请发布药品广告,应当向药品广告审查机关提出申请,填写《药品广告审查表》,并提交下列证明文件:

第一,申请人及生产者的营业执照副本;

第二,《药品生产企业许可证》或者《药品经营企业许可证》副本;

第三,该药品的生产批准文件、质量标准、说明书、包装;

第四,该药品的商标注册证或其他由国家工商行政管理总局商标局出具的证明该商标注册的文件;

第五,有商标名称的药品,必须提交国务院药品监督管理部门批准的该商品名称的批准材料;

第六,法律、法规规定的其他确认广告内容真实性的证明文件。

凡申请发布境外生产的药品广告,应当向国务院药品监督管理部门提出申请,填写《药品广告审查表》,并提交下列证明文件及相应的中文译本:

第一,申请人及生产者的营业执照副本;

第二,该药品的《进口药品注册证》;

第三,该药品的质量标准、说明书、包装;

第四,法律、法规规定的其他确认广告内容真实性的证明文件。

申请发布境外生产的药品的广告,可以由申请者委托中国境内的药品经销者或者广告经营者代为办理广告审查手续。

3. 药品广告的审查程序

第一,初审。药品广告审查机关对广告申请人提供的证明文件的真实性、有效性、合法性、完整性和广告制作前文稿的真实性、合法性进行审查,并于受理申请之日起10日内做出初审决定,发给《药品广告初审决定通知书》。

第二,终审。广告申请人凭药品广告初审合格决定,将制作的广告作品送交原广告审查机关,原广告审查机关在受理申请之日起10日内做出终审决定。对终审合格者,签发《药品广告审查表》,并发给药品广告审查批准文号;对终审不合格者,应当通知广告申请人,并说明理由。广告申请人可以直接申请终审。广告审查机关应当在受理申请之日起10日内做出终审决定。

第三,药品广告审查机关发出的《药品广告初审决定通知书》和《药品广告审查表》,应当由广告审查机关的负责人签字,并加盖药品广告审查专用印章。药品广告审查机关应当将通过终审的《药品广告审查表》送同级广告监督管理机关备查。

药品广告审查批准文号的有效期为1年。有效期满后需继续发布的,应当在期满前2个月向原审查机关重新提出申请。广告内容需要改动或者药品的质量标准发生变化的药品广告,应当重新申请复查。

4. 药品广告的复审程序

有下列情况之一的药品广告,审查机关应当调回复审,复审期满,停止发布该药品广告:

第一,广告审查批准依据发生变化的;

第二,国务院卫生行政部门认为省级广告审查批准机关的批准不妥的;

第三,广告监督管理机关提出复审建议的;

第四,广告审查机关认为应当调回复审的其他情况。

5. 药品广告批准文号的撤销

有下列情况之一的药品广告,原审查机关应当收回《药品广告审查表》,撤销药品广告审查批准文号:

第一,临床发现药品有新的不良反应的;

第二,《药品生产企业许可证》、《药品经营企业许可证》、《营业执照》被吊销的;

第三,药品被撤销生产批准文号的;

第四,药品广告内容超出药品广告审查机关审查批准的内容的;

第五,被国家列为淘汰的药品品种的;

第六,药品广告复审不合格的;

第七,卫生行政部门认为不宜发布的;

第八,广告监督管理机关立案查处的。

药品广告审查机关做出撤销药品广告审查批准文号的决定,应当同时送同级广告监督管理机关备查。

(二) 关于医疗器械广告审查的程序性规定

1. 医疗器械广告的审查机关

国家对医疗器械广告的审查实行国务院和省级两级行政审查。国家药品监督管理局和省级药品监督管理部门是医疗器械广告的审查机关。广告审查机关在同级广告监督管理机关的指导下,对医疗器械广告进行审查。

境外生产的医疗器械产品广告及利用重点媒介发布的医疗器械广告需经国家药品监督管理局审查批准,并向广告发布地的省级药品监督管理部门备案后,方可发布;其他医疗器械广告,需经生产者所在地的省级药品监督管理部门审查批准,并向发布地的省级药品监督管理部门备案后,方可发布。

2. 医疗器械广告的申请程序

申请审查境内生产的医疗器械产品广告,应当填写《医疗器械广告审查表》,并提交下列证明文件:

第一,申请人及生产者的营业执照副本以及其他生产、经营资格的证明文件;

第二,产品注册证书或者产品批准书,实行生产许可证管理的产品,还应当提供生产许可证;

第三,产品使用说明书;

第四,法律法规规定的及其他确认广告内容真实性的证明文件。

申请审查境外的医疗器械产品广告,应当填写《医疗器械广告审查表》,并提交下列证明文件及相应的中文译本:

第一,申请人及生产者的营业执照副本以及其他生产、经营资格的证明文件;

第二,医疗器械生产企业所在国(地区)政府批准该产品进入市场的证明文件;

第三,产品标准;

第四,产品使用说明书;

第五,中国法律、法规规定的其他确认广告内容真实性的证明文件。

提供本条规定的证明文件的复印件,需由原出证机关签章或者出具所在国(地区)公证机构的公证文件。

3. 医疗器械广告的审查程序

第一,初审。医疗器械广告审查机关对广告申请人提供的证明文件的真实性、有效性、合法性、完整性和广告制作前文稿的真实性、合法性进行审查,并于受理申请之日起5日内做出初审决定,发给《初审决定通知书》。

第二,终审。广告申请人凭初审合格决定及广告作品,再次送交原广告审查机关,广告审查机关受理申请之日起5日内,做出终审决定。对终审合格者,签发《医疗器械广告审查表》及广告审查批准号;对终审不合格者,应当通知广告申请人并说明理由。

第三,广告申请人可以直接申请终审,广告审查机关受理申请之日起10日内,做出终审决定。

第四,广告发布地审查机关对生产者所在地的审查机关做出的复审决定仍持异议的,应当提请上级广告审查机关进行裁定。审查意见以裁定结论为准。

医疗器械广告审查机关应当将带有广告审查批准号的《医疗器械广告审查表》,送同级广告监督管理机关备查。医疗器械广告的审查批准号的有效期为1年,其中产品介绍和样本审查批准号的有效期可延长至3年。

4. 医疗器械广告调回复审的情况

经审查批准的医疗器械广告,有下列情况之一的,广告审查机关应当调回复审:

第一,广告审查依据发生变化的;

第二,国家药品监督管理局认为省级广告审查机关的批准不妥的;

第三,广告监督管理机关或者发布地医疗器械广告审查机关提出复审建议的;

第四,广告审查机关认为应当调回复审的其他情况。

复审期间,广告停止发布。

5. 医疗器械广告的重新申请

经审查批准的医疗器械广告,有下列情况之一的,应当重新申请审查:

第一,医疗器械广告审查批准号的有效期届满;

第二,广告内容需要改动;

第三,医疗器械产品标准发生变化。

6. 医疗器械广告审查批准号的撤销

经审查批准的医疗器械广告,有下列情况之一的,原审查机关应当收回《医疗器械广告审查表》,撤销广告审查批准号:

第一,医疗器械在使用中发现问题而被撤销产品注册号或者批准号;

第二,被国家列为淘汰的医疗器械品种;

第三,广告复审不合格;

第四,应当重新申请审查而未申请或者重新审查不合格。

广告审查机关做出撤销广告审查批准号的决定,应当同时送同级广告监督管理机关备查。

(三)关于兽药广告审查的程序性规定

1. 兽药广告的审查机关

国务院农牧行政管理机关和省级的农牧行政管理机关，在同级广告监督管理机关的监督指导下，对兽药广告进行审查。

利用重点媒介发布的兽药广告，以及保护期内新兽药、境外生产的兽药广告，需经国务院农牧行政管理机关审查，并取得广告审查批准文号后，方可发布；其他兽药广告需经生产者所在地的省级农牧行政管理机关审查，并取得广告审查批准文号后，方可发布。需在异地发布的兽药广告，须持所在地农牧行政管理机关审查的批准文件，经广告发布地的省级农牧行政管理机关换发广告发布地的兽药广告审查批准文号后，方可发布。

2. 兽药广告的审查的申请

申请审查境内生产的兽药广告，应当填写《兽药广告审查表》，并提交下列的证明文件：

第一，生产者的营业执照副本以及其他生产、经营资格的证明文件；

第二，农牧行政管理机关核发的兽药产品批准文号、文件；

第三，省级兽药监察所近期（3个月内）出具的产品检验报告单；

第四，经农牧行政管理机关批准、发布的兽药质量标准，产品说明书；

第五，法律、法规规定的及其他确认广告内容真实性的证明文件。

申请审查境外生产的兽药广告，应当填写《兽药广告审查表》，并提交以下证明文件及相关的中文译本。提交以下规定的证明文件的复印件，应当由原出证机关签章或者出具所在国（地区）公证机构的公证文件：

第一，申请人及生产者的营业执照副本或者其他生产、经营资格的证明文件；

第二，《进口兽药登记许可证》；

第三，该兽药的产品说明书；

第四，境外兽药生产企业办理的兽药广告委托书；

第五，中国法律、法规规定的及其他确认广告内容真实性的证明文件。

3. 兽药广告的审查

第一，初审。兽药广告审查机关对申请人提供的证明文件的真实性、有效性、合法性、完整性和广告制作前文稿的真实性、合法性进行审查，并于受理申请之日起10日内作出初审决定，发给《兽药广告初审决定通知书》。

第二，终审。广告申请人凭初审合格决定，将制作的广告作品送交原广告审查机关，广告审查机关在受理之日起10日内做出终审决定。对终审合格者，签发《兽药广告审查表》及广告审查批准文号；对终审不合格者，应当通知广告申请人，并说明理由。

第三，广告申请人可以直接申请终审，广告审查机关应当在受理审查之日起15日内做出终审决定。

兽药广告审查机关应当将带有广告审查批准文号的《兽药广告审查表》寄送同级广告监督管理机关备查。兽药广告审查批准文号的有效期为1年。《兽药生产许可证》、《兽药经营许可证》的有效期限不足1年的，兽药广告审查批准号的有效期以上述许可证有效期限为准。

4. 兽药广告的复审

经审查批准的兽药广告，有下列情况之一的，广告审查机关可以调回复审。复审期间，广告停止发布：

第一，该兽药在使用中发生禽畜死亡，以及造成一定经济损失的；

第二，兽药广告审查依据发生变化的；

第三，兽药产品标准发生变化的；

第四，国务院农牧行政管理机关认为省级农牧行政管理机关的批准决定不妥的；

第五，广告监督管理机关或者发布地省级农牧行政管理机关提出复审建议的；

第六，广告审查机关认为应当调回复审的其他情况。

广告发布地的广告审查机关对生产者所在地的审查机关做出的终审决定持有异议的，应当提请上级广告审查机关进行裁定，并以裁定结论为准。经审查批准的兽药广告，广告审查批准号有效期满，或者广告内容需要改动的，应重新申请复查。

5. 兽药广告审查批准文号的作废

经审查批准的兽药广告，有下列情况之一的，原广告审查机关应当收回《兽药广告审查表》，其广告审查批准号作废：

第一，兽药生产、经营者被吊销《兽药生产许可证》或《兽药经营许可证》的；

第二，兽药产品在使用中发生严重问题而被撤销生产批准文号的；

第三，被国家列为淘汰或者禁止生产、使用的兽药产品的；

第四，兽药广告审查批准号有效期内，经国务院农牧行政管理机关统计兽药抽检不合格次数累计达三批次以上的；

第五，广告复审不合格的；

第六，应当重新申请审查而未申请或者重新审查不合格的。

广告审查批准号作废后，兽药广告审查机关应当将有关材料送同级广告监督管理机关备查。

(四) 关于农药广告审查的程序性规定

1. 农药广告审查机关

国务院农业行政管理部门和省级农业行政管理部门在同级广告监督管理机关的指导下，对农药广告进行审查。

通过重点媒介发布的农药广告和境外生产的农药广告，需经国务院农业行政主管部门审查批准,并取得农药广告审查批准文号后,方可发布。

其他农药广告,需经广告主所在地省级农业行政主管部门审查批准;异地发布,须向广告发布地省级农业行政管理部门备案后,方可发布。

2. 农药广告审查的申请

申请境内生产的农药广告,应当填写《农药广告审查表》,并提交下列证明文件:

第一,农药生产者和申请人的营业执照副本及其他生产、经营资格的证明文件;

第二,农药生产许可证或准产证;

第三,农药登记证、产品批准号、农药产品标签;

第四,法律、法规规定的及其他确认广告内容真实性的证明文件。

申请审查境外生产的农药广告,应当填写《农药广告审查表》,并提交下列证明文件及相应的中文译本。提交以下规定的证明文件,需由原出证机关签章或者出具所在国(地区)公证机关的证明文件:

第一,农药生产者和申请人的营业执照副本或者其他生产、经营资格的证明文件;

第二,中华人民共和国农业行政主管部门颁发的农药登记证、农药产品标签;

第三,法律、法规规定的及其他确认广告内容真实性的证明文件。

3. 农药广告的审查

第一,初审。农药广告审查机关对申请人提供的证明文件的真实性、有效性、合法性、完整性和广告制作前文稿的真实性、合法性进行审查,在受理广告申请之日起7日内作出初审决定,发给《农药广告初审决定通知书》。

第二,终审。广告申请人凭初审合格决定,将制作的广告作品送交原农药广告审查机关进行终审,农药广告审查机关在受理之日起7日内做出终审决定。对终审合格者,签发《农药广告审查表》,并发给农药广告审查批准文号。对终审不合格者,应当通知广告申请人,并说明理由。

第三,广告申请人可以直接申请终审,广告审查机关应当在受理审查之日起10日内做出终审决定。农药广告审查机关应当将通过终审的《农药广告审查表》送同级广告监督管理机关备查。农药广告审查批准文号的有效期为1年。申请农药广告审查,可以委托农药经销者或者广告经营者办理。

4. 农药广告的复审

经审查批准的农药广告,有下列情况之一的,原广告审查机关应当调回复审。复审期间,广告停止发布:

第一,在使用中对人畜、环境有严重危害的;

第二,国家有新的规定的;

第三,国家农药广告审查机关发现省级广告审查机关的审查不妥的;

第四,广告监督管理机关提出复审建议的;

第五,广告审查机关认为应当复审的其他情况。

经审查批准的农药广告,广告审查批准号有效期届满,或者广告内容需要改动的,应重新申请审查。

5. 农药广告审查批准文号的作废

经审查批准的农药广告,有下列情况之一的,原广告审查机关应当收回《农药广告审查表》,其广告审查批准文号作废:

第一,该农药产品被撤销农药登记证、生产许可证(或准产证);

第二,发现该农药产品有严重质量问题;

第三,要求重新申请审查而未申请或者重新申请不合格;

第四,广告监督管理机关已立案进行查处。

广告审查批准文号作废后,农药广告审查机关应当将有关材料送同级广告监督管理机关备查。

(五) 关于医疗广告审查的程序性规定

广告客户申请办理《医疗广告证明》,应当向当地卫生行政部门提交以下证明材料:

第一,医疗机构执业许可证;

第二,医疗广告的专业技术内容;

第三,有关卫生技术人员的证明材料;

第四,诊疗方法的技术资料;

第五,依照国家有关规定,必须进行营业登记的,应当提交营业执照。

县(区)级和地(市)级卫生行政部门在接到申请后,应在10日内完成初步审查,并将审查意见和申请提交的证明材料逐级上报至省级卫生行政部门。省级卫生行政部门受理申请后,应当查验有关证明材料,审查广告内容(中医医疗广告内容由省级中医药管理部门审查),并在15日内做出决定,符合规定的,出具《医疗广告证明》。《医疗广告证明》的有效期为1年。在有效期内变更广告内容或者期满后继续进行广告宣传的,必须重新办理《医疗广告证明》。《医疗广告证明》不得伪造、涂改、出租、出借、转让、出卖或者擅自复制。

(六) 关于保健食品广告审查的程序性规定

1. 保健食品广告的审查机关

国家食品药品监督管理局指导和监督保健食品广告审查工作。省、自治区、直辖市食品药品监督管理部门负责本辖区内保健食品广告的审查。县级以上食品药品监督管理部门应当对辖区内审查批准的保健食品广告发布情况进行监测。

2. 保健食品广告的审查程序

（1）保健食品广告的申请人。发布保健食品广告的申请人必须是保健食品批准证明文件的持有者或者其委托的公民、法人和其他组织。申请人可以自行或者委托其他法人、经济组织或公民作为保健食品广告的代办人。

（2）保健食品广告申请的受理机关。国产保健食品广告的发布申请，应当向保健食品批准证明文件持有者所在地的省、自治区、直辖市食品药品监督管理部门提出；进口保健食品广告的发布申请，应当由该产品境外生产企业驻中国境内办事机构或者该企业委托的代理机构向其所在地省、自治区、直辖市食品药品监督管理部门提出。

（3）申请发布保健食品广告，应当提交的文件和资料：

第一，《保健食品广告审查表》；

第二，与发布内容一致的样稿（样片、样带）和电子化文件；

第三，保健食品批准证明文件复印件；

第四，保健食品生产企业的《卫生许可证》复印件；

第五，申请人和广告代办人的《营业执照》或主体资格证明文件、身份证明文件复印件；如有委托关系，应提交相关的委托书原件；

第六，保健食品的质量标准、说明书、标签和实际使用的包装；

第七，保健食品广告出现商标、专利等内容的，必须提交相关证明文件的复印件；

第八，其他用以确认广告内容真实性的有关文件；

第九，宣称申请材料实质内容真实性的声明。

提交以上规定文件资料为复印件的，需加盖申请人的签章。

（4）保健食品广告审查的程序性要求。保健食品广告发布申请材料不齐全或者不符合法定要求的，省、自治区、直辖市食品药品监督管理部门应当当场或者在5个工作日内一次告知申请人需要补正的全部内容；逾期不告知的，自收到申请材料之日起即为受理。省、自治区、直辖市食品药品监督管理部门应当自受理之日起对申请人提交的申请材料以及广告内容进行审查，并在20个工作日内作出是否核发保健食品广告批准文号的决定。保健食品广告批准文号为“X食健广审（X1）第X2号”。其中“X”为各省、自治区、直辖市的简称；“X1”代表视、声、文；“X2”由十位数字组成，前六位代表审查的年月，后4位代表广告批准的序号。对审查合格的保健食品广告申请，发给保健食品广告批准文号，同时将《保健食品广告审查表》抄送同级广告监督机关备案；对审查不合格的保健食品广告申请，应当将审查意见书面告知申请人，说明理由并告知其享有依法申请行政复议或者提起行政诉讼的权利。

3. 保健食品广告审查表的备案

省、自治区、直辖市食品药品监督管理部门应当将审查批准的《保健食品广告审查表》报国家食品药品监督管理局备案。国家食品药品监督管理局认为审查批准的保健食品广告与法定要求不符的，应当责令原审批地省、自治区、直辖市（食品）药品监督管理部门予以纠正。

4. 保健食品广告的重新申请

保健食品广告批准文号有效期为一年。保健食品广告批准文号有效期届满，申请人需要继续发布广告的，应当依照本规定向省、自治区、直辖市（食品）药品监督管理部门重新提出发布申请。经审查批准的保健食品广告需要改变其内容的，应向原审批地省、自治区、直辖市（食品）药品监督管理部门申请重新审查。保健食品的说明书、质量标准等广告审查依据发生变化的，广告主应当立即停止发布，并向原审批地省、自治区、直辖市（食品）药品监督管理部门申请重新审查。

5. 保健食品广告的复审

经审查批准的保健食品广告，有下列情形之一的，原审批地省、自治区、直辖市（食品）药品监督管理部门应当调回复审：

第一，国家食品药品监督管理局认为原审批地省、自治区、直辖市食品药品监督管理部门批准的保健食品广告内容不符合法定要求的；

第二，广告监督管理机关建议进行复审的。

6. 保健食品广告批准文号的收回

经审查批准的保健食品广告，有下列情形之一的，原审批地省、自治区、直辖市（食品）药品监督管理部门应当收回保健食品广告批准文号：

第一，保健食品批准证明文件被撤销的；

第二，保健食品被国家有关部门责令停止生产、销售的；

第三，广告复审不合格的。

省、自治区、直辖市食品药品监督管理部门作出的撤销或者收回保健食品广告批准文号的决定，应当报送国家食品药品监督管理局并抄送同级广告监督管理机关备查，同时向社会公告处理决定。

三、广告审查制度存在的问题及发展方向

（一）广告审查制度存在的问题

现行的广告审查制度虽然从一定程度上，对广告内容是否符合法定的发布标准起到了把关作用，但受我国广告业发展水平和广告经营机制、管理体制等因素制约的我国广告审查制度不可避免地存在着一些问题。体现在以下几个方面。

1. 广告经营者、广告发布者的广告自查存在的问题

广告审查制度主要采取广告经营者、广告发布者自查的方式。这样广告发布的质量就基本取决于各广告经营者和广告发布者。随着广告业的发展,广告经营者、广告发布者对广告进行审查的弊端日益暴露:一是由于广告涉及面广,一些涉及技术、性能、质量等内容的广告难以进行实质性审查,审查的准确性难以保证;二是由于广告经营者、广告发布者集经营与审查于一身,易导致他们受经济利益的驱动,对广告主的一些不合法要求一味迁就,放松广告审查的标准,审查的公正性难以保证;三是广告经营者、广告发布者对广告管理法规,相对于广告管理机关来说重视不够,运用生疏,加之广告经营单位发展数量增长迅速,熟悉广告管理法规的广告审查人员比较匮乏,因此广告审查的法律水准难以保证。

2. 广告审查机关的事前审查存在的局限

广告审查机关事前审查的局限性主要表现在三个方面:一是事先审查的对象的局限性。目前事先审查仅针对特定的商品或服务,而没有针对特定大众媒体形式广告的事先审查(对于八大类印刷品广告登记的规定例外),但实际上诸如电视广告等媒体的广告影响十分广泛,在许多国家,例如法国等,被纳入发布前需经权威部门审查的范围;二是事前审查的商品及服务范围的局限性。目前仅限于药品、医疗器械、农药、兽药、社会力量办学等少数种类的商品和服务广告,而对社会反应较大、数量较多的房地产、保健食品、化妆品、金融等方面的广告,均未纳入事先行政审查或出证的范围;三是广告审查机关掌握广告法规的局限性。广告审查机关的审查人员对大量的广告法规缺乏了解和掌握,对广告中除专业技术外的其他内容的审查较为困难。

3. 广告行业组织的事先咨询的局限

广告行业组织的事先咨询因其采取自愿委托的原则,其适用范围受到一定限制;其咨询服务的各方面之间是民事关系,故咨询意见不具有行政的强制约束力。

4. 广告监督管理机关的事后审查和监测的不足

广告监督管理机关的事后审查和监测的不足主要体现在:一是广告监督管理机关的广告审查以事后审查为主,监测、检查都是在广告发布后进行的,因此不可避免地带有一定的滞后性和被动性,在发现和惩处违法广告时,违法广告的损害事实已经发生,广告监管机关的行政处罚只能起到事后的教育、惩戒作用;二是广告监管机关受监管力量的限制,检查的覆盖面较窄,对广告的监测作为一种制度,在全国很多地方受条件限制尚未建立、完善,因此大量的广告实际处于广告监管机关的监控范围之外;三是广告监测的效用有待进一步利用和发掘。对广告监测发现的违法广告如何区分情况及时处理、对监测的数据分析和利用、监测与典型违法广告案例的曝光以及相关广告活动当事人广告信用档案的建立等相关配套措施的衔

接等,都需要进一步加以探索和完善。

（二）关于我国广告审查制度发展方向的设想

根据以上所述广告审查制度存在的问题,必须不断改革现有的广告审查制度,完善广告监控体系。根据《关于加快广告业发展的规划纲要》,要建立在广告管理机关指导、监督下,由广告行业组织、企业和有关专业技术部门组成的,既有一定权威和强制力,又地位超脱的广告审查机构。争取对电视、广播、报刊和户外等媒介发布的广告全部实行发布前审查,保障广告真实、合法,符合社会主义物质文明、精神文明建设的道德规范和要求,维护社会主义市场的正常竞争秩序。为此,要积极开展广告发布前审查制度试点,建立广告发布前审查制度,变单一、被动的事后监督管理为包括事前、事中、事后全运行过程的监督管理。

首先,建立在广告监督管理机关指导、监督下,由广告协会、广告经营单位、有关专业技术部门和学术界代表和专家共同组成的广告审查机构,该机构独立于行政部门,对外提供广告审查方面的服务。

其次,选择特定的媒体作为广告发布前审查的试点。考虑到电视广告的数量相对较少,但影响最为广泛,可以从电视广告进行试点,再逐步将试点的范围扩大到报纸、广播电台等媒介。最终的方向是实行全部大众媒介广告发布前的审查制度。

再次,选择社会反映最为集中,而无相应审查出证规定的商品广告,如房地产、保健食品、化妆品广告等,实行此类商品广告发布的备案制度。

第四,提高广告行政审查的针对性和科学性。从提高广告监管效能出发,针对一个时期监测发现的违法率居高不下的难点、社会反映集中的热点以及政府关注的焦点等作为审查的重点所在,及时分析原因,寻找对策,遏制违法广告的蔓延。同时在审查的具体方式方法上,要注重提高其科学性。例如,上海市工商行政管理局在广告监督管理方面实行分类管理,分类管理运用于广告审查,就是将审查的结果根据轻微违法、一般违法、严重违法的不同情况分别处理,将违法率高的媒体列为下一阶段监测和审查的重点,并探索建立广告主和广告经营单位广告发布诚信档案,将广告经营信用记录差的列入"黑名单",实施"近距离"的监管等。

第五,以广告审查为主线,形成广告发布事前、事中、事后全运行过程的监督管理。要以广告审查为主线,建立违法广告的及时发现、查处、曝光等一系列相互衔接、相互配套的监管机制,逐步形成对广告发布的全过程的监控体系。显然这一体系的建立必须凭借社会各有关方面的力量,广告监督管理机关可以在其中起到组织、协调和指导等作用,同时广告行业自身自律的加强是这一体系运作的关键,只有广告行业内部形成了对违法广告抵制的自觉意识、相关规范和行业自律的手段,才有可能真正建立有效的广告监控体系。

本节参考附录:《关于规范和加强广告监测工作的指导意见(试行)》

关于规范和加强广告监测工作的指导意见(试行)

为促进广告监测工作的规范化、制度化,提高广告监管工作的主动性、预见性,建立违法广告发布预警机制,有效实施对广告发布活动的动态监管,对广告监测工作提出以下指导性意见:

一、广告监测工作是广告监管日常工作的重要内容。广告监管机关通过监测发现违法广告,分析广告发布违法趋势,及时提出违法广告的社会识别预警和警示,制定监管对策措施。广告监管机关在制定工作计划、部署监管工作时,应当提出全年日常监测计划、监测专项经费及对本辖区系统监测工作的指导意见,并将广告监测列入工作重点,作为考核工作业绩的指标之一。

二、广告监测是对个案广告、类别广告、全部广告法律执行状况进行的跟踪检查。广告监测工作包括监测数据的采集汇总、分析整理、监测信息发布等。

三、广告监测工作应遵循法定、统一、科学的原则,即监测依据和标准法定,监测指标体系统一,监测数据处理加工手段方法科学,实现监测结果的准确和共享。

四、省及省以下广告监管机关对在本辖区发布的广告进行监测。国家及省广告监管机关根据工作需要可以进行指定监测。在坚持日常监测的同时,广告监管机关可以根据工作需要对一定区域、一定时期、一定媒介进行集中监测。集中监测的对象、范围、内容等应根据一定时期广告监管工作形势及重点提出意见,依工作程序确定。一经确定,即属保密内容,任何人不得擅自透露。

五、广告监管机关应就广告监测工作建立、健全专门的数据采集、监测报告、监测档案、监测信息发布、监测对象法规培训、违法广告查处等工作制度。

六、监测用原始资料是监测数据采集的基础,应当准确。监测原始资料由被监测单位提供的,应当有被监测单位经办人的签字。广告监测数据采集的原始资料可以委托广告监测中介机构提供,但对于监测涉及公告和通报的个案广告,应当留案备查。

七、广告监测应坚持监测报告制度。广告日常监测可根据需要形成日报、周报、月报、季报或年报等监测报告。集中监测后应形成监测报告。广告监测报告应当真实、客观地反映监测结果,对典型违法广告应当进行核实。

八、广告监管机关根据监测报告分别形成向上级机关和有关部门的《广告发布情况专报》、面向监管系统的《广告监测通报》、面向社会的《广告违法警示公告》。

九、广告监管机关对于监测发现的危害国家利益、社会稳定、经济秩序等重大违法广告,应及时向上级和有关部门专门报告。符合紧急预警机制要求的,应依程序启动,对隐瞒不报的要依党纪政纪追究责任。

十、《广告监测通报》应当包括监测对象的违法率、违法量、主要违法表现、发布违法广告较多的广告主、广告发布者及相关监管工作等。广告监管机关应当根据监测结果显示的广告市场动态,确定广告监管系统一定时期监管重点,落实典型违法广告案件的查处及对违法广告主、广告经营者、广告发布者的整改。

十一、广告监管机关应当定期向社会发布《广告违法警示公告》,公告主要违法表现和典型违法广告,提醒公众注意识别。

十二、广告监测应与企业信用体系制度相结合,发布违法广告是广告活动主体信用的重要内容。对于发布违法广告严重的广告活动主体应当给予一定的信用警示和惩戒。

十三、广告监测工作应建立监测档案制度。监测应保留原始资料。

十四、广告监测相关信息属于广告监管政务信息,需要传达和发布的,应由广告监管机关按照规定程序进行。发布信息时,可以根据情况向有关当事人通报监测结果。

十五、广告监测中发现的违法或者涉嫌违法广告,根据管辖原则由各地依法调查处理。广告监管机关对于公告和通报涉及的违法广告,应当限期办理。对违法率居高不下、违法情节恶劣、违法地域广、社会影响极坏的广告发布者和典型违法广告,应部署全国或地区统一查处。

十六、广告监管机关应视监测情况,结合广告审查员制度,组织对有关的广告主、广告经营者、广告发布者进行广告法规培训。

十七、国家工商行政管理总局逐步建立广告监测信息数据库,通过工商行政管理信息网与各地连通,以实现监测信息的互通、共享、兼容,最大限度发挥广告监测的作用。

十八、广告监测结果数据处理,可以委托专业数据处理机构进行,但应签订书面协议,明确各方权利、义务,以有效防止数据流失和信息泄露,维护技术方知识产权。

第三节　广告证明制度

广告证明制度,是对广告主自行或者委托他人设计、制作、发布的广告需具有或者提供哪些真实、合法、有效的有关证明文件做出规定,从而保证广告内容真实、合法的制度。广告证明的种类繁多,从要求广告内容言之有据的角度,凡广告涉及的内容,均应有相应的证明。但实际上,法律仅对广告主在广告中表达、承诺或保证的,对消费者等广告受众有实质性意义的有关内容必须出具的证明做出了规定。主要可以概括为三个方面,即广告主经营资格的证明、广告宣传商品或服务所使用的数据、他人名义、专利等通常事项的表述的证明以及特定商品或服务的有关证明。

一、广告主的资格证明

《广告法》第二十二条规定"广告主自行或者委托他人设计、制作、发布广告,所推销的商品或者提供的服务应当符合广告主的经营范围"。《广告法》第二十四条明确规定广告主应当具有或者提供营业执照以及其他生产、经营资格的证明文件。根据《广告管理条例施行细则》第九条规定,广告客户申请发布广告,应当出具相应的证明:企业和个体工商户应当交验营业执照;机关、团体、事业单位提交本单位的证明；个人提交乡、镇人民政府、街道办事处或所在单位的证明；外国企业常驻代表机构，应当交验国家工商行政管理总局颁发的《外国企业在中国常驻代表机构登记证》。

二、广告通常事项的证明

（一）使用他人名义、形象的广告

根据《广告法》第二十五条的规定，使用他人名义、形象的广告，应当具有或者提供书面的他人肖像或名义使用权的证明，一般是广告主或广告公司与对方或其监护人、代理人签订的书面合同。

（二）标明质量标准的广告

根据《广告法》第二十四条中的规定，广告主应具有或者提供质量检验机构对广告中有关商品质量内容出具的证明文件；根据《广告管理条例》和《广告管理条例实施细则》的规定，申请发布商品广告，应当交验符合国家标准、部标准（专业标准）、企业标准的质量证明。

（三）使用数据、统计资料、调查结果、文摘、引用语的广告

广告中使用数据、统计资料、调查结果、文摘、引用语等，应当提供其出处的证明，并在广告中予以表明。企业及其产品在境外的销量、市场占有率、排序的内容，广告主应当出具境外权威统计部门或行业协会出具的证明文件。

（四）标明专利权的商品广告

应当提交国家专利管理部门出具的《专利广告证明》。仅凭专利证书不能证明专利权的合法持有状态。《专利广告证明》不能作为产品合格的广告证明使用。

（五）标明注册商标的商品广告

标明注册商标的商品广告，应当提交国家工商行政管理总局商标局颁发的商标注册证。

（六）实施生产许可证的产品广告

实施生产许可证的产品广告，应当提交生产许可证。如食品广告就必须提交食品生产企业的卫生许可证。

三、特殊商品或者服务的证明

（一）药品广告

应当提交省级食品药品监督管理部门审查批准的《药品广告审批表》。

（二）兽药广告、农药广告

应当提交省级农业行政主管部门审查批准的《兽药广告审批表》、《农药广告审批表》。

（三）医疗器械广告

应当提交食品药品监督管理部门审查批准的《医疗器械广告审查表》原件或者经原审查机关签章的复印件。

（四）医疗广告

广告经营者承办或者代理医疗广告，必须查验国家和省级卫生行政部门出具的《医疗广告证明》，并按照核定的内容设计、制作、代理、发布医疗广告。未取得《医疗广告证明》的，广告经营者不得承办或代理。

（五）食品广告

应当提交卫生许可证，其中保健食品广告还应提交食品药品监督管理部门审查批准的《保健食品广告审查表》及国务院卫生行政部门核发的《保健食品批准证书》、《进口保健食品批准证书》；新资源食品广告，应当提交国务院卫生行政部门的新资源食品试生产卫生审查批准文件或者新资源食品卫生审查批准文件；特殊营养食品广告，应当具有或者提供省级卫生行政部门核发的准许生产的批准文件；进口食品广告，应当提交输出国（地区）批准生产的证明文件，口岸进口食品卫生监督检验机构签发的卫生证书，中文标签。

（六）酒类广告

广告主自行或者委托他人设计、制作、发布酒类广告，应当具有或者提供真实、合法、有效的下列证明文件：

（1）营业执照以及其他生产、经营资格的证明文件；

（2）经国家规定或者认可的省辖市以上食品质量检验机构出具的该酒符合质量标准的检验证明；

（3）发布境外生产的酒类商品广告，应当有进口食品卫生监督检验机构批准核发的卫生证书；

（4）确认广告内容真实性的其他证明文件。

（七）烟草广告

在国家禁止范围以外的媒介或者场所发布烟草广告，必须具有省级以上工商行政管理机关或其授权的省辖市工商行政管理机关批准的《发布烟草广告申请表》。

广告主发布与烟草制品商标名称相同的其他商品、服务的商标名称及服务项目名称的广告，应当提供下列证明文件：

（1）由政府有关部门出具的该企业生产或者经营该商品、服务的资格证明文件；

（2）该商品或者服务在我国取得的商标注册证；

（3）该企业在我国境内实际从事该商品、服务的生产或者经营活动的证明；

（4）广告管理法律、法规规定的其他证明文件。

（八）化妆品广告

发布化妆品广告，广告主必须持有下列证明材料：

（1）营业执照；

（2）《化妆品生产企业卫生许可证》；

（3）《化妆品生产许可证》；

（4）美容类化妆品，必须持有省级以上化妆品检测站（中心）或者卫生防疫站出具的检验合格的证明；

（5）特殊用途化妆品，必须持有国务院卫生行政部门核发的批准文号；

（6）化妆品如宣称为科技成果，必须持有省级以上轻工行业主管部门颁发的科技成果鉴定书；

（7）广告管理法规、规章所要求的其他证明。

发布进口化妆品广告，广告主必须持有下列证明材料：

（1）国务院行政部门批准化妆品进口的有关批件；

（2）国家商检部门检验化妆品合格的证明；

（3）出口国（地区）批准生产该化妆品的证明文件（应附中文译本）。

（九）房地产广告

应当具有或者提供：

（1）房地产开发企业、房地产权利人、房地产中介服务机构的营业执照或者其他主体资格证明；

（2）建设主管部门颁发的房地产开发企业资质证书；

（3）土地主管部门颁发的项目土地使用权证明；

（4）工程竣工验收合格证明；

（5）发布房地产项目预售、出售广告，应当具有地方政府建设主管部门颁发的预售、销售许可证明；

（6）出租、项目转让广告，应当具有相应的产权证明；

（7）中介机构发布所代理的房地产项目广告，应当提供业主的委托证明。

（十）电信信息服务广告

电信信息服务业务经营者在自行或者委托他人设计、制作、代理或者发布声讯、短信息等电信信息服务广告时，应当具有并提供下列真实、合法、有效的证明文件：

（1）营业执照；

（2）“业务种类”中含有“信息服务业务”项目的《跨地区增值电信业务经营许可证》或者《增值电信业务经营许可证》；

(3) 跨地区电信信息服务业务经营者还应当提供由当地省、自治区、直辖市通信管理局发出的关于确认信息服务业务经营许可证的备案确认文件。

(十一) 林木种子广告

林木种子生产、经营者发布林木种子广告,应当具有或者提供以下真实、合法、有效的证明:

(1) 营业执照以及林木种子生产或者经营许可证;

(2) 林木良种广告应具有或提供林木良种公告或证书;

(3) 证明广告真实性的其他证明材料。

广告中涉及专业技术部分的内容,须提交省级以上林业行政主管部门或者其所属的林木种苗管理机构出具的《林木种子广告专业技术证明》。

(十二) 报刊、图书出版发行广告

报刊出版发行广告应当交验省、自治区、直辖市新闻出版机关核发的登记证。图书出版发行广告,应当提交新闻出版机关批准成立出版社的证明。

(十三) 融资广告

融资广告应具有或提交的证明文件有如下几种。

第一,活动投资前景的预测,必须提交有法定资格的会计师事务所出具的预测报告。

第二,提及广告客户资产额或涉及具体数据的,应当提交有法律效力的资产负债证明。

第三,发行股票招股说明书、上市公告书,以及披露其他与股票有关的重大信息,应根据《股票发行与交易管理暂行条例》、《公开发行股票公司信息披露实施细则》(试行)的要求,提交有关证明。

第四,发布投资基金证券广告,必须提交中国人民银行出具的批准文件。

第五,发布债券广告,应分情况提交下列证明:金融机构债券广告,须提交中国人民银行出具的批准文件;国家投资债券、国家投资公司债券广告,须提交国家改革与发展委员会出具的批准文件;中央企业债券广告,须提交中国人民银行和国家改革与发展委员会出具的批准文件;地方企业债券广告,须提交中国人民银行省、自治区、直辖市、计划单列市分行会同同级改革与发展委员会出具的批准文件;地方投资公司债券,须提交省级计划单列市人民政府出具的批准文件;企业短期融资债券广告,须提交省级或计划单列市人民银行出具的批准文件。

第六,发布定向募集法人股广告,应分别情况提交下列证明:中央企业发布的定向募集法人股广告,须提交国家经济体制改革委员会出具的批准文件;地方企业发布的定向募集法人股广告,须提交省级或计划单列市经济体制改革委员会出具的批准文件。

第七，为社会公益事业集资所发行的彩票广告，须提交国务院的批准文件。

第八，发布其他集资广告，根据国家有关规定提交相应的批准文件。

第九，境外企业在中国境内发布融资广告，须提交国务院有关主管部门出具的批准文件。

（十四）各种展览会、展销会、订货会、交易会等广告

应当提供主办单位的主管部门批准的证明。

其中美术展览活动广告（即指通过向社会征集作品的方式举办美术展览、展销、比赛、博览会等活动的广告），应当具有或者提供政府文化行政管理部门批准该项活动的证明文件。发布在全国范围或者跨省、自治区、直辖市举办的美术展览活动广告，应当具有或者提供文化部批准该项活动的证明文件；发布在省（自治区、直辖市）、地（州、市）、县的辖区范围内举办的美术展览活动广告，应当具有或者提供该省、地、县文化行政管理部门批准该项活动的证明文件。

（十五）个人启事、声明等广告

应当提交所在单位、乡（镇）人民政府或街道办事处出具的证明。

第四节 广告代理制度

一、广告代理制的含义

广告代理是广告经营活动中的一种民事法律行为，是指广告代理人在广告被代理人授权范围内，以广告被代理人的名义从事的直接对被代理人产生权利、义务的广告业务活动。广告代理制是指在广告活动中，广告主、广告公司、广告媒介之间明确分工，广告主委托广告公司制定和实施广告宣传计划，广告媒介通过广告公司寻求广告客户的一种运行机制。广告公司通过为广告主和广告媒介提供双向服务的地位，在广告经营活动中发挥主导作用。

广告代理制是广告业在市场经济的条件下，经过长期的发展和激烈的竞争逐步形成的。广告代理制是建立在广告业充分发展基础上的一种科学的运行机制。广告代理制的核心是广告公司，但同时又必须得到广告主和广告媒介的承认和信赖。

广告代理制符合广告业发展的规律，是广告业发展的历史必然。广告代理制的最大特点就是强调广告业内部合理分工，各司其职，互相合作，共同发展。广告代理制是国际上通行的广告经营机制，世界上经济发达国家的广告业大多实行广告代理制。

二、广告代理制的分工

广告主、广告公司、广告媒介是广告市场中最基本的组成要素,在广告代理制下,三者之间存在以下的分工。

(一) 广告主

随着科学技术的日益进步和社会生产力的不断发展,社会商品与服务与日俱增,花色品种层出不穷,企业之间的竞争越来越激烈。在激烈的市场竞争中,企业要生存、发展,就必须使自己的商品或者服务占领市场,而要做到这一点,单靠企业自己的力量显然是有限的。它必须依靠和委托一家有能力的广告代理公司,为其提供专门的广告策划和市场营销服务。广告主求助于广告公司,目的是向广告公司寻求广告策略,为其开拓市场和提高市场占有率。

(二) 广告公司

在广告代理制下,广告公司的主要职能是为客户提供以策划为主导,市场调查为基础,创意为中心,媒介选择为实施手段的全方位,全过程、立体化服务。这就要求广告公司以科学的方法,组成专门小组,开展市场调查,提高广告策划与设计水平,使广告的表现更有创意,广告的媒体投放更加精确和科学,广告的宣传效果更为显著。在整个广告流程中,以公关、展览、促销等手段与广告营销活动密切配合,还要收集市场的反馈信息,分析广告实施的效果,并在此基础上及时调整广告计划和实施方案。从另一方面来说,广告公司同时在为广告媒介承揽广告业务。有实力的广告公司还可以从媒介购买时间或版面,向广告主推荐适合于他们目标对象的广告媒介,并组织实施。广告公司就是这样通过为广告主和媒介提供双向服务,发挥自己的独特作用。

(三) 广告媒介

对于广告发布主渠道的大众媒介来说,传播广告信息并非其主要功能,大众传播媒介的主要功能是党的喉舌,以及资讯和娱乐等。比如广播电台、电视台主要应办好节目,报纸、杂志主要应把版面搞好。媒介的主要精力应放在提高节目或栏目的质量,提高收视(听)率或发行量。因此,在广告代理制下,媒介只能是发布广告,并应主动向广告公司提供必要的媒介动态、节目计划和刊播机会。

三、广告代理制的可行性

实行广告代理制的可行性,在于各个广告活动主体的利益可以在这一制度的运行中得到保证和扩大。

首先,实行广告代理制对广告公司发展的助力是不言而喻的。广告公司可以借此获得客户来源和媒介资源的保障。其次,对广告主而言,将其广告业务委托广告公司,一方面可以得到广告公司更加专业化的广告营销服务,如果双方能够建立长期的合作关系,广告公司甚至可以成为其"360 度的品牌管理专家",介入到其深度的企业公关、整体形象策划等方面;另一方面,企业可以减少不必要的广告费用开支。企业内部可以减少甚至取消广告机构和人员,并由广告公司为其制定科学合理的广告预算和投放计划,这样有助于解决企业广告费用的浪费、分散和失控等问题,提高企业的广告宣传效益。国外在实行广告代理制的过程中,也有些企业曾长期坚持自己做广告,但在实践中逐渐体会到委托广告公司代理的好处,转变为广告公司的客户。我国一些成功的广告策划,富有创意的构思,家喻户晓的广告效果,大多是委托广告公司代理而取得的。

再次,对广告媒介单位而言,实行广告代理制,一是使其与广告公司之间有了明确的专业化分工。有助于媒介搞好主业,提高媒介的质量,从而吸引更多的广告客户;二是从经济核算的角度,经过广告公司代理的广告付款有保障,即使发生广告客户拖欠或拒付广告费的情况,经广告公司代理的广告也会由广告公司统一垫付,风险由广告公司承担;三是由广告公司代理的广告,一般设计制作的水平比较有保证,媒介单位从自身的形象考虑,也愿意委托广告公司为其承揽广告业务;四是有助于克服媒介内部多部门拉广告的不正之风,堵住有偿新闻的渠道,从而维护新闻部门的信誉。

四、推行广告代理制的意义

第一,推行广告代理制适应了广告业中专业化分工发展的需要。市场经济越发展,与之相适应的广告业中专业化分工就越细致。各广告公司凭实力和能力参与竞争,争取客户,有利于促进我国广告业策划、创意、制作、发布的整体水平的发展。

第二,广告代理制强调了专业广告公司在广告经营活动中的主导作用,使其能超越不同媒介的不同特点,向广告主提供全面的优质服务,为企业树立良好的形象,推进现代广告中科学和艺术的有机结合,遵循广告促进商品销售的规律,从而更好地发挥广告的社会和经济作用。

第三,广告代理制可以消除广告无整体计划、效益欠佳的种种弊端,帮助企业科学合理地使用有限的广告费,收到较好的广告效果。同时,企业将广告费用全部委托广告公司代理,有助于企业摆脱"关系广告"、"摊派广告"等,消除广告行业中的不正之风,从而使广告市场得到治理,使现代广告遵循科学的规律加速发展,也有利于企业更好地参与国际竞争。

第四,广告代理制有利于我国广告业顺应加入 WTO 的形势,加快与国际广告业融合的进程。广告代理制是国际广告业通行的经营体制。我国加入 WTO 后,国内广告公司参与国际广告业竞争的形势越来越严峻,民族广告业要在新的形势下,谋求生存和发展,必须借鉴国外广告业先进的经营理念、方法和体制等。改革广告经营体制,采用广告代理制是其中关键的一环。

第五,广告代理制有利于广告监督管理机关对广告活动的管理。广告监督管理机关可以将有限的监管力量集中于对广告公司的重点监管上来,起到以点带面、牵一发而动全身的效果。

五、我国广告代理制的有关规定和发展方向

1993 年,国家工商行政管理总局颁布了《关于进行广告代理制试点工作的若干规定(试行)》,意味着我国广告业开始了广告代理制的试点。1994 年颁布的《广告法》,明文规定推广实施媒介广告代理制,成为中国广告业发展的重要转折点。《广告法》实施以前,广告代理制处于呼吁、导入和混沌的状态,广告代理制的推行遭到媒介的抵制而进展较为缓慢。《广告法》实施以后,广告公司的实力不断壮大,广告代理制逐步得到广告主和媒介的普遍认可。广告监督管理机关在广告代理制方面制定的有关规定,对广告代理制的推行营造了有利的外部政策环境,构成了我国广告代理制的基本内容:

(1) 广告客户必须委托有广告代理权的广告公司代理广告业务,不得直接通过报社、广播电台、电视台发布广告。上述规定不包括分类广告,如简短的礼仪、征婚、挂失、书讯广告和节目预告等。

(2) 兼营广告业务的报社、广播电台、电视台,必须通过有相应经营资格的广告公司代理,方可发布广告(分类广告除外)。

(3) 广告公司为广告客户代理广告业务,要为广告客户提供市场调查服务及广告活动全面策划方案,提供、落实媒介计划。

(4) 广告公司为媒介承揽广告业务,应有与媒介发布水平相适应的广告设计、制作能力,并能提供广告客户广告费支付能力的经济担保。

(5) 报社、广播电台、电视台下属的广告公司,在人员、业务上必须与本媒介广告部门相脱离,不得以任何形式垄断本媒介的广告业务。

(6) 广告代理费的收费标准为广告费的 15%。

目前广告代理制在其具体运作中存在许多问题。如"零代理"等无序行为,广告公司与广告主和媒介之间的关系不确定,也就意味着广告业发展的空间不稳定。我国的广告代理制发展的方向何在,是个十分值得研究的问题。

对于广告代理制发展方向的问题,根据我国广告业发展的纲领性文件《关于加快广告业发展的规划纲要》,我国广告业要大力进行广告代理制的试点,进一步理顺广告公司与媒介的职能分工关系。广告的发布由各种媒介承担,广告的代理

和设计制作由广告公司进行。具体的发展步骤：第一步，统一将代理权归于广告公司，将媒介发布广告、承揽广告、代理同类媒介广告改变为媒介承揽、发布广告，不再承担同类媒介代理业务；同时将媒介直接承揽外商广告权归于具有经营外商广告资格的广告公司。第二步，实行承揽与发布分开，媒介专职发布广告，广告公司承担广告承揽与代理，从而在广告公司与媒介之间形成功能分工合理、运行高效畅通的经营机制。以下三方面事实将有利于广告代理制的发展：一是随着国际客户对我国投资的增加，有着国际背景的广告公司的活动日趋频繁，他们依照国际惯例处理媒介业务；二是国内客户也在迅速成熟，对广告公司的服务提出了更高的专业化要求；三是媒介大规模的增频扩版，导致了广告媒介资源从供不应求转为供过于求。

六、国际广告代理制发展中的几个问题

（一）佣金问题

按照国际惯例，广告公司为客户代理媒介广告，一般向广告主收取15%的佣金。这种固定的佣金比例引起广告主的异议。他们认为媒体的刊播费越高，广告公司所得的佣金越多，这样，广告公司就会从自身利益出发倾向于使用声望高、价格高的媒体，而且广告公司和媒体还有可能通过协商，以各种理由说服广告主，支付更高的广告费用。为此，一些国家的政府广告管理机构和广告业自律机构通过制定法规，禁止广告公司和媒体之间的"超出常规的协商"，同时建议使用协商佣金制或实责制，不必把佣金比例固定在15%。各国广告费用的计算上差异较大，但是有一点却相同，就是目前广告公司和广告主在费用问题上的分歧和争论越来越大。

（二）广告公司自身转变问题

广告业发展中，受到专业的咨询公司和专业媒介购买公司的挑战，导致综合代理广告公司的业务的分流、合并，组成规模巨大的媒介购买公司，在广告经营的方式上，也出现许多变化，原来的"媒介代理费"的收取方式正逐步转变为"媒介代理费"与"专业服务费"并存的状态。

（三）广告公司的业务冲突问题

按英美等国广告业的惯例，广告公司只能为每一类产品中的一个客户服务，否则就会造成业务冲突。但在日本，同一广告公司可以同时为同类产品不同品牌的几家广告主服务。这种"多客户代理"一直受到欧美国家的怀疑，尽管日本的广告公司声称有严格的保密制度，外国广告主也由于担心被竞争对手知晓有关的商业秘密，而不轻易委托日本的广告公司代理其广告业务。随着竞争的加强，欧美国家的"独家代理"将有可能取代日本的"多客户代理"，成为国际广告业发展的趋势。

(四) 媒介对广告的控制问题

在广告代理制中，虽然广告主与媒介不直接发生关系，但媒介对所播放的广告却有较大的控制权。大多数媒介有严格的预审制度，在广告播放的时间上有较大的自主权，且一些热门媒介的容量有限，从而对广告主和广告公司都有一定的控制力。

第五节 广告合同制度

一、广告合同的含义、分类和特征

合同的概念十分广泛，凡是当事人之间协商确立权利、义务关系的协议，均可称之为合同。据我国《民法通则》的规定，合同是当事人之间设立、变更、终止民事关系的协议；我国《合同法》也规定，本法所指的合同是平等主体的自然人、法人、其他组织之间设立、变更、终止民事权利义务关系的协议。广告合同，是指广告主、广告经营者、广告发布者之间为确立、变更、终止广告承揽、代理、发布关系而订立的协议。广告合同可以按照不同的标准进行分类。一般来说，按照广告活动中的广告设计、制作、发布、代理这四个主要环节和内容，可以将广告合同分为四类，即：广告设计合同、广告制作合同、广告发布合同和广告代理合同。

广告合同除具备经济合同的一般法律特征外，还具有以下主要特征。

(一) 广告合同的当事人是特定的

广告合同的当事人是指广告活动中依法订立广告合同的广告主、广告经营者、广告发布者。其中广告经营者因其在广告活动中的核心作用而成为各种广告合同的特定当事人。因此，广告合同的一方当事人必须是在工商行政管理机关登记注册的广告经营者，否则，双方签订的广告合同无效。

(二) 广告合同的标的是特定的

广告合同的标的主要可以分为三类：一类是广告经营者按照广告客户的要求完成的工作成果；一类是广告经营者接受广告主或广告发布者的委托，为其完成有关广告业务的代理行为；还有一类是广告发布者接受广告主或广告经营者的委托，进行广告发布的行为。

(三) 广告合同是明确当事人之间权利义务关系的协议

广告合同当事人之间的具体权利义务是广告合同的主要内容。签订广告合同的目的正是在于明确作为广告合同当事人的广告主、广告经营者、广告发布者之间的权利、义务关系。广告合同一经成立，合同中确立的当事人的权利便受法律保护，当事人的义务则受法律约束，当事人违反广告合同的约定，将依法承担相应的法律责任。

（四）广告合同必须采用书面的形式

书面合同相对于口头合同而言，是指当事人以文字表述广告协议内容的合同。按照《广告法》的要求，广告主、广告经营者、广告发布者之间在广告活动中应当依法订立书面合同。因此，书面合同是广告合同的法定表现形式。凡在广告活动中订立口头合同的，则广告合同因缺乏必要的形式要件而不能成立。广告合同采用书面的形式，便于主管机关和广告合同管理机关监督检查，在发生广告纠纷时，当事人举证方便，易于分清责任。

二、广告合同的主要条款

广告合同的主要条款，又称必要条款，是指广告合同必须具备的条款。包括法律规定的条款，各种广告合同性质决定的条款，以及当事人一方要求必须规定的条款。根据法律的规定以及广告业务活动的内容，广告合同应具备以下主要条款。

（一）标的

标的，是合同双方当事人权利和义务共同指向的对象，是合同必须具备的首要条款。广告合同的标的，是指承办或代理的广告项目。可以是物，如路牌、灯箱；可以是行为，如广告代理；也可以是智力成果，如广告创意等。如果是广告经营者为广告客户提供包括市场调查、广告策划、广告计划实施在内的综合性服务，则在广告合同中，要有明确的表述，以明确当事人的权利和义务。

（二）标的数量、质量

数量和质量，是确定合同标的的具体条件，是不同标的相区别的具体特征。广告合同标的的数量，是指完成广告项目的多少；标的质量，是指广告项目满足规定要求的特性的总和。数量和质量是衡量双方权利、义务的尺度，直接限定了双方权利义务的范围。在规定数量时，要明确计量单位，如秒、通栏、页、平方米等，还要确定计量方法。在规定质量时，有时会涉及客户提供小样、样品，由广告经营者依样加工，应明确需达到的质量要求。有的广告是委托广告经营者设计的，设计是一种抽象的智力劳动，在质量衡量标准上，较难加以统一，极易发生分歧和纠纷，因此应在合同中列明设计要求和最终验收标准。

（三）广告内容及交验、查验广告证明

广告经营者、广告发布者在承接广告业务中，应当依法查验广告证明文件，核实广告内容，因此，订立该条款以此认定广告内容是否经过审查和合同双方当事人是否履行了法律规定的签约程序，如发生违法问题，各自应承担什么责任。

（四）价款和酬金

价款和酬金，是当事人一方取得标的向另一方当事人支付的代价，是合同当事人实现自己经济利益的基本条款，也是检验当事人是否履行了义务的基本依据。

广告合同中,价款是广告商品的价格,酬金是设计、发布、代理等广告方面的劳务所约定取得的报酬,在广告业务中统称广告价格。按照广告法规规定,广告收费标准由广告经营者制定,报当地工商行政管理机关和物价管理机关备案。签订合同时,必须履行有关收费标准,不得哄抬价格,损害客户的利益,或低价倾销,进行不正当竞争。与价款和酬金相关联的条款,还应包括定金支付、结算方式、开户银行及账号等条款。

(五) 广告合同的履行期限、地点和方式

履行期限是广告合同当事人实现权利和履行义务的时间界限,是确定广告合同是否按期履行或延期履行的客观标准,也是确定是否应承担违约责任的依据。广告宣传往往有较强的时效性,因此广告合同的履行期限必须在合同中加以明确;履行地点是合同一方当事人履行义务,另一方当事人实现权利的地方。在约定履行地时,应注意了解有关规定,掌握有关情况,如对不允许设置户外广告的地点或位置,不能作为合同的履行地;履行方式是广告合同当事人履行合同义务的方法。

(六) 违约责任

违约责任,是指广告合同的当事人因其过错,造成合同的不履行或不适当履行,根据法律规定和合同约定应承担的法律责任。规定违约责任的目的在于督促当事人严格履行广告合同规定的义务,对违约行为进行惩罚,对违约人给予法律制裁,保护当事人的合法权益。违约责任通常采用支付违约金、赔偿金、继续履行三种方式解决,在合同中要明确约定。

根据各种不同广告合同的性质所决定的条款,也是该广告合同的主要条款。如广告制作合同,就应明确规定制作材料、制作方法等内容。

为了达到广告合同的目的,除规定上述主要条款外,有时当事人还会要求在广告合同中规定特殊的条款,这也是广告合同的主要条款。但必须在合同当事人之间达成一致,否则广告合同不能成立。

三、广告合同制度

广告合同是广告活动中的一个重要环节,广告合同制度是广告管理活动中的一项重要制度。我国《广告法》第二十条明确规定:“广告主、广告经营者、广告发布者之间在广告活动中应当依法订立书面合同,明确各方的权利和义务。”

(一) 广告合同制度的含义

广告合同制度,是指广告监督管理机关监督、指导、促进广告合同当事人依法订立、履行各类广告合同,从而规范广告经营行为,保护合同当事人合法权益的制度。

（二）广告合同制度的作用

广告合同制度作为广告管理制度的一个主要组成部分，其作用主要表现在以下方面。

第一，有利于发挥广告合同在社会主义市场经济发展中的法律工具作用。随着社会主义市场经济体制的建立，我国的广告经营和广告管理活动都与过去计划经济下的情况有了很大的不同。在广告活动中，更多地运用广告合同的形式来约定广告经营双方或多方的权利、义务，同时在广告管理活动中，实行广告合同制度，将广告合同纳入广告管理的对象，并通过广告合同的管理，保护广告活动中的正当竞争，从而促进了市场经济的发展和繁荣。

第二，有利于推动广告业的发展。广告合同是推动广告业发展的有力手段。随着社会生产的发展，生产的社会化程度越来越高，各部门各环节间的相互制约性越来越强。广告活动中的分工越来越细，越来越专门化。实行广告合同制度，就可以使广告活动中的各部门、各环节之间的联系和协作以广告合同的形式固定下来。运用广告合同的法律关系以及广告合同所规定的权利义务内容约束，促使广告合同当事人按照约定履行广告合同，从而有利于广告主、广告经营者、广告发布者在设计、制作、发布广告和广告代理活动中协调运作，促进了广告业的有序发展。

第三，有利于扩大国际间广告活动的交流与合作。广告合同是开展对外广告业务活动普遍采用的法律形式。它在发展国际经济关系，开展对外经济、技术交流中有着其他形式不可替代的作用。在广告涉外经营活动中，实行广告合同制度，既有利于保护我国广告当事人的利益，也有利于保护外商的合法利益，从而促进了我国广告活动的国际交流与合作，进而推动了对外贸易的发展。

（三）广告合同制度的几种形式

1. 广告业务合同制度

广告经营者承办或代理广告业务，必须与广告客户或者被代理人签订书面合同，明确各方的责任。有广告发布业务的单位必须按统一的《广告发布业务合同》文本与广告客户或其代理人签订广告发布合同。

2. 广告合同的鉴证制度

广告合同的鉴证，是指广告合同管理机关对广告合同的真实性、合法性依法所作出的证明。广告合同的鉴证实行自愿原则，合同管理机关根据合同当事人的申请进行鉴证。合同鉴证包括了对合同的主体资格、内容等各方面进行审查，还要对广告合同的执行情况进行监督。

3. 广告合同的公证制度

广告合同的公证，是指国家公证机关对广告合同的真实性、合法性所做的公证证明。广告合同的公证采取自愿原则，当事人一方要求公证的，广告合同必须公证。广告合同经过公证,有利于约束当事人履行合同;有利于在发生广告合同纠纷时,广告合同管理机关和司法机关准确及时判明是非,保护当事人的合法权益。

4. 广告发布业务合同示范文本制度

为了规范广告经营行为,指导当事人正确地签订广告发布业务合同,明确广告责任,避免或减少无效合同和合同纠纷,保护当事人的合法权益,国家工商行政管理总局从1993年起向全国推行《广告发布业务合同》示范文本。广告发布单位有某些特殊要求,确需自行印制合同文本的,经所在地省级工商行政管理局审查同意后,方可制定和印刷,并只限本单位使用。上海市工商局1999年起在全市推行《上海市户外广告发布承揽合同》示范文本。

四、广告设计、制作合同

(一) 广告设计、制作合同的概念

广告设计是在审查调查的基础上,对广告的表现形式进行艺术创作,使广告宣传的原始信息变为用语言、文字、图像和画面组成的广告信息的过程。广告制作是对广告信息进行绘制、摄影、录音、录像及印刷等创制广告的活动。广告设计、制作合同,是指广告经营者用自己的技术、设备,按照广告主的要求进行设计、制作广告作品,并获取约定报酬的协议。

(二) 广告设计、制作合同的法律特征

广告设计、制作合同具有如下法律特征。

第一,广告设计、制作合同属于双务、有偿的承揽合同。广告主或其代理广告公司为广告作品的定作人,广告设计、制作公司为承揽人。

第二,广告设计、制作公司应当以自己的技术、设备和创造性的劳动,完成广告的设计、制作任务。如将所承揽的主要工作交由第三人完成的,应当就该第三人完成的工作成果向定作人负责;未经定作人同意的,不得转交给第三方去完成,否则定作人可以单方解除合同。

第三,广告设计、制作合同的标的,是具有特定性的工作,承揽人要完全按照定作人委托设计、制作的要求去完成,不得任意改变设计、制作的内容。

第四,广告承揽人要以自己的能力承担风险责任,如造成设计、制作的广告作品损害或灭失时,应当承担损害赔偿责任。

第五,定作人可以随时解除承揽合同,造成承揽人损失的,应当赔偿损失。

(三) 广告设计、制作合同的主要条款

广告设计、制作合同应具备的主要条款为:① 广告设计、制作项目;② 设计、制作广告作品的数量和质量;③ 设计、制作广告作品的方法;④ 设计、制作广告作品使用的原材料的规格、数量和质量;⑤ 合同履行期限、地点、方式;⑥ 验收标

准和方法；⑦ 价款和酬金；⑧ 结算方式、开户银行、账号；⑨ 违约责任；⑩ 双方约定的其他条款。

（四）广告设计、制作合同当事人的义务

1. 广告经营者的义务

第一,按照设计、制作合同规定的日期完成广告作品的设计、制作工作。

第二,广告经营者要以自己的设备、技术与力量完成广告主所要求的广告设计、制作任务。

第三,广告经营者进行设计、制作广告所用的原材料和方法要符合合同的约定,并接受广告主的检验；不得隐瞒原材料的缺陷或使用不符合合同规定的原材料。

第四,广告经营者要按照广告主的要求进行设计、制作,如发现按广告主的要求设计、制作广告不合理,应及时通知广告主。

第五,广告经营者对广告主未按期领走的广告设计、制作作品,在代为保管期内,负有妥善保管的义务。

2. 广告主的义务

一是如实向广告经营者提供真实、合法、有效的如下证明文件：① 营业执照以及其他生产、经营资格的证明文件；② 质量检验机构对广告中有关商品质量内容出具的证明文件；③ 确认广告内容真实性的其他证明文件；④ 发布广告需要经有关行政部门审查的,还应提供有关批准文件。

二是按照合同约定的时间、地点接受设计、制作的广告作品,并进行验收。

三是按照合同约定向广告经营者支付报酬。

五、广告发布合同

（一）广告发布合同的概念

广告发布,是指通过广播、电视、报纸、期刊、电影、户外等各种媒介将制作完毕的广告作品刊播、设置、张贴的宣传过程。广告发布合同,是指广告发布者与广告主或广告主委托的广告经营者为发布广告而达成的协议。

（二）广告发布合同的法律特征

第一,广告发布者利用自己掌握或控制的媒介,完成广告主或广告经营者委托的广告发布活动。未经广告主或广告主委托的广告经营者同意,不得转交给第三方去发布。

第二,广告合同的标的是发布广告的行为,广告发布者要按照广告发布合同约定去完成,不得擅自改变发布的内容。如发现广告内容有错误或有不应发布的内容,广告发布者应及时通知广告主或广告主所委托的广告经营者。

第三,广告发布合同是一种有偿的劳务合同。

（三）广告发布合同的主要条款

广告发布合同应具备以下条款：① 广告发布的项目；② 发布广告的数量、质量；③ 发布广告的媒介；④ 发布广告的范围；⑤ 发布广告的地点、期限和方式；⑥ 验收标准和方法；⑦ 酬金；⑧ 违约责任；⑨ 双方约定的其他条款。

（四）广告发布合同当事人的义务

广告发布者的义务包括：

第一，按广告发布合同约定的期限、地点、方式完成发布广告的义务。

第二，广告发布者要接受广告主或广告主委托的广告经营者对履行合同情况的检查。

第三，如实地向广告主或广告主委托的广告经营者提供媒介的覆盖率、收视率、发行量等有关资料。

广告主或广告主所委托广告经营者的义务主要包括：

第一，如实向广告发布者提供真实、合法、有效的下列证明文件：营业执照以及其他生产、经营资格的证明文件；质量检验机构对广告中有关商品质量内容出具的证明文件；确认广告内容真实性的其他证明文件；广告发布前需经有关行政部门审查的，还应提供有关批准文件。

第二，按照合同约定支付广告发布者报酬。

六、广告代理合同

（一）广告代理合同的概念

广告代理，是指广告代理人或受托人以广告被代理人或委托人的名义，在授权范围内从事的直接对广告被代理人产生权利义务关系的广告业务活动。广告代理行为在广告活动中相当普遍（广告代理制在本书中有专门的介绍），广告主与广告经营者之间因委托产生的代理关系一旦形成，就必须以广告代理合同的形式加以确定。广告代理合同，即指广告代理人以广告委托人的名义为委托人办理委托事务，如市场调查、广告设计、广告效果的测评、代订广告发布，委托人支付约定报酬的协议。

（二）广告代理合同的法律特征

第一，广告代理合同是一种有偿的委托合同。广告主是合同的委托人，广告公司是合同的受托人。

第二，广告代理合同的标的是处理委托的广告事务的行为。

第三，广告代理合同是建立在双方相互信任的基础上。委托人委托受托人处理广告事务是以委托人对受托人的能力和信誉表示信任为基础的，因此受托人必须亲自办理受托事务。

(三) 广告代理合同当事人的义务

广告代理公司的主要义务包括:

第一,按照广告主的指示处理广告事务的义务。广告公司应当在广告主的委托范围内处理相关的广告事务,需要对广告主的委托事项作变更处理的,应当经广告主的同意。

第二,亲自处理的义务。经广告主同意,广告公司可以进行转委托。广告主可就委托事务直接指示转委托的第三人,作为受托人的广告公司仅就第三人的选任及其对第三人的指示承担责任。转委托未经广告主同意的,受托人应当对第三人的行为承担责任。

第三,谨慎处理的义务。广告公司作为受托人对广告主委托的广告事务应尽必要的注意义务。因广告公司的过错给广告主造成损失的,广告主可以要求赔偿。

第四,披露义务。广告公司以自己的名义,在广告主的授权范围内与第三人订立合同,第三人不知道广告公司与广告主之间的委托代理关系的,广告公司因第三人的原因对广告主不履行义务,广告公司应当向广告主披露第三人,广告主因此可以行使广告公司对第三人的权利。广告公司因广告主的原因对第三人不履行义务,广告公司应当向第三人披露广告主,第三人因此可以选择广告主或者广告公司作为相对人主张其权利。

广告主的主要义务包括:

第一,支付费用的义务。广告主应当预付广告事务的必要费用。广告公司垫付的相关费用,广告主事后应当偿还,并支付相应的利息。

第二,支付报酬的义务。广告公司完成广告主对其的广告委托事项的,广告主应当向广告公司支付报酬。按照我国规定的标准,广告代理费为广告发布费用的15%。

第三,赔偿的义务。广告公司在处理广告主委托的广告事务过程中,因不可归责于自己的事由而造成损失的,广告公司可以向广告主要求赔偿损失。

第六节 广告收费制度

广告收费制度是政府有关部门依据《广告法》、《价格法》等广告管理和物价、税务管理方面的法律法规和其他规定,监督管理广告经营者、广告发布者广告收费行为的一系列措施和规定的总称。

一、广告收费管理的必要性和特点

(一) 广告收费管理的必要性

1. 实施广告收费管理是政府调控广告市场的重要手段

在广告业的发展过程中，广告服务的收费，即广告这一服务性商品的价格，是对广告市场进行调控的重要经济杠杆。在市场经济的发展过程中，政府可以通过广告收费的管理，对广告业的发展规模和速度等进行宏观调控。

2. 实施广告收费管理是广告业健康有序发展的重要保证

随着经济的发展，广大工商企业日益认识到广告在企业生产经营中的重要作用，对广告的投入也越来越多，广告行业的经营额呈迅速上升之势。同时，广告经营者、广告发布者在制定广告收费标准和收取广告费用中的随意性，广告主在支付广告费用时索要回扣等附加条件等方面的问题也日益突出，扰乱了广告经营的正常秩序，影响了广告业的公平竞争和健康发展。因此，广告监督管理部门和其他有关部门应当加强对广告收费的管理，以此促进和保证建立一个公开、公平、公正竞争的广告市场。

3. 实施广告收费管理是广告监督管理部门工作的重要环节

广告收费问题在广告经营活动中频繁涉及，并直接关系到广告主、广告经营者和广告发布者的切身利益，同时广告费用直接关系到对违法广告的法律责任的追究问题。因此广告监督管理部门在监督管理广告经营行为的过程中，应当把握广告收费的环节，使广告收费管理工作成为广告监督管理部门工作的有机组成部分。

（二）广告收费管理的变化和特点

为了规范广告收费行为，加强广告收费管理的权威性和法制化，1995 年 12 月，当时的国家计委和国家工商局联合制定发布了《广告服务收费管理暂行办法》，明确规定了广告服务收费标准和收费办法、广告服务价格的标示制度、广告收费的备案制度和对不符合标准收费行为的“劝告”制度等。《广告服务收费管理暂行办法》实行以来对规范广告收费行为，维护正常的广告价格秩序，促进广告业的健康有序发展起到积极作用。然而随着我国广告业的发展，广告服务价格已经基本形成有序竞争，《广告服务收费管理暂行办法》的有关规定已经不适应我国广告业发展和广告管理、价格管理的需要。为此，2004 年 12 月，国家发展与改革委员会和国家工商总局发布关于废止《广告服务收费管理暂行办法》的通知，体现了国家对广告收费管理从具体、微观转向原则、宏观，对广告收费的管理主要体现为一些原则性要求。

二、广告收费应遵循的基本原则

我国广告管理法律法规中，体现了对广告收费基本原则的规定。广告收费的原则主要为：

（一）自行定价原则

《广告管理条例》第十四条规定，广告收费标准由广告经营者制订。广告费用包括广告成本费、广告代理费和广告发布费,影响广告费的因素很多,如广告的设计、制作成本,广告媒介的经济效益,广告的效果,广告业的平均利润率,现行物价标准等。因此,广告由广告经营者、广告发布者自行定价,这是市场经济条件下企业经营自主权的一种具体体现,有利于市场经济中价值规律作用的发挥。

(二) 合理、公开原则

《广告法》第二十九条对广告收费做出了"应当合理、公开"的原则性规定。所谓合理原则,有两方面的要求:一是广告收费的标准合理,广告收费的标准应控制在一个合理的幅度,要做到质价相符,禁止牟取暴利;二是广告收费的行为合理,即在广告业的同业竞争中,不得采取如价格歧视、价格欺诈、垄断、哄抬价格、支付回扣等不正当价格竞争手段和行为。公开原则,即广告收费应执行国家关于商品和服务实行明码标价的规定,公开广告的收费标准和收费的办法。广告收费的合理原则与公开原则两者密切相关,合理的定价和收费有利于进行价格的公开;公开的收费有利于社会和政府管理部门对广告收费行为进行监督,从而促进了广告经营单位遵守合理收费的原则。

(三) 备案原则

《广告法》、《广告管理条例》等法律法规都规定了广告收费的标准和办法应当向物价管理部门和工商行政管理部门备案。广告经营单位将定价的标准和办法报政府管理部门备案,有助于有关政府部门实施广告收费的监督管理,及时制止、纠正、查处广告收费方面存在的违法行为,保证广告收费合理原则和公开原则的实现。

(四) 守法原则

广告收费的守法原则是指广告经营单位在涉及广告服务收费的一切经营活动中,必须遵守国家的法律法规。具体要求广告经营单位在收费过程中,一是遵守国家的价格和广告管理法规,做到定价合法。广告业务代理费标准应为广告费的15%,户外广告场地费、建筑物占用费标准,应按当地工商机关会同物价、城建部门协商制订,按当地人民政府批准的标准执行;二是遵守反不正当竞争法等法律法规,开展正当的价格竞争,做到收费行为合法;三是在收费过程中履行合法的程序,落实法定的环节。

三、广告业务专用发票制度和企业所得税税前扣除制度

广告业务专用发票制度和企业广告费税前扣除制度是与广告收费管理密切相关的制度。广告业务专用发票制度对广告业务往来中的发票管理进行规范,企业广告费税前扣除制度对广告费用的支出进行控制,对企业广告费的税前扣除进行限制,有助于堵住广告费用管理方面的许多漏洞,保障国家税收和广告业的健康发

展。

国家工商行政管理局、财政部、国家税务局和审计署联合发出通知,决定于1991年1月1日起在全国范围内统一实行“广告业务专用发票”制度。这项制度的具体规定如下:

第一,凡经工商行政管理机关批准登记经营广告的单位和个体工商户,在开支广告业务收取费用时,应一律使用税务机关统一监制的“广告业务专用发票”并套印税务机关发票监制章。其他发票均不得用于广告业务收费。

第二,凡需使用“广告业务专用发票”的单位和个体工商户,应分别持工商行政管理机关核发的《企业法人营业执照》、《营业执照》、《广告经营许可证》、《临时性广告经营许可证》,向所在地税务机关办理印领手续,再到所在地工商行政管理机关登记备案。

第三,“广告业务专用发票”的经营项目栏应明确填写“广告发布费”或“广告设计制作费”或“广告代理费”。

第四,“广告业专用发票”是广告经营者与广告客户进行广告业务财务往来的凭证,也是工商企业广告费用列入销售成本的唯一合法凭证。使用“广告业专用发票”的单位和个体户,应按照《全国发票管理办法》的规定,建立印领用存等各项制度,切实加强管理。工商企业对没有使用“广告业专用发票”的广告费一律不准列入成本和营业外支出。

第五,经批准可以从事广告业务的外商投资企业,由各地工商行政管理、税务机关按照国家税务局《关于对外商投资企业和外国企业发票管理的暂行规定》并参照“广告业专用发票”式样,制定具体管理办法。

第六,凡被注销登记的广告经营单位和个体工商户,应向原购领“广告业专用发票”的税务机关办理发票的缴销手续,一律不准私自处理。

第七,一切印刷、使用“广告业专用发票”的单位和个体工商户,都必须遵守广告业专用发票制度的规定,并根据国家有关规定,接受工商行政管理、财政、税务、审计机关的监督管理。

关于企业广告费税前扣除制度,2000年国家税务总局对企业广告费的支出做出新的规定,对企业广告费的税前扣除进行了限制。具体相关规定包括:

第一,纳税人每一纳税年度发生的广告费用支出不超过销售(营业)收入的2%,可据实扣除;超过部分,可无限期向以后纳税年度结转。

第二,粮食类白酒广告费不得在税前扣除。

第三,纳税人因行业特点等特殊原因确实需要提高广告费扣除比例的,须报国家税务总局批准。

第四,纳税人申报扣除的广告费用支出应当与赞助支出严格区分。纳税人申报扣除的广告费支出,必须符合下列条件:一是广告是经过工商部门批准的专门机构制作的;二是已实际支付费用,并已取得相应发票;三是通过一定的媒体传播。

第五,纳税人每一纳税年度发生的业务宣传费(包括未通过媒体的广告性支出),在不超过销售(营业)收入的千分之五范围内,可据实扣除。

第七节 广告业务档案制度

一、广告业务档案制度的依据和内容

广告业务档案是指广告经营者和广告发布者在承办广告业务中形成的,供分类保存、备查的各种广告文字、图像、样本、证明、文件、审查记录及其他有关的原始材料。根据《广告法》第二十八条规定:"广告经营者、广告发布者按照国家有关规定,建立、健全广告业务的承接登记、审核、档案管理制度",《广告管理条例施行细则》第十六条规定,"广告经营者必须建立广告的承接登记、复审和业务档案制度"。可见,建立广告业务档案制度是《广告法》等法律法规规定的广告经营者、广告发布者的法定义务;同时广告监督管理机关为发挥档案在广告监督管理工作中的重要作用,对广告经营单位的审批、广告案件查处、广告统计资料等作为广告管理的专业档案加以保存,成为广告监督管理的一个重要方面。

二、建立广告业务档案的意义

(一) 广告业务档案对广告经营者、广告发布者形成一定的约束作用

广告业务档案表明广告经营者、广告发布者的广告经营活动的过程,特别是表明了在广告经营中对广告内容的审查程度和收取、查验证明的情况,这样就会增强广告经营者、广告发布者的责任感,使其认真查验证明,审查广告内容。也有利于广告监督管理机关对广告活动进行监督管理。通过对广告业务档案的检查,发现广告工作中的问题。同时也有利于广告经营者、广告发布者内部建立责任制,加强内部的经营管理。

(二) 建立广告业务档案是广告经营者、广告发布者的一项业务建设

广告业务档案保存的不仅仅是广告证明等文件、材料,还包括广告作品等,可以使广告经营者、广告发布者通过保存的广告业务档案不断总结经验,提高广告的策划、创意、制作的水平。

(三) 建立广告业务档案可以为广告经营活动中涉及的法律责任分担提供必要的证据

广告业务档案可以为工商行政管理机关和司法机关对在广告违法活动中,广告经营者、广告发布者是否尽到广告审查的义务,对违法广告是否应承担责任,以

及如何承担责任等提供了重要的判别依据；对法院解决广告民事纠纷，追究广告犯罪的刑事责任等也提供有效证据。

三、广告业务档案制度的要求

广告经营者、广告发布者必须依法建立广告业务档案管理制度，广告业务档案应包括以下内容：① 广告主出具的各种证明文件；② 广告业务合同书；③ 广告资料、图片、广告稿等；④ 发布广告的清样，如报刊广告的报刊，广播广告的录音带，电视广告的录像带，户外广告的照片等；⑤ 广告反馈资料；⑥ 广告经营者、发布者认为应当存档备查的其他证明文件。

广告业务档案应当妥善保管，其保存时间按照《广告管理条例施行细则》的规定，不得少于 1 年。而民事法律责任追溯的时效一般为 2 年。这就是说，广告业务档案保存的时间最少为 1 年，低于 1 年应视为违反广告管理法规。广告业务档案保存 1 年的计算，应当从最后一次发布该则广告之日开始计算，保存 1 年。

从各方面的工作需要和合法权益考虑，保存广告业务档案涉及广告法律责任的追溯期问题，应按规定的时间保存，否则，因广告发布后产生的法律问题就难以区分责任。因广告而发生的侵权行为，受害人有权向人民法院起诉，当事人对起诉或申诉事实、理由负有举证责任，广告业务档案是当事人为之举证的最好证据。另外，人民法院受理广告案件的时效为 2 年，诉讼时效的计算，还不是以广告发布之日起计算，是以受害人知道其权利受到侵害开始计算，这样，在时效未届满时，可能广告业务档案保存时间已到了 1 年，不利于查清事实，合理合法的解决广告纠纷，所以要尽可能延长广告业务档案的保存时间。

如果没有建立广告业务档案，或广告业务档案保存的时间少于 1 年，而在 1 年内因广告发生纠纷或发现违法广告，在这种情况下，难以表明广告经营者、广告发布者对广告的审查有无过错。由于广告法规已明确了广告业务档案保存的时限，每一个广告经营者、广告发布者都应知晓并遵守，故不保存广告业务档案或保存时限少于 1 年，应视为故意违反法规。由于没有广告业务档案，而广告经营者、广告发布者又无法证明其对广告的审查没有过错时，根据国家工商总局的规定，即视为其没有认真查验广告证明、审查广告内容，应对违法、虚假广告承担相应的法律责任，并可以据此情节，加重处罚。

问题与思考

1. 各类广告经营单位的基本资质条件和审查程序是什么？
2. 试述广告审查的几种形式、存在的问题及发展的方向。

3. 试述广告证明制度的具体内容。
4. 试述广告代理制的含义以及为什么广告代理制是我国广告业发展的方向。
5. 广告合同的特征、分类以及广告合同制度的具体内容是什么?
6. 试述广告收费的基本原则。
7. 试述建立广告业务档案的意义。
8. 试述在进一步完善我国广告活动制度规范方面的思考和建议。

第四章 广告发布标准

第一节 广告发布标准概述

广告发布标准,是指广告活动主体所发布的广告在内容和形式上所应遵守的法律规定的准则和规范,是广告法律法规规定的广告内容和形式上应符合的基本要求,也是判断广告是否合法、能否发布的基本依据。广告发布的内容和形式千变万化,包罗万象,对广告发布标准的把握,直接影响到广告宣传的正常秩序和消费者的合法权益。广告发布标准的制定和实施,是广告监督管理的主要内容,也是广告监督管理工作的重点和难点所在。

一、广告发布标准的分类

广告发布标准从适用的范围上分,可以分为一般标准和特殊标准。广告发布的一般标准,是指普遍适用于一切商品或服务的广告发布的基本准则;特殊标准,是针对特定种类的商品或者服务的广告发布的标准,是广告发布一般标准在适用某些特殊商品或者服务时的具体化或例外情况。

广告发布标准从规范的对象上分,可以分为广告发布的内容标准和形式标准。广告发布的内容标准,是指广告的具体内容所应符合的基本标准;形式标准,是广告发布的形式方面所应符合的基本标准。

广告发布标准从效力和制定的主体上分,可以分为法定的广告发布标准和非法定的发布标准。法定的广告发布标准,是指由国家立法机关或广告行政监管机关制定的,见诸《广告法》等法律法规规定的广告发布标准,在执行上具有法定的强制力,一旦违反应承担相应的法律责任;非法定的发布标准,是指由行业协会或其他社会组织等,依据国家法定的发布标准自行制定的,在一定范围内执行的标准。从广告行政监督管理的角度,执行的是法定的广告发布标准。非法定的发布标准在一定情况下也可以起到参考作用。

二、广告发布标准制定的目的和意义

《广告法》第一章总则的第三条、第四条规定“广告应当真实、合法,符合社会主义精神文明建设的要求”,“广告不得含有虚假的内容,不得欺骗和误导消费

者”。《广告法》第二章《广告准则》中对广告标准作了较详细、全面的规定。总的说来,广告发布标准制定的目的本质上在于保证广告的真实性和合法性。任何具体广告发布标准的制定实施,其出发点和落脚点均在于维护广告的真实性和合法性。同时广告发布标准的意义在于实现《广告法》所规定的广告的基本准则,使广告内容有利于人民的身心健康,促进商品和服务质量的提高,保护消费者的合法权益,遵守社会公德和职业道德,维护国家的尊严和利益。

三、广告真实性的含义和基本要求

(一) 广告真实性的含义和基本要求

广告的真实性,是指广告应当真实客观地传播有关商品或者服务的信息,对其功能、价值、特点、效果不吹嘘夸大,不弄虚作假。

广告内容真实性的基本要求在于:

第一,广告所介绍的商品或服务是真实、客观存在的。

第二,广告内容能够被科学的依据所证实。具体要求:广告内容所涉及的观点、方法具有科学的依据;广告中的专业性内容应经过规定程序的科学鉴定、审定;广告中的专业理论、观点、断言等,或为科学鉴定,或为学术理论界共识,否则不可使用;广告中使用的术语、产品成分名称,应符合我国国家标准;广告内容不应使普通消费者由于缺少专门知识而产生误解和错觉。

第三,广告内容与实际相一致,其整体效果是真实的。《广告法》第九条所涉及的内容因素,在广告中必须与实际完全相符。

第四,广告中使用的艺术夸张,应能被公众接收和识别,不得使人产生误解。并一般不应针对产品的实质性内容。

(二) 虚假广告的几种情形和认定

虚假广告是指以欺骗方式进行的内容不真实的广告宣传。广告宣传的重要原则之一是它的真实性,所宣传的内容要有事实依据。鉴别广告的真实与否,要看广告宣传的内容是否有事实根据,还要看广告所宣传的商品或服务与用户或消费者所实际购买到的商品或服务是否一致。

虚假广告根据其欺骗手段和程度的不同,可以分为欺诈性虚假广告,吹嘘、夸大性虚假广告和假冒伪称性虚假广告三种。欺诈性虚假广告是指以推销低劣商品或骗取钱财为目的,在广告中虚构、编造根本不存在的事实或歪曲、隐瞒事实真相;吹嘘夸大性虚假广告是指在广告中滥用各种夸大不实之词,对商品进行没有事实根据的宣传,诱使他人高估其商品的质量、功能、效果等,从而达到其推销目的的广告;假冒伪称性虚假广告是指在广告中采用假冒他人注册商标、名牌商品、企业名称、科技成果以及假借他人名义赞扬自己的商品等欺骗手法进行的广告宣传。

虚假广告具体有以下几种情形：① 商品广告中有关商品的性能、产地、用途、质量、价格、生产者、有效期、允诺等不符合商品的实际性能、产地、用途等情况；② 广告中对服务的内容、形式、质量、价格、允诺等表示不符合实际情况；③ 未经国家有关行政部门或授权单位检验鉴定或审查批准并授予或核发证明、证件，谎称产品质量达到规定标准，认证合格，产品获得专利、获奖、生产许可证和商标注册证等内容的；④ 擅自改变药品、医疗器械、兽药、农药、食品、酒类、化妆品等广告审批文件，进行虚假或夸大宣传的；⑤ 谎称转让或传授的技术以及出售的技术资料具有实用价值的；⑥ 假冒他人注册商标、科技成果等，以及假冒他人名义为本企业或产品做广告宣传的；⑦ 无商品可供或以次充好，以邮售、预售商品为名骗取购物款的，等等。

虚假广告是广告违法行为中危害性最大，也最为常见的一种违法行为，因此也是广告监管机关查处的重点所在。国家工商行政管理总局在《关于认定和处理虚假广告问题的批复》(工商广字(1993)第185号)中规定："关于虚假广告的认定一般从以下两个方面认定：一是广告所宣传的产品和服务本身是否客观、真实；二是广告所宣传的产品和服务的主要内容(包括产品和服务所能达到的标准、效用，所使用的注册商标，获奖情况，以及产品生产企业和服务提供单位等)是否真实，凡利用广告捏造事实，以并不存在的产品和服务进行欺诈，或广告所宣传的产品和服务的主要内容与事实不符的，均应认定为虚假广告。"

四、广告合法性的含义和基本要求

广告的合法性，是指广告所宣传的商品或者服务，广告所宣传的内容以及表现的形式，必须符合国家法律、法规的规定。

广告合法性的基本要求包括：

第一，广告主主体资格符合规定；

第二，被宣传的产品或服务应是国家许可的。

法律法规禁止生产、销售的商品或提供的服务，以及禁止发布广告的商品或服务，不得做广告。国家禁止发布广告的商品或者服务和禁止发布的商业广告主要包括：

(1) 未取得生产许可证，擅自生产的产品。

(2) 假冒伪劣产品。

(3) 特殊药品，包括：麻醉药品，精神药品，毒性药品，放射性药品，试生产药品，治疗肿瘤、艾滋病的药品，戒毒药品，计划生育用药，防疫制品，改善和治疗性功能障碍的药品，医疗单位配制的制剂，地方标准品种药品等。

（4）利用大众传播媒介发布的处方药广告。

（5）未经国家登记的农药广告。

（6）治疗艾滋病，改善和治疗性功能障碍的医疗器械。

（7）治疗性病和泌尿系统疾病的医疗广告。

（8）治疗尖锐湿疣、梅毒、淋病、软下疳、牛皮癣（银屑病）、艾滋病、癌症（恶性肿瘤）、癫痫、乙型肝炎、白癜风、红斑狼疮等11种疾病的医疗广告。

（9）性生活用品。如安全套等。

（10）工商企业和单位、个人有奖募捐的广告。

（11）“电子自卫器”等保安防卫器械广告。

（12）电子捕鱼器广告。

（13）犀牛角、虎骨制品广告。

（14）军用品、军需品广告，以军队名义发布的商业广告，部队医院医疗广告。

（15）利用大众媒介和非宗教活动场所发布的含有宗教内容的广告。

（16）利用广播、电视、电影、报纸、期刊以及各类等候室、影剧院、会议厅堂、体育比赛场馆等公共场所发布的烟草广告。

（17）利用各种媒介和形式发布卫星电视设备及相关服务广告（经批准的定点卫星电视广播地面接收设施生产企业向省级广播电视行政部门及其批准的卫星电视广播地面接收设施安装企业定向提供产品信息除外）。具体包括：① 卫星电视接收天线、卫星电视高频头、卫星电视接收机、境外电脑卫星电视接收卡及相关软件和境内卫星电视节目专用解码器以及相关安装服务；② 境外卫星电视节目专业解码器、境外卫星电视节目接收参数、接收方法及相关安装服务；③ 境外卫星电视节目内容、境外卫星电视频道及其品牌和有关接收设施的推广和安装。

第三，广告的表现形式应符合法律规定。

（1）关于比较性广告问题。《广告法》第十二条规定：“广告不得贬低其他生产经营者的商品或者服务”，因此在广告中对于比较的手法应当慎用。我国法律禁止用比较广告的形式贬低他人，但并非所有的比较性广告均被禁止。

（2）关于新闻广告问题。《广告法》第十三条规定“广告应当具有可识别性，能够使消费者辨明其为广告。大众传播媒介不得以新闻报道的形式发布广告。通过大众传播媒介发布的广告应当有广告标记，与其他非广告信息相区别，不得使消费者产生误解。”

以上广告发布的表现形式上的标准在本章第二节“广告发布表现形式的标准”中有具体的阐述，在此不再赘述。

第四，广告的内容、要素等不得违反《广告法》等法律法规对广告内容的一切规范。

（1）广告内容除符合真实的基本要求外，还应当符合社会主义精神文明建设的要求，具有一定的思想性，健康有益，积极向上，体现中华民族优秀传统文化与时代精神的有机结合。具体内容包括：① 有利于引导消费者健康消费，积极生活，倡导符合我国人民共同理想的价值观和生活方式；② 有利于弘扬中华民族精神和民族文化，增强民族自信心和民族自豪感；③ 有利于普及科学知识，破除封建迷信，反对伪科学；④ 有利于促进国民教育、文化、体育等事业的健康发展；⑤ 有利于全国各族人民的团结和睦。

（2）广告不得出现《广告法》第七条第二款规定的 9 种情形。广告内容含有 9 种情形之一的，即为违禁广告。违禁广告主要是指广告违反了《广告法》的以下规定："广告不得有下列情形：① 使用中华人民共和国国旗、国徽、国歌；② 使用国家机关和国家机关工作人员的名义；③ 使用国家级、最高级、最佳等用语；④ 妨碍社会安定和危害人身、财产安全，损害社会公共利益；⑤ 妨碍社会公共秩序和违背社会良好风尚；⑥ 含有淫秽、迷信、恐怖、暴力、丑恶的内容；⑦ 含有民族、种族、宗教、性别歧视的内容；⑧ 妨碍环境和自然资源保护；⑨ 法律、行政法规规定禁止的其他情形。"（以上规定构成了广告发布的一般标准，具体内容着重在本章第二节中进行介绍）

五、关于误导广告问题

（一）关于误导广告的规定

误导广告，是一种特殊的违法广告形式，根据欧盟理事会《关于误导广告和比较广告的指令》（具体内容见本章参考附录），"误导广告，意指以任何形式（包括展示）欺骗或可能欺骗受众或接触过广告的消费者，并由于其欺骗性可能会影响消费者的经济行为，或因此损害或可能损害其竞争对手的广告"。我国《广告法》中并未对误导广告进行明确的界定。《广告法》第四条规定"广告不得含有虚假的内容，不得欺骗和误导消费者"。"欺骗和误导消费者"其实正是误导广告所产生的后果，也是判断误导广告的关键因素。因此该条内容隐含了对误导广告加以禁止的精神。我国 1993 年 12 月 1 日施行的《反不正当竞争法》第九条规定"经营者不得利用广告或者其他方法，对商品的质量、制作成分、性能、用途、生产者、有效期限、产地等作引人误解的虚假宣传"，该条规定中"引人误解的虚假宣传"绝大部分属于误导广告的范畴。商业上的主要误导行为发生在广告上，大多数国家和地区制定了误导广告的专门法律。如法国、德国、比利时、希腊等，欧盟也制定了误导广告的指令。

（二）常见的几种误导广告的情形

误导广告有以下几种常见情形。

1. 内容真实的误导

一般情况下,误导广告所宣传的内容是虚假的,也存在误导广告的例外情形,即内容真实的误导。主要有以下的具体情况:一是语义的误导。即采用容易产生歧义的广告内容,对消费者构成误导。如广告声称某商品“买一送一”,结果送的非原来的商品,而可能只是价值很低的其他商品。又如某报纸在广告中宣称自己的发行量不足50万份,而实际上其发行量仅5万份。二是未充分表达的误导,即对与消费直接相关的重要事实或条件不予表示,对消费者产生误导。如某饭店在广告中宣称“本店菜肴8折”,而事实上仅在午市打8折,对于这一足以影响到消费者的消费选择的重要条件,饭店未予表示,即构成此种情况。又如某商场称“手机超低价”,价格虽低,但实际不含电池与充电器等配件;还有很多商场促销广告声称“全场3折起”,其中的最后一个“起”字以小字标注,在消费者施以一般注意力的情况下,根本不会注意到该字的存在。这种广告中的关键内容以超小字标注的情况也可以归为内容表达不充分的误导。三是科学知识的误导。如某保健品广告中声称该产品中含有“强身因子”,“强身因子”并非一个科学概念,这样的表述对普通消费者就构成了科学知识上的误导。四是认知的误导,即表面看来完全真实的表述造成受众对相关事物认知上的偏差。如日本东京法院曾有一个判例:某商店在广告中宣称该店所出售的路易·威登包为仿制品。广告所表述的内容是真实的,但这一表述会给消费者造成“销售假冒商品合法”的错误认知,因此认定该广告为误导广告。五是感觉的误导,即广告的声音或画面等看似真实,却会使消费者对某产品或服务的真实情况产生错觉。例如,房地产广告中插入某公园、超市或地铁站的图片。这些图片是真实的,但如果这些设施实际与该房产有较远距离的话,就对消费者构成了感觉的误导,因为消费者会很自然地产生这些设施就在其房产周边的感觉。

2. 内容虚假的误导

内容虚假的误导,误导广告同时就是虚假广告,这是误导广告的一般情况,误导广告大多数属于这种类型。在本节关于虚假广告的部分已有详细介绍,主要是通过对商品的性质、制造方法、特点、用途或者数量、服务和地理来源、广告者身份等进行虚假宣传,对消费者构成误导。这里值得一提的是还存在内容虚假却并无误导的情形。主要有两种情况:一是采取过分夸张的手法进行宣传,使宣传对象不以为然。如某方便面广告,为体现出其辣味十足,其广告画面上的男子吃罢,嘴里喷出了火焰;某薄荷糖广告,广告中的人物吐一口气,竟将水冻成了冰,其用意显然是为表现该糖的清凉。类似以上两种情形在广告中较为常见,属于不致引人误解的艺术夸张。二是含糊、毫无意义,并无法具体证实的声明。如声称自己的产品举世无双、超凡脱俗等。这类广告并不构成误导广告。

3. 以未定论的事实做引人误解的宣传

有根据的事实不等于真实的事实。由于人类认识的局限性，必然存在尚未认清其真假属性的事实，将未确定、未有定论的事实或者结论作为确定、定论的事实或者结论进行散布，必然导致所散布的事实与事实的实际情况不一致，在此意义上就构成了虚伪的事实，对公平竞争构成损害，对消费者构成误导。例如关于市场上众多补钙产品都面临的钙吸收的问题，学术界对此也有争论，并无定论。在这种情况下，如果某钙产品广告宣称根据某项科学研究，自己的钙产品比碳酸钙等传统钙在吸收率等指标上更胜一筹，就构成了以未定论的事实做引人误解的宣传行为，在我国曾有这方面的判例。

（三）确定误导广告的原则

判别一则广告是否构成误导广告，总的是根据消费者是否发生误解。至于如何判定消费者发生误解，美国学者考曼（Callman）认为：广告（商品的表示）是否引人误解的判断标准与商标是否近似或混淆的判断标准是相同的，即一般消费者施以普通注意原则、整体观察原则及比较主要部分原则、异时异地隔离观察原则。

1. 一般消费者施以普通注意原则

商业广告主要针对一般消费者，而一般消费者在购买商品或接受服务时，欠缺仔细分析广告内容的注意力，而是以普通注意力所产生的印象作为选购的基础，因此应当以一般购买人的一般注意力作为认定标准。同时应当注意，普通人的范围因消费对象的不同而不同，一般商品或服务根据一般消费者的普通注意力进行判断，专业性商品根据专业人士的普通注意力进行判断。在执法实践中有人采用社会调查的方法确定是否引人误解，但调查方法仅仅是辅助其判断的一种方法，不是必用的方法。

2. 整体观察原则及比较主要部分原则

判断广告是否引人误解，应从广告的整体进行观察，而非根据广告的每一个细节。根据整体观察原则（又称通体观察原则），对于广告内容的解释，不是逐个剖析广告的每一个细节，而是以广告在整体上给予消费者的印象是否会造成误解进行判断。广告有主要部分和附属部分之分，主要部分是指在广告的构成要素中最醒目或引人注意的部分，如果主要部分在外观、名称、观念上使人陷入错误，即使附属部分真实，仍应认为属于误导广告，此即比较主要部分原则。

3. 异时异地隔离观察原则

判断广告是否引人误解，以消费者观看广告后留下的模糊印象记忆为依据，称为消费者记忆测验原则。运用该原则判断广告是否引人误解，必然引申出在不同时间、不同地点分别观察的原则，此即异时异地隔离观察原则。例如美国执法机关判断电视广告是否引人误解采用两种方式：一是“隔日记忆”，执法机关在电视广告播出的次日询问观众的看法，以判断是否有引人误解的情形；二是“人工印象”，即由执法机关择日于视听室中放映给取样的消费者观看，再由观看后受误导的消费者的人数来判断是否构成误导。

对于误导广告，虽然我国尚未在法律中进行明确的界定，但我们仍可以运用《广告法》、《反不正当竞争法》等法律所体现的立法精神和相关条文，对其进行调整规范。误导广告损害了消费者权益和市场竞争对手的合法权益，扰乱了市场竞争的正常秩序。因此应当引起对这一问题的重视和进一步的规范。

第二节 广告发布表现形式的标准

一、关于广告认定的标准

广告认定的标准是其他广告发布标准的基础和前提。

(一) 认定广告的标准

根据《广告法》，广告是指商品经营者或者服务提供者承担费用，通过一定的媒介和形式直接或者间接地介绍自己所推销商品或者服务的商业广告。认定广告的标准包括：

(1) 广告是广告主出于介绍自己所推销商品或者服务的目的，并支付广告费用的，具有目的性和有偿性的特点；

(2) 广告必须依托一定的媒介和形式。如报纸、杂志、电视、广播、网络和户外广告牌等媒体和售点悬挂、张贴、邮寄等形式；

(3) 广告主和广告经营者、广告发布者之间存在委托关系。一般情况下，由广告经营者和发布者具体承担广告的设计、制作和发布等具体事务；广告主也可以利用自有媒体进行自我宣传。

(二) 几种形式广告的认定

根据广告认定的标准，以下几种具体情形属于广告：

1. 产品包装物

在包装物上直接或者间接宣传、介绍产品，是广告的一种形式；对含有产品宣传、介绍内容的包装物，应认定为广告宣传。

2. 利用图书形式发布的广告

在社会主义市场经济的条件下，广告宣传的内容和形式相当广泛，只要其具备了商业广告的构成特征就可以认定为商业广告。对于企业购买书号，出版图书，宣传其产品的行为，应当依照广告法有关规定处理。

3. 新闻媒介收费栏目

新闻媒介以介绍、推销商品、服务为目的的收费栏目，属于广告栏目，应当具有广告标记。在此类栏目中发布的介绍、推销商品和服务的信息，媒介因种种原因免收广告费，或者协议采用其他方式回报补偿的，也应认定为广告。

4. 经营场所内播放的与销售活动相关的录像

商品经营者在其经营场所内向消费者播放的与销售活动有关的录像，是利用自有的媒介宣传所推销的商品，属于广告行为。

5. 企业在产品展览、展示会上的宣传品

例如1993年在北京举办的索尼产品展示会上，企业向参观者散发的产品宣传册《索尼影音全集》，其内容是介绍索尼公司的产品，应认定为广告。

6. "免费"广告

广告主委托发布广告的，广告发布者依法具有收取广告发布费的权利。广告发布者在某项特定的广告发布活动中，主动放弃或者由于客观原因没有得到广告费，或者以其他形式折抵广告费时，不影响对广告的认定。

7. 利用书信形式发布广告

例如某保险公司通过学校向学生发送"致家长的一封信"，目的是向学生家长介绍其开办学生保险业务的服务内容，应将其认定为利用书信形式发布散页印刷品广告。

8. 餐券广告

例如成都某食品公司承担费用印制的介绍所提供服务项目的餐券上出现"中华民国"字样。工商行政管理部门认定其为广告，按照《广告法》对其进行了处理。

9. 股评资料卡

例如某公司印制的资料卡介绍宣传了该公司的股市分析服务项目，属于印刷品广告。而报纸刊登的证券信息内容，如股市行情，是证券交易所根据《证券法》的有关规定，按交易日制作并公布的证券市场行情表。媒体刊登上述证券市场行情表，属转载公布证券交易情况的行为，不应认定为广告。

二、关于比较广告的标准

比较，是广告常见的表现形式之一。比较广告（comparative advertising），又称竞争性广告、对比性广告或比附广告。根据我国现有的相关法律法规，为我国法律所允许的比较广告是指在广告中采用对比方法，以真实充分的信息为基础，在竞争对手、非竞争对手之间，或者与自己原有产品、服务之间进行比较，以突出自己所宣传商品或服务的特性，从而影响目标消费者的消费决策或其他经济行为的广告 。根据《欧洲联盟理事会关于误导广告和比较广告的指令》，比较广告意指任何明确或含蓄地提及竞争者或者竞争者的商品或服务的广告。比较广告逐步兴起于20世纪70年代的美国，发展至今，世界绝大多数国家均予以认可并制定了相关专门的法律规范。在我国,比较广告尚未得到明确的界定,仅在《广告法》第十二条规定“广告不得贬低其他生产经营者的商品或者服务”;《广告审查标准》第三十二条规定“广告中的比较性内容,不得涉及具体的商品或服务,或采用其他直接的比较方式”。长期以来人们对比较广告褒贬不一,存在较多争议和模糊认识。

(一) 常见的比较广告的几种情形

(1) 直接的比较广告和间接的比较广告。按照是否指明比较对象有直接的比较广告和间接的比较广告。直接的比较广告即“指名道姓”式的、有明确比较对象的明比式的比较广告,是比较广告的典型方式。这种涉及具体产品或服务的直接的比较,目前为我国法律所禁止;间接的比较广告是虽未明确指明比较对象,但公众可以辨别出被比较的竞争对手的暗比式的比较广告。

(2) 自比和他比的比较广告。自比的比较广告是将自己的不同产品进行比较,以突出新产品区别于老产品的特性与优点或将产品使用前后的不同情况进行对比,以突出产品的使用效果。如宝洁公司的一则洗发水广告,将“我”用的蓝飘与表姐用的黄飘做比较,说明了新蓝飘轻盈滋润的特点;又如舒肤佳香皂的广告,对小孩使用舒肤佳香皂与不使用舒肤佳香皂在外玩耍后小手在显微镜下不同情形进行比较,来表现该香皂较强的抑菌作用。他比的比较广告是与他人的产品或服务进行比较。相比他比式的比较广告,自比的比较广告由于不涉及竞争对手的因素,因而相对较少纠纷。

(3) 弱比的和强比的比较广告。按照比较对象的竞争优势程度,有弱比的和强比的比较广告。世界知识产权组织将比较广告分为积极地提及他人的商品或者消极地提及他人产品。在前一种情况下,被提及的产品往往是具有竞争优势的知名商品,广告的比较方式是声称自己的产品和对方一样好,或者不如对方,这就是以弱比强的弱比广告。许多新进入市场的产品倾向于采用此种手法获得消费者的认同;强比的比较广告声称自己的产品强于对方,是批评式的比较广告。

(4) 按照比较广告诉求的内容,比较广告可以选取不同的比较点来进行比较。如产品或服务的特点、性能、质量、成分、价格、适用性、原产地、制造方法等。比较广告可以就以上单项内容进行比较,也可就多项属性进行比较。如某户外广告媒体的一则比较广告,与报纸广告就价格、媒体的规格尺寸、广告受众等比较点进行比较,来突出该媒体的广告优势。

(二) 比较广告应把握的原则

1. 遵循公平竞争的原则

广告主运用比较广告对产品或服务进行宣传时,其动机和出发点应遵守公平竞争、诚实守信的原则,遵守商业道德,而不得出于贬低他人商业信誉和商品声誉,抬高自己的目的。国际商会通过的《国际商业广告从业准则》中规定广告代理商及媒体商不应诋毁其竞争者，禁止不公正的比较和引证。

2. 可比性

这是比较广告进行比较的前提。一是不属法律法规禁止进行比较的商品或服务。如根据我国有关广告法律法规的规定，药品、医疗器械、农药、兽药广告不得与其他药品、医疗器械、农药、兽药进行功效和安全性的比较，不得进行药品、化妆品使用前后的比较，融资广告不得比照其他证券和投资的收益等；二是比较广告的内容应当是相同的产品或可类比的产品；三是比较应具有统一的基础，比较点应是相关的、具代表性的，是对消费者具有实质性意义的产品或服务的根本特性，不能以偏概全和片面地以强比弱。如在不同价格、等次的产品之间进行比较，就必须加以明确的说明。

3. 真实、客观、全面

这是判断一则比较广告正当与否的关键所在，也是国际通行的关于比较广告的法律标准。真实，是广告的生命所在，是《广告法》规定的一切广告应遵守的最基本的原则。我国《反不正当竞争法》第九条和第十四条也明确禁止违反真实性的虚假的比较广告。比较广告的真实性要求比较广告的比较内容不得凭空捏造、弄虚作假和夸大不实；客观，即比较广告要以客观事实为依据，比较点应选择客观性的内容，避免主观性的感受。如某食品广告宣称自己的产品比另一食品味道更好，就属于不恰当的比较，因为味道好坏属于主观判断，因人而异，非客观因素，如在有客观根据的情况下宣称自己的价格更低，则是恰当的比较广告。

4. 比较性内容应具有可度量性和可证明性

比较广告的比较性内容必须有真实、合法、科学的证明为基础。如关于产品或服务的产地、质量、标识、优惠、获奖情况等比较性因素必须有真实、合法、科学的证明，比较运用的数据、检测报告、调查结果等应能提供国家专门检测机构的证明。美国法律规定任何不利竞争者的广告表达必须与事实相符，备有凭据，否则视同虚假广告。比较广告应避免滥用保证，这是比较广告做到公正、科学的基本保证。

5. 避免对公众的误导

误导行为包括宣传虚假事实或宣传真实事实而使人产生与商品或服务的实际情况不一致的认识。对宣传虚假事实引人误解的比较广告可以依据《反不正当竞争法》第九条认定，但内容真实或部分真实却引人误解的比较广告在法律上则无明确界定，仅可认定间接违反了《广告法》第12条“广告不得贬低其他生产经营者的商品或者服务”的规定。关于是否构成误导的判别标准可以参见上一节误导广告中的内容。

（三）关于比较广告监管的建议

（1）明确允许比较广告的存在。比较广告存在的合理性因素包括：从消费者的角度,有利于消费者知情权和选择权的实现,增强了市场的透明度,解决知识和信息不对称给消费者带来的商品选择上的困惑;从竞争的角度,有利于促进同业竞争,促使被比较者认识到自身产品的优劣,从而有针对地加以改进。而对于比较广告遭受非议最大的对公平竞争的市场原则的损害这点来看,实则其"罪名"当属贬低他人,误导消费者的侵权性比较广告,绝不能以偏概全。目前从世界范围看,比较广告仅在极少数国家受到法律的完全禁止。在美国、英国和加拿大等国,对比较广告的态度尤其宽容。如英国的《广告行为法典》规定"为避免有效竞争不被妨碍,以及推动公共信息的发展,商品及其价格的比较,包括指明竞争对手及其商品的比较,不违反本法典的要求。"相比我国比较广告方面的规定,对比较广告的态度可概括为不予禁止,个别例外。笔者认为当前应立法明确允许比较广告的存在。

(2) 制定关于比较广告的专门、系统的法律规范。目前我国关于比较广告方面的法律规定散见于《广告法》、《广告审查标准》、《反不正当竞争法》、《消费者权益保护法》等法律法规中。并且有关规定较为原则、抽象,缺乏针对性和操作性,使现实生活中大量存在的比较广告无所适从,且容易引起争议。因此建议尽快制定出台有关比较广告方面的专门性法规,对比较广告发布和管理涉及的具体问题加以明确的法律界定。

(3) 加强对相关出证机构的管理。要保证比较广告内容所涉及的出证机构的公正性和权威性,这是确保比较广告科学、公正、客观的基本保障。因此要加强对相关出证机构的管理,明确相关出证机构的资格和相应的法律责任。对出证不实而造成的法律纠纷,出证机构应承担连带责任。并且要借鉴国际惯例,明确对虚假或误导的比较广告实行举证责任倒置原则。美国法院认为在被告故意欺骗或有意行为时,证明缺乏欺骗性的举证责任转移给被告承担。欧盟的《欧洲联盟理事会关于误导广告和比较广告的指令》也规定广告主应当在短期内提供有关其宣传事实的准确性的证据。

(4) 严禁误导性比较广告。对于误导性比较广告,鉴于其对公平竞争和消费者权益的破坏性和常见性,应尽快借鉴有关国际通行规则,对其制定明确的法律界定。例如前面提及的弱比广告,广告主在广告中尽管承认自己的产品质量不如竞争对手,但实际上仍是借对手名气达到提升自己形象或树立品牌的目的,本质上属于攀附性比较广告,侵犯了他人知名品牌的合法权益。诸如此类的误导性内容,我国法律应做出具体界定,明确予以禁止。

三、关于新闻广告问题

以新闻报道形式发布广告,即新闻广告。新闻广告是指大众传播媒介以新闻采编、新闻报道的名义经营与发布广告,收取广告费用或进行有偿新闻的行为。凡采用付费的新闻报道形式介绍企业或商品的,即构成刊播新闻广告的违法行为。以新闻报道形式出现的广告,混淆了新闻与广告的界限,尤其是以新闻报道形式出现的虚假广告,会对广大消费者造成误导,使其权益受到损害。有的广告的编排形式类似于新闻,也容易造成混淆。新闻与广告的区别在于以下几方面。

(1) 性质不同:新闻以宣传党的路线、方针、政策为宗旨,是党和政府的喉舌;广告是广告主的宣传工具,代表广告主的意见。

(2) 目的不同:新闻宣传旨在引导舆论,指导学习和工作;广告宣传广告主自己,达到推销商品、提供劳务或服务,以求谋利的目的。

(3) 形式不同:新闻是记者采访的客观公正的报道;广告是广告主提供的自我宣传。

(4) 决定权不同:新闻发布的决定权在新闻机构或者领导机关;广告发布的决定权在广告主。

(5) 付费不同:新闻单位要向新闻信息提供者或投稿人支付稿酬;广告则由广告主向新闻单位支付广告费。

(6) 时效不同:新闻有一定的时间约束,过了时间就不是新闻了,且不可能连续刊播;广告没有时间约束,只要广告主愿意,可以连续刊播。

(7) 手法不同:新闻虽经文字加工,但要以事实说话,不允许有任何夸张;广告则要求以事实为前提,允许适当夸张。

(8) 功能不同:新闻反映统治阶级意志,政治思想性比较强;广告只反映广告主的愿望和要求,商业性强。

《广告法》第十三条规定"大众传播媒介不得以新闻报道的形式发布广告。通过大众传播媒介发布的广告应当有广告标记,与其他非广告信息相区别,不得使消费者产生误解"。为了防止新闻与广告相混淆,必须把新闻单位的广告经营活动纳入正常的广告管理轨道,新闻单位经营广告业务必须领取《广告经营许可证》;必须严禁记者借采访拉广告;严禁新闻单位非广告部门的工作人员代理或承揽广告业务。对于以下具体情形均应据此加以规范:

(1) 新闻媒介以经济动态、经济信息版等形式宣传企业形象和产品,并向客户收取高额费用,其本身属于广告,应当按照广告管理法规严格管理。

(2) 电视广告采用调查采访形式,即在"市场调查或采访"的特定场景中,通过"记者"或"市场调查人员"与"消费者"双方问答进行调查采访,由特定的"消费者"讲述自身体验与感受,介绍产品或服务的优点、特点,这是典型的以新闻形式发布广告。使用调查采访形式的广告,由于使用特定的场景设计和特定的人员表演,产生了客观介绍和报道的效果,极易对消费者造成误导。因此,对使用调查采访形式的电视广告,无论是否具有广告标记,均应禁止;报纸、杂志、广播等媒介不得发布调查采访等客观报道形式的广告。

(3) 新闻单位采用专题报道、经济信息等形式,对药品、医疗等商品或服务进行宣传,如果直接或间接地向企业收取费用,此类专题报道、经济信息无论以何种形式出现,均属于商业广告的性质,应依据广告管理法规进行管理。

(4) 不得以任何新闻报道形式刊播或变相刊播广告。各类大众传播媒介有关人物专访、企业专题等报道中不得含有地址、电话、联系办法等广告宣传内容;报刊在发表有关文章的同时,不得在同一媒体同一时间发布有关该商品、服务及其生产经营者的广告。不得以普及科学知识、专家咨询宣传等名义,介绍、推销药品、保健食品以及推荐医生、医疗机构。

(5) 电视直销广告,应当有明显的广告标记,并不得在播放过程中中断,以使消费者能辨明其为广告,不得使消费者产生误解;电视台承办电视直销广告,应当统一由电视台内部经工商行政管理机关核准的广告业务部门经营。电视台的非广告经营部门一律不得从事电视直销广告经营活动。

(6) 大众传播媒介利用新闻媒介报道形式介绍医疗机构及其服务,如出现医疗机构的地址、电话号码或其他联系方式等内容的,在发表有关医疗机构报道的同时,在同一媒体同一时间(时段)发布该医疗机构广告的,即使广告发布者声称未收取费用的,也应认定为利用新闻报道形式发布医疗广告。

四、关于广告的语言文字标准

语言文字是人们表达思想,传达信息的重要交际工具,语言文字的规范化、标准化,是普及文化教育、发展科学技术、提高工作效率的一项基础性工作,对社会的物质文明和精神文明建设具有重要意义。广告语言文字是广告内容的载体和表现形式。广告的语言文字直接关系到广告的表达效果,并对社会各界,尤其是未成年人造成极大的、潜移默化的影响。广告语言文字的种种不规范和不标准问题,既影响到我国语言文字的纯洁性和严肃性,也不利于广告内容的正确、有效的表达。因此,广告所使用的语言文字必须符合一定的标准。为促进广告语言文字使用的规范化、标准化,保证广告语言文字表述清晰、准确、完整,避免误导消费者,根据《广告法》和国家有关法律、法规,国家工商行政管理局于 1998 年 1 月,制定、颁布了《广告语言文字管理暂行规定》(以下简称《暂行规定》),对广告中使用的语言文字进行规范管理。

(一) 广告语言文字管理的范围

据《暂行规定》第二条规定,凡在中华人民共和国境内发布的广告中使用的语言文字,均属我国广告语言文字管理的范围。《暂行规定》中所指语言文字,是指普通话和规范汉字、国家批准通用的少数民族语言文字,以及在中华人民共和国境内使用的外国语言文字。地方方言也在管辖范围之内。

（二）广告使用语言文字的主要规定

第一，广告使用的语言文字，用语应当清晰、准确，用字应当规范、标准。

第二，广告使用的语言文字，应当符合社会主义精神文明建设的要求，不得含有不良文化内容。

第三，广告用语用字应当使用普通话和规范汉字。

第四，广告中不得单独使用汉语拼音。广告中如需使用汉语拼音时，应当正确、规范，并与规范汉字同时使用。

第五，广告中数字、标点符号的用法和计量单位等，应当符合国家标准和有关规定。

第六，广告中一般不得单独使用外国语言文字。

第七，广告中成语的使用必须符合国家有关规定，不得引起误导，对社会造成不良影响。

第八，广告中出现的注册商标定型字、文物古迹中原有的文字以及经国家有关部门认可的企业字号用字等，可以作为广告的用语用字，不受《暂行规定》有关条款的限制，但应当与原形一致，不得引起误导。

第九，广告中因创意等需要使用的手书体字、美术字、变体字、古文字，应当易于辨认，不得引起误导。

（三）关于方言在广告中的使用问题

根据国家规定，广播电台、电视台可以使用方言播音的节目，其广告中，可以使用方言；广播电台、电视台使用少数民族语言播音的节目，其广告可以使用少数民族语言文字。在民族自治地方，广告用语用字参照《民族自治地方语言文字单行条例》执行。

（四）关于外国语言文字在广告中的使用问题

《暂行规定》第八条规定，广告中如因特殊需要配合使用外国语言文字时，应当采用以普通话和规范汉字为主、外国语言文字为辅的形式，不得在同一广告语中夹杂使用外国语言文字。广告中的外国语言文字所表达的意见，与中文意思不一致的，以中文意思为准。

随着中外文化、信息的交流、融合，越来越多的场合与媒体使用外国语言文字，外来语也越来越多地出现在人们的日常生活中，并为大众所普遍接受。为此，《暂行规定》第九条规定，以下两种情况不适用第八条的规定：一是商品、服务通用名称，已注册的商标，经国家有关部门认可的国际通用标志、专业技术标准等；二是经国家有关部门批准，以外国语言文字为主的媒介中的广告所使用的外国语言文字。

（五）广告用语用字的禁止性规定

广告用语、用字，不得出现下列情形：

（1）使用错别字；

（2）违反国家法律、法规；

（3）使用国家已废止的异体字和简化字；

（4）使用国家已废止的印刷字形；

（5）其他不规范使用的语言文字。

第三节 广告发布内容标准

《广告法》第七条规定“广告内容应当有利于人民的身心健康，促进商品和服务质量的提高，保护消费者的合法权益，遵守社会公德和职业道德，维护国家的尊严和利益。”这是广告发布的基本原则，也是广告发布标准制定的依据。

广告发布的一般标准主要体现在《广告法》第二章《广告准则》的具体规定中。我们可以将广告发布的一般标准进一步归纳为两方面，即广告发布内容的一般标准和广告发布形式的一般标准。

一、广告发布内容的禁止性标准

（一）广告不得使用中华人民共和国国旗、国徽、国歌

中华人民共和国国旗、国徽、国歌是我国国家主权的象征和标志。在《中华人民共和国宪法》、《中华人民共和国国旗法》、《中华人民共和国国徽法》等法律中对我国的国旗、国徽、国歌做了规定，作为国家的象征，国旗、国徽、国歌只能用于特定的场合和用途，而不能为某种商业目的而使用，否则是对国家主权和尊严的亵渎和侵犯。《广告法》中的该项规定是宪法原则在广告监管中的进一步体现。

广告不得使用中华人民共和国国旗、国徽、国歌，包括不得以任何形式使用或者变相使用国旗及其图案、国徽及其图案、国歌及其词曲。曾出现某广告展现我国一奥运冠军身披国旗绕赛场奔跑的画面，该广告就违反了该条的禁止性规定；违反此项规定的较为常见情形是将国歌或其旋律作为广告的背景音乐等，均构成了违法广告。但这一规定在公益广告中例外。如2002年获奖的优秀影视公益广告《同升一面旗，共爱一个家》中就使用了中华人民共和国国旗、国徽、国歌和武警战士的画面和旋律等。

（二）广告不得使用国家机关和国家机关工作人员的名义

国家机关是代表国家管理社会公共事务的组织；国家机关工作人员是在国家机关中具体从事各项管理事务的公务人员。在我国，国家机关和国家机关工作人

员代表国家行使管理国家公共事务的权力,其名义代表着国家的利益和形象,因此不得将其运用于商业活动,否则势必损害国家机关和国家机关工作人员应有的形象和市场经济公平、公正的原则。关于商业广告也因而对此做了禁止性规定。

适用《广告法》该条规定的国家机关和国家机关工作人员的范围很广,包括各级国家权力机关、行政机关、司法机关、政协、工会、共青团、妇联以及军队、武警等机关、组织及其工作人员。在商业广告中禁止以任何形式使用上述机关、组织及其工作人员的名义、形象、言论等。关于《广告法》的该项规定,国家工商行政管理总局1995年、1996年分别在《关于使用已故或离任的党和国家领导人名义进行广告宣传处理意见的答复》、《对在祝贺广告中使用国家机关和国家机关工作人员的名义有关请示的答复》中做出行政解释。主要内容包括:

第一, 使用已故或离任的党和国家领导人名义进行广告宣传,其广告效果相当于使用现职国家机关工作人员名义作广告。

第二, 商业性的祝贺广告中,不得以任何形式使用国家机关及其工作人员的名义。在非商业广告中,使用国家机关及其工作人员的名义的,应事先取得被使用者的书面同意。在商业性祝贺广告的认定上,广告主在为提高其商业信誉和社会知名度开展的活动中的广告宣传,如征集厂徽、厂标、产品名称、商标等等属于商业广告的范畴,不得以任何形式使用国家机关及其工作人员的名义。

可以使用国家机关及其工作人员的名义的例外情况:一是公益广告例外。如1998年举国抗洪救灾活动中,许多公益广告中采用了江总书记出现在江堤,发出“要夺取抗洪决战的最后胜利”的呼喊的片段;二是重大政治题材类影片电影广告宣传例外。我国许多由中宣部等国家机关组织发行的重大政治题材类影片,影片本身含有国家领导人的名义,对于这类影片的广告宣传可以使用国家领导人的名义。

(三) 广告不得使用国家级、最高级、最佳等用语

国家级、最高级、最佳等用语属于夸大其词的绝对化用语。就事物发展的客观规律而言,“最”的境界永远处于被超越的状态,而不可企及。并且国家级、最高级、最佳等用语属于难以客观指标加以度量的抽象概念,对其的认识可谓仁者见仁,智者见智,任何含糊、不确定的事实不应在广告中出现。可见,国家级、最高级、最佳等绝对化用语与我国《广告法》规定的广告应当真实的基本原则相违背,对其他竞争者构成了贬低,对消费者也容易造成误导。因此被我国《广告法》列为禁止性条款。

在对绝对化用语的认定和掌握上,根据国家工商行政管理总局的规定,以下情形均属于绝对化用语:

(1) 顶级、最佳、极品、至尊、第一品牌等表述;

(2) 商品包装中使用“极品酒”、“极品烟”等字样;

(3) 在商品或服务的名称中使用绝对化用语。利用广告宣传商品或服务名称的,应当认定为广告用语,其内容同样受广告法律法规规范。因此在广告中出现的商品或者服务名称中的诸如“顶级”等绝对化用语同样受此规范的约束。

在具体掌握上同时还应注意以下方面。

(1) 应当避免对该条限制的机械掌握。对于绝对化用语在广告中的使用,不同的国家存在着差异。例如美国等国家在此方面持宽松的态度,认为是无害的自吹自擂。对于具备可度量性,并能够提供客观依据的有关表述应予认可。

(2) 不宜对该项规定做过分扩大性延伸解释。如“名列前茅”或“最××之一”之类的表述,在其品质状况与其表述相符,并能够提供相应依据的情况下,应予认可。

(四) 广告不得妨碍社会安定和危害人身、财产安全,损害社会公共利益

这里的妨碍社会安定,就是指对国家的政治稳定和社会稳定造成不良影响;危害人身、财产安全,损害社会公共利益,是指公民的人身和财产权利,社会的公共利益因广告的影响而受到损害。这里的损害包括直接损害,也包括间接损害;包括实际的损害,也包括潜在的、可能的损害。一切经济活动均以不得妨碍社会安定和危害人身、财产安全,损害社会公共利益为前提,这是国际通行的商业活动的基本规则,广告也不例外。我国的《宪法》、《刑法》中也有此方面的规定。这就要求在广告活动中,一方面要具有一定的政治敏感性,避免广告对公共安全和公共利益等造成损害;另一方面要预见广告损害消费者权益的种种可能,对此保持警觉,从而避免侵犯他人受法律保护的人身和财产权利。否则不仅会违反《广告法》,如其行为达到一定危害程度,还有可能违反《刑法》的规定,受到刑罚制裁。

在此方面,总结以往发生的一些案例,应注意以下问题:

一是广告中不得出现“一中一台”或“两个中国”的表述或暗示;

二是广告不得宣传“法轮功”等不法活动涉及的商品或服务。许多非法组织采取“以商养政”的发展策略,从事商业经营,对此要加以甄别;

三是广告所宣传的产品本身不得是存在严重瑕疵的国家明令淘汰或不合格商品,宣传的内容应考虑受众的模仿性,不得出现致人危险的情形等。

(五) 广告不得妨碍社会公共秩序和违背社会良好风尚

广告不得妨碍社会公共秩序,即广告不得对社会公共秩序产生不利影响。在现实生活中,广告往往会追求其轰动效应,出奇出新,引起人们的广泛关注。在一些促销广告中,通过对消费者有诱惑力的节目或赠品的设置,会引起人群的围观拥堵,对公共秩序造成不利影响。为此在上海,工商行政管理部门与公安部门制定了《关于加强本市商业促销活动管理的通知》,对促销活动加以规范管理;广告不得

违背社会良好风尚，即广告应符合社会的公序良俗，不得出现有伤风化的语言和画面。在上海曾发生一起某国际邮购公司因在其发布的商品目录册中夹带含性生活画面的广告，受到上海市工商管理部门处罚的案例。某国际邮购公司与某省摄影出版社签订协议，以邮寄方式为其推销书籍，其中包括国外引进版《图解男性生活艺术》和《图解女性生活艺术》两册均属合法出版物的书籍。该公司为推销此书，将书中一些暴露的人体插图印在广告单页上，夹入《邮购商品目录册》，此类广告就违反了我国《广告法》的该条规定，因此受到了相应的处罚。国家工商行政管理总局也从此规定出发，对有关内容的广告进一步做出明确规定：

（1）关于禁止发布有关性生活内容广告的规定。认定通过大众传播媒介或其他形式，向社会宣传性生活产品和性生活保健服务，有悖于我国的社会习俗和道德观念。因此无论这类产品或者服务是否允许生产或者提供，在广告宣传上均应严格禁止。

（2）对“地主家酒”广告的定性问题。认定大邑县庄园酒厂生产、销售的“庄园”牌酒包装盒上引有“地主家酒”、“西南大庄园主刘文彩及其上辈所酿”等内容属于违反社会良好风尚的违法行为。

（3）禁止在公共聚积场所进行裸体的人体彩绘表演活动和以人体彩绘为广告手段。2003 年 9 月，文化部、公安部、国家工商总局发布《关于制止在公共聚积场所进行裸体的人体彩绘表演活动的通知》，禁止任何单位和个人在商场、广场、公园、展销会、娱乐演出场所、公共文化设施等公共场所进行裸体的人体彩绘活动；严禁利用未成年人进行裸体的人体彩绘活动；严禁任何单位和个人以裸体、半裸体、三点着装等形式的人体为媒介发布广告等。

（六）广告不得含有淫秽、迷信、恐怖、暴力、丑恶的内容

淫秽、迷信、恐怖、暴力、丑恶的内容属于与社会主义精神文明建设相违背的内容。我国《广告法》第三条明确规定了广告必须符合社会主义精神文明建设的要求，该项规定则是第三条规定的具体化。在一些特定形式和内容广告方面，国家工商总局也从此要求出发进行具体规范。例如在电信信息服务广告方面，针对不良声讯、短信息等电信信息服务广告污染社会风气，在社会上造成不良影响，而且严重损害消费者合法权益的情况，国家工商总局发出《关于禁止发布含有不良内容声讯、短信息等电信信息服务广告的通知》，强调声讯、短信息等电信信息服务广告必须符合社会主义精神文明建设的要求，禁止利用电视、广播、报纸、期刊、互联网、印刷品等各种媒介或者形式，发布含有淫秽色情、封建迷信等不良内容的声讯、短信息等电信信息服务广告。

关于迷信广告的问题，国家工商行政管理总局 1996 年在《关于在广告中使用“观世音菩萨”像是否属于“迷信”内容的答复》中对迷信的界限进行了认定。在我

国公民有宗教信仰的自由，正当的宗教活动受法律保护，但也有一定的限制。将“观世音菩萨”像等具有特定宗教意义的佛教形象用于商业广告，超出了正常的宗教活动范畴，带有一定迷信色彩，属于违反该项规定的情形。

对“淫秽、迷信、恐怖、暴力、丑恶”的理解属于对广告内容的价值判断，不同的价值观念对相同的事物会产生截然不同的价值判断。例如对“淫秽”的理解和判断，我国与西方国家就有很大的差异。在西方广告界奉为经典之作的许多作品可能在我国会被认为是淫秽的。例如美国苹果牌牛仔裤的广告，其画面是一女郎裸露臀部，骑在马背上奔跑，被评价为很好展现了该牛仔裤青春、奔放的品牌形象和穿着舒适的特点。因此在对广告是否含有淫秽、迷信、恐怖、暴力、丑恶的内容的理解和判断上，应当结合我国特定的国情、社情和民情，以及所宣传商品或服务的特性、宣传的场合、方式等因素加以具体分析、判断。

（七）广告不得含有民族、种族、宗教、性别歧视的内容

我国公民不分民族、种族、宗教、性别等的差异一律平等。这是我国宪法所体现的精神，也是人权发展的基本要求。广告中不得含有民族、种族、宗教、性别歧视的内容，即指广告不得涉及对不同民族、种族、宗教、性别进行不平等对待或丑化等内容。

这里涉及宗教广告问题。国家工商行政管理总局根据此项规定发布了《关于加强对含有宗教内容广告管理的通知》。根据我国有关宗教法规和政策，宗教活动必须在宗教场所进行。因此任何单位和个人均不得在大众传播媒介及非宗教活动场所发布有关宗教活动、宗教用品、宗教活动纪念品的广告，以及以讲经、传道等为内容的图书、音像制品广告。如确实属于特殊需要在大众传播媒介及非宗教场所发布上述广告的，须经省级以上宗教事务部门同意，并报同级工商行政管理部门备案。

在此方面社会争议最多的是广告中女性形象问题。长期以来，妇女形象在广告中的运用可谓司空见惯。当前女性在家庭和社会生活中的地位有了很大的提高。许多广告中的女性形象展现了女性特有的审美情趣，与时代赋予女性的自尊、自强、自立精神相吻合。但同时我国的商业广告中存在着许多性别视角的盲点，男性的审美标准占据着主导地位。正是基于这点，广告中的妇女形象很多是轻松、快乐、满足的家庭主妇形象，或是大众美女形象。凡是与家务有关的商品广告，几乎全为女性所垄断，在广告中展示的女性的最高境界似乎就是相夫教子的贤妻良母，女性的最大魅力在于以其美貌“征服”一切。社会公众，尤其众多女性和社会工作者对广告中存在的歧视女性、女性形象定位的偏颇现象颇有微辞。广告中的性别歧视的倾向应当引起足够的重视。

（八）广告不得妨碍环境和自然资源保护

环境和自然资源保护是关系人类社会与自然和谐共处，实现可持续发展的重大问题。我国制定了《环境保护法》等一系列法律法规，对环境和自然资源的保护做了具体规定。在此方面应把握：一是广告不得宣传不符合环保标准的产品；二是广告不得宣传不利于环保和自然资源保护的产品，例如在国家工商行政管理总局规定禁止刊播电力捕鱼工具广告；三是广告不得出现破坏生态平衡，经营国家保护野生动、植物等的内容。例如《关于大力加强野生动物保护和依法禁止濒危物种及其产品贸易宣传的通知》（林护字（1993）第63号）中规定，凡涉及濒危动物物种及其产品的广告，特别是标有"犀牛角"、"虎骨"字样的广告一律禁止。

（九）法律、行政法规规定禁止的其他情形。主要包括以下几方面

1. 乱评比、乱排序

1996年，中共中央办公厅、国务院办公厅发布《关于严格控制评比活动有关问题的通知》（厅字［1996］第10号）。根据该通知精神，国家工商行政管理总局发布了《关于严格控制评比类广告的通知》，1999年又发布了《关于停止发布含有乱评比、乱排序等内容广告的通知》等一系列规范性文件。具体规定包括以下五点。

（1）除按法律规定和国务院批准的各类带有评比性质的企业营销信息发布活动外，禁止在广告活动中使用排序、推荐、认定、上榜、抽查、检验、统计、公布市场调查结果等对企业及其商品、服务进行排序或综合评价的内容。广告中禁止出现如"全国销量第一"、"市场占有第一"、"市场主导品牌"、"消费者首选品牌"、"中国公认名（品）牌"、"×××认定（认可）"、"×××展示"、"×××指定"、各种满意率、信任率，以及某类商品、服务上榜企业等。

（2）关于"名牌"、"著名商标"的规定。禁止在广告中使用"中国名牌"、"地方名牌"、"著名商标"。经地级以上人民政府认定的地方名牌，可以在广告中使用"×××省名牌"、"×××市名牌"；经省级人民政府认定的地方著名商标，可以在广告中使用"×××省（市）著名商标"。

（3）关于"指定产品（商品）"的问题。对赞助体育比赛、文艺演出等大型活动，在广告宣传中不得使用"指定产品（商品）"，可使用"×××活动赞助商（商品）"；对提供赞助商品并在该项活动中使用的，可在其商品广告宣传中使用"×××选用商品"。

（4）关于赞助体育活动企业广告用语的规定。为体育活动提供主要赞助的大型企业，根据赞助协议，可以在广告中使用"×××合作伙伴"的内容，如"××企业——中国奥委会合作伙伴"；为体育活动提供装备和产品的企业，根据赞助协议，可以在广告中使用"×××专用产品"的内容，如"中国奥运代表团专用产品"；为体育活动提供一般赞助的企业，根据赞助协议，可以在广告中使用"×××标志

特许使用产品”的内容，如“亚运会标志特许使用产品”。

（5）关于境外获奖及境外市场占有率、排序内容的规定。暂时禁止在广告中宣传企业和产品获得境外（含港、澳、台地区）有关机构、组织、展览（销）会授予、颁发的各种名目的奖项。如“国际金奖”、“大奖”等；企业及其产品在境外的销量、市场占有率、排序的内容可以在广告中使用，但广告主应当具有境外权威统计部门或行业协会出具的证明文件。广告宣传应当符合《广告法》第10条的规定，广告中应当标注上述内容的统计范围、统计年度和统计机构名称。

2. 将人民币变相作为奖券使用

禁止以人民币作为奖券。例如在广告中称，凡持有某种号码、某种版面或某种面值的人民币，可换取标价超过其面值的商品、服务或兑换到超面值的人民币等；禁止发布含有外币计价结算内容的广告。

3. 有奖销售价值超过5 000元

在抽奖式的有奖销售中，下列情况属于有奖销售超过5 000元的几种表现形式，不得发布广告：

（1）经营者单独或与有关部门联合利用各种彩票设置奖励推销商品，最高奖的金额超过5 000元的；

（2）以价格超过5 000元的物品的使用权作为奖励的（无论使用该物品的时间长短），如汽车的使用权；

（3）以提供就业、聘为顾问等名义，并以解决待遇、给付工薪等方式设置奖励，不论奖励现金、物品（包括物品的使用权）或者其他经济利益，也不论是否要求中奖者承担一定义务，最高奖的金额（包括经济利益的折算）超过5 000元的；

（4）商品销售与彩票相结合，该彩票的最高奖额低于5 000元的，由于中奖几率的不确定性，广告中不得将彩票的奖额作为经营者有奖销售的奖额进行宣传，以免误导消费者。

4. 擅自利用重大政治题材进行商业牟利

1996年7月国家工商行政管理总局发布《关于不得利用“97’香港回归”进行广告宣传的通知》，规定凡涉及“香港回归”内容的商业广告，一律不得发布。

5. 营业性演出广告中，有以政府名义举办演出和演出冠以“中国”、“中华”、“全国”、“国际”等字样内容

2005年9月1日施行的新《营业性演出管理条例》（国务院令第439号）对营业性演出的举办和宣传做出新的规定。根据其规定，营业性演出广告禁止出现以政府名义举办演出和演出冠以“中国”、“中华”、“全国”、“国际”等字样的内容。

二、广告发布内容的命令性标准

广告发布内容的命令性标准，是相对其禁止性标准而言的，禁止性标准是规定广告不得出现的情形的，而命令性标准则是规定广告必须或者应当如何的标准，是一种作为的义务。《广告法》中体现了以下广告发布的标准。

（一）保护儿童和残疾人的身心健康

《广告法》第八条规定“广告不得损害未成年人和残疾人的身心健康”。广告的内容不得对未成年人和残疾人的身心健康造成不利影响。

广告对未成年人的保护标准主要体现在对儿童广告的具体规范上。

儿童广告，是指儿童使用的产品或有儿童参加演示内容的广告。它包含两个内容。一个内容是儿童使用的产品广告，如儿童玩具、儿童食品、儿童用品等；另一个内容是指有些产品不是儿童使用的，但广告中有儿童形象出现，并参加演示。比如一些食品，大人和孩子都可以吃，在这些食品广告中，儿童也成为演示的主角。

对儿童广告进行规范的必要性在于：

首先，儿童广告是一种深受广告主、广告商青睐的广告形式。其原因在于儿童在家庭中具有独特地位，在中国家庭中的独生子女们被比喻为“小皇帝”，儿童对家庭中可支配收入的影响越来越大。据调查，在英国学前儿童市场的价值高达43亿英镑，同时儿童影响着父母对食品、服装、家具、汽车、住房等的选择，而相关商品的市场价值达到300亿英镑。在中国，据对北京家庭的调查统计，孩子对家庭消费的平均影响力（即意见参与和做出购买决策）已超过25%；在与儿童生活密切相关的消费品方面，孩子的平均影响力约达60%。不仅如此，儿童是潜在的消费者群体，从现在就对他们施加影响，广告主能得到长远的利益。培养一个名牌，除了高科技产品，一般需要十几年或二十多年的时间。世界品牌排名在前列的都有25年以上的历史。这段时间正是一个人从儿童时期成长到有独立购买能力的成人阶段。对广告主来说，每一个儿童、青少年都是他们潜在的用户。广告制作者则很喜欢用儿童做广告。无数成功的广告证明，用儿童形象做广告，尤其是用可爱的婴儿、幼儿形象做广告，可以吸引消费者，尤其是妇女和儿童消费者。

其次，儿童容易受广告的影响。儿童有其年龄、知识、经验等生理、心理条件方面的局限。儿童容易轻信、分辨能力差，好奇心理以及模仿能力强，这些儿童特有的生理、心理特点导致儿童容易受广告的影响。

可见，儿童广告的问题是关系到广告的道德良心、广告的社会责任的重大问题。对儿童广告的严格监管已成为国际上许多国家的通行做法。例如，国际商会1963年通过的《国际商业广告从业准则》中专门就儿童广告问题作了规定：儿童商品广告不应以任何方式暗示，如果他们不购买广告中的商品，则不利于其健康和身心发展,或前途将受到危害,或将遭受到他人的轻视与嘲笑等。欧美的大多数国家都对儿童广告施以严格监管。瑞典禁止针对12岁以下儿童的电视广告;西班牙禁止播放战争玩具的广告;希腊禁止在特定时段播放玩具广告等。

儿童广告运用不恰当的具体表现包括:

(1) 表现儿童欺骗、贪吃、不遵守纪律、戏弄动物等的不良品质和举动。如某食品广告中一男孩在家中冰箱里发现了许多萨其马,惊喜之下偷吃殆尽,然而当男孩的奶奶回家后发现,在沙发上睡觉的爷爷的嘴上满是萨其马的碎屑,自然这是小男孩偷吃后"嫁祸他人"的"杰作";又如某广告展现了这样的场景:在课堂上,一小学生跳上课桌无比陶醉地讲述某匹萨的美味,不等他讲完,所有的学生和教师一起争相跑出教室,都去品尝匹萨去了;某果冻的广告中,一男孩假意用手中的果冻喂食笼中的动物,当动物伸手取食时,迅速收回,并发出开心的笑声。

(2) 成人化的言行举止。如某布丁食品广告中一男童对一女童说"不给我吃××布丁,长大了就不娶你了",女童后又抱怨"吃了这么多,我不嫁了"。

(3) 对儿童的科学误导。有些针对儿童或有儿童参加演示的广告借用所谓的科学试验的演示,来强调其产品的某种特质。这些试验大多缺乏科学、严密的论证,带有很大的表演成分,容易对儿童造成科学上的误导。如某山泉水的广告中,一教师让同学们做这样一个比较试验,用两杯水来养殖某种植物,一杯水为普通的纯水,一杯是所宣传的某山泉水,几天后养在山泉水中的植物开始发芽抽枝,而养在另一杯水中的植物则明显呈"发育不良"状。

《广告审查标准》第五章对儿童广告的发布原则、发布标准进行了界定,具体内容包括:

(1) 儿童广告必须有利于儿童的生理和心理健康,有利于培养儿童优秀的思想品质和高尚的品德;

(2) 不适于儿童使用的产品的广告,不得有儿童参加演示。如药品广告、烟草广告、酒类广告等,就不宜使用儿童的形象或卡通等儿童喜闻乐见的形象进行宣传;

(3) 针对儿童宣传的广告,应当进行浅显的、能够为儿童正确理解的描述;

(4) 广告中出现的儿童或家长,应当表现为具有良好行为或态度的典范。

不得发布下列儿童广告:

(1) 有损儿童的身心健康或道德品质的;

(2) 利用儿童给家长施加购买压力的;

(3) 影响儿童对长辈和他人尊重或友善的;

(4) 影响父母、长辈对儿童的言行进行正确教育的;

(5) 以是否拥有某种商品使儿童产生优越感或自卑感的;

(6) 儿童模特对宣传的商品的演示超出一般儿童行为能力的;

(7) 表现不应由儿童单独从事的某种活动;

(8) 可能引发儿童任何不良事故或行为的;

(9) 利用超出儿童判断力的描述,使儿童误解,或者变相欺骗儿童的;

(10) 使用教师或儿童教育家、儿童文艺作家、儿童表演艺术家等名义、身份或形象的。

从我国儿童广告监督管理方面的规定看,我国已制定了较为具体的儿童广告方面的规范。但从广告法的层面看,有关规定仍较原则、抽象,缺乏系统性和可操作性以及相应的罚则。

(有关国外儿童广告的有关情况参见本章参考附录)

(二) 关于商品或服务性能、产地、价格、赠送礼品等的表示的问题

根据《广告法》第九条规定,广告中对商品的性能、产地、用途、质量、价格、生产者、有效期限、允诺或者对服务的内容、形式、质量、价格、允诺有表示的,应当清楚、明白,不得使人产生误解。

广告中表明推销商品、提供服务附带赠送礼品的,应当标明赠送的品种和数量。关于赠送礼品,在某些特殊商品方面存在一定的限制。例如药品广告禁止出现将药品作为礼品或奖品的内容;在各类临时性的广告活动中,以及含有附带赠送礼品的广告中,不得将酒类商品作为奖品或者礼品出现等。

许多常见的虚假广告是对该条规定的违反。一旦经营者对其商品或服务有虚假表示,足以使一般消费者受到欺骗或误导,并且消费者因此而接受了经营者的商品或服务,即经营者的虚假广告与消费者的消费行为之间存在因果关系,则可认定经营者对消费者构成了消费欺诈行为。消费者可以根据《消费者权益保护法》第四十九条的规定,向经营者主张"退一赔一"。

(三) 关于广告使用的数据、统计资料、调查结果、文摘、引用语问题

根据《广告法》第十条规定,"广告使用的数据、统计资料、调查结果、文摘、引用语,应当真实准确,并表明出处。"在对该条规定的适用中,应注意与前面介绍的"乱评比,乱排序"的情况相区分。

(四) 关于专利广告问题

根据《广告法》第十一条的规定,"广告中涉及专利产品或专利方法的,应当标明专利号和专利种类。未取得专利权的,不得在广告中谎称取得专利权。禁止使用未授予专利权的专利申请和已经终止、撤销、无效的专利做广告。"

(五) 关于广告使用他人名义、形象问题

第一,有关人物形象运用的基本的原则性规定见于《广告法》第二十五条。该条规定:"广告主或者广告经营者在广告中使用他人名义、形象的,应当事先取得

他人的书面同意；使用无民事行为能力人、限制行为能力人的名义、形象的，应当事先取得其监护人的书面同意。”

第二，关于名人广告问题。名人广告，即利用具有一定社会知名度和公众影响力的名人的名义或形象所做的广告。在对名人形象和名义的使用上，很容易出现纠纷。包括名人与广告主之间的纠纷。例如最近见诸报端的篮球明星姚明和可口可乐公司、香港影星张柏芝和东洋之花化妆品公司之间的肖像权纠纷。在此方面双方均应当按照合同约定的事项履行合同。对名人名义、形象的使用，要严格按照合同约定的使用方式和期限等使用，不得超出合同许可的范围。名人也应当履行合同规定的诸如在一定时间内不得为同类产品做广告等的有关义务；消费者等受众与名人或广告主的纠纷也时有耳闻。例如国内某著名演员为某保暖内衣做广告，称该内衣的保暖效果抵几件羊毛衫，穿着此内衣后冬天一点也不冷。一北方消费者买来该内衣穿后觉得效果并没有达到广告中所宣传的效果，遂将某演员告上了法庭；还有一则“盖中盖”口服液的广告。广告中采用希望小学的学生给巩俐阿姨的一封信的形式，信的内容是“巩俐阿姨，你寄给我们希望小学的‘盖中盖’口服液，现在同学们都在喝……”该广告播出后，引起了社会的争议。争议之一是关于希望小学事实上并未得到过巩俐的馈赠。因此，名人广告不得滥用公众对名人的信任感。聘用名人做广告宣传商品的使用效果，必须与其本人的真实使用情况相一致。

第三，关于药品、医疗器械、农药、医疗广告中的形象问题。《广告法》第 14 条中规定：药品、医疗器械广告不得利用医药科研单位、学术机构、医疗机构或者专家、医生、患者的名义和形象作证明；《药品广告审查标准》第 7 条、第 8 条也规定：药品广告中不得含有利用医药科研单位、学术机构、医疗机构或者专家、医生、患者的名义、形象作证明的内容，不得使用儿童的名义和形象，不得以儿童为广告诉求对象；《农药广告审查标准》第六条规定：农药广告中不得含有农药科研、植保单位、学术机构或者专家、用户的名义、形象作证明的内容；《医疗广告管理办法》第 7 条规定：医疗广告禁止利用患者或者其他医学权威机构、人员和医生的名义、形象或者使用其推荐用语进行宣传；《医疗器械广告管理办法》第 12 条规定：医疗器械广告不得使用专家、医生、患者、未成年人或医疗科研、学术机构、医疗单位的名义进行广告宣传。

第四，关于化妆品广告中的形象问题。《化妆品广告管理办法》第 8 条规定：化妆品广告禁止使用他人名义保证或以暗示方法使人误解其效用。从此规定出发，化妆品广告中不得出现使用化妆品前后形象对比的情形。

第五，关于食品广告中的形象问题。《食品广告发布暂行规定》第 8 条、第 9 条规定：食品广告不得使用哺乳妇女和婴儿的形象。不得使用医疗机构、医生的名义或者形象。食品广告中涉及特定功效的,不得利用专家、消费者的名义或者形象作证明。

第四节　特殊商品、服务广告发布标准

一、药品、医疗器械、农药、兽药四种商品广告

药品、医疗器械、农药、兽药四种商品均与人和动物、植物的健康、安全直接相关,是《广告法》规定发布前必须由有关行政主管部门进行审查的特殊商品,在其发布标准方面也具有一定的共通性。

（一）药品、医疗器械、农药、兽药四种商品的定义和监管依据

药品,指用于预防、治疗、诊断人的疾病,有目的调节人的生理机能并规定有适应证、用法和用量的物质。包括中药材、中药饮品、中成药、化学原料药及其制剂、抗生素、生化药品、放射性药品、血清疫苗、血液制品和诊断药品等。

医疗器械,指用于人体疾病诊断、治疗、预防、调节人体生理功能或者人体器官的仪器、设备、器械、装置、器具、植入物、材料及其他相关物品。

农药,指用于防治农、林、牧业病、虫、草、鼠害和其他有害生物(包括病媒虫害)以及调节植物、昆虫生长的物质。

兽药,指用于预防、治疗、诊断禽畜等动物疾病,有目的地调节其生理机能并规定作用、用途、用法、用量的物质(含饲料药物添加剂)。

《广告法》第三十四条规定:利用广播、电影、电视、报纸、期刊以及其他媒介发布药品、医疗器械、农药、兽药等商品的广告和法律、行政法规规定应当进行审查的其他广告,必须在发布前依照有关法律、行政法规由有关行政主管部门(以下简称广告审查机关)对广告内容进行审查;未经审查,不得发布。根据上述原则规定,1995年国家工商行政管理总局与国务院有关部门联合制定了《药品广告审查办法》、《医疗器械广告审查办法》、《农药广告审查办法》、《兽药广告审查办法》;经与上述部门协商,国家工商行政管理总局制定了《药品广告审查标准》、《医疗器械广告审查标准》、《农药广告审查标准》、《兽药广告审查标准》。1997年6月,国家工商行政管理总局、卫生部联合发出《关于进一步加强药品广告审查和监督管理工作的通知》(工商广字[1997]第165号);2001年1月国家药品监督局、国家工商行政管理总局联合发出《关于加强处方药广告审查管理工作的通知》(国药管市[2001]第14号);2001年11月国家药品监督局、国家工商行政管理总局发布《关于加强药品广告审查监督管理工作的通知》(国药监市[2001]476号),根据2001年新修订的《药品管理法》,对药品广告的审查和发布标准做出了许多新的规定。

（二）药品、医疗器械、农药、兽药四种商品广告共同的禁止性标准

第一，不得含有不科学地表示功效的断言和保证。如："药到病除"、"保证治愈"、"无毒无害"等等。

第二，不得含有治愈率、有效率的内容。治愈率、有效率是产品进入市场前供审查、鉴定使用的参考数据，有很大局限性（投入市场后会有较大出入）；对具体消费者而言，这些数据无实际意义，却容易出现误导现象。

第三，不得利用他人名义、形象作证明。"他人"具体是指：医药科研、农药科研、兽医药科研单位、学术机构、医疗或兽医医疗机构，植保单位，专家、医生或兽医，患者或用户。

第四，不得贬低同类产品，不得与其他产品进行功效和安全性比较。比较包括直接、指名的比较和间接、不指名的比较。

第五，不得含有"最新技术"、"最先进制法"等绝对化语言和表示。

第六，不得含有无效退款、保险公司保险、获奖等内容。因为这四类产品的使用效果与上述内容均无确切关系。从实际看，这种宣传可能误导消费者、损害消费者的利益、助长不正当竞争。

第七，药品、医疗器械、兽药广告中不得含有直接显示疾病症状和病理的画面；药品和医疗器械广告不得使人感到已患某种疾病，不得使人误解不使用该药品或医疗器械会患某种疾病或加重某种疾病的病情。

第八，部分广告中可使用"国家中药保护品种"的内容，但类似内容受到严格控制，不经国家工商总局同意不得使用。

（三）药品广告的特殊标准

1. 关于药品广告的禁止性规定

下列药品禁止做广告：

第一，麻醉、精神、毒性、放射性药品；

第二，治疗肿瘤、艾滋病的药品，改善和治疗性功能障碍的药品，计划生育用药，防疫制品；

第三，《药品管理法》规定的假药和劣药；

第四，戒毒药品和卫生部规定的特殊药品；

第五，未经批准生产的药品和试生产的药品；

第六，医疗单位配制的试剂和卫生行政部门明令禁止销售使用的药品；

第七，未取得注册商标的药品（中药饮片除外）。

药品广告中不得进行药品使用前后的比较。

药品广告中不得使用儿童的名义和形象，不得以儿童为广告诉求对象。因为儿童的识别判断能力差而模仿能力强，药品广告的宣传可能诱发其错误行为，造成

事故。

药品广告不得直接或间接怂恿任意、过量使用药品，不得宣传有奖、让利、降价、馈赠内容。药品是特殊商品，必须对症用药，按规定使用，不能鼓励多买多用。药品广告中禁止出现“指定产品”，“专用产品”和将药品作为礼品或奖品等内容。这是因为上述内容易使消费者对药品的功效、适用范围产生误解。

医疗机构不得从事药品广告宣传活动；在医疗广告中亦不得宣传药品；严禁在药品零售企业内以“义诊”、“医疗咨询”等名义或方式进行药品宣传促销活动。

2. 药品广告必须标明的内容

第一，药品广告审查批准文号和药品批准生产文号应当列为广告内容同时发布。

第二，国家规定应当在医生指导下使用的治疗性药品广告中，必须注明“按医生处方购买和使用”。

第三，药品标准和说明书中规定禁忌症的，必须在广告中醒目标示，如不能全部标示的，除注明主要内容外，必须醒目标示“其他禁忌症详见说明书”字样。

第四，广告宣传需使用商品名称的，商品名称不得单独宣传，以文字图像表现的药品广告，其通用名称应显著标示。这项规定的主要目的是使医生、患者能够识别同种或不同种的药品，不致被商品名称所误导。

3. 关于处方药、非处方药、地方标准药品广告的规定

第一，处方药只准在专业性医药报刊进行广告宣传，非处方药经审批可以在大众传播媒介进行广告宣传。

第二，国家药品监督管理局对首次批准上市 5 年内的新药按处方药管理。已经审批，且广告审查批准文号在有效期内的新药广告，自 2001 年 2 月 1 日起停止在大众传播媒介发布广告。上市满 5 年后，被确定为非处方药品种的，方可申请在大众传播媒介进行广告宣传。

第三，对药品广告中药品名称使用的规范。药品的名称一般分为两种，即通用名和商品名。一种药品通常具有一个国家药典规定的通用名。对同种药品不同的生产厂家又有不同的商品名。这给消费者对药品的正确选择带来不便，同时从药品广告宣传的角度，从广告法对广告清楚、明白，不得欺骗或误导消费者的基本原则出发，应当对药品广告中药品名称的使用等问题进行规范。国家药品监管局 2006 年实施的《药品说明书和标签管理规定》明确：药品商品名称不得单独进行广告宣传；在文字广告以及电视广告的画面中，使用药品商品名称的必须同时出现药品通用名称；药品广告中不得使用未经注册的商标，不得以产品注册商标代替药品名称进行宣传（经批准的作为药品商品名称使用的文字型注册商标除外），在药品广告中宣传注册商标的，必须同时使用药品通用名称；在文字广告以及电视广告的

画面中，药品商品名称的字体以单字面积计，不得大于药品通用名称所用字体的二分之一，药品通用名称所用的字体和颜色必须清晰可辨，而产品文字型注册商标的字体以单字面积计，不得大于通用名称所用字体的四分之一。

第四，禁止变相发布处方药广告。在处方药广告发布问题上，变相发布处方药广告的问题应引起特别注意。目前变相发布处方药广告的形式主要包括：一是药品生产、经营企业在广告中宣传的企业名称中含有处方药通用名称或者商品名称，或者是广告中含有以处方药商品名称、注册商标内容的；二是以处方药通用名称或者商品名称、处方药的注册商标作为企业字号成立各种咨询服务机构或者医疗服务机构等，对这类咨询服务机构或者医疗服务机构进行广告宣传；三是假借公益广告的形式，在公益广告中出现处方药的商品名称，实际构成了公益广告的异化；等等。以上均属于处方药药品广告的表现形式，因此必须经过药品广告审查机关批准，并不得在大众传播媒介上发布。

第五，关于地方标准药品广告的规定。地方标准中药保健药品、中成药、化学药品，除已明确规定不得在大众传播媒介发布广告的处方药外，对已取得广告批准文号并在有效期内的广告，允许发布至2002年6月30日。2002年7月1日之后，地方标准品种禁止在任何媒介发布广告。

（四）医疗器械广告内容的特殊标准

下列医疗器械不得做广告：

第一，未经国家或省级医药管理部门批准进入市场的；

第二，未经生产者所在国（地区）政府批准进入市场的境外产品；

第三，由应取得许可证而未取得的生产者生产的；

第四，扩大临床使用、试生产阶段的；

第五，治疗艾滋病、改善和治疗性功能障碍的。

医疗器械广告不得利用消费者缺乏专业技术知识和经验的弱点，以专业术语或无法证实的演示误导消费者。

医疗器械广告必须标明以下内容：

第一，推荐给个人使用的医疗器械，应当标明“请在医生指导下使用”；

第二，医疗器械广告的批准文号应当列为广告内容同时发布。

（五）农药广告内容的特殊标准

第一，农药广告内容应当与《农药登记证》和《农药登记公告》的内容相符，不得任意扩大范围。

第二，农药公告中不得使用直接或暗示的方法，以及模棱两可、言过其实的用语，使人在产品的安全性、适用性或政府批准等方面产生错觉。

第三，农药广告不得滥用未经国家认可的研究成果或不科学的词句、术语。

第四,农药广告中不得出现违反安全使用规定的用语、画面。如在不符合防护要求情况下的操作,画面中出现食品、饲料、儿童等。

第五,未经国家批准登记的农药不得发布广告。

第六,农药广告的批准文号应当列为广告内容同时发布。

(六) 兽药广告内容的特殊标准

下列兽药不得做广告:

第一,兽用麻醉、精神药品以及兽医医疗机构配制的制剂;

第二,所含成分的种类、含量、名称与国家标准或地方标准不符的;

第三,临床应用发现超出规定毒副作用的;

第四,农业部明令禁止使用的,未取得兽药产品批准文号或者未取得《进口兽药登记许可证》的。

广告中兽药的使用范围不得超出国家兽药标准的规定,不得出现违反兽药安全使用规定的用语和画面。如某些兽药在禽畜生长的某些阶段(待屠宰)、鸡的产蛋期,是不能使用的,在广告中应有清楚、准确的表述。

兽药广告批准文号应当列为广告内容同时发布。

二、医疗广告

(一) 医疗广告的概念及监管的依据

医疗广告,是指医疗机构作为广告客户,通过一定的媒介或者形式,向社会或者公众宣传其运用科学技术诊疗疾病的活动。这一定义包含两层含义,一是医疗广告的主体必须是取得合法资格的医疗机构;二是广告的内容是运用科学技术对疾病进行诊疗。

随着我国改革开放的深入,医疗卫生体制发生重大变化,医疗广告也大量涌现,给患者就医提供了指导。同时,医疗广告在其发展中暴露出的问题也不容忽视:一是不具备医疗机构主体资格的不法游医大量发布广告,招揽客户;二是一些医疗机构为招揽患者,擅自发布超越其执业许可范围的医疗广告;三是通过贬低他人,夸大自己,或保证治愈率等手段,对患者构成误导;四是广告内容虚假、浮夸,损害了患者的经济利益,有的甚至危害到患者的生命安全。为加强对医疗广告的管理,保障人民身心健康和生命安全,1993 年 9 月国家工商行政管理总局、卫生部联合发布《医疗广告管理办法》(以下简称《办法》)。这是医疗广告管理的专门性规章和主要依据。凡利用各种媒介或者形式在中华人民共和国境内发布的医疗广告,均属该《办法》管理规范的范围;2003 年 1 月国家工商行政管理总局、卫生部、国家中医药管理局联合发布《关于规范医疗广告活动加强医疗广告监管的通知》,对医疗广告的监管做出了新的补充规定。

（二）关于医疗广告主体、客体的限制性标准

在医疗广告的发布主体方面规定：

第一，未取得《医疗机构执业许可证》的，不得发布医疗广告。

第二，禁止以解放军和武警部队名义（包括军队单位、军队个人和冠以与军队相关的任何称谓）发布医疗广告、军队各种医疗机构（包括医院、疗养院、门诊部、干休所卫生所、师旅团卫生机构等）和所有医务人员，一律不得在任何媒介发布医疗广告。

第三，禁止以医疗机构内部科室名义发布医疗广告。

第四，医疗机构是否具备发布广告的条件和资格，应当由省级卫生行政部门决定，只有取得省级卫生行政部门出具的《医疗广告证明》，才有资格发布医疗广告。

在医疗广告客体方面规定：

第一，暂停就下列疾病发布的医疗广告：尖锐湿疣、梅毒、淋病、软下疳等性病，牛皮癣（银屑病）、艾滋病、癌症（恶性肿瘤）、癫痫、乙型肝炎、白癜风、红斑狼疮等11种疾病。

第二，禁止以新闻报道形式发布广告。有关医疗机构的人物专访、专题报道等文章中不得出现有关医疗机构地址、电话、联系办法等广告宣传内容；在发表有关文章的同时，不得在同一媒介同一时间或者版面发布有关该医疗服务内容及其医疗机构的广告。以上形式发布广告，发布者声称未收取费用的，也应认定为利用新闻报道形式发布医疗广告。

第三，广播电台、电视台中的空中门诊、电视门诊等专题性栏目符合医疗广告特征的，应当按照医疗广告的有关规定予以规范。

（三）关于医疗广告发布内容的标准

医疗广告内容必须真实、健康、科学、准确，不得以任何形式欺骗或误导公众。

医疗广告证明文号必须与广告内容同时发布。

医疗广告中禁止出现以下内容：

第一，与《医疗机构专业许可证》、营业执照中核定的医疗机构名称不符的，或者使用其他不规范名称的；

第二，与药品相关的内容，包括药品名称、制剂以及医疗机构自制的中药配方药品、中药汤剂等；

第三，涉及推销医疗器械的内容；

第四，从业医师技术职称，包括“××博士”、“××专家”等非医学专业技术职称用语；

第五，使用未经过临床验证、评定的诊疗方法，或者不确定、不规范的诊疗方

法的；

第六，诊疗科目、诊疗方法等宣传内容超出卫生行政部门核准范围的；

第七，有淫秽、迷信、荒诞语言文字、画面的；

第八，贬低他人的；

第九，保证治愈或者隐含保证治愈的；

第十，宣传治愈率、有效率等诊疗效果的；

第十一，利用患者或其他医学权威机构、人员和医生的名义、形象或者使用其推荐语进行宣传的；

第十二，冠以祖传秘方或者名医教授等内容的；

第十三，单纯以一般通信方式诊疗疾病的；

第十四，国家卫生行政部门规定的不宜进行广告宣传的诊疗方法；

第十五，其他违反有关法律、法规规定内容的。

(四) 关于特殊内容和形式医疗广告发布的规定

1. 关于含义诊内容的医疗广告

医疗机构发布含有义诊内容的广告，必须按照卫生部《关于组织义诊活动实行备案管理的通知》的要求进行备案后，方可申请办理《医疗广告证明》手续。

2. 关于医疗美容服务广告

按照《医疗美容服务管理办法》规定，"医疗美容"是指运用手术、药物、医疗器械以及其他具有创伤性或者侵入性的医学技术方法对人的容貌和人体各部位形态进行的修复与再塑。美容医疗机构是指以开展医疗美容诊疗业务为主的医疗机构。实施医疗美容项目必须在相应的美容医疗机构或开设医疗美容科室的医疗机构中进行。负责实施医疗美容项目的主诊医师必须同时具有执业医师资格、经执业医师注册机关注册，具有从事相关临床学科工作的经历。医疗美容服务广告按照《医疗广告管理办法》执行，并应办理《医疗广告证明》。

3. 户外医疗广告

户外医疗广告按照《户外广告登记管理规定》办理户外广告的登记手续。其前提是《医疗广告》证明中核定的发布媒体形式包括户外广告。

三、食品广告

改革开放以来，我国的食品业有了极大的发展，食品市场发生了根本性的变化，这成为我国人民生活水平提高的重要体现。食品，是高度依赖广告宣传促销的产品，食品广告近年来发展很快，在广告总量中占有相当的比重。随食品广告数量的增加，其中的问题也日渐突出，一些不真实、不准确，欺骗和误导消费者的广告，不仅扰乱了广告市场秩序，也引起了消费者的反感与不满，客观上还影响到食品业的进一步发展。国家工商行政管理总局于1996年12月公布《食品广告发布暂行规定》,对食品广告的监督管理起到了很好的作用。

(一) 食品广告管理的对象和依据

食品广告管理的对象包括普通食品广告、保健食品广告、新资源食品广告和特殊营养食品广告。保健食品是指具有特定保健功能,适宜于特定人群,具有调节机体功能,不以治疗疾病为目的的食品。新资源食品是指以在我国新研制、新发现、新引进的无食用习惯的,符合食品基本要求的物品生产的食品。特殊营养食品是指通过改变食品的天然营养素的成分和含量比例,以适应某些特殊人群营养需要的食品。其中保健食品近年来广告投放量很大,广告违法率居高不下,成为社会反映的热点和广告监督管理部门监管的重点之一。

食品广告管理的依据包括《广告法》、《食品卫生法》、《食品广告发布暂行规定》等国家有关广告监督管理和食品卫生管理的法律、法规。

(二) 禁止发布广告的食品

第一,《食品卫生法》禁止生产经营的食品。

第二,母乳代用品。母乳代用品是指市场销售或通过其他途径提供的,部分或全部地作为母乳代用品的任何食品,包括婴儿配方食品,市场销售或以其他形式提供的经改制或不经改制适宜于全部或部分代替母乳的其他乳制品、食品和饮料,包括瓶饲辅助食品、饲瓶和奶嘴。

(三) 食品广告发布的标准

第一,食品广告必须真实、合法、科学、准确、符合社会主义精神文明建设的要求,不得欺骗和误导消费者。

第二,食品广告不得含有"最新科学"、"最新技术"、"最先进加工工艺"等绝对化的语言或者表示。

第三,食品广告不得出现与药品相混淆的用语,不得直接或间接地宣称治疗作用,也不得借助宣传某些成分的作用明示或者暗示该食品的治疗作用。该条标准是《广告法》第十九条规定的具体化。如何掌握"药品相混淆的用语"、"宣称治疗作用"是个难点,其关键在于判断"是否会产生使广告受众认为该种产品具有治疗某种(类)疾病的功效的效果"。

第四,食品广告不得明示或者暗示可以代替母乳,不得使用哺乳妇女和婴儿的形象。这里所涉及的对"哺乳妇女和婴儿的形象"的理解,应从其立法本意出发,根据广告画面是否具有宣传可以以此产品替代母乳喂养婴儿的效果加以综合判断,而不必过分纠结于婴儿的年龄等。

第五,食品广告中不得使用医疗机构、医生的名义或者形象。食品广告中涉及特定功效的,不得利用专家、消费者的名义或者形象作证明。

第六,保健食品广告中有关保健功能、产品功效成分/标志性成分及含量、适宜人群、食用量等的宣传,应当以国务院食品药品监督管理部门批准的说明书内容为准,不得任意改变。例如减肥类产品不得宣称可以有效防治肥胖可能导致的高血脂、内分泌失调等并发症;改善记忆类产品不得宣称可以开发智力或提高智商;补钙产品不得宣称可以增高等。

第七,保健食品广告应当引导消费者合理使用保健食品,不得出现下列情形和内容:

(1) 含有表示产品功效的断言或者保证;

(2) 含有使用该产品能够获得健康的表述;

(3) 通过渲染、夸大某种健康状况或者疾病,或者通过描述某种疾病容易导致的身体危害,使公众对自身健康产生担忧、恐惧,误解不使用广告宣传的保健食品会患某种疾病或者导致身体健康状况恶化;

(4) 用公众难以理解的专业化术语、神秘化语言、表示科技含量的语言等描述该产品的作用特征和机理;

(5) 利用和出现国家机关及其事业单位、医疗机构、学术机构、行业组织的名义和形象,或者以专家、医务人员和消费者的名义和形象为产品功效作证明;

(6) 含有无法证实的所谓"科学或研究发现"、"实验或数据证明"等方面的内容;

(7) 夸大保健食品功效或扩大适宜人群范围,明示或者暗示适合所有症状及所有人群;

(8) 含有与药品相混淆的用语,直接或者间接地宣传治疗作用,或者借助宣传某些成分的作用明示或者暗示该保健食品具有疾病治疗的作用;

(9) 与其他保健食品或者药品、医疗器械等产品进行对比,贬低其他产品;

(10) 利用封建迷信进行保健食品宣传的;

(11) 宣称产品为祖传秘方;

(12) 含有无效退款、保险公司保险等内容的;

(13) 含有"安全"、"无毒副作用"、"无依赖"等承诺的;

(14) 含有最新技术、最高科学、最先进制法等绝对化的用语和表述的;

(15) 声称或者暗示保健食品为正常生活或者治疗病症所必需;

(16) 含有有效率、治愈率、评比、获奖等综合评价内容的;

(17) 直接或者间接怂恿任意、过量使用保健食品的。

第八,不得以新闻报道等形式发布保健食品广告。

第九,保健食品广告必须标明保健食品产品名称、保健食品批准文号、保健食品广告批准文号、保健食品标识、保健食品不适宜人群。

第十，保健食品广告中必须说明或者标明“本品不能代替药物”的忠告语；电视广告中保健食品标识和忠告语必须始终出现。

第十一，普通食品、新资源食品、特殊营养食品广告不得宣传保健功能，也不得借助宣传某些成分的作用明示或暗示其保健作用。新资源食品、特殊营养食品的批准文号应当在其广告中同时发布。

第十二，普通食品广告不得宣传该食品含有新资源食品中的成分或者特殊营养成分。

四、化妆品广告

（一）化妆品广告管理的依据和对象

化妆品广告是广告管理的重要方面，它与广大消费者的切身利益密切相关。1993 年 7 月国家工商局第 12 号令发布《化妆品广告管理办法》，凡利用各种媒介或者形式在中华人民共和国境内发布的化妆品广告，均属本办法管理范围，使化妆品广告的监督管理进入了一个新阶段。该办法所称化妆品是指以涂擦、喷洒或者其他类似的办法，散布于人体表面任何部位（皮肤、毛发、指甲、口唇等），以达到清洁、消除不良气味、护肤、美容和修饰目的的日用化学工业产品。该办法规范的范围还包括特殊用途化妆品，即指用于育发、染发、烫发、脱毛、美乳、健美、除臭、祛斑、防晒的化妆品。

（二）化妆品广告的发布标准

化妆品广告内容必须真实、健康、科学、准确，不得以任何形式欺骗和误导消费者。

对可能引起不良反应的化妆品，应当在广告中注明使用方法、注意事项。

化妆品广告禁止出现下列内容：

第一，化妆品名称、制法、成分、效用、性能有虚假夸大的；

第二，使用他人名义保证或者以暗示方法使人误解其效用的。例如在化妆品广告中，通过他人使用前后的效果表明该化妆品的功效，客观上就属于对化妆品的效用作了保证的情况；

第三，宣传医疗作用或者使用医疗术语的。化妆品广告的内容必须符合卫生许可的事项，并不得使用医疗用语或与药品相混淆的用语；

第四，有贬低同类产品内容的；

第五，使用最新创造、最新发明、纯天然制品、无副作用等绝对化语言的；

第六，有涉及化妆品性能或者功能、销量等方面的数据的；

第七，违反其他法律、法规规定的。

五、烟草广告

(一) 烟草广告的发展趋势

吸烟有害健康,这是全世界公认的。因而烟草广告在国际上普遍受到较严格的限制。美国、意大利、法国、日本和新加坡等国都制定了禁烟的法令。2003 年欧洲吸烟人数最多的国家之一——西班牙和亚洲吸烟大国——印度制定了全面禁止烟草广告的法令,西班牙政府还将成立由卫生部等六个部组成的跨部门领导委员会和“2003—2007 年度全国控制和预防烟草危害计划执行委员会”,以便在全国开展控制烟草的活动。2003 年 5 月 21 日,在日内瓦举行的世界卫生组织大会上,包括中国在内的 192 个成员国一致通过了第一个限制烟草的全球性条约——《烟草控制框架公约》,该《公约》明确指出,吸烟会引起上瘾,吸烟和被动吸烟会导致“死亡、疾病和丧失机能”,并且对目前吸烟儿童和青少年日益增多、烟草广告和促销手段产生的影响表示警惕。根据世界卫生组织的最新统计,目前全球每年有 500 万人因吸烟而死亡,如果不加控制,到 2010 年吸烟致死的人数将增加一倍。《公约》要求各国至少应该以法律形式禁止误导性的烟草广告,禁止或限制烟草商赞助的国际活动和烟草促销活动,打击烟草走私,禁止向未成年人出售香烟,在香烟盒上用 30% 至 50% 的面积标明“吸烟危害健康”的警示,以及禁止使用“低焦油”、“清淡型”之类欺骗性词语。《公约》还要求各国的烟草税收和价格政策应该以减少烟草消费为目标,禁止或限制销售免税烟草。室内工作场所、公共场所和公共交通中应该采取措施,以免人们被动吸烟。烟草广告在世界范围内受到严格控制,以至于禁止的趋势十分明显。

我国对烟草广告也有严格的限制和监管。我国《广告法》、《烟草广告管理暂行办法》等法律法规是烟草广告监管的主要依据。2003 年 2 月,卫生部和国家工商行政管理总局联合制定《关于印发全国无烟草广告城市认定实施办法的通知》,委托中国吸烟与健康协会在全国县级以上建制市具体实施该项活动。关于全国无烟草广告城市的认定条件概括起来就是,在城市行政辖区内无任何形式的烟草广告及变相烟草广告。可以预见,烟草广告在我国会受到更为严格的限制。

(二) 烟草广告的含义和发布的限制

烟草广告是指烟草制品生产者或者经销者(简称烟草经营者)发布的,含有烟草企业名称、标识,烟草制品名称、商标、包装、装潢等内容的广告。

依据《广告法》第十八条规定“禁止利用广播、电影、电视、报纸、期刊发布烟草广告。禁止在各类等候室、影剧院、会议厅堂、体育比赛场馆等公共场所设置烟草广告”。

在国家禁止范围以外的媒介或者场所发布烟草广告,必须经省级以上广告监督管理机关或者其授权的省辖市广告监督管理机关批准。

烟草经营者或者其被委托人直接向商业、服务业的销售点和居民住所发送广告品，须经所在地县级以上的广告监督管理机关批准。

（三）烟草广告的发布标准

对于经过批准可以发布的烟草广告，除遵守《广告法》的一般准则外，还应当遵守特殊标准。

烟草广告中不得有下列情形：

第一，吸烟形象；

第二，未成年人形象；

第三，鼓励、怂恿吸烟的语言、文字、画面；

第四，表示吸烟有利人体健康、解除疲劳、缓解精神紧张的；

第五，其他违反国家广告管理规定的。

烟草广告中必须标明"吸烟有害健康"的忠告语。忠告语必须清晰、易于辨认、所占面积不得少于全部广告面积的10%。

（四）防止变相发布烟草广告的有关规定

为了加强对烟草广告的监督管理，防止规避法律，变相发布此类广告，必须将广告活动中涉及烟草或者与烟草有关的事项和此类广告严格区分，加以规范。具体规定包括：

第一，禁止利用广播、电视、电影节目以及报纸、期刊文章，变相发布烟草广告。

第二，烟草企业发布无企业名称、无烟草制品名称的广告，如果其主要画面、用语与该经营者发布的其他烟草广告的主要画面、用语相同或相似，虽不出现烟草企业名称、标示以及烟草制品名称、商标、包装、装潢，也同样具有宣传烟草企业形象，直接或间接宣传其烟草制品的作用，应认定为烟草广告，属于违反上述第一条规定的变相发布的烟草广告。

其他商品、服务的商标名称及服务项目名称与烟草制品商标名称相同的，该商品、服务的广告，必须以易于辨认的方式，明确表示商品名称、服务种类，并不得含有该商品、服务与烟草制品有关的表示。

第三，在各类临时性广告经营活动中，凡利用烟草经营者名称、烟草制品商标为活动冠名、冠杯的，不得通过广播、电视、电影、报纸、期刊发布带有冠名、冠杯内容的赛事、演出等广告。

第四，烟草经营者利用广播、电视、电影、报纸、期刊发布下列广告时，不得出现烟草制品名称、商标、包装、装潢。出现的企业名称与商标相同时，不得以突出设计的办法突出企业名称。

（1）社会公益广告；

(2) 迁址、换房、更名等启事广告;
(3) 招工、招聘、寻求合作、寻求服务等企业经营广告;
(4) 广播、电影、电视节目首尾处出现的鸣谢单位或赞助单位名称;
(5) 报纸、期刊报花、栏头上标明的协办单位名称。

六、酒类广告

酒类广告,是指以酒类商品名称、商标、包装、制酒企业名称等为内容的广告。酗酒是危害家庭、社会和身体健康的一种恶习,我国不提倡对酒的宣传,特别是40度以上的烈性酒。世界上许多国家亦然。故酒类广告的发布在我国受到一定的限制。1995年11月国家工商行政管理总局发布的《酒类广告管理办法》是规范酒类广告的最主要的依据。

(一) 酒类广告发布时间、数量和版面等的限制

依据《酒类广告管理办法》第九条规定,大众传播媒介发布酒类广告,不得违反以下规定,即:① 电视,每套节目每日发布的酒类广告,在特殊时段(19:00—21:00)不超过2条,普通时段每日不超过10条。② 广播,每套节目每小时发布的酒类广告,不超过2条。③ 报纸、期刊,每期发布的酒类广告,不超过2条,并不得在报纸第一版、期刊封面发布。自2001年1月1日起,对低度发酵酒(葡萄酒、水果酒、黄酒等)的广告不再实行发布数量、时间、版面的限制。

(二) 酒类广告的发布标准

发布酒类广告,应当遵守《广告法》和其他有关法律法规的规定以外,具体应符合以下标准:

(1) 酒类广告应符合卫生许可的事项,并不得使用医疗用语或者易与药品相混淆的用语。

(2) 酒类广告中,不得出现以下内容:

第一,鼓动、倡导、引诱人们饮酒或者宣传无节制饮酒;

第二,饮酒的动作;

第三,未成年人的形象;

第四,表现驾驶车、船、飞机等具有潜在危险的活动;

第五,诸如可以"消除紧张和焦虑"、"增加体力"等不科学的明示或者暗示;

第六,把个人、商业、社会、体育、性生活或者其他方面的成功归因于饮酒的明示或者暗示;

第七,关于酒类商品的各种评优、评奖、评名牌、推荐等评比结果;

第八,不符合社会主义精神文明建设的要求,违背社会良好风尚和不科学、不真实的其他内容。

（3）对经卫生行政部门批准的有医疗作用的酒类商品，其广告依照《药品广告审查办法》和《药品广告审查标准》进行管理。

（4）对经卫生行政部门批准的有保健功能的酒类商品，其广告同时应符合保健食品广告的有关规定。

（5）关于啤酒广告，按照商标注册分类，啤酒归类为饮料。在执法实践中一般将啤酒广告排除在《酒类广告管理办法》规范的范围之外。

（6）在各类临时性广告活动中，以及含有附带赠送礼品的广告中，不得将酒类商品作为奖品或者礼品出现。

七、房地产广告

（一）房地产广告监管的范围和必要性

房地产广告管理的范围包括房地产开发企业、房地产权利人、房地产中介服务机构发布的房地产项目预售、预租、出售、出租、项目转让以及其他房地产项目介绍的广告。即为以房地产这一不动产为对象而开展的各种经营活动所发布的广告。居民私人及非经营性租房、换房、售房广告，不在房地产广告监管的范围。

房地产业是国民经济的支柱产业之一。据统计，近 5 年来全国房地产开发投资年均增长 19.5%，房地产开发投资占国民固定资产比重由 12.7% 提高到 17.9%，房地产开发投资增长直接或间接拉动 GDP 增长，每年保持在两个百分点左右。随着城市房地产业的发展，房地产广告的上升势头十分迅猛，房地产广告额在 2002 年上升至各类行业广告的首位。2004 年，房地产广告经营额 125.31 亿元，占全部广告经营额的 10%。房地产广告在促进房地产市场的发育，使之成为经济发展的新的增长点方面发挥了积极的作用。同时房地产广告也存在很多问题，主要表现在：一是房地产项目未取得用地、开发或预售的合法资格，却大肆发布房地产广告，有的还利用房地产广告变相非法集资，扰乱金融秩序；二是广告中对房地产项目必备因素的说明、介绍与实际不符，广告中的承诺不能兑现，造成大量纠纷；三是广告中出现封建迷信、带有殖民地色彩以及不健康消费导向的内容等等。房地产广告中的种种问题，严重侵害了消费者的合法权益，扰乱了正常的市场秩序，也给方兴未艾的房地产市场造成了混乱。为了加强房地产广告的监督管理，改变房地产广告管理依据不足的状况，1996 年 12 月国家工商总局发布《房地产广告发布暂行规定》，1997 年 2 月 1 日起实施，成为我国房地产广告的主要监管依据。同时，发布房地产广告，应当遵守《广告法》、《城市房地产管理法》、《土地管理法》等国家有关广告监督管理和房地产管理的规定。

（二）房地产广告发布的标准

（1）真实、合法、科学、准确，符合社会主义精神文明建设要求，不得欺骗和误导公众。

(2) 确保房地产项目本身的真实、合法性。这是房地产广告发布的前提条件。房地产项目是房地产交易的标的物,它的真实、合法是房地产广告真实、合法的前提。为此法律规定凡下列情况的房地产,不得发布广告:

第一,在未经依法取得国有土地使用权的土地上开发建设的;

第二,在未经国家征用的集体所有的土地上建设的;

第三,司法机关和行政机关依法裁定、决定查封或者以其他形式限制房地产形式的;

第四,预售房地产,但未取得该项目房地产预售许可证的;

第五,权属有争议的;

第六,违反国家有关规定建设的;

第七,不符合工程质量标准,经验收不合格的;

第八,法律、行政法规规定禁止的其他情形。

(3) 房地产广告内容对房地产项目的说明、介绍应遵守的标准:

第一,价格表示,应当清楚表示为销售价格,明示价格的有效期限;

第二,位置表示,应当以该项目到达某一具体参照物的现有交通干道的实际距离表示,不得以所需时间来表示距离。项目位置示意图应准确、清楚,比例恰当;

第三,面积表示,应当表明是建筑面积还是使用面积,不得笼统表示;

第四,结构及装修、装饰表示,应当真实、准确,不能简单说某级、某类、豪华装修、进口材料装饰等;

第五,环境和形象表示,不得利用其他项目的形象环境作为本项目的效果。使用建筑设计效果图或者模型照片的,应在广告中注明;

第六,周边设施表示,正在规划或者建设中的交通、商业、文化教育及其他市政条件等,应当在广告中注明。

(4) 预售、出售房地产广告,必须载明以下事项:

第一,开发企业名称;

第二,中介服务机构代理销售的,载明该机构名称;

第三,预售或者销售许可证号。

广告中仅介绍房地产项目名称的可以不必载明上述事项。

(5) 广告中涉及房地产项目评价的内容应遵守以下标准:

第一,广告内容要符合社会良好风尚,不得含有风水、占卜等封建迷信内容;

第二,不得出现融资或变相融资内容,不得含有升值或者投资回报的承诺;

第三,涉及资产评估的,应当表明评估单位、评估师和评估时间;

第四,涉及贷款服务的,应当载明提供贷款的银行名称及贷款额度、年限;

第五，不得含有广告主能够为入住者办理户口、就业、升学等事项的承诺。

（三）房地产广告的法律性质分析

1999年新出台的《合同法》第十五条规定，商业广告为要约邀请的一种形式。商业广告的内容符合要约规定的，视为要约。《最高人民法院关于审理商品房买卖合同纠纷案件适用法律若干问题的解释》中也规定，商品房的销售广告和宣传资料，为要约邀请。而出卖人就商品房开发规划范围内的房屋及相关设施所作的说明和允诺具体确定，且对商品房买卖合同的订立以及房屋价格的确定有重大影响的，则视为要约。以上规定对房地产广告的规范有很大的积极意义。房地产广告如果符合上述条件，如对价格、位置、面积、环境、设施等房产涉及的具体事项做出明确表述，则这部分具体明确的内容就构成了要约，消费者可以据此与房产商订立合同，房地产广告中确立的事项如得不到履行，房产商就要承担违约责任。并且根据《合同法》第一百一十三条第二款的规定，经营者对消费者提供商品或者服务有欺诈行为的，依照《中华人民共和国消费者权益保护法》第四十九条的规定承担损害赔偿责任。根据以上法律，为了进一步保护消费者利益，规范房地产广告的发布内容，2002年上海市工商局与上海市房地局联合发出《关于房地产销售广告中标注忠告性用语的通知》规定，在上海发布的房地产广告中应当标注"本广告仅作参考。广告中具体确定的内容，可以作为购房合同附件"的忠告语，"本广告仅作参考"一句主要针对房地产广告的要约邀请部分，意在提醒广大消费者加强对房地产广告内容的甄别，"广告中具体确定的内容，可以作为购房合同附件"一句，意在表明房地产广告中房产商作出的实质性承诺的内容因构成合同要约而可以成为房地产买卖合同的组成部分，从而对房产商形成很强的法律约束。值得注意的是，许多房产广告中出现"房产商对本广告内容具有最终解释权"等类似表述。这一表述与《合同法》的规定相违背。当广告的内容涉及房产的具体事项，构成了要约，就可以成为合同的具体条款。根据《合同法》有关规定，合同当事人的法律地位平等，一方不得将自己的意志强加给另一方，当事人对合同条款的理解有争议的，应当按照合同所使用的词句、合同的有关条款、合同的目的、交易习惯以及诚实信用原则，确定该条款的真实意思。显然房产商不具有单方面的解释权；在合同的格式条款的解释问题上，《合同法》第四十一条规定，"对格式条款的理解发生争议的，应当按照通常的理解予以解释。对格式条款有两种以上解释的，应当做出不利于提供格式条款一方的解释。格式条款和非格式条款不一致的，应当采用非格式条款"。因此在房地产广告的具体事项涉及格式条款的情况下，房产商作为格式条款的提供方非但没有"最终解释权"，还有可能要承受对其不利的解释。

八、融资广告

融资指企业法人或其他组织向社会有偿筹集资金的活动。包括各种股票、债券等有价证券的发行、转让及其他各种形式的集资活动。融资广告的内容必须真实、准确、合法、明白。禁止发布的融资广告有：

第一，企业内部集资；

第二，未经国家授权部门批准而向社会发行融资证券；

第三，违反国家法律、法规及其他有关规定而发行各种融资证券及从事其他集资或变相集资活动。

融资广告的限制规定有：

第一，融资广告应当保证其内容的准确性和完整性，确保公众对广告内容（如投资机会、资金用途、附加条件等）有充分的了解，不得夸大或隐匿关键的内容。对于有风险的融资活动，必须在广告中予以说明，不得利用融资广告欺骗或误导公众。

第二，融资广告不得比照其他证券和投资的收益；对该融资活动投资前景的预测，须提交有法定资格的会计师事务所出具的预测报告。

第三，融资广告不得说明或暗示付还本金或支付利息是有绝对保证的。

股票广告应当在显著位置标注“股市有风险，投资者须慎重入市”或含有类似内容的忠告性语言。

九、加工承揽广告

加工承揽广告是指企业自行或通过中介人发布的寻求其业务项目合作伙伴的广告。

加工承揽广告不得出现以下的内容：

第一，业务项目的技术要求、质量标准、规格、材料要求；

第二，业务项目的生产条件、生产工艺；

第三，业务项目的来源、具体数量、经济效益预测和分析、完成时限要求；

第四，完成业务项目所需的人工、资金投入数量。

加工承揽广告须注明加工承揽广告不能作为承接业务及签订合同的依据的忠告语。

十、电影贴片广告

近年来电影贴片广告有了较快的发展，2001 年中影公司委托上海天龙国际广告公司推出了 2001 年十部大片的贴片广告竞标，即将大片的随片广告、影片形象使用权和其他的一些电影相关产品在社会范围内公开招标，其中中标的就有肯德基、飘影洗发水等企业和产品。但在贴片广告的发展中也出现了一些问题,如:一些影片贴片广告时间过长,在放映中间插播广告;有的广告内容庸俗,格调不高;有些单位不经电影版权方同意随意搭载、删减广告,损害了消费者和电影版权方的合法权益。针对上述情况,广电总局与工商总局于2004年7月联合发布了《关于加强影片贴片广告管理的通知》,加强对影片贴片广告的管理,这是对我国电影广告市场首次发布的规范性文件。"通知"对规范电影贴片广告市场,保障消费者和电影版权方的合法权益,促进电影贴片广告的规模效应,维护电影广告经营秩序起到十分重要的作用。通知明确规定:

第一,影片贴片广告必须严格执行广告管理的有关规定,内容要真实合法,符合社会主义精神文明建设的要求,不得欺骗和误导消费者;

第二,未经工商行政管理机关登记,未取得相应的广告经营资格,不得设计、制作、代理、发布影片贴片广告;

第三,未经影片版权方同意,任何单位不得搭载、删减贴片广告;

第四,影片贴片广告一律加在《电影片公映许可证》画面之前,不得占用电影放映时间;

第五,电影院线公司、发行公司要规范操作贴片广告业务,电影院要对放映的影片贴片广告时间予以公告;

第六,切实加强影片贴片广告管理。各级电影行政管理部门对违反本通知规定的,依据电影管理的有关法规予以通报批评,情节严重的停止供片并责令停映整顿;

第七,各级工商行政管理机关要加强对影片贴片广告的日常监管,加强对电影广告从业人员的法规培训,对违反广告管理法规规定的行为依法查处,维护正常的电影广告经营秩序。

十一、林木种子广告

林木种子是指林木的种植材料(苗木)或者繁殖材料,具体指乔木、灌木、木质藤本等木本植物及用于林业生产和国土绿化的草本植物的籽粒、果实和根、茎、苗、芽、叶等。发布林木种子广告除应当符合《广告法》、《种子法》及有关法律、法规的规定外,具体还应当符合以下《关于加强林木种子广告管理的通知》(工商广字[2003]第109号)明确规定的标准:

第一,林木种子广告在种子生长量、产量、品质、抗逆性、特殊使用价值、经济价值、适宜种植范围等方面应当真实,不得含有分析、预测内容以及涉及效益的承诺;

第二,普通林木品种不得作为良种进行宣传。广告中不得出现优良、优质、优选、速生、高产、高抗病虫、抗虫、抗逆性强等表述。不得含有在特殊使用价值、经济价值、生长量、产量、适应性、抗性等方面优于其他品种的内容。

普通林木品种和主要林木品种广告应当标明树种的适宜种植区域或适生范围;

第三,主要林木品种在推广应用前应当通过国家级或者省级林木品种审定委员会审(认)定,未经审(认)定的,不得发布广告;

第四,主要林木品种通过审(认)定的,为林木良种。林木良种广告内容应当与林业主管部门的良种审(认)定公告相一致,不得夸大。林木良种广告中使用名称的,必须使用国家或者省级林木品种审定委员会确定的法定名称,需要使用其他商品名称的,必须同时注明法定名称。林木良种广告必须注明良种编号、类别、学名、品种特性、栽培技术要点、适宜种植范围等内容。

本章参考附录:《欧洲联盟理事会关于误导广告和比较广告的指令》

译者按:

从欧洲经济共同体到欧洲共同体(欧共体)再到现在的欧洲联盟(欧盟),其始终如一的经济目标是建立共同市场,实行成员国间人员、货物、服务和资本的自由流动。为了在整个共同体内促进经济活动的和谐及均衡发展,确保内部市场的竞争不被扭曲,就必须进行协调,以使各成员国对共同市场的建立和运转具有直接影响的法律、法规和行政规章趋于接近。协调的手段按《罗马条约》规定,有制定条例、发布指令、作出决定、提出建议或意见五种:

条例(regulation),具有普遍适用性质,具有总体约束力并直接适用于所有成员国。

指令(directive),为达到其目的,应对任何被针对的成员国具有约束力,但在形式和方法方面则由各成员国自由选择。

决定(decision),对其针对的各方具有总体约束力。

建议(recommendations),没有约束力。

意见(opinions),没有约束力。

1984 年 9 月 10 日,为了加强对误导广告的监管,欧洲共同体理事会发布了[《关于协调各成员国有关误导广告的法律、法规和行政规章的指令》(第 84/450/EEC 号)](可以简称为《关于误导广告的指令》),规定各成员国家实施该指令的时间不得晚于 1986 年 10 月 1 日;1997 年 10 月 6 日欧洲议会和欧洲联盟理事会又发布了[《关于为将比较广告列入协调范围而修订〈关于误导广告的指令〉的指令》(第 97/55/EC 号)](可以简称为《关于比较广告的指令》),规定各成员国必须在该指令在《欧洲共同体官方公告》公布之日 30 个月内,使本国的法律、法规和行政规章与之相适应。

以上两个指令发布后,欧盟现有十五个成员国已在规定的时间内,将各自的国内立法修改完毕。随着欧盟的进一步扩大,这两个指令还将对欧洲的广告立法产生更加广泛而深远的影响。现将这两个指令译出,并根据 1984 年指令和 1997 年指令的修改意见,整理出一个完整的指令,谨供参考,希望能对读者有所裨益。

欧洲联盟理事会关于误导广告和比较广告的指令

（第84/450/EEC号、第97/55/EC号）

欧洲共同体理事会1984年9月10日制定

欧洲议会和欧洲联盟理事会1997年10月6日修订

第一条

本指令旨在保护消费者，商业、企业、手工业或自由职业的从业者以及一般公众的权益，使之不受误导广告及其造成的不公平后果的损害，并制定许可比较广告的条件。

第二条

在本指令中：

1. “广告”意指与商业、工业、手工业或自由职业有关的，为促进商品或服务，包括不动产、权利和义务的销售而作的任何形式的宣传；

2. “误导广告”意指以任何形式（包括展示）欺骗或可能欺骗受众或接触过广告的消费者，并由于其欺骗性可能会影响消费者的经济行为，或因此损害或可能损害其竞争对手的广告；

3. “比较广告”意指任何明确或含蓄地提及竞争者或竞争者的商品或服务的广告；

4. “人”意指任何自然人或法人。

第三条

确定一则广告是不是误导，应考虑其所有特征，尤其是有关下列情形的任何信息：

1. 商品或服务的特征，如上市情况、特性、成分、制造方法和制造日期或用途、功能、用法、数量、规格、地理或商业来源，或预期使用效果，或对商品或服务测试或检验的结果和重要数据；

2. 价格或计算价格的方法以及提供商品或服务的条件；

3. 广告主的类别、特征和权利，例如身份资产、资格、所拥有的企业、商业或知识产权，或其获奖情况和荣誉称号。

第三条甲

1. 比较广告在进行比较时应符合下列条件：

① 根据第二条第二款，第三条和第七条第一款，不是误导广告；

② 所比较的商品或服务用途相同或者功能相同；

③ 客观地比较商品或服务的一项或多项重要的、相关的、可核实的和典型的特征，可以包括价格；

④ 不在广告主和竞争者间，或在他们的商标、商号、其他识别性标志、商品或服务间制造混乱，扰乱市场秩序；

⑤ 不诋毁或者贬低竞争者的商标、商号、其他识别性标志、商品、服务、行为或经济状况；

⑥ 对于有原产地标志的商品，只能就带有同样原产地标志的产品进行比较；

⑦ 不对竞争者的商标、商品或其他识别性标志或者竞争产品的声誉作不公平的利用；

⑧ 不以标有受到保护的注册商标或者商号的仿制品或复印品的方式推介商品或者服务。

2. 任何比较广告对于特价提供商品的截止日期，或者特价提供的商品和服务数量有限以售完为止，均应以清晰明确的方法予以标示；另外，如果特价提供尚未开始，则应标示特价提供期的开始日期，和在特价提供期间将实行的特别价格或者特定条件。

第四条

1. 为了消费者、竞争者和一般公众的权益，各成员国应确保拥有充分和有效的手段，以便同误导广告进行斗争，并使比较广告遵守有关规定。

此类手段应当包括制定法规以明确规定，凡是那些根据国家法律在禁止误导广告或者规范比较广告方面具有合法权益的个人或组织，可以：

① 对此类广告采取法律行动；和/或者

② 将此类广告向有能力对投诉作出裁决或者有能力启动适当法律程序的行政机关投诉。

至于要在这两种办法中采用哪一种，以及是否授权法院或行政机关要求投诉者必须先求助于处理投诉的其他办法，包括第五条规定的办法，由各成员国自行决定。

2. 根据上款所说的法律规定，只要法院或行政机关认为必要并考虑到所有当事方面的权益，尤其是公众的权益，各成员国均应赋予其采取以下行动的权力：

——命令停止或者启动适当法律程序以命令停止误导广告，或

——如果误导广告尚未刊播但刊播在即，即使没有该广告造成实际损失或损害的证据，或者没有该广告主故意误导或因疏忽而造成其广告误导的证据，也可以命令禁止或者启动适当法律程序以命令禁止此类广告的刊播。

各成员国应就本款第一段所说的措施作出规定，使其适用于加速程序，该程序应：

——具有临时效力，或

——具有最终效力，

两种效力，由各成员国自行选择决定一种。

此外，为了避免误导广告继续产生影响，各成员国还应授权法院或者行政机关，使之能够以最终裁决的形式命令停止刊播误导广告：

——要求广告主以法院或者行政机关认为适当的方式公布或部分公布裁决；

——此外，要求公布更正声明。

3. 第一项中所提及的行政机关必须：

① 其人员的组成具有毋庸置疑的公正性；

② 拥有足够的权力在其对投诉作出裁决后对裁决的执行实施有效的监督；

③ 通常，应就其裁决说明理由。

第二项中所讲的权力如果只被行政机关行使，则行政机关必须说明其裁决的理由。并且，如果这样，必须制定程序，使行政机关在不当或不合理地行使其上述权力，或者不适当或不合理未行使其上述权力时，受到司法审查。

第五条

本指令并不排斥自律组织对误导广告或比较广告的自愿管理，各成员国对这种管理应当予以鼓励；本指令也不排斥第四条中所说的个人或组织在向法院或行政机关求助之前先向这类组织求助。

第六条

各成员国应赋予法院或行政机关权力，使其能够根据本指令第四条的规定，在民事或行政诉讼程序中：

1. 要求广告主就其广告的实际诉求的准确性提供证据，但在提出此种要求时，应当考虑广告主和其他任何方面的诉讼中的正当权益和个案的具体情况；就比较广告而言，要求广告主在

短时间内提供这类证据；并且

2. 如果广告主未按上款所说的要求提供证据，或者法院或行政机关认为所提供的证据不够充分，就可以认为该广告的实际诉求失实。

第七条

1. 本指令不阻止各成员国为确保更广泛地保护消费者，商业、企业、手工业或自由职业的从业者以及一般公众的权益，而保留或制定关于监管误导广告的法规。

2. 在涉及比较时，第一款不适用于比较广告。

3. 本指令适用于欧洲共同体关于特殊商品和(或)服务广告，或者关于限制或禁止在特定媒体刊播广告的规定，而不对其构成损害。

4. 根据《建立欧洲共同体的条约》的规定，本指令关于比较广告的规定，允许各成员国保留或者制定针对某些商品或服务广告的禁令，不强求各成员国就这些商品或服务做比较广告。无论这类禁令是国家直接制定的，还是某一团体或者某一机构根据本国法律为规范商业、工业、手工业或自由职业行为而制定的，这些禁令只限于特定媒体，而本指令则适用于这些禁令范围之外的媒体。

5. 根据《建立欧洲共同体的条约》的规定，本指令不阻止各成员国保留或者制定有关禁止或者限制在专业服务广告中使用比较的法律规定，无论这类法律规定是国家直接制定的，还是某一团体或者某一机构根据本国法律为规范某一专业行为而制定的。

第八条

各成员国实施本指令的时间最迟不得晚于 1986 年 10 月 1 日。

各成员国应将实施情况及时通知欧洲共同体委员会。

各成员国应将其为贯彻本指令而制定的所有国家法律的文本通报欧洲共同体委员会。

第九条

本指令发各成员国。

摘自《现代广告》杂志，翻译：安青虎

问题与思考

1. 何为广告的真实性？如何对虚假广告进行认定？

2. 广告合法性的含义和基本要求是什么？

3. 试述误导广告的几种情形以及判断误导广告的有关原则。

4. 何为比较广告？在比较广告方面有何法律规定？在实践中比较广告应把握哪些具体原则？

5. 新闻与广告之间的界限何在？在新闻广告方面，我国有哪些禁止性规定？

6. 试述广告发布的语言文字标准。

7. 谈谈你对《广告法》第 7 条第二款 9 项禁止性规定的理解。

8. 试述对儿童广告进行规范的必要性以及儿童广告发布的主要标准。

9. 试述我国在药品、医疗器械、医疗、保健食品、化妆品、烟草、酒类、房地产等广告发布标准方面的具体规定。

第五章　特定媒体广告的法规管理

第一节　户外广告的法规管理

一、户外广告的发展情况

（一）户外广告的类别和特点

户外广告是在一定时期内发布的，以众多不特定人群为对象，在户外特定地方发布的广告。户外广告的具体形式多种多样，在我国主要可以分为单一户外媒体（主要包括路牌、看板、单立柱、霓虹灯、高炮等，在户外广告投放金额中占主要份额）、网络户外媒体（主要包括地铁、人行道灯箱、候车亭广告等）、交通类户外媒体（主要包括公交车身广告等）以及其他悬挂类户外媒体（如布幅广告）、漂浮类户外媒体（如气球、飞艇广告）、张贴类户外媒体（如户外张贴的海报）等。相对其他形式的广告，户外广告具有以下三方面的突出特点：一是广告的到达率和重复率高。户外广告不受时空限制，可以随时随地被来往者看到，特别对于外出路线较为固定的人群（如上班族、上学族等）而言，户外广告可以达到反复被触收的效果；二是较为醒目，容易引起注意。户外广告一般设置在人流量较大的闹市区或交通主干道附近，其在色彩、形状、体量等方面的设计都考虑到要抓住行人的注意力，因此具有引人注目的特点，视觉的冲击力较强；三是广告费用相比电视、报纸等大众媒体来说相对低廉。据有关数据显示：户外媒体的千人成本为 2 元，远低于电视媒体 20.4 元、报纸媒体 11.6 元、杂志媒体 9.62 元和广播媒体 5.96 元的千人成本。

（二）我国户外广告发展情况

据有关机构对我国 23 个主要城市 2001 年户外广告情况的调查统计，户外广告花费总金额高达 103.8 亿元，占这 23 个城市广告费用总额的比例约为 14%。其中，北京、上海、武汉、大连、沈阳、昆明、宁波、重庆等城市的户外广告花费更是占各城市广告费用总额的 15% 至 30%。北京、上海、广州是全国户外广告活动最集中的三个主要城市。在所有投放户外广告的行业中，房地产业名列榜首，其总额高达 12.4 亿元，占户外花费总额的 11.9%。户外广告投放最多的行业包括房地产业、邮电通讯、金融、家电等行业。我国户外广告的发展状况还可以从国家工商行政管理总局的有关统计数据中得到客观地反映。我国 1999—2002 年户外广告的经营单位、经营额和媒体数的数据见表(5-1)。

表 5-1 1999—2005 年中国户外广告情况表

年份	户外广告经营单位(户)	户外广告经营额(亿元)	户外广告经营额占广告经营总额的比例(%)	户外广告媒体数(万个)
1999	37 581	57.8	9.3	118.9
2000	82 855	74.3	10.4	191.5
2001	50 928	80.4	10.1	144.3
2002	62 257	99.9	11.1	175.6
2003	65 000	114	10.6	206
2004	69 386	115.8	9.2	231.8
2005	71 785	144.6	10.2	193.8

(数据来源:国家工商行政管理总局)

二、户外广告发展和管理上存在的问题

一个城市或者地区户外广告设置的数量和质量不仅在一定程度上反映该城市的市场经济的发达程度,而且可从一个侧面反映该城市的风貌、企业和市民的经济意识、文化素质、道德水准以及城市美化、环境保护的程度等。户外广告在其发展中从设置、内容到管理都暴露了一些问题,这些问题的存在不仅影响了市容、环境的美化,也限制了户外广告对经济发展应有作用的发挥。

(一) 户外广告的设置缺乏合理的规划

户外广告的设置由于缺乏合理的规划导致的无序是户外广告发展中的突出问题。由于地段的不可复制性,在有些主要路段或地区,户外广告显得十分拥挤、杂乱,一定程度上破坏了城市的市容市貌,对广告的实际效果也产生不利的影响;同时户外广告规划的缺乏,使户外广告设施的设置,带有很大的不确定性和不可预见性,增加了户外广告经营上的风险。

(二) 户外广告的空置率较高

据有关方面的调查,在许多户外广告较发达的城市,户外广告的空置率也达到了20%以上,造成了户外广告阵地资源的浪费。

(三) 户外广告的技术和施工质量问题

我国户外广告的技术相比发达国家还存在差距,许多新技术、新设施有待于引进和普及。很多户外广告制作粗糙,甚至存在一定的安全隐患。有些地方的户外广告无严格的施工设计、无技术标准、无专业人员的指导、无鉴定验收等,遇有台风、大雨,毁损倒塌伤人的事件也时有发生。

(四) 户外广告的多头审批、多头管理问题

户外广告的设置和管理涉及多家部门,包括工商行政管理、城市规划、市容环

卫、公安、交通、园林等部门。设置户外广告要经过以上多个部门的审批，环节过多、周期过长，同时由于缺乏明确的规划和标准，有的部门的审批存在一定的随意性。

三、户外广告登记管理的依据和内容

目前，按照《广告法》第三十三条规定，结合各地实际情况，部分省、市人民政府已经颁布了关于户外广告管理的行政规章，或由地方人大制订了户外广告方面的地方性法规。国家工商行政管理总局也于1995年12月以第42号令发布《户外广告登记管理规定》，从而为户外广告的科学规划、合理规范奠定了法律基础。《户外广告登记管理规定》是国家工商总局依据《广告法》、《广告管理条例》等有关法律法规制定的部门规章，自1995年公布施行以来，在规范户外广告工商登记管理，促进户外广告健康发展方面发挥了重要作用。《户外广告登记管理规定》于1998年12月3日进行过修订。为适应《行政许可法》要求和行政审批制度改革的需要，进一步规范户外广告的登记管理工作，促进户外广告健康发展，2006年5月22日，国家工商总局再次修订、公布《户外广告登记管理规定》（国家工商总局令第25号）。新修订的《户外广告登记管理规定》（以下简称25号令）于2006年7月1日起施行。相比原《户外广告登记管理规定》，25号令调整了户外广告的工商登记范围，完善了户外广告登记申请和审批程序，增加了户外广告监督管理的规定，是我国户外广告管理方面的主要法律规范。

（一）户外广告的登记范围和事项

关于户外广告的登记范围，根据25号令第五条规定，发布下列广告应当依照本规定向工商行政管理机关申请户外广告登记，领取《户外广告登记证》：① 利用户外场所、空间、设施发布的，以展示牌、电子显示装置、灯箱、霓虹灯为载体的广告；② 利用交通工具、水上漂浮物、升空器具、充气物、模型表面绘制、张贴、悬挂的广告；③ 在地下铁道设施，城市轨道交通设施，地下通道，以及车站、码头、机场候机楼内外设置的广告；④ 法律、法规和国家工商行政管理总局规定应当登记的其他形式的户外广告。上述四类广告之外的其他户外广告，不再属于户外广告工商登记范围，广告监管方式转变为发布后监管。除地方法规规章另有规定外，在本单位的登记注册地址及合法经营场所的法定控制地带设置的，对本单位的名称、标识、经营范围、法定代表人（负责人）、联系方式进行宣传的自设性户外广告，也明确不需要向工商行政管理机关申请户外广告登记，其广告监管方式转变为发布后监管。

关于户外广告登记的事项，根据25号令第七条规定，包括：① 户外广告发布单位名称；② 户外广告发布地点及具体位置；③ 户外广告发布期限；④ 户外广

告形式、数量及规格；⑤ 户外广告内容。工商行政管理机关核准登记的户外广告发布期限，不得超过申请人合法使用户外广告媒介的时间。

（二）申请户外广告登记的条件和程序

关于申请户外广告登记应当具备的条件，根据 25 号令第六条规定，包括：① 户外广告发布单位依法取得与申请事项相符的主体资格；② 户外广告所推销的商品和服务符合广告主的经营范围或业务范围；③ 户外广告发布单位具有相应户外广告媒介的使用权；④ 广告发布地点、形式符合当地人民政府户外广告设置规划的要求；⑤户外广告内容符合法律法规规定；⑥ 按规定应当经有关行政主管部门批准的，当事人已经履行相关审批手续；⑦ 法律、法规和国家工商行政管理总局规定的其他条件。

关于登记申请的受理机关，根据 25 号令第四条、第八条有关规定：户外广告登记申请，由户外广告发布单位在依法查验证明文件、核实广告内容，确认符合第六条规定的申请登记条件后，向户外广告发布地的县级以上工商行政管理机关提出。利用交通工具等流动载体发布户外广告的登记申请，向交通工具等运动物体使用单位所在地的工商行政管理机关提出。

关于申请材料提交，根据 25 号令第九条规定，户外广告发布单位申请户外广告发布登记，应提交下列申请材料：①《户外广告登记申请表》；② 户外广告发布单位和广告主的营业执照或者具有同等法律效力的经营资格证明文件；③ 发布户外广告的场地或者设施的使用权证明。包括场地或设施的产权证明、使用协议等；④ 户外广告样件；⑤ 法律、法规和国家工商行政管理总局规定需要提交的其他文件。受委托发布户外广告的，应当提交与委托方签订的发布户外广告的委托合同、委托方营业执照或者具有同等法律效力的经营资格证明文件。广告形式、场所、设施等用于户外广告发布，按照国家或者地方政府规定需经政府有关部门批准的，应当提交有关部门的批准文件。发布法律、法规和规章规定应当审批的广告，应当提交有关批准文件。需要改变户外广告发布期限、形式、数量、规格或者内容的，户外广告发布单位应当向原登记机关提交下列申请材料申请变更登记：①《户外广告变更登记申请表》；② 原《户外广告登记证》；③ 本办法第九条规定的，与变更事项相关的文件。需要改变户外广告发布单位、户外广告发布地点及具体位置的，户外广告发布单位应当向原登记机关缴回《户外广告登记证》，并重新申请户外广告登记。

关于审批程序，25 号令第十二条明确：工商行政管理机关对户外广告发布单位提交的申请材料依法进行书面审查。对申请材料不齐全或者不符合法定形式的，应当当场或者在五日内一次告知申请人需补正的全部内容；对申请材料齐全、符合法定形式的，应当出具受理通知书，并在受理之日起七个工作日内做出决定，对符合规定的予以核准登记,核发《户外广告登记证》,对不符合规定的不予核准登记,书面说明理由。

(三) 户外广告监督管理的有关规定

关于户外广告管理相对人的义务,第25号令作了进一步的明确: ① 户外广告发布单位应当按照核准登记事项发布户外广告,未经变更登记或者重新登记不得擅自改变。户外广告发布单位在取得《户外广告登记证》后,情况发生变化不具备本规定第六条规定条件的,应当停止户外广告发布; ② 户外广告应当清晰标注登记证号。第15条明确:经工商行政管理机关核准登记的户外广告,应当在右下角清晰地标明《户外广告登记证》的登记证号。但对不适宜标注登记证号的户外广告,经登记机关批准可以不作标注; ③ 禁止伪造、涂改、出租、出借、倒卖或者以其他形式转让《户外广告登记证》。

关于户外广告监管,25号令在原规定基础上进行了完善: ① 第十四条依法赋予登记机关撤回《户外广告登记证》的权力; ② 第十七条在要求工商行政管理机关"加强对户外广告的日常监督检查,依法查处违法户外广告"的同时,规定了户外广告发布单位以及相关当事人"接受工商行政管理机关的监督检查,不得隐瞒真实情况、提供虚假材料"的义务; ③ 第十八条、第十九条、第二十条、第二十一条、第二十二条规定了擅自发布户外广告,骗取户外广告登记,擅自改变登记事项,不按要求标注登记号以及伪造、涂改、出租、出借、倒卖或者以其他形式转让《户外广告登记证》等违法行为的罚则; ④ 第二十三条规定了工商行政管理机关工作人员在户外广告登记管理过程中玩忽职守、滥用职权、徇私舞弊应承担的责任。

四、户外广告管理的地方性规定

由于户外广告管理的重要性,部分省、市人民政府按照《广告法》第三十三条规定,并结合各地实际情况制定实施了户外广告管理方面的行政规章,使户外广告的管理呈现出一定的地方性特点。例如上海市政府曾于1999年1月27日发布的《上海市户外广告设置规划和管理办法》,对上海市户外广告的规划和管理方面做出具体规定。2004年12月上海市政府发布《上海市户外广告设施管理办法》(上海市政府令第43号,以下简称43号令,全文内容详见本节参考附录),对上海户外广告设施的设置及相关管理活动做出新的规范,43号令于2005年4月1日起施行,原《上海市户外广告设置规划和管理办法》同时废止失效。43号令具体内容和变化在于:对原户外广告登记管理部门的职能进行了调整。明确上海市市容环境卫生部门负责对本市户外广告设施设置的监督管理和综合协调;城市规划管理部门负责对户外广告设施设置的规划建设审核及其监督管理;工商行政管理部门负责对户外广告发布的经营资质审核、内容登记及其监督管理。市政、绿化、交通、公安、房地资源、质量技监、财政、物价、文广等部门按照各自职责，协同实施本办法；规定了户外广告设施的设置原则和禁止设置的7种情形；明确规划部门编制户外广告设施阵地规划，市容环卫部门编制户外广告设施设置技术规范，并予公布；规范了户外广告设施阵地使用权的取得和设置的申请程序；明确了户外广告设施设置的要求、内容要求、市容管理、安全管理规范等。

五、加强户外广告管理途径的思考

（一）加强户外广告的规划管理

户外广告的整体规划是一个城市户外广告发展的基础性工作，是实现户外广告的有序、合理发展的前提和关键性工作。因此必须加强户外广告的规划，可以由地方政府牵头，相关政府机构、广告协会等行业组织共同参加，并组织社会上城市、建筑规划等方面的专家进行论证，最终形成一个城市或一定区域内户外广告的设置规划及相应的管理办法等，并向社会公布，使户外广告的设置和管理有章可循，增强户外广告设置的科学性、合理性，以及广告经营的透明度和稳定性。

（二）提高审批效率，探索统一管理的新的管理模式

鉴于多头审批给户外广告的运作带来的不利影响以及政府行政审批制度改革的方向和要求，对户外广告多头审批、多头管理局面的改革必然会提上议事日程。在现行法律法规的基础上，为提高户外广告行政审批和管理的效率，可以考虑由一个部门牵头，实行户外广告的并联审批制度，由一个审批部门（如市容或工商行政管理部门）一门对外，牵头受理户外广告申请的所有材料，然后将相关申请材料转交有关部门，并由有关部门限期向该牵头部门答复审批意见，逾期不答复的，视为同意，最后由牵头部门汇总相关部门的审批意见，办理登记手续，并答复申请人。条件成熟的地方还可以进一步实行网上的并联审批。

（三）增强户外广告管理的规范化和法制化

当前我国行政管理领域大力推行依法行政，并强调适应加入 WTO 的新形势，增强工作的稳定性和透明度。在户外广告的监管方面，同样面临进一步提高其规范化和法制化程度的要求。户外广告的管理过去一定程度上存在着单纯依靠行政命令，强行突击整治的弊病。一定程度上影响了政府的信誉，给广告公司的经营造成一定的风险和损失。据报载，在某省的户外广告整治中，许多小型的广告公司经历“突然死亡法”，在一夜之间，随其经营的广告牌的拆除而面临倒闭。因此必须增强户外广告管理的规范化和法制化，将户外广告管理涉及的实体权力和操作程序以法律的形式加以明确，并严格加以执行，将对户外广告的管理提升到一个新水平。

本节参考附录:《上海市户外广告设施管理办法》

上海市户外广告设施管理办法

(2004 年 12 月 13 日上海市政府第 60 次常务会议通过,
上海市人民政府令第 43 号公布,自 2005 年 4 月 1 日起施行)

第一条(目的和依据)

为了规范本市户外广告设施的管理,根据《中华人民共和国广告法》、《上海市市容环境卫生管理条例》和《上海市城市规划条例》的有关规定,制定本办法。

第二条(适用范围)

本办法适用于本市行政区域内户外广告设施的设置及其相关管理活动。

第三条(词语解释)

本办法所称的户外广告设施,是指利用公共、自有或者他人所有的建筑物、构筑物、场地、空间等(以下统称阵地)设置的路牌、灯箱、霓虹灯、电子显示牌(屏)、招牌、标牌、实物造型等户外商业广告。

第四条(管理部门)

上海市市容环境卫生管理局(以下简称市市容环卫局)负责对本市户外广告设施设置的监督管理和综合协调;区、县市容环境卫生管理部门(以下简称区、县市容环卫部门)负责对本辖区范围内户外广告设施设置的监督管理。

市和区、县城市规划管理部门(以下简称市和区、县规划部门)负责对户外广告设施设置的规划建设审核及其监督管理。

市和区、县工商行政管理部门(以下简称市和区、县工商部门)负责对户外广告发布的经营资质审核、内容登记及其监督管理。

本市市政、绿化、交通、公安、房地资源、质量技监、财政、物价、文广等部门按照各自职责,协同实施本办法。

第五条(设置原则)

设置户外广告设施,应当符合城市规划要求,与城市区域规划功能相适应,合理布局,规范设置。

户外广告设施应当牢固、安全,并与周围环境协调,符合市容观瞻的要求。

第六条(禁止设置的情形)

有下列情形之一,不得设置户外广告设施:

(一) 利用交通安全设施、交通标志的;

(二) 影响市政公共设施、交通安全设施、交通标志使用的;

(三) 妨碍居民正常生活,损害市容市貌或者建筑物形象的;

(四) 利用行道树或者损毁绿地的;

(五) 在国家机关、风景名胜区用地范围内的;

(六) 在文物保护单位、优秀历史建筑的建筑控制地带内的;

(七) 在市政府禁止设置户外广告设施的区域内或者载体上的。

第七条(阵地规划和技术规范)

市规划部门应当会同有关部门根据控制性编制单元规划、控制性详细规划以及本办法第六条的规定，编制户外广告设施设置阵地规划，并予以公布。

市市容环卫局应当根据户外广告设施设置阵地规划和本市城市容貌标准，编制户外广告设施设置技术规范，并予以公布。

市规划部门和市市容环卫局在编制户外广告设施设置阵地规划和户外广告设施设置技术规范时，应当采取听证会、论证会或者座谈会等形式，听取本市户外广告设置相关行业协会和有关专家的意见。

设置户外广告设施，应当符合户外广告设施设置阵地规划和户外广告设施设置技术规范。

第八条（阵地使用权的取得）

利用公共阵地设置户外广告设施的，阵地使用权应当通过拍卖、招标的方式取得。

利用非公共阵地设置户外广告设施的，阵地使用权可以通过协议、招标、拍卖等方式取得。

公共阵地的范围由市市容环卫局会同市规划部门提出方案，报市政府批准后执行。公共阵地使用权拍卖、招标的具体办法，由市市容环卫局会同市市政、交通等有关部门另行制定。

第九条（管理权限）

在下列区域设置户外广告设施的，由市市容环卫局受理申请或者组织公共阵地使用权拍卖、招标：

（一）内环高架道路、延安高架道路、南北高架道路及其两侧 100 米范围内；

（二）黄浦江两岸核心区中心段范围内；

（三）人民广场地区范围内；

（四）跨区、县范围设置同类户外广告设施的；

（五）市政府确定的其他重要区域。

在前款规定以外的区域设置户外广告设施的，由区、县市容环卫部门受理申请或者组织公共阵地使用权拍卖、招标。

第十条（公共阵地设置户外广告设施的手续办理）

市或者区、县市容环卫部门组织公共阵地使用权拍卖、招标时，应当将拍卖、招标方案征求规划部门和其他相关部门的意见。

通过拍卖、招标方式取得公共阵地使用权的，由市或者区、县市容环卫部门与户外广告设施设置人签订公共阵地使用合同。

户外广告设施设置人应当在设置户外广告设施前，按照下列规定办理有关手续：

（一）向区、县规划部门申请办理《建设工程规划许可证（零星）》；

（二）将户外广告设施的设计图、设置效果图向市或者区、县市容环卫部门备案，并按规定缴纳公共阵地使用费；

（三）按照户外广告登记的有关规定，向市或者区、县工商部门申请《户外广告登记证》。

第十一条（非公共阵地设置户外广告设施的申请）

利用非公共阵地设置户外广告设施的，申请人应当向市或者区、县市容环卫部门提出申请，并提供下列材料：

（一）营业执照；

（二）广告合同；

（三）广告样稿；

（四）证明广告内容真实、合法的文件；

（五）户外广告设施设置阵地使用权的证明；

（六）户外广告设施阵地位置关系图；

（七）户外广告设施设计图、设置效果图；

（八）户外广告设施设置施工图。

第十二条（非公共阵地设置户外广告设施的审批）

市或者区、县市容环卫部门应当自收到户外广告设施设置申请之日起2个工作日内，将户外广告设施设置规划建设的有关材料书面征求同级规划部门的意见；将户外广告拟发布内容的有关材料书面征求同级工商部门的意见。规划、工商部门需要申请人补正材料的，应当在收到征求意见之日起2个工作日内一次性告知市或者区、县市容环卫部门；市或者区、县市容环卫部门应当及时告知申请人补正材料。

受理申请后，规划、工商部门应当在收到征求意见之日起10个工作日内提出审查意见，并书面告知市或者区、县市容环卫部门；审查不同意的，应当说明理由。市或者区、县市容环卫部门应当按照下列规定办理：

（一）经规划、工商部门审查同意的，市或者区、县市容环卫部门应当根据户外广告设施设置技术规范进行审核，并在5个工作日内作出审批决定，书面告知申请人；不予批准的，应当说明理由。

（二）经规划或者工商部门审查不同意的，市或者区、县市容环卫部门应当立即将规划、工商部门的审查意见及其理由送达申请人。

经市或者区、县市容环卫部门审批同意设置户外广告设施的，申请人可以直接向区、县规划部门申领《建设工程规划许可证（零星）》，向市或者区、县工商部门申领《户外广告登记证》。对材料齐全、符合法定形式要求的，规划、工商部门应当在3个工作日内予以发放。

规划、工商、市容环卫部门逾期不提出审查意见或者不作出审批决定的，视为同意。

第十三条（设施设置的期限）

户外广告设施应当自收到批准决定之日起6个月内设置；逾期未设置的，其审批即行失效。

户外广告设施设置期限一般不超过3年，但电子显示牌（屏）一般不超过6年。设置期满后，属于使用公共阵地的，按照本办法第十条的规定重新组织拍卖、招标；属于使用非公共阵地需要延期的，应当在设置期满30日前，向原审批机关办理延期的审批手续。

第十四条（设施设置变更）

设置户外广告设施应当按照经批准或者备案的设计图、设置效果图实施，不得擅自变更。需要变更户外广告设施的规格、结构、色彩的，应当按照本办法第十一条的规定办理审批手续。

户外广告内容需要变更的，应当按照有关规定向市或者区、县工商部门办理变更登记手续。

户外广告设施设置人发生变更的，应当自变更之日起10日内，向市或者区、县市容环卫、工商部门备案。

第十五条（设施设置的要求）

设置户外广告设施，应当选用节约能源、符合环境保护要求的材料。

户外广告设施上的照明设备应当符合本市环境装饰照明技术规范的要求，并不得影响周围居民的正常生活。

第十六条（户外广告内容的要求）

户外广告内容中公益宣传所占的面积或者时间比例,不得低于10%。

户外广告设施设置后暂不发布广告超过15日的,应当设置公益广告。

户外广告内容必须真实、健康,符合法律、法规、规章规定,不得以任何形式欺骗用户和消费者。户外广告使用的汉字、字母和符号,应当符合国家规定。

第十七条(市容管理)

户外广告设施设置人应当保持户外广告设施的整洁、完好,并及时进行维护、更新。

第十八条(安全管理)

户外广告设施设置人应当定期对户外广告设施进行安全检查;遇台风、汛期,应当采取相应的安全防范措施。其中,设置期满2年的,设置人应当在每年6月1日前,按照户外广告设施安全技术标准的规定进行安全检测,并向市或者区、县市容环卫部门提交安全检测报告;对安全检测不合格的户外广告设施,设置人应当立即整修或者拆除。

户外广告设施超过设计使用年限的,设置人应当予以更新。

市和区、县市容环卫部门应当加强对户外广告设施安全的监督检查,并按照一定的比例对户外广告设施进行安全抽检。发现户外广告设施存在安全隐患的,市或者区、县市容环卫部门应当责令设置人限期整修或者拆除。设置人逾期未整修或者未拆除的,市或者区、县市容环卫部门可以强制拆除。

户外广告设施安全技术标准,由市市容环卫局会同市质量技监局另行制定。

第十九条(设施拆除)

户外广告设施设置期满后,设置人应当在5日内予以拆除。设置人未予拆除的,阵地所有人应当予以拆除。因举办大型文化、体育、公益活动或者举办各类商品交易会、展销会等活动设置的临时性户外广告设施,设置人应当在设置期满之日起24小时内予以拆除。

因城市规划调整或者社会公共利益需要拆除户外广告设施的,市或者区、县市容环卫部门可以按照各自职责,书面通知设置人拆除。有关受益人应当对设置人提前拆除户外广告设施造成的财产损失依法给予补偿。市或者区、县市容环卫部门书面通知拆除户外广告设施后,设置人拒不拆除的,市或者区、县市容环卫部门可以代为拆除,所需费用由设置人承担。

第二十条(阵地使用费的管理)

市和区、县市容环卫部门收取的公共阵地使用费,应当全部上缴财政。

户外广告设施设置的监督管理所需的费用,由财政予以保障。

第二十一条(经营中的禁止行为)

户外广告经营活动中,禁止任何形式的垄断和不正当竞争行为。

负有户外广告设施设置审核、监督、管理职能的行政机关,不得以任何形式从事户外广告经营或者接受户外广告经营单位的挂靠。

第二十二条(违反市容管理规定的处罚)

违反本办法规定,有下列情形之一的,由市或者区、县市容环卫部门按照下列规定予以处罚:

(一)未经批准擅自设置户外广告设施的,责令限期拆除;逾期不拆除的,可处以5 000元以上30 000元以下的罚款。

(二)户外广告设施设置期满后不按时拆除的,责令限期拆除;逾期不拆除的,可处以3 000元以上20 000元以下的罚款。

（三）户外广告设施不符合设置技术规范，或者擅自变更户外广告设施的规格、结构、色彩的，责令限期改正；逾期不改正的，可处以3 000元以上2万元以下的罚款。

（四）不按规定进行户外广告设施安全检测或者不采取安全防范措施的，责令限期改正；逾期不改正的，可处以3 000元以上2万元以下的罚款。

（五）户外广告设施设置人发生变更后，未按规定进行备案的，可处以200元以上1 000元以下的罚款。

有前款第一项、第二项、第三项、第四项所列情形，设置人拒不拆除或者拒不改正的，市或者区、县市容环卫部门可以强制拆除。

第二十三条（违反规划和工商有关规定的处理）

在户外广告设施设置活动中，违反规划、工商管理有关规定的，由规划、工商部门依法予以处理。

第二十四条（民事赔偿责任）

户外广告设施设置人未及时维护、更新户外广告设施，致使设施倒塌、坠落等，造成他人人身或者财产损失的，应当依法承担民事赔偿责任。

第二十五条（执法者违法行为的追究）

有关管理人员违反本办法规定，玩忽职守、滥用职权、徇私舞弊、枉法执行的，由其所在单位或者上级主管部门给予行政处分；构成犯罪的，依法追究刑事责任。

第二十六条（其他规定）

利用公共、自有或者他人所有的阵地设置彩旗、条幅、气球、招贴等户外商业广告的，参照本办法执行。

利用车辆、船舶、飞行器等特殊载体发布户外广告的管理办法，由市政府另行制定。

第二十七条（施行日期和废止事项）

本办法自2005年4月1日起施行。1999年1月27日上海市人民政府令第65号发布的《上海市户外广告设置规划和管理办法》同时废止。

第二节　印刷品广告的法规管理

一、印刷品广告管理的依据

印刷品广告，是指利用各种手段印制，并通过张贴、摆放、发送、邮寄等方式发布，介绍商品或者服务的散页、招贴、宣传册、图书、票据以及包装、装潢等形式的广告。从内容上看，印刷品广告应由广告主出资，以推销商品或提供服务为目的；从发布形式上看，印刷品广告发布的主要途径是张贴、摆放、直接发送、邮寄；从表现形式看，印刷品广告主要有散页、宣传册、固定形式印刷品广告、图书、票据以及包装、装潢等形式。印刷品广告具有发布简便、迅捷，传递范围广泛，成本相对低廉，同时易于保存等诸多优点，因而为越来越多的企业所重视和采用。同时随着印刷品广告的广泛发布，对其的管理、规范也就显得越来越必要。

1996年12月，国家工商总局公布的《印刷品广告管理暂行办法》，成为第一个印刷品广告管理方面专门性的行政规章;2000年1月,在此基础上公布《印刷品广告管理办法》,从印刷品广告发布的基本准则、登记管理、内容管理、印制管理、发布管理等方面对印刷品广告管理进行全面规范,尤其加强了对含有药品、医疗器械、农药、兽药、医疗、房地产、保健食品、化妆品内容的8大类印刷品广告、固定形式印刷品广告和邮寄形式印刷品广告的登记管理,对规范印刷品广告的发布,遏制违法虚假印刷品广告的蔓延起到了积极作用;2004年11月30日,国家工商总局公布新修订的《印刷品广告管理办法》(国家工商总局令第17号,以下简称新《办法》),并自2005年1月1日起施行。新《办法》是按照《行政许可法》的精神,根据《国务院对确需保留的行政审批项目设定行政许可的决定》修订的第一批广告管理单项规章。

新《办法》和2000年国家工商总局59号令发布的原《办法》相比有很大的变化。一是取消了对药品等八大类特殊商品、服务印刷品广告的事先登记规定。原《办法》规定"广告主发布含有药品、医疗器械、农药、兽药、医疗、房地产、保健食品、化妆品内容的印刷品广告以及法律、法规、规章规定实施登记的印刷品广告,应当委托广告经营者向广告发布地工商行政管理机关办理登记手续";二是明确了固定形式印刷品广告的审批和管理规范,体现了《行政许可法》的规范要求。原《办法》是以规范一般形式印刷品广告为主要内容的管理规章,而新《办法》对于一般形式印刷品广告仅做原则性规定,对于固定形式印刷品广告,则做了较为具体、全面的规定;三是对于有关违法行为法律责任明确适用《广告法》、《广告管理条例》等法律法规以及《广告管理条例施行细则》等上位法,以上法律法规没有规定的,再适用《办法》规定的具体罚责。总之新《办法》从加强印刷品广告管理,保护消费者、经营者合法权益,维护公平竞争的市场秩序出发,依据《中华人民共和国广告法》、《广告管理条例》以及国家有关规定,对印刷品广告管理的原有规定进一步加以修订完善,使印刷品广告管理更加科学、规范、系统、全面。

二、印刷品广告管理的对象和原则

(一)印刷品广告管理的对象

新《办法》第二条规定"依照本办法管理的印刷品广告,是指广告主自行或者委托广告经营者利用单页、招贴、宣传册等形式发布介绍自己所推销的商品或者服务的一般形式印刷品广告,以及广告经营者利用有固定名称、规格、样式的广告专集发布介绍他人所推销的商品或者服务的固定形式印刷品广告。"第二十一条规定"票据、包装、装潢以及产品说明书等含有广告内容的,有关内容按照本办法管理。"可见印刷品广告管理的对象主要包括了一般形式印刷品广告、固定形式印刷品广告和特殊形式印刷品广告(即含有广告内容的票据、包装、装潢以及产品说明书等)三类。其中固定形式印刷品广告是新《办法》规范的重点,对于一般形式印刷品广告虽然取消了登记管理制度和必须标明"广告"字样的强制性规定,但广告主和广告经营者应当按照广告管理的规定和要求,对印刷品广告的真实性、合法性负责,自觉承担广告审查义务和责任。广告监督管理机关应当加强对印刷品广告的事后监管,及时查处违法印刷品广告。

(二)印刷品广告发布的基本原则

第一,真实合法原则。新《办法》第三条规定"印刷品广告必须真实、合法、符合社会主义精神文明建设的要求,不得含有虚假的内容,不得欺骗和误导消费者。"这也是《广告法》规定的广告应遵守的最基本和首要的原则。

第二,可识别原则。印刷品广告应当具有可识别性,能够使消费者辨明其为印刷品广告,不得含有新闻报道等其他非广告信息内容。

第三,维护公共秩序原则。发布印刷品广告,不得妨碍公共秩序、社会生产及人民生活。在法律、法规及当地县级以上人民政府禁止发布印刷品广告的场所或者区域不得发布印刷品广告。

(三)印刷品广告管理的特别规定

第一,广告主自行发布一般形式印刷品广告,应当标明广告主的名称、地址;广告主委托广告经营者设计、制作、发布一般形式印刷品广告,应当同时标明广告经营者的名称、地址;广告主、广告经营者利用印刷品发布药品、医疗器械、农药、兽药等商品的广告和法律、行政法规规定应当进行审查的其他广告,应当依照有关法律和行政法规规定取得相应的广告审查批准文件,并按照广告审查批准文件的内容发布广告。

第二,凡发布于商场、药店、医疗服务机构、娱乐场所以及其他公共场所的印刷品广告,广告主、广告经营者要征得上述场所管理者的同意。上述场所的管理者应当对属于自己管辖区域内散发、摆放和张贴的印刷品广告负责管理,对有违反广告法规规定的印刷品广告应当拒绝其发布。

第三,印刷品广告的印制企业应当遵守有关规定,不得印制含有违法内容的印刷品广告。

三、固定形式印刷品广告的管理

固定形式印刷品广告,是指由广告经营者利用有固定名称、规格、样式的广告专集发布的介绍他人所推销商品或者服务的印刷品广告。它是直递广告的重要形式,在国外很早出现并流行至今。在我国,固定形式印刷品广告1998年在北京、上海、广州等大中城市兴起,并逐渐在全国广告市场得到发展。新《办法》的最大特点是强化了对固定形式印刷品广告的监督管理,第一次对固定形式印刷品广告许可的条件、程序、名称、样式、内容和监管等做出系统、全面的规定,从某种意义上,新《办法》是一部以规范管理固定形式印刷品广告为主的专门规章。

（一）申请发布固定形式印刷品广告的广告经营者应具备的资质

按照新《办法》第八条的规定,广告经营者申请发布固定形式印刷品广告,应符合下列条件:

第一,主营广告,具有代理和发布广告的经营范围,且企业名称标明企业所属行业为“广告”;

第二,有150万元以上的注册资本;

第三,企业成立3年以上。

（二）固定形式印刷品广告申请的程序

新《办法》按照《行政许可法》规定设计了固定形式印刷品广告的申请程序。新《办法》规定,广告经营者发布固定形式印刷品广告,应当向其所在地省、自治区、直辖市及计划单列市工商行政管理局提出申请,提交下列申请材料:

第一,申请报告(应载明申请的固定形式印刷品广告名称、规格,发布期数、时间、数量、范围,介绍商品与服务类型,发送对象、方式、渠道等内容);

第二,营业执照复印件;

第三,固定形式印刷品广告登记申请表;

第四,固定形式印刷品广告首页样式。

省、自治区、直辖市及计划单列市工商行政管理机关对申请材料不齐全或者不符合法定形式的,应当在五日内一次告知广告经营者需补正的全部内容;对申请材料齐全、符合法定形式的,应当出具受理通知书,并在受理之日起二十日内做出决定。予以核准的,核发《固定形式印刷品广告登记证》;不予核准的,书面说明理由。《固定形式印刷品广告登记证》有效期限为两年。广告经营者在有效期届满三十日前,可以向原登记机关提出延续申请。固定形式印刷品广告经营者情况发生变化不具备本办法第八条规定条件的,由原登记机关撤回《固定形式印刷品广告登记证》。同时新《办法》改变了过去两级登记和发布地域的限制,凡经登记许可后,广告经营者可以在全国范围内发布固定形式印刷品广告。

（三）固定形式印刷品广告的发布规范

新《办法》从“广告应当具有可识别性”、“不得含有新闻报道等其他非广告信息内容”等要求出发,为避免固定形式印刷品广告与期刊等新闻杂志相混淆,对固定形式印刷品广告的名称、规格、样式等进行了明确规范。

第一,固定形式印刷品广告首页应标明事项。广告经营者应当在每期固定形式印刷品广告首页顶部位置标明固定形式印刷品广告名称、广告经营者名称和地址、登记证号、期数、发布时间、统一标志“DM”(Directmail advertising)。

第二,固定形式印刷品广告的名称。固定形式印刷品广告名称应当由以下三部分依次组成:广告经营者企业名称中的行政区划+企业字号+"广告"字样。固定形式印刷品广告名称字样应显著,各组成部分大小统一,字体一致,所占面积不得小于首页页面的10%。

第三,固定形式印刷品广告首页和底页的要求。固定形式印刷品广告的首页和底页应当为广告版面,广告经营者不得将广告标题、目录印制在首页上。固定形式印刷品广告不得使用主办、协办、出品人、编辑部、编辑、出版、本刊、杂志、专刊等容易与报纸、期刊相混淆的用语。

第四,广告的目录或索引。固定形式印刷品广告中的广告目录或索引应当为商品(商标)或广告主的名称,其所对应的广告内容必须能够具体和明确地表明广告主及其所推销的商品或者服务,广告经营者不得以新闻报道形式发布广告。

第五,语言文字的规范。广告经营者针对特殊群体需要发布中外文对照的固定形式印刷品广告,不得违反《通用语言文字法》、《广告语言文字管理暂行规定》等国家语言文字的有关规定。

第六,经营行为的要求。广告经营者应当按照核准的名称、规格、样式发布固定形式印刷品广告;应当接受工商行政管理机关的监督检查,按要求报送固定形式印刷品广告样本及其他有关材料,不得隐瞒真实情况、提供虚假材料;广告经营者不得涂改、倒卖、出租、出借《固定形式印刷品广告登记证》,或者将固定形式印刷品广告转让他人发布经营。

(四)对固定形式印刷品广告许可后的监督管理

新《办法》明确了违反本规定的法律责任,并就撤销、缴销《固定形式印刷品广告登记证》的情形做出规定:固定形式印刷品广告经营者情况发生变化不具备本办法第八条规定条件的,由原登记机关撤回《固定形式印刷品广告登记证》;固定形式印刷品广告违反本办法第三条规定,情节严重的,原登记机关可以依照《广告法》第三十七条、第三十九条、第四十一条规定停止违法行为人的固定形式印刷品广告业务,缴销《固定形式印刷品广告登记证》。

第三节　网络广告的法规管理

一、互联网与网络广告的发展概况

(一)国际互联网发展概况

国际互联网是一个全球性的计算机网络,其借助现代通讯和计算机技术实现了信息在全球用户间的快捷传递。国际互联网的发展突飞猛进。据统计,全球上网人数在1999年底为2.6亿,至2005年7月达到9.38亿,其中亚洲3.23亿,北美占2.23亿。我国网络普及的速度也相当快。据中国互联网信息中心(CNNIC)的统计,截至2005年7月,我国的网络用户达1.03亿,比上年同期增长18.4%,其中宽带上网人数首次超过网民总数的一半,达5 300万人,网民数和宽带上网人数仅次于美国,位居世界第二;IP地址6 830万个,拥有量排名世界第四;上网计算机达4 560万台,互联网网站数为67.7万个,分别比2004年同期增长25.6%、8.1%。

(二)网络广告发展概况

互联网迅速成长为区别于传统媒体的"第四媒体",并成为广告信息传播的新的方式和载体。网络广告随互联网的发展而兴起,其持续高速发展的趋势毋庸置疑。自1994年美国网络广告诞生至2004年,美国网络广告收入创下96亿美元的记录,比2003年增长33%,占美国全年广告业收入的3.7%,超越了户外广告和商业类杂志广告。网络广告的表现形式也日益多样化,从最初的旗帜广告,发展到搜索引擎广告、富媒体广告、纽扣广告、浮动广告、赞助广告、互动游戏广告、电子邮件广告等多种形式。中国的网络广告也发展迅速,1997年3月,中国出现第一个网络广告,即Chinabyte网站为IBM公司所做的旗帜广告,在其后的几年间,从1998年至2004年,历年的网络广告经营额分别为3千万、9千万、3.5亿、3.9亿、4.9亿、10.8亿和19亿元人民币,所占广告总额的比例也由1998年的0.05%迅速窜升至1.5%。2004年我国网络广告的经营额已与杂志广告经营额基本持平。国内网络广告发展的集中度较高,2004年网络广告经营额前五位的网站的广告经营总额达到12.4亿元人民币,占当年网络广告总经营额的65%。目前,各种数据显示,国内网站的经营额处于增长态势,网络广告成为网络公司的主要营收来源,网络广告市场处于其发展的"黄金时期"。

二、网络广告的特点

(一)受众多,传播范围广

网络广告通过Internet可以把广告传播到Internet网络所覆盖的任何国家地区,且发布不受时间和空间的限制,实时灵活。

(二)互动性

互动性是网络广告最基本的特征。互动性体现在一是给受众发言的机会;二是可以为特定的目标受众提供个性化的信息和服务,通过受众在网上反馈的信息,主要是通过其注册的信息,从而获得大量关于消费者的个人信息,加之网络广告的网上监测机制所提供的数据,根据人口统计特征、心理统计特征、购买力及购买习惯,网络浏览路径等,可以形成受众的信息数据库。

（三）表现形式的丰富性

网络广告的表现形式可以结合声音、动画、影片、三维空间等多媒体的形式，感官冲击力强。尤其在兼容宽带模式下，其形式更加丰富多彩，并且网络技术的发展突飞猛进，网络广告的形式也将更具表现力和吸引力。

（四）精确的定向性

网络是需求导向的，按照受众需求来构建，并有方便受众查询的功能日益强劲的搜索引擎。基于网络的各种定位技术也越来越精密，如"双击公司"（Double Click）的 DART 技术，可以在众多的受众中根据若干个变量，如地理区域、语言、行业等瞄准潜在的消费者，并且 24 小时监测网络广告活动。运用网络技术，已经可以达到内容定向、频率定向、地域定向、受众定向等，从而可以十分精确地瞄准目标受众群，更深入地了解顾客，建立起一对一的持续关系，针对性强，服务个性化。诸如 Ad Forward 提出的大学定向概念（University/College Targeting），就可以让广告主对高等学府的在校学生这一特殊人群进行广告定向。

（五）成本低廉

据市场调查公司 eMarketer 将电子邮件广告与邮政信件和电话销售等其他传统的广告形式进行对比，采用电话销售形式，每联系一个客户的成本为 1—3 美元，邮政信件方式中每封信的成本在 75 美分至 2 美元，而在美国进行的电子邮件广告中，每封电子邮件的平均成本只有 1 美分，因此有人将网上行销称作小本经营者在市场行销方面的天堂。

（六）即时的监控性和可统计性

通过 Internet 发布的广告可以通过服务器记录（Server Log）或是用户的 Cookie 等统计出每条广告被多少用户访问过，以及这些用户浏览这些广告的时间、地理分布。一些专业的广告监测公司可以在此方面做得更细致，实现对网络广告的即时监控。

三、网络广告常见的几种形式

（1）旗帜广告（Banner），也可译为横幅广告、网幅广告等。这是互联网广告最基本的形式。即一个表现广告主广告内容的图片，放置在广告商的页面上，尺寸是 480×60 像素或 233×30 像素，一般是使用 GIF 格式的图像文件，可以使用静态图形，也可以用多帧图像拼接为动画图像。

（2）按钮广告（Button），是由旗帜广告演变而来的一种广告形式，图形尺寸比旗帜广告小，一般为 120×60 像素，甚至更小，故可以被灵活地放置在网页的任何位置。在按钮广告中，有一种可以根据广告主要求并结合网页本身特点设计"飞行"轨迹的广告，称为会飞的按钮广告（Moving icon），这种广告形式增强了广告的曝光率。

(3) 电子邮件广告。是指利用网络服务商根据用户的许可所搜集的电子邮件地址向用户发送广告。电子邮件可分为以下几种：一是邮件列表广告(Direct Marketing),又名“直邮广告”,利用网站电子刊物服务中的电子邮件列表,将广告加在读者所阅读的电子刊物中发放给相应的邮箱用户；二是电子邮件式广告(E-Mail)经征得电子邮箱用户的同意,直接通过电子邮箱发送广告；三是在拥有免费电子邮件服务的网站,广告会出现在电子邮箱的主页上。

(4) BBS(电子公告板)广告。BBS广告是指在网络虚拟社区的BBS上发布广告。一般使用BBS动态图片广告,主要在留言板上端右侧出现,有些公告板的留言本身就是广告。此类广告的数量所占比例不大。

(5) 互动游戏式广告(Interactive Games)。在一段页面游戏开始、中间、结束的时候,广告都可随时出现,并且可以根据广告主的产品要求,为之量身定做一个属于自己产品的互动游戏广告。

(6) 聊天室广告。是以聊天室广播系统为载体发布的广告。其特点是它比单一网站拥有更广泛的受众群并吸引其注意力。

(7) 竞赛和推广式广告(Contests & Promotions),广告主可以与网站一起合办他们认为感兴趣的网上竞赛或网上推广活动。

(8) 插页式广告(Interstitial Ads)又名“中断式广告”、“弹跳广告”,广告主选择自己喜欢的网站或栏目,在该网站或栏目出现之前插入一个新窗口显示广告。

(9) 墙纸式广告(Wallpaper)把广告主所要表现的广告内容体现在墙纸上,并安排放在具有墙纸内容的网站上,以供感兴趣的人进行下载。

(10) 粘贴纸式广告(Scroll-Ads), 此种广告会随所浏览网页滚动条的移动而移动,因而始终出现在所阅读的网页上。

(11) 鼠标陷阱广告(Mouse Trapping), 即在用户浏览网页的过程中,出现一个新的广告窗口,只能以鼠标关闭。

(12) 富媒体(Rich Media)广告。是指能够达到2D及3D的Video、Audio、JAVA等具有复杂视觉效果和交互功能的网络广告形式,具有交互性强、包含信息量大、表现力丰富、要求宽带支持等特性。

还有强制性的广告形式,包括弹出式窗口广告(POP-UPS),以上强制性的广告曝光率较高,但越来越容易引起受众的反感。还有的广告不仅提供产品,还提供一定的优惠,在一个广告中包含一个可供下载的小程序,程序中包含一个数字,根据这个数字,可以得到产品的折扣或礼品等优惠。其他还有闪客广告、在线分类广告、巨幅广告等多种形式。随互联网技术的发展,网络广告的形式还会更趋丰富多样,富于表现。

四、网络广告发展与监管中亟待解决的几个问题

（一）网络广告的收费标准尚缺乏明确规范

据了解，关于网络广告的收费方法和收费标准各不相同，例如很多国内网站是按照每个月收取多少广告费的方法来收费，但这样无法给广告主一个精确的广告效果统计报告。有的网站按照CPM（cost perthousand impression，千人成本，即广告主购买1 000个广告收视次数的费用或者是广告被1 000人次看到所需的费用）收费，相对可以保证广告主的付费和浏览人数直接挂钩，还可以鼓励网站尽量提高自己网页的浏览人数，同时因为按照CPM做广告的计价方式，在封面做广告和其他页面做广告的收益和付出比一样，因此还可以避免广告主只在首页做广告的弊端。还有的收费方式是基于广告所产生效果的CPC（每点击成本）或CPA（每行动成本）。从收费标准看，每个CPM的价格，各网站也不尽相同，有的网站为提高其知名度和影响力，往往会采取打折甚至免费赠送等价格优惠来吸引一些知名企业和品牌。网络广告收费标准的科学性问题仍有待进一步解决。

（二）广告公司代理网络广告的意识和水平尚不成熟

目前如新浪等知名网站的分类广告已通过广告代理商来代理广告的招商和发布。但整体上看，广告公司代理网络广告的意识和水平仍处于初级阶段，对网络广告传播策略的掌握运用尚不成熟，往往以网络广告投放便宜等理由向客户提出投放建议，大多只做些技术上的处理，缺乏科学的分析与策划。如何利用网络媒体和传统媒体之间的互补性，将网络广告与传统媒体广告有机结合，制定形成有利于营销效果最大化的整合营销传播方案，是广告公司在为客户制定媒体投放计划时亟待加强的一课。

（三）网络广告的效果尚难测定和保证

对网络广告的最直接评价标准是显示次数和点击率，即有多少人看到了广告，并且有多少人对此广告感兴趣并点击了该广告。在直销型电子商务站点，因为Web服务器端的跟踪程序能够判断任何一笔销售的买主是从哪个站点链接过来的，所以可以根据在线销售额的增长情况来判定广告的投放效果。在我国尚无标准的网站访问统计及分析系统，也无权威专业的审计机构公正地评估网站的访问流量，并提出一个通用可信的统计标准，广告主在实施其网络广告的投放时需要了解的诸如网站的访问率、用户发布、上网习惯、访问繁忙时段、热点网页与栏目等重要参数很难有一个客观地结论。目前很多网站提供类似“点击数”等不具商业价值的参数。点击数是从一个网页上提取的信息点的数量，网页上的每一个图标、链接点都会产生点击，所以一篇网页的一次被访问可能产生多次的点击。在我国一些知名网站也只统计“来访人次”这样简单的数据。

（四）网络广告在网络用户中的认可度尚待提高

据专业调查数据显示：11.3%的网民表示网络广告亟须加强内容质量建设，44.35%的网民对网络广告不接收，仅8.8%的网民经常点击网络广告。以上数据反映出网络用户对网络广告的认可接收程度不高，这与我国网络广告的形式、创意落后密切相关。目前我国网络广告规模的迅速增长很大程度上受益于外生性需求，网络广告内在的经营理念、创意等尚处于初级阶段。在西方国家，弹出式等带有强迫性阅读特征的网络广告已很少出现，而在我国目前虽然21CN、新浪、搜狐等各大网站纷纷宣布整肃网络广告，取缔或逐步取缔弹出广告等影响用户浏览和阅读网页的广告模式，但事实上，弹出式广告等传统的网络广告依然是中国各大网站的主要广告模式。

（五）网络广告监管还是一个相对陌生的监管领域

除真实、公平性、商标、版权、竞争等传统问题可以遵循一些固有的法律法规加以解决，有一些独具特性的新问题需要加以解决。突出表现为以下三个方面：

（1）关于个人隐私权的问题。网络技术的发展，使上网者真实的身份证明及信用证件或者是居住地址、工作单位等个人资料会被网站当作商品卖给某些广告商或企业。如美国互联网广告商——Double Click就曾因非法取得并且贩卖消费者的私人资讯而遭起诉。这个诉讼宣称Double Click采用了“cookie”这个先进的电脑追踪技术，以识别网络的使用者，并且在未经同意的情况下收集网络浏览者的个人资讯。在美国，互联网旗帜广告客户经常收集广告访客的信息，用以确定他们的市场策略。广告商收集这些数据的手段往往处理得非常隐蔽，对网民的个人隐私权构成一定威胁和侵害。

（2）未经同意的电子邮件等问题。有调查数据显示，近三分之一网民认为网络广告出现的友好性，即事先征得用户的同意，是网络广告最需加强的部分，而未经同意的电子邮件广告以及弹出式等带有强制性特征，影响用户正常浏览网页的网络广告已成为遭人诟病的“网络垃圾”。

（3）跨地域广告造成法律适用上的冲突问题。传统广告由于受国界的限制，一般由国内法律管辖，即使发布跨国广告，一般也可以在法律适用和管辖上进行选择。而网络广告则具有超地域性的特征，网络广告可能涉及多个国家、地区，无法将其分割为几个部分，无法确定哪部分的所在地与网络更为密切。鉴于各国立法的差异，当碰到这类问题时，容易导致法律适用上的冲突。

五、借鉴国际经验，加强对网络广告的监管

对于传统媒体和广告，我们已经形成了一套相对完整的管理规则，面对网络广告这一蓬勃发展的新生事物，我国相应的监管尚处于探索的初级阶段，体现了试验

性、宽松性的特点。随着网络广告的快速发展,网络和网络广告的快速成长性与管理的滞后性的矛盾必然会对网络广告的持续、长足发展形成制约,因此对网络广告加强研究和监管十分必要和迫切。

（一）借鉴国际有关网络广告监管的成功做法与有益经验

从国际上来看,欧美等国家和地区结合对电子商务的规范制定了一系列的法律,其中很多规范与网络广告的监管息息相关,值得我们加以借鉴。如:欧盟制定的《电子商务法》中对电子邮件广告规定了"自由退出"原则,即没有预定的E-MAIL广告是允许的,但收信者可以加以拒绝。在德国,《电子信息通讯法》构筑了电子信息通讯方面的框架,规定企业在网上做广告必须标明企业的登记号、增值税号、地址、E-MAIL地址,对E-MAIL广告,要明确注明广告的制造商,要避免所有有争议的内容;《数据保护法》规定了个人信息包括姓名、住址、出生年月等,企业可据此得出诸如兴趣爱好等个人信息,这些信息只能由用户同意的企业在同意的范围内使用;《多媒体国家法》针对媒体进行规范,网络供应商必须提供产品的详细信息,必须进行数据的保护,此外没有别的义务。1998年7月17日美国国会提出《网上儿童隐私保护法》,保护儿童在网络中的隐私权。美国电子前线基金会(EFT)与Commerce Net共同发起成立以倡导网上隐私为主旨的非盈利机构TRUSTE,要求网站明白宣示对所有到其网站访问的个人资料都严守秘密,并对愿意接受不同自律标准的网络颁发不同的认证章。2002年,美国参院商业委员会通过了一项旨在限制垃圾邮件的法案,允许对触犯现有的反垃圾邮件法律的人或组织,处以每封电子邮件10万美元、最高50万美元的罚款。该法案还要求进行电子商务的厂商在电子邮件中要包含一个有效的返回地址,使接收到其电子邮件的用户能够做出拒绝接受更多电子邮件的选择,使ISP能够过滤掉垃圾电子邮件,从而有助于减轻垃圾或色情电子邮件给电子商务企业和消费者造成的负担。在美国,已经有22个州通过了反垃圾邮件法律。美国参院商业委员会还通过了一项修正案,禁止向从互联网网站非法获取电子邮件地址发送垃圾电子邮件。

（二）发挥行业自律的作用,促进行业的良性发展

在行业自律方面,由于互联网是一个高度"自治"的产业,政府对其经营行为的监控成本很高且很难完全到位,这一行业自身的自我约束、自我规范、自我发展显得尤其重要。在美国网络广告业界发挥巨大作用的是1996年成立的一家非官方的网络广告业行会——互联网广告局(Internet Advertising Bureau—IAB),它在美国的网络广告评估的推荐标准、业务模型、研究网络广告到达有效率、带动广告业采用网络及数字广告方面发挥着主要作用。IAB仅美国公司会员即达300余家,其中包括Double Click、BBDO、Yahoo、Intel等知名跨国公司,分布在IT业各个相关环节;类似的机构包括无线广告协会(Wireless Advertising Association—WAA)

系致力于将IAB的目标实现在无线通讯领域，包括为业界推荐自愿采用的有关隐私保护、创新标准、广告模式（包括使用于WAP、PDA和SMS等不同方面）、计量统计等方面的规范；在隐私保护方面，IAB与网上隐私权协会（Online Privacy Association）已合作多年，且又成立了首席隐私保护官理事会（Chief Privacy Officer Council），致力于对行业进行消费者隐私保护解决方案方面的教育和培养。在我国尚缺乏网络广告方面的自律性的行业组织和行业规范，为此建议在广告业界最具影响力的广告行业组织——中国广告协会中设立网络广告专业委员会，并在具备条件的地方广协设立相应机构，制定网络广告的行业规范，在网络广告的管理、规范方面取得业内的认可和国家立法机关、广告审查和监管机关的支持。

（三）加强对网络广告监管的探索

1. 在网络广告的经营准入上体现宽松性

工商行政管理部门作为广告法确定的广告监督管理部门，在网络广告的经营准入方面做出了有益的探索。为规范网络广告经营活动，促进网络广告这一新生事物健康、有序的发展，国家工商行政管理总局曾于2000年2月24日发布《关于展开网络广告经营登记试点的通知》，选取北京、上海、广州三个中国广告业发展的前沿城市，进行网络广告经营登记试点，核发《广告经营许可证》。但2005年1月1日施行的《广告经营许可证管理办法》（国家工商总局16号令）并未将网络纳入广告经营审批的范围，体现了对网络广告经营准入上的宽松，与《行政许可法》的精神也并行不悖。

2. 在隐私权等权益保护方面，在互联网电子邮件广告上进行突破

在2006年3月30日施行的《互联网电子邮件服务管理办法》体现了对公民隐私权为核心的权益的保护和对发达国家法律规范的借鉴。它明确规定除法律另有规定外，互联网电子邮件服务提供者及其工作人员不得非法使用或者泄漏用户的个人注册信息资料和互联网电子邮件地址；任何组织或者个人未经互联网电子邮件接收者明确同意，不得向其发送或者委托发送含有商业广告内容的互联网电子邮件；在发送含有商业广告内容的互联网电子邮件时，应在互联网电子邮件标题信息前部注明"广告"或者"AD"字样；互联网电子邮件接收者明确同意接收包含商业广告内容的互联网电子邮件后，拒绝继续接收的，互联网电子邮件发送者应当停止发送；互联网电子邮件服务发送者发送含有商业广告内容的互联网电子邮件，应当向接收者提供拒绝接收的联系方式，包括发送者的电子邮件地址，并保证所提供的联系方式在30日内有效。

3. 在网络广告的标准规范上，应抓紧填补空白并增强操作性

目前网络广告的规范程度较低，甚至造成人们"网上无禁忌"的错觉，体现了网络广告标准和规范的缺位。建议在对《广告法》修订中，将网络广告纳入调整的

对象，并针对网络广告传播的性质和特点，制定具体、明确、操作性和针对性强的行政法规或规章，进一步明确对虚假网络广告的认定、处理，网络广告经营单位的查验、审查广告的义务，以及传统权益在网络环境下的保护等问题。

4. 在网络广告突出矛盾的治理上，应注重针对性和试验性

在国家工商总局于2004年开始至今在全国开展的“打虚假，树诚信”广告专项整治行动中，网络广告已被列入今年整治的重点内容之一。网络广告面广量大，应当选取矛盾和问题较为突出行业领域的虚假、误导广告有针对性地集中进行治理。可以先选取服务器在本地的知名的门户网站以及重点行业（如与健康相关的医药、保健食品、化妆品等产品和服务行业）广告内容先行整治，在整治中加强引导和规范，以点带面，形成示范效应。

本节参考附录：《北京市网络广告管理暂行办法》

北京市网络广告管理暂行办法

第一条　为依法规范网络广告内容和广告活动，保护经营者和消费者的合法权益，依照《中华人民共和国广告法》（以下简称《广告法》）、《中华人民共和国广告管理条例》（以下简称《条例》）有关规定，制订本办法。

第二条　本办法所称网络广告，是指互联网信息服务提供者通过互联网在网站或网页上以旗帜、按钮、文字连接、电子邮件等形式发布的广告。互联网信息服务提供者包括经营性和非经营性互联网信息服务提供者。

第三条　互联网信息服务提供者发布网络广告，应当遵守《广告法》、《条例》和其他有关法律、法规、规章以及本办法的规定。

第四条　北京市工商行政管理局负责本市网络广告监督管理，并在HD315网站建立“网络广告管理中心”。区、县分局（含直属分局）负责对辖区内互联网信息服务提供者发布的网络进行监督管理。

第五条　本市行政区域内经营性互联网信息服务提供者为他人设计、制作、发布网络广告的应当到北京市工商行政管理局申请办理广告经营登记，取得《广告经营许可证》后到原注册登记机关办理企业法人经营范围的变更登记。非经营性互联网信息服务提供者不得为他人设计、制作、发布网络广告。在网站发布自己的商品和服务的广告，其广告所推销商品或提供服务应当符合本企业经营范围。

第六条　经营性互联网信息服务提供者申请办理网络广告经营登记，应当符合下列条件：

（一）企业法人营业执照具有从事互联网信息服务的经营范围；

（二）在北京市工商行政管理局指定的网站（HD315）备案；

（三）具有相应的广告经营管理机构和取得从业资格的广告经营管理人员及广告审查人员；

（四）具有相应的网络广告设计、制作及管理技术和设备。

第七条　符合上述条件，申请办理网络广告经营许可证，应提交下列证明文件：

（一）在 HD315. gov. cn 网站上办理备案登记后，贴有备案标识的网站首页打印件；
（二）广告经营资格申请登记表（一式两份）；
（三）营业执照复印件（加盖发照机关备案章）；
（四）网站域名的注册证明（有效复印件）；
（五）广告管理制度（承接、登记、审查、档案、财务）及广告监测措施；
（六）《广告专业岗位资格培训证书》两份（有效复印件）；
（七）《广告审查员证》两份（有效复印件）；
（八）广告价目表。

对文件齐备、符合规定的，北京市工商行政管理局自受理之日起七个工作日内核发《广告经营许可证》。

第八条　已取得《广告经营许可证》的广告经营单位和发布单位经营网络广告的，应根据上述规定办理备案登记和网站域名的注册登记。取得网络广告经营资格的互联网信息服务提供者，应当在其网站备案栏中注明《广告经营许可证》号码。

第九条　经营性互联网信息服务提供者设计、制作、发布网络广告应当依据法律、行政法规查验广告主有关证明文件，核实网络广告内容。对内容不实或者证明文件不全的网络广告，不得设计、制作和发布。

第十条　经营性互联网信息服务提供者发布网络广告，应将制作完成并经过审查的网络广告上传至“网络广告管理中心”，同时附加网站注册得到的电子标识、企业所属审查员的代码，以及广告发布点的计划。“网络广告管理中心”将根据广告发布计划将该网络广告发送至目标网站，并于计划执行完毕后，将该广告的相关资料自动返还提交广告的网站。对于已具有集中发布网络广告性质的网站或“网站联盟”性质的网络广告运作联合体，其广告发布部分的数据库应与“网络广告管理中心”实现联网。

第十一条　经营性互联网信息服务提供者应将发布的网络广告及相关资料保存留档一年，并不得隐匿、更改，在广告监督管理机关依法检查时予以提供。

第十二条　经营性互联网信息服务提供者的网络广告收入应当单独立账，并使用广告业专用发票。

第十三条　互联网信息服务提供者不得在网站上发布下列商品或服务的广告：
（一）烟草；
（二）性生活用品；
（三）法律、行政法规规定禁止生产、销售的商品或者提供的服务，以及禁止发布广告的商品或者服务。

第十四条　互联网信息服务提供者在网站上发布药品、医疗器械、农药、兽药、医疗、种子、种畜等商品的广告，以及法律、法规规定应当进行审查的其他广告，必须在发布前取得有关行政主管部门的审查批准文件，并严格按照审查批准文件的内容发布广告；审查批准文号应当列为广告内容同时发布。

第十五条　互联网信息服务提供者在网站上发布出国留学咨询、社会办学、经营性文艺演出、专利技术、职业中介等广告，应当按照有关法律、法规、规定取得相关证明文件并按照出证的内容发布广告。

第十六条　互联网信息服务提供者应当将发布的广告与其他信息相区别，不得以新闻报道形式发布广告。

第十七条　本市各级工商行政管理机关广告监督管理部门应将网络列入重点广告监测范围,建立监测登记汇总制度。发现违法广告及时下载取证,保证网络广告监测及时到位。

第十八条　对取得广告发布资格的互联网信息服务提供者,北京市工商行政管理局将通过HD315网站向社会公告其名称、注册标识及广告经营许可证号,以供广大消费者认选,并方便消费者投诉、申诉、举报。

第十九条　违反本办法规定的,工商行政管理机关将依照《广告法》、《条例》等法律、法规的规定进行处罚。

第二十条　外商投资的经营性互联网信息服务提供者申请办理网络广告登记的,参照设立外商投资广告企业的有关规定和本办法执行。

第二十一条　本办法由北京市行政管理局负责解释。

第二十二条　本办法自2001年5月1日起施行。

问题与思考

1. 试述我国户外广告管理的对象和内容。
2. 试述固定形式印刷品广告的申请程序和发布标准。
3. 试述网络广告的特点和主要形式以及你对网络广告管理的认识。

第六章　广告道德规范

第一节　广告道德规范概述

一、广告道德规范的概念

对"广告道德规范"概念的理解牵涉对一些相关概念的理解。

（一）道德

道德是关于人们思想和行为的真假、善恶、美丑、正义与非正义、公正与偏私等观念、规范、原则和标准的总和。道德与法律等其他行为规范一样，是用以调整人们之间相互行为的一种准则。道德与法律之间相互渗透、相互补充、密切联系，"法律是最低限度的道德"体现了两者的内在联系。

（二）道德规范

"规范"一词有标准、准则之意。道德规范，也就是道德标准、道德准则，是对抽象道德原则的具体化。道德规范是社会规范的一种，是一定社会或一定阶级从自身的整体利益出发倡导和形成的人们在某种社会关系中应当普遍遵守的行为善恶的准则。在整个道德体系中，道德规范与抽象的道德原则相比，对社会成员行为的指导、约束和调节的作用更为直接和有操作性。

广告道德规范，是道德规范在广告活动领域内的具体体现。它是指广告主、广告经营者和广告发布者在从事广告活动过程中，应当遵循的基本的社会公德和职业道德。广告与广告道德规范之间存在密切关系。衡量广告的一个重要因素，就是要看广告是否具备鲜明的文化性、民族性、思想性和艺术性。一则好的广告所具备的这些特性都内化着一个社会道德规范的要求；同时广告在树立良好社会道德、促进社会主义精神文明建设方面，可以发挥其社会教育、文化传播、舆论导向等功能。

二、广告道德规范的特征

广告道德规范与法律规范等其他社会规范有着显著的差异，在生成方式、行为标准、存在形态、调整方式、运作机制、强制方式等方面都具有自身的特征。

（一）生成方式上的非建构性

广告道德规范是在具体的广告活动中自然演进生成。与广告法律不同，无需国家权威主体经严格程序主动制定认可。当然其生成方式上的非建构性并不排除我们可以对有关的广告道德规范进行归纳和总结,并加以系统化的推进。

(二) 内容标准上的丰富性和多元化

广告道德规范在其内涵上远远大于广告法律规范,具体就表现在广告道德规范的内容、标准比广告法律规范更加丰富和多元。

(三) 调整方式上的内省性

广告道德规范对广告活动的调整方式,首先关注内在的动机,通过内在的信念,影响外在的广告行为。与广告法律不同,广告道德规范注重以内省方式达到自律控制,因此广告道德规范一旦达到行为人的认同,其作用的效果更加深刻和持久。

(四) 强制方式上的内在约束性

道德在本质上是良心和信念的自由。因此广告道德规范的强制性与广告法律相比截然不同,后者以国家强制力为后盾和保障,有显著的外在强制标志; 而广告道德规范所具有的强制力是内在的,主要凭内在的道德认知,即使是外部的舆论压力和谴责也只能在主体对谴责所依据的道德规范认同的前提下发挥作用。

三、广告道德规范的作用

(一) 对广告活动的调节、指引和评价作用

对于广告活动自身的发展,广告道德规范的作用在于通过对广告活动的调节、指引和评价作用的发挥,调整规范广告活动,促进广告活动主体自觉遵守国家的法律法规和行业自律规则,维护广告业发展、运行的正常秩序,维护广告业良好的外部行业形象。

(二) 对广告法律规范的补充作用

广告法律规范为广告活动设定了最低的行为边界,广告活动主体的广告活动不能逾越法律的界限和框架,否则应当承担相应的法律责任,受到国家广告监管机关的制裁。广告法律规范作用的局限性在于它无法调整大多数处在法律边界以内的合乎法律规范的广告行为。这些广告行为主要依靠广告道德规范加以规范。因此广告道德规范对广告法律规范起到了一定的补充作用。

(三) 对广告执法的参照作用

广告监督管理部门在其广告监管过程中,主要以有关的法律法规作为其监管执法的依据,这是依法行政的基本要求。同时在具体的执法过程中,对广告法律规范未明确规定的方面,广告道德规范对广告执法有一定的参照作用。例如广告监管部门在判断一个广告是否违反了《广告法》规定的"不得含有淫秽、迷信、恐怖、暴力、丑恶内容"的广告准则的规定,对这一规定的执行本身其实是一个对广告进

行价值判断和道德评价的过程,从法律法规的层面,很难进一步细化。在实际的操作中,就可以根据社会对某一广告的反映情况,也就是依据社会公众的集体道德评判来判别某广告是否违法,这里社会公众对广告道德规范的认知就对广告执法起到了参照作用。

（四）对社会道德的影响作用

广告道德规范是社会道德规范的有机组成部分之一。广告业自身是一个与社会主义精神文明建设高度相关的特殊产业。广告在传达商品和服务相关信息的同时,对其受众的思想观念也会产生一定的影响,其中的公益广告在提升社会道德发展水平和文明程度方面具有重要的意义。因此对广告的行为和内容都应确立一定的道德规范准则,确保广告的真实性、思想性、艺术性、科学性和民族性等,使广告道德规范在整个社会道德体系中发挥独特的作用。

四、我国广告道德规范的建设

我国长期以来在社会规范方面深受传统的“德主刑辅”思想的影响,重视道德规范的作用,而对法律规范在调整社会关系,规范社会成员行为等方面的重要作用则相对忽视。20 世纪 90 年代以来,在社会主义市场经济体制建设的过程中,社会主义法制建设的重要性日益突出,依法治国成为我国基本的治国方略,而社会主义的道德体系的建设相对削弱,与社会主义市场经济相适应的道德规范出现了一些真空和盲点,导致了社会诚信的下降,交易成本的上升等,影响着市场经济的发展。因此,近年来,我国在大力推进依法治国进程、加强法制建设的同时,提出“以德治国”的思想,切实加强与社会主义市场经济体制相适应的道德体系建设,促进道德规范和法律制度规范两者相辅相成,协调发展。

在广告道德规范建设方面,由于历史原因,我国的广告业起步较晚,广告道德规范的发展、建设也相对滞后,这在一定程度上制约了我国广告业的深入发展。在广告业发展的实践过程中,广告道德规范的形成和完善显得越来越必要。从某种意义上,广告道德规范是广告业快速、持续、健康发展的内在支撑。为此,1997 年 12 月 26 日,国家工商行政管理总局印发了《广告活动道德规范》,对广告主、广告经营者、广告发布者和各类市场中介机构参与广告活动的道德规范进行了具体的界定; 中国广告协会制定《广告宣传精神文明自律规则》(详见本节参考附录),并在广告行业中开展“争创广告行业精神文明先进单位”活动,标志着我国广告道德规范正步入一个系统化的阶段。近年来,广告主和广告行业自身在日趋成熟和规范的市场环境下,面对公众的信任危机,从行业长期的生存和发展出发,也对广告的道德问题给予了更多的关注。例如全国主要的保健品生产企业曾联合向社会发布诚信宣言; 2002 年在大连举行的第九届中国广告节上,18 家国内著名广告公司发出“共肩道义，诚信立业”的宣言和倡议。

五、我国广告道德规范的内容

国家工商行政管理总局颁布的《广告活动道德规范》对各类广告活动主体应当遵守的广告道德规范分别进行了归纳总结，具体内容包括：

(一) 广告主广告活动道德规范

第一，广告主应当自觉维护消费者的合法权益，本着诚实信用的原则，真实科学地介绍自己的产品和服务。

第二，广告主应当自觉遵守国家广告管理法律法规和其他有关规定，与其他广告主进行公平、正当的竞争，不得以不正当的方式和途径干扰、损害他人合法的广告活动。

第三，广告主发布商业广告，应当自觉遵守和维护社会公共秩序和社会良好风尚，不应以哗众取宠、故弄玄虚、低级趣味等方式，片面追求广告的感官刺激和轰动效应，对社会造成不良影响。

第四，广告主应当按照国家有关规定，积极参加各类公益事业，响应政府主管部门的号召，参与公益广告活动，树立良好的企业形象。

第五，广告主应当在国家法律、法规的规范内，按照市场经济规律，根据服务质量，选择广告经营者的服务，自觉抵制各种损害企业利益的人情、关系广告业务。

第六，广告主实行广告服务招标，应当尊重投标者的劳动成果，自觉履行招标承诺，自觉抵制和纠正以虚假招标形式引诱投标者投标，以及窃用投标者的广告策划和创意的不公平交易行为。

第七，广告主应当自觉抵制和纠正如下不正当的广告宣传：① 依据科学上没有定论的结论来否定他人的产品和服务，借以突出自己的产品和服务；② 片面宣传或夸大同类产品或服务的某种缺陷，以对比、联想等方式影射他人；③ 未经有关部门认定假冒商标的情况下，在各种声明、启事中涉及他人的商标；④ 擅自使用他人知名商品和服务标志作为陪衬宣传自己的产品和服务，不正当地利用和享用他人的商品声誉和商业信誉；⑤ 使用不规范的行业用语或消费者无法熟知的专业术语表示商品的质量、制作成分、性能、用途、产地以及采用的技术、设备等；⑥ 使用含糊不明，易使消费者产生歧义的承诺；⑦ 使用不合法、不科学、不公正的评比结果和奖项；⑧ 采用隐去主要事实、断章取义、偷换概念的手法使用有关数据、统计资料、调查结果、文摘和引用语，误导消费者。

(二) 广告经营者广告活动道德规范

第一，广告经营者在广告创意、设计、制作中应当依照有关广告管理法律、法规的要求，运用恰当的艺术表现形式表达广告内容，避免怪诞、离奇等不符合社会主义精神文明要求的广告创意。

第二,广告经营者在广告创意中,使用妇女、儿童形象应当正确恰当,有利于树立健康文明的女性形象,有利于维护未成年人的身心健康和培养儿童良好的思想品德。

第三,广告经营者在广告创作中应当坚持创新与借鉴相结合,继承中华民族优秀传统文化,汲取其他国家和地区广告创作经验,自觉抵制和反对抄袭他人作品的行为。

第四,广告经营者为同类产品广告主同时或者先后提供广告代理服务,应当保守各广告主的商业秘密,不得为自身业务发展的需要泄漏广告主的商业秘密。

第五,广告经营者应当注重广告在社会主义精神文明建设中的作用,坚持商业广告创意设计中的社会主义思想文化导向,积极参与公益广告活动,倡导正确的道德观念和社会风尚。

第六,广告经营者应当注重经营管理水平和服务质量,依靠不断提高服务质量和商业信誉与广告主建立稳定的业务关系,自觉抵制和纠正不正当竞争行为。

(三) 广告发布者广告活动道德规范

第一,广告发布者发布商业广告,应当考虑民族传统、群众消费习惯以及广告受众的区别等社会因素,合理安排发布时段、版面,依照各类广告的发布标准和社会主义精神文明建设的要求,认真履行广告审查义务。

第二,广告发布者应当严格遵守国家关于禁止有偿新闻的有关规定,坚持正确的经营观念,杜绝新闻形式的广告。

第三,广告发布者应当严格执行国家有关广告服务价格的管理规定,根据媒介的发行量、收视率等科学依据制定合理的收费方法和收费标准。广告经营者采用招标等特殊方式确定广告价格的,招标方案和办法应当合法、公正,不得利用不正当手段哄抬广告服务价格。

第四,广告发布者应当自觉执行国家关于公益广告宣传的有关规定,发挥公益广告宣传社会主义精神文明的积极作用,促进社会主义精神文明建设,树立良好的社会道德风尚。

第五,广告发布者在广告经营活动中应当自觉抵制和纠正下列行为:① 以不正当理由拒绝广告经营者正常客户代理业务,并强制该广告经营者必须通过与其有特殊利益关系的代理公司进行代理;② 违背广告主、广告经营者的意愿搭售时间、版面或者附加其他不合理的交易条件;③ 对不同客户实行不同的收费标准,强制要求客户预付广告费,不按规定的标准返还代理费。

(四) 各类市场中介机构参与广告活动的道德规范

第一,从事各类广告出证活动的社会团体和商业调查、技术检测、标志认证等市场中介机构,必须具备合法资格,其广告出证行为必须遵循诚实信用原则,出证内容必须真实、合法,不得助长不正当竞争和不公平交易行为。

第二,各类市场中介机构以广告形式公布其推荐、介绍、调查、检测、认证结果的,应将其从事该项活动的依据,采用的方法、方式等向社会公布,自觉接受社会监督。

第三,各类市场中介机构应当保证广告出证行为的客观、公正性,自觉抵制和纠正以牟利为主要目的广告出证活动,杜绝以收费多少排名、排序,并以广告误导消费者的现象。

六、树立广告诚信,加强广告道德建设

当前,我国广告道德规范建设伴随广告业的发展、壮大,取得了较为显著的进展。但总体上看,对于广告道德建设重要性的认识尚不够,广告道德规范的建设滞后于广告法律规范建设,导致了我国广告活动主体的职业道德意识淡薄,急功近利的短期行为、钻法律空子的不法行为司空见惯;社会对广告的信任度下降,广告行业的诚信危机有所显现。2001 年全国开展整顿和规范市场经济秩序活动,国家工商行政管理总局将虚假广告列为全国整顿的重点,开展"反误导,打虚假"广告专项整治,中国广告协会也开展了"真实广告我先行"活动,大力倡导广告业加强广告道德建设和行业自律,维护行业的整体社会形象。这些活动很大程度上推进了我国广告道德建设的进程,但从广告业发展的长远要求看,必须在大力发展广告法制的同时,以树立广告诚信为核心,重视和加强广告道德建设,积极发挥广告道德规范在广告业规范和发展中的作用。

本节参考附录:中国广告协会《广告宣传精神文明自律规则》

广告宣传精神文明自律规则

第一条 为加强广告行业的精神文明建设,提高各类广告的精神文明标准,根据《中国广告协会章程》总则第三条制定本规则,作为"中国广告协会自律规则"的单项规则,中国广告协会的会员应自觉遵守。

第二条 利用各种媒体和形式发布的各类广告,都应当遵守《中华人民共和国广告法》和有关政策、法规,关于社会主义精神文明建设的规定,符合社会主义精神文明建设的要求。

第三条 广告作品应当体现社会主义思想道德风貌,积极倡导和反映爱祖国、爱人民、爱劳动、爱科学、爱社会主义的好风尚。广告创作应当体现下列原则:

(一) 有利于引导消费者健康消费,反对奢靡;

(二) 有利于弘扬中华民族精神和民族文化,增强民族自信心和自豪感;

（三）有利于普及推广科学知识，破除和反对封建迷信和伪科学；

（四）有利于促进国家各项建设事业的健康发展；

（五）有利于国家统一和各民族的团结和睦。

第四条　广告应维持国家尊严和利益，不得出现下列内容：

（一）危害国家统一，主权和领土完整；

（二）丑化、影射、诽谤、侮辱我国国家领导人和著名人物；

（三）使用禁止演唱的歌曲作为背景音乐；

（四）煽动民族分裂、破坏民族团结，伤害民族感情。

第五条　广告应当体现科学、真诚、善良。不得夸大、欺骗、宣传伪科学，不得出现带有封建迷信、鬼神、算命、相面、看风水及恐怖、暴力、丑恶的内容。

第六条　广告应有利于维护社会公共秩序和树立新的社会风尚，在广告中不得出现破坏公共设施、公共环境秩序的行为，以及吸烟、酗酒、虐待老人和儿童，纵容犯罪，以强凌弱等不文明举止以至违法的行为。

第七条　广告应当体现尊重妇女，男女平等。凡涉及妇女形象的，应当展示社会主义国家女性公民的独立地位和庄重形象、不得出现下列内容：

（一）歧视、侮辱妇女，宣传男尊女卑，伤害、排斥女性；

（二）性行为、性挑逗的描述和过分地展现性特征；

（三）具体描写、形容与性行为有关的用品、药品、滋补品的特征、功能。

第八条　广告应有利于儿童身心健康。儿童使用的产品或者儿童参加演示的广告，必须注意儿童优秀思想品德的树立和培养；广告中出现的儿童和家长形象，应表现出良好的思想道德修养，不得出现下列内容：

（一）利用儿童给家长施加压力；

（二）儿童对长辈和他人不尊重，不友善或有不文明举止；

（三）以是否拥有某种商品而使儿童产生优越感或自卑感；

（四）利用超出儿童判断力的描述，使儿童误解或变相欺骗儿童或其他消费者；

（五）表现不应由儿童单独从事的某种活动；

（六）画面出现青少年及儿童吸烟、饮酒形象。

第九条　广告要正确引导大众消费，不得出现下列内容：

（一）直接或间接宣扬享乐主义、奢靡颓废的生活方式；

（二）使用封建帝王、贵族的名称、形象以衬托产品高贵特征；

（三）诱导人们在消费中可能采取不良行为。

第十条　广告内容要体现尊重和弘扬祖国优秀传统文化，要正确使用祖国的语言文字、大力推广普通话，不得出现下列内容：

（一）广告通白用地方语言代替普通话（地区性媒介除外）；

（二）贬低、丑化、否定祖国优秀传统文化；

（三）不恰当地编造谐音成语或使用文理不通的语句，引起误导；

（四）使用已被简化了的繁体字和不符合规定的各种简体字、异体字；

（五）单独使用汉语拼音而无汉字并用。

第十一条　不符合规范标准的广告用字，有下列情况之一的应被允许使用：(1) 建国前书写并沿用至今的老字号牌匾用字；(2) 文物古迹中原有的文字；(3) 已注册商标定型字。

第十二条　广告要客观公正地宣传国内外商品，不得诱导消费者对外国商品盲目崇拜，对民族工业产品盲目贬低。

第十三条　会员单位在广告创作、设计制作过程中应自觉遵守本《规则》的规定，在公布广告前应当按照广告管理法律、法规的规定，并参照本《规则》严格审查广告内容。

第十四条　中广协各专业委员会应根据本专业实际情况，增补自律条款，并切实加强本专业的自律。

第十五条　对违反本《规则》的会员单位，中广协将视情节轻重给予批评，通报批评、除名等处分。

第二节　公益广告规范

公益广告与社会的道德规范密切相关。我国的公益广告在宣扬、树立良好的社会道德风尚，启迪、净化人们的心灵等方面发挥着独到的作用，大大促进了社会主义精神文明的建设。正是因为公益广告与道德规范的密切关联性，对公益广告的管理可以视为广告道德规范管理的一个重要组成部分。公益广告在我国尚属亟待扶持和发展的新生事物，它在其运作程序和方法等方面都有区别于一般商业广告的特点和规律。不断摸索、规范公益广告及公益广告监督管理，促进公益广告在我国的发展，对于树立广告业的道德规范，提高广告业发展的思想、文化的精神内涵，体现广告业的社会责任感，有着十分重要的意义。

一、公益广告的特点

公益广告，顾名思义是出于实现公共利益的目的，对公益活动、公益事业、公益观念等进行传播、宣传的广告，它是以推广有利于社会的道德观念、行为规范和思想意识为目的的广告传播活动。公益广告在内容和形式上具有以下特点。

(一) 观念性

公益广告从其内容上看，通常均具有强烈的观念倾向性，它所传播的观念必然是全社会应提倡的，符合公众利益的主流性的思想观念。几乎所有的公益广告均体现出明确的价值导向，即提倡什么、反对什么。公益广告通过提醒、规劝等向公众传播有益社会文明和进步的思想观念、行为方式和道德准则，从而优化社会风气，促进社会文明与进步。公益广告就其本质而言，可以认为是一种观念的推销，而商业广告则是商品或服务的推销。这是两者的明显区别之处。

(二) 公益性

公益广告从其广告目的看是公益性的、是非营利的，这是它与商业广告的根本区别之处。有些商业广告中会加入公益的元素，例如许多保健品广告中会演绎一段家人之间相互关爱的动人场景,传达出孝敬父母长辈、家庭和谐幸福等意念,但这些公益性的元素在商业广告中与其产品或服务紧密相连,并成为宣传、推销产品或服务的一种辅助手段,而公益广告则纯粹出于公益的目的,与推销商品无关。因此在公益广告中,要对涉及商品的内容严格加以限制,防止公益广告的商业化。

(三) 时代性

公益广告往往取材于社会,针对社会的热点、难点问题,而得出普遍性的规律或正面的观点加以传播、倡导,因此许多公益广告都具有鲜明的时代色彩。例如:1992年春,邓小平同志视察了深圳,深圳市市委以这一重大事件为题材,委托广告公司创作了《邓小平同志在深圳》的巨幅公益广告牌,这幅公益广告一经发布,体现了深圳人民坚持改革开放的决心和对改革开放的"总设计师"邓小平的热爱,产生了巨大的宣传效应,成为深圳标志性的人文景观;又如2003年以来,随"非典型性肺炎"(简称"非典",英语略语为SARS)疫情在我国的肆虐,围绕防治和抗击"非典",媒体、企业、广告业、演艺界等社会各界制作公益广告的热情高涨,涌现出了大批相关题材的公益广告作品。以中央电视台为例,投入了300多万元的公益广告制作费,用以播放这些公益广告的时段价值总额超过2亿元之巨。

(四) 多样性

公益广告的多样性也可称之为广泛性,体现在其创作的主题、内容,发布的媒体形式,以及参与的主体的多样性。从公益广告创作的内容上看,可以涉及时代性的主题,如社会的再就业工程等;民族性主题,如中华传统美德等;永恒性主题,如环境保护等;从公益广告发布的媒体形式看,除了采用电视、报纸、杂志、广播等大众传播媒体外,还普遍采用户外媒体,比如灯箱、电话亭、候车亭、车身、布幅、招贴、雕塑等,以及宣传册、票证、磁卡等。这为公益广告的传播提供了众多的媒介。近年来随网络的发展,还出现了网络公益广告。例如2001年11月,由中国广告协会主办,信息产业部信息化推进司、中国红十字会、中国青少年发展基金会、中国青年志愿者协会、国际Webmaster协会、青春热线等国内知名组织协办,新浪、263在线、21CN、人民网、千龙新闻网、中青在线、中华广告网等国内知名网站共同发起"首届网络公益广告创作大赛",并于2002年2月5日成立了"中国互联网公益联盟";从公益广告参与或发起的主体看,呈现多元化的特点,除企业外,公益广告参与或发起的主体还可以是社会公共机构、社会团体或者组织、政府部门等,甚至可以是公民个人,大大宽泛于商业广告。

二、我国公益广告活动的运作

公益广告诞生于20世纪40年代的美国。它在我国则相对起步较晚,1978年10月26日,中央电视台第一个带有公益广告性质的栏目《广而告之》在黄金时间正式开播。1986 年由贵阳电视台摄制的《节约用水》是我们看到的早期通过电视媒介播出的一则电视公益广告。长期以来,我国的公益广告发展停滞不前。但自 1996 年下半年起,在广告监督管理机关的积极倡导和组织下,以主题公益广告月活动为标志,我国广告业发展中公益广告异军突起,公益广告作品大量涌现,公益广告的发展开始进入一个相对的“快车道”。

在我国的公益广告活动的运作中,政府部门起到了较好的组织作用。我国公益广告的运作总体上体现出政府主导型的发展模式,即通过政府的组织、发动,广告主、广告公司、媒介参与公益广告的设计、制作、发布等活动,总体上体现了“政府搭台,企业唱戏”的特点。

政府有关部门在公益广告的发展方面进行了许多有益的探索,发挥出了主导者的作用。例如上海市工商行政管理局自 1996 年以来,每年将对公益广告的组织管理纳入常规的广告监督管理工作范围,具体工作包括:一是按照国家工商行政管理总局的要求,组织公益广告作品的征集等工作。从 1996 年“中华好风尚”公益广告月活动以来,历年来与上海市文明办、上海市广告协会、上海市环境保护局等多家单位联合开展了诸如文明用语征集、环境保护公益广告影视作品征集等多种主题、多种形式的公益广告征集、评选、推荐、表彰、展播等活动;二是组织上海广告业资深人士、各有关高等院校广告学方面的专家对公益广告作品进行评选,对公益广告的发展进行研讨,形成公益广告工作方面的专家咨询队伍和工作机制;三是组织利用户外广告设施等媒体对上海的大型活动进行宣传,如 APEC 会议、2010 年上海世博会、ATP 网球大师赛等在上海进行的国际性活动的宣传,展示上海的国际化城市的风采;四是出资进行公益广告创制、发布等。

在政府大力倡导、组织公益广告活动的同时,在我国,公益广告投入的主体仍是广大的企业,公益广告的出资人也就是广告主以企业为主,政府部门、社会团体组织等受财力的限制,对公益广告的投入是十分有限的。这也是我们与一些发达国家的不同之处。在美国等国家,政府、社团组织等公共机构是公益广告的最大出资者。随社会的发展,社会各界的公益观念、公益意识有了很大的提高,在公益广告方面,企业、广告公司以及媒介等自身也进行了一些新鲜有益的探索。出现了以公益广告设计制作为特色的广告公司。例如,1996 年中央电视台成立北京五指峰影视制作公司,现在叫广而告之广告公司,专门从事以公益广告为主的电视专题片、动画片的摄制工作;1997 年该公司还发起组织建立了一个全国性的公益广告联播网,已有 80 多家地方电视台参加了联播网,这个网络运行至今,已在全国范围内播出了近 200 条公益广告片,有效整合了公益广告的作品资源和媒体资源,扩大了公益广告的宣传效果和宣传范围。在公益广告资金的筹措方面,许多地方通过对企业拍卖或出让公益广告活动的冠名权,解决公益广告的资金问题。

三、我国公益广告的监督管理

我国对公益广告的监督管理,总体上处于初级阶段。但近年来,政府的有关行政部门积极探索,努力实施促进公益广告发展的各项措施,使我国的公益广告发展取得了空前的成就。

(一) 组织、开展主题公益广告月活动

国家工商行政管理局自1996年起在全国组织实施主题公益广告月活动,1996年、1997年分别以"中华好风尚"和"自强创辉煌"为主题,以弘扬中华民族传统美德,讴歌中华民族在中国共产党的领导下取得的辉煌成就,宣传弘扬自尊、自信、自强、艰苦奋斗、励精图治、知难而进的民族精神等目的,在全国各地掀起了公益广告创作与发布的高潮。

国家工商行政管理局在主题公益广告月活动中制定实施了一系列行之有效的政策和措施,保证了这一活动的顺利开展,并为我国公益广告的良性、长远发展做了有益的探索。这些政策和措施具体包括:

第一,要求各级工商行政管理机关加强对主题公益广告月活动的领导,落实机构、人员,认真做好本地区具体实施方案的制订实施工作,并有针对性地组织开展公益广告理论的研究指导工作,促进公益广告质量水平的进一步提高。

第二,充分发挥新闻舆论的作用。通过新闻媒介向社会广泛宣传开展公益广告活动的意义。

第三,广泛动员广告主出资做公益广告。规定: ① 企业可以在出资制作的公益广告中标注企业名称; ② 企业可以以企业名称特约播映、刊登公益广告。

第四,积极动员组织广告经营者,广告发布者制作发布公益广告。要求: ① 各省、自治区、直辖市经营规模和实力排位前列的广告公司应当分别制作一部电视剧、广播和平面公益广告。广告企业参加公益广告活动情况应作为其参加广告行业组织评选精神文明先进单位的重要条件。② 经营户外广告的企业应当制作一件户外公益广告,并作为今后核定户外广告经营范围的条件之一。③ 省级以上新闻媒介在主题公益广告月活动期间,电视媒介每天黄金时间(18点—21点)播出主题公益广告应不少于一条,其他时间不少于两条; 省级以上报纸媒介主要版位每周刊出的公益广告不少于一条,其他版位应不少于两条。新闻媒介单位参加公益广告活动情况应作为其参加广告行业组织评选精神文明先进单位的重要条件。④ 广播、期刊、省级以下电视、报纸、户外媒介分布主题公益广告数量,由各省级工商行政管理机关根据实际情况确定。

第五,允许具备条件的省、自治区、直辖市开展由广告主出资购买发布公益广告的电视时间和报纸版面的探索、实验工作。凡购买企业可以在上述时间和版面发布公益广告时标注企业名称。购买公益广告版面的资金凡超出公益广告正常收费部分,应当将这部分资金合理分配给有关广告企业制作公益广告。

第六,要求各地认真做好主题公益广告月活动结束的总结工作,并对活动中制作发布优秀公益广告和表现突出的组织及个人进行宣传。国家工商行政管理局设立公益广告政府奖,对优秀公益广告作品及在活动中表现突出的单位予以奖励和表彰。

主题公益广告月活动在推动我国公益广告事业发展的成果是显而易见的,例如,在"自强创辉煌"主题公益广告月活动中,全国共制作发表公益广告 24 155 条,其中影视广告 6 548 条,播放 158 544 次;广播广告 3 921 条,播放 117 630 次;报刊广告 5 961 条;户外广告 7 725 条。还印刷了 100 多万张招贴公益广告。评选出第二届公益广告政府奖 123 件,其中 3 件金奖,7 件银奖,10 件铜奖。

（二）对广告媒介进行公益广告宣传做出具体规定

在以往公益广告月活动的基础上,为了进一步规范公益广告行为,充分发挥公益广告在社会教育、文化传播、舆论导向等社会主义精神文明建设方面的功能,中央宣传部、国家工商局、广播电影电视局、新闻出版署于 1997 年 8 月联合发出了《关于做好公益广告宣传的通知》,2002 年 12 月又结合新的形势发展要求,对原有规定进一步加以完善,对公益广告宣传问题做出规定。具体要求包括:

第一,广告媒介单位要充分认识到公益广告宣传的重要意义,把公益广告宣传作为促进社会主义物质文明和精神文明建设事业的一项重要工作来抓,统筹合理安排好公益广告发布时间和版位。

第二,广播、电视媒介每套节目用于发布公益广告的时间应不少于全年发布商业广告时间的 3%。平均每天在 19:00—21:00 时段每套节目发布公益广告的时间应不少于该时段发布商业广告时间的 3%。

第三,报纸、期刊媒介每年刊出公益广告的版面应不少于发布商业广告版面的 3%。

第四,发布商业广告的互联网站也要按照商业广告 3% 的比例发布公益广告。

第五,发布公益广告时,应当认真审核内容,凡违反国家法律、法规、政策规定和社会主义道德规范要求的,不得发布。不得以公益广告的形式发布商业广告。

第六,企业出资设计、制作、发布的公益广告,可以标注企业名称和商标标识,但不得标注商品(服务)名称以及其他与企业商品(服务)有关的内容。法律、法规、规章对商品(服务)的广告做出的禁止或者限制性规定,应严格遵守。

第七,电视公益广告画面上标注企业名称和商标标识,显示时间不得超过 5 秒,使用标版形式标注企业名称和商标标识的时间不得超过 3 秒。报刊、户外公益广告标注企业名称和商标标识的面积不超过报刊、户外广告面积的 1/5。

第八，实行公益广告发布备案和检查制度。各媒介单位每季度要将发布公益广告的情况送当地工商行政管理局备案。当地工商行政管理局要对各媒介公益广告刊播情况进行定期或不定期的检查。

第九，当地工商行政管理局会同有关部门统一规划，指导广告主、广告经营者、广告发布者在户外、店堂、地铁车站、交通工具发布公益广告。

第十，对于发布公益广告工作成绩突出的单位和个人应予表彰鼓励。

四、我国公益广告运作及监管方面存在的问题

（一）公益广告的整体发展水平不高

我国的公益广告，从“量”上看，虽近年来绝对数量增长较快，但与我国广告营业额大幅度增长的态势不相符（国外一些发达国家的公益广告总数已占社会广告总数的10%以上）；从“质”上看，公益广告的创意水平远远落后于商业广告。公益广告的创意水平虽有很大提高，但总体上看，还处在题材不广，内容图解化、标语化的低层次阶段，给人留下深刻印象的、有影响力的精品不多；同时，公益广告中还存在公益广告商业化的不良倾向。一些商业广告为了达到其商业宣传的目的，借公益广告的形式，突破商业广告发布方面的限制，即以公益广告之名，实现其商业广告之实，导致了公益广告的异化。这在烟草制品、性保健产品、处方药等限制或禁止发布广告的商品宣传方面，表现较为明显。

（二）对公益广告的投入缺乏机制上的保证

相对于商业广告，对于公益广告，各单位根据自身情况，可做可不做，可多做也可少做。尤其对于企业而言，由于公益广告不能带来直接的经济效益，企业一般缺乏投入的热情。政府部门近年来对公益广告的制作、发布，对广告经营单位及企业做了一些规定，这些临时性、政策性规定的约束力是有限的，企业等各单位主要还是凭自身的社会责任感以及从企业的长远发展，树立良好的企业形象考虑来参与公益广告活动。从整体上看，对公益广告投入缺乏机制上的保证，这正是我国公益广告事业难以步入良性运作发展机制的根本症结所在。

（三）公益广告的规范管理仍有待进一步深化

近年来，我国对公益广告的规范管理进行了成功的探索、尝试，工商行政管理等政府部门倡导并组织开展了公益广告月、公益广告评奖、展播等活动，规定了公益广告发展的一些政策和措施，使短期内公益广告在全国形成热潮。但从长远来看，如何使我国公益广告事业走上规范化的良性发展道路，有关政府部门还需进一步探索新的管理手段、方式、方法，使监管不断深化。目前作为规范我国广告活动的部门法《广告法》，其规范的对象仅限于商业广告，而未将公益广告纳入其规范的范畴，对公益广告的监督管理尚未纳入法制化的轨道。

五、对我国公益广告及其监管的发展途径、方向的思考

公益广告的发展某种程度上可以视为社会文明进步的缩影，同时它也是广告业自身发展水平的重要体现。思考我国公益广告的发展及对公益广告的监管、规范，其发展的途径和方向从根本上讲，最终是要促进我国公益广告良性运作、发展机制的形成，这是我国公益广告发展的保证，也是我国公益广告监管的基本方向。

（一）适应社会发展要求，提高社会对公益广告的认识和重视

公益广告的发展离不开其所处的社会大环境的发展，并会为其所深深制约。从我国经济和社会的发展看，我国社会主义市场经济正向纵深方向发展，人民的生活水平得到提高，以德治国的观念深入人心。在这样的社会大环境下，社会的公益意识日益提高，越来越多的企业、政府部门、社会团体等有意识地采用广告这种手段去达到公益事业宣传和推广的目的。当前要适应社会发展的要求，进一步引导社会各界加深对公益广告的认识和参与，这是公益广告深入发展的前提。

（二）整合社会资源，优化公益广告的社会资源配置

公益广告的社会资源包括公益广告的作品资源、公益广告发布的媒介资源、公益广告的资金资源等。要对上述公益广告的资源进行整合，在大范围内对公益广告的社会资源优化配置，降低公益广告的成本，放大公益广告的效益。从此出发，可以考虑在公益广告领域实行广告代理制，以合理的专业分工协作使公益广告的创作水平得到大幅度的提升，并注重发动社会力量，例如发动高校广告专业学生这支创作队伍的力量，形成优秀公益广告作品的储备；应考虑如何采取措施，统一媒介免费发布公益广告的时间或版面，以确保公益广告及时、集中而有效地刊播；如何有效保障公益广告投入的资金来源，筹集公益广告所需投入的资金以及由谁如何管理、使用、监督这些资金的投入产出情况等。

（三）积极筹措公益广告的资金，形成公益广告资金的“蓄水池”

公益广告缺乏稳定、持续的资金来源和投入是公益广告发展的“瓶颈”所在。积极筹措公益广告的资金，形成公益广告资金的“蓄水池”是公益广告发展的关键。企业是我国公益广告投入的主体，为此政府应出台鼓励性政策，对参与公益广告的企业在税收、企业资质等方面给予一定的政策优惠，从制度上提高企业参与公益广告活动的主动性、自觉性；同时也可以对企业的广告行为做出强制性规定，例如规定企业的年度广告费用中，公益广告必须达到一定的比例，不达标准，则进行处罚，或以税收的手段，对商业广告课税，税款作为公益广告的活动基金；建立公益广告基金，接受、吸纳社会各界对公益广告的自愿资助或公益广告的其他资金来源；等等。

(四) 转变公益广告发展模式,促进公益广告的市场化运作

市场经济条件下,要转变我国公益广告工作以政府为主导的行政化运作模式,发挥市场的资源配置的作用,促进我国公益广告的市场化运作,赋予公益广告工作长久的生命力。公益广告本身是公益的、非营利性的,但这并不意味着参与公益广告运作的具体环节注定是"赔本买卖"。公益广告的市场化运作有助于吸引一些专业的广告公司从事公益广告的创意、制作,提高公益广告的专业化水准;公益广告活动的运作一旦可以产生经济效益,还有可能会产生专门从事公益广告组织、经营活动的公司或其他社会组织,这将进一步提高公益广告运作的效率和社会参与的程度。

(五) 进一步丰富公益广告监管的手段,并将其逐步纳入法制化轨道

应进一步创新公益广告监管的措施,丰富公益广告监管的手段,加强公益广告方面的立法立规,将促进公益广告发展的措施、制度进一步规范化、法制化,并将公益广告纳入《广告法》调整和规范的范畴,以促进对公益广告的法制化监督和管理,这是公益广告发展的必要保障。

问题与思考

1. 试述广告道德规范的特征、作用和主要内容。

2. 试述公益广告的特点和我国公益广告的发展和管理状况。

3. 谈谈你对我国公益广告运作现状和今后如何建立公益广告良性发展机制的认识和建议。

第七章　广告法律制度和法律责任

第一节　广告法律制度概述

一、广告法的概念与调整对象

（一）广告法的概念

广告法是广告法规管理和广告活动的基本法律依据。尤其在广告行政执法中，必须依法行政，依据法定的职权，按照法定的程序，实施广告监督管理活动。对于广告法的概念，我国法学界尚无明确的界定。本书对广告法作如下理解：广告法有广义与狭义之分。狭义的广告法特指 1994 年 10 月 27 日全国人大常委会通过的《中华人民共和国广告法》。它是我国历史上第一部较全面地规范广告内容及广告活动的法律，也可以说是体现国家对广告的社会管理职能的部门行政法；广义的广告法除了《中华人民共和国广告法》以外，还包括其他有关广告管理、广告活动的行政法规、地方性法规等规范性法律文件。相关法律，如《民法》、《商标法》、《著作权法》、《合同法》、《反不正当竞争法》、《消费者权益保护法》等法律中涉及广告活动及广告监督管理的内容也在广义广告法范围以内。

（二）广告法的调整对象

特定的调整对象是区分不同法律的基本依据。广告法的调整对象就是广告法律规范所调整的各种社会关系。

我国《广告法》中没有对广告法的调整对象作明确的规定。但《广告法》中明确该法所规范的广告仅指“商业广告”，对其他如公益广告、政府广告等广告形式不作调整。广告法所调整对象主要包括以下几个方面。

第一，广告监督管理机关在依法监督、管理、检查广告的各种活动中所发生的广告管理关系。

第二，广告审查机关在依法审查各种广告中发生的广告审查关系。

第三，广告主、广告经营者、广告发布者在委托设计、制作、代理、发布广告活动中发生的民事关系。

第四，广告监督管理机关、司法机关主持进行的处罚广告违法行为和解决广告纠纷中发生的关系。

二、广告法律关系

(一) 广告法律关系的概念和构成

法律关系是在法律规范调整社会关系的过程中所产生和形成的人们之间的权利和义务关系。广告法律关系就是由广告法律所调整并加以确认和保护的社会关系。广告法律规范是广告法律关系产生的前提,广告法律关系是广告法律规范的实现形式。广告活动的各个主体按照广告法律规范的要求行使权利、履行义务,并由此发生法律上的特定的联系,这既是一种法律关系,也是广告法律规范的实现状态;广告法律关系是广告法律关系主体之间以法律上的权利、义务为纽带而形成的社会关系。法律上的权利义务关系的存在是其区别于其他社会规范的重要标志;广告法律关系体现了国家意志力,对广告法律关系的破坏,就意味对国家监管广告意志的违背。

广告法律关系由主体、内容和客体三个要素构成。

广告法律关系主体,是指参加广告法律关系,从而享有一定权利或承担一定义务的组织或个人。具体主要有广告监督管理机关、广告审查机关、广告主、广告经营者、广告发布者。

广告法律关系的内容,是指广告法律关系主体之间的具体权利和义务。它是法律规范的指示内容在实际的广告活动中的具体落实,是广告法律规范在社会关系中实现的一种状态。

广告法律关系的客体,是指广告法律关系主体之间的权利、义务所指向的对象。是一定利益的法律形式。广告法律关系的客体可以表现为物,例如广告公司按照广告主要求制作的广告牌;精神产品,例如广告的创意;行为结果,例如媒体进行广告发布等。

(二) 广告行政法律关系的特征

广告法律关系包括广告行政法律关系、民事法律关系和刑事法律关系。从总体上看我国广告法是以调整国家广告监督管理的行政关系为主,因此这里着重分析广告行政法律关系的特征。主要在于:

(1) 广告行政法律关系基于广告监督管理行政部门的行政行为而产生。广告监督管理部门行使行政权力的行为是行政法律关系发生的必要条件。

(2) 广告行政法律关系的主体及其权利和义务由广告法律所确定,当事人在法律规定的行为界限或裁量幅度之外,没有自由选择的余地。

(3) 广告行政法律关系当事人的法律地位不平等。广告监督管理机关代表国家执行公务,参与行政法律关系,在对方当事人不履行法定义务时,可以强制其履行。同时广告行政法律关系的产生不以双方合意为必要条件,一般由广告监督管理机关单方面的行政行为引起。广告监督管理机关在履行其职责时，一般会对相对当事人进行意见的征询，但对方同意与否不是其行使职权的必要前提。

(4) 广告监督管理机关在广告法律关系中的权利和义务是重合的。广告监管机关在广告法律关系中具有十分特殊的地位，它对广告进行行政监管时体现为权利主体，而相对于国家，体现为义务主体。广告监管机关在广告法中的权利是国家通过法律赋予行政机关的行政职权，这种职权对行政机关而言，既是权利，也是义务，必须按照法律的规定加以正确履行，否则就意味着失职，甚至违法。

(三) 广告法律关系的保护

广告法律关系的保护，是指广告监督管理机构严格监督广告法律关系主体正确地行使广告法律权利和切实履行义务，维护广告市场秩序，保护权利主体的合法权益。

广告法律关系与广告法律事实密切相关。所谓广告法律事实，是指能够引起广告法律关系发生、变更或终止的具有客观性的法律行为和事件。广告法律事实包括事件和行为两种。法律事件是指与当事人意志无关的法律事实，其发生与否是当事人无法预见和控制的。法律事件可以分为社会事件和自然事件两种；法律行为是指可以作为法律事实而存在，能够引起法律关系形成、变更和消灭的行为。法律行为根据行为人的意志，可以分为善意行为和恶意行为、根据行为是否符合法律规范，可以分为合法行为和违法行为。

对广告法律关系的保护要依法对于破坏广告法律关系的违法行为、违约行为或者由法律规定应当承受不利法律后果的行为，追究其法律责任。

广告法律关系的监督管理机构有：

(1) 广告监督管理机关。即各级工商行政管理机关。它有权对广告内容、广告活动进行监督管理，对广告违法行为依法给予必要的行政处罚。

(2) 仲裁机构。广告涉及的纠纷，如广告合同纠纷，在双方自愿约定的条件下，可以向仲裁机构申请仲裁。

(3) 审判机构。广告合同纠纷的当事人，违法广告所侵害的客体造成民事权益的损害，广告违法行为的当事人受到行政处罚后均可在法律规定的范围内，向人民法院提起民事或行政诉讼，由人民法院行使司法审判权，保护广告法律关系主体或客体的合法权益。对触犯刑法的严重广告违法行为人民法院也可进行刑事审判，打击利用广告犯罪的行为。

三、广告法律的原则和作用

(一) 广告法律原则

法律原则概括体现了某一法律的若干基本观念，它是特定社会关系的概括。

广告法的基本原则，是指在广告立法、执法活动中始终坚持和体现的指导思想。它概括体现广告法律关系的内在统一性和统率全部广告法律法规的若干基本观念，贯穿于整个广告法律法规之中，反映广告法的本质和目的，决定广告法的内容和作用。它体现了作为立法者的统治阶级对广告活动的观念、态度及政策。确立广告法基本原则，必须首先明确广告立法活动的出发点和最终目标，即建设有中国特色的社会主义广告市场，繁荣我国的市场经济。只有在这一前提下，才能正确认识我国广告市场的特点，确立广告法的基本原则，并使之成为对广告法制建设具有普遍指导作用的基本行为准则。《广告法》的第一章集中规定了广告法律的基本原则，广告法律的其他规定是其基本原则的体现和保证。深入理解广告法律基本原则是正确执行广告法律、科学进行广告法规管理的基础。

广告法的基本原则：一是真实、合法原则。《广告法》第三条规定："广告应当真实、合法，符合社会主义精神文明建设的要求"；二是保护消费者合法权益原则。《广告法》第四条规定："广告不得含有虚假内容，不得欺骗和误导消费者"；三是守法和公平、诚实信用原则。《广告法》第五条规定："广告主、广告经营者、广告发布者从事广告活动，应当遵守法律、行政法规，遵循公平、诚实信用的原则"。

（二）广告法律作用

法的规范作用是法作用于社会的特殊形式。广告法律的规范作用具体体现为指引、评价、教育、预测和强制五方面的作用。

指引作用，是指广告法律对各种广告及相关行为具有指引作用。广告法律对人的广告行为的指引主要是通过明确在广告行为方面的授权性规则，和应为（例如《广告法》中带有"应当"的规定）或不应为（例如《广告法》第7条第二款规定的九种情形）的义务性规则，从而对人们的广告行为起到引导作用。

评价作用，是指广告法律作为一种行为标准，具有判断、衡量他人有关广告行为合法与否的评判作用。即人们可以根据自己对广告法律的认识和理解，对有关的广告行为的合法性做出评价，这样有利于建立对广告行为的社会监督体系。

教育作用，是指通过广告法律的实施，使广告法律对一般人的行为产生影响。这种作用又具体表现为示警作用和示范作用。例如国家有关广告监管部门根据广告法律，对广告违法行为进行处罚，这一行为就会对其他广告行为主体产生示警作用。

预测作用，是指凭借广告法律的存在，可以预先估计到人们之间的广告行为会如何进行和导致怎样的法律后果，广告法律规范的存在就意味着对广告行为预期的存在，而对广告行为的预期构成了广告秩序存在的基础。

强制作用，是指广告法律的执行以国家强制力为后盾，通过对广告违法行为责任的追究和相应的制裁，对广告法律的遵守和执行形成强制性。

四、广告法律渊源

法的渊源，也就是指法的效力渊源，是指一定的国家机关依照法定职权和程序制定或认可的具有不同的效力和地位的法的不同表现形式。我国广告法律规范从其表现形式上来看主要包括：

（一）法律

即指由国家立法机关制定的《中华人民共和国广告法》。《广告法》是我国建国以来第一部系统、全面的广告法律。它由第八届全国人民代表大会常委会第十次会议于 1994 年 10 月 27 日通过，于次年 2 月 1 日起实施。它不仅是一切广告活动应遵守的共同规则，也是广告行政法规、规章、地方性法规的立法依据。在广告法律体系中，《广告法》具有最高的法律效力。

（二）行政法规

行政法规是指国家最高行政机关即国务院所制定的规范性文件。国务院制定的广告行政法规的调整范围包括国家广告行政管理活动中涉及的具体事项，是广告法的重要渊源。例如 1987 年国务院制定的《广告管理条例》是《广告法》实施之前最重要的广告管理法规。《广告法》出台后，《广告管理条例》不与《广告法》相抵触的部分继续有效。广告行政法规的效力仅次于广告法律。

（三）部门规章

部门规章，是指国务院组成部门及直属机构在其职权范围内制定的规范性文件。部门规章一般是就执行法律或者国务院的行政法规、决定、命令的事项做出具体的规定。国家工商行政管理总局是国务院的直属局，同时也是对我国广告业进行监督管理的最高行政主管机关。国家工商行政管理总局从执行《广告法》出发，制定形成了大量的广告行政规章，对《广告法》起到了很好的补充作用，成为广告执法的重要依据。其他广告监管相关部门，如卫生部、国家药监局等有关部门制定的部门规章包含广告规范内容的，也属于广告法律的这一渊源形式。至目前为止，国家工商行政管理总局单独或会同相关部门制定的广告行政规章包括《广告管理条例施行细则》、《化妆品广告管理办法》、《医疗广告管理办法》、《医疗器械广告管理办法》、《印刷品广告管理办法》等 30 余件，成为我国广告法律最主要的渊源。

（四）地方性法规

地方性法规是一定的地方国家权力机关，根据本行政区域的具体情况和实际需要，依法制定的在本行政区域内具有法的效力的规范性文件。在我国，省、自治区、直辖市以及省级人民政府所在地的市和经国务院批准的较大的市人民代表大会及其常委会有权制定地方性法规。地方性法规可以为执行法律、行政法规的规定，根据本行政区域的实际情况作具体规定。例如 2000 年 12 月江西省人大常委会制定的《江西省户外广告管理条例》等就属于地方性法规。广告方面的地方性法规也是广告法律的表现形式之一。

(五) 地方政府规章

地方政府规章是指,省、自治区、直辖市人民政府以及省、自治区人民政府所在地的市和经国务院批准的较大的市人民政府依照法定程序制定的规范性文件。地方政府规章可以就下列事项做出规定:为执行法律、行政法规、地方性法规的规定,需要制定的事项和属于本行政区域的具体行政管理事项。例如:很多地方政府根据《广告法》第三十三条的规定,在户外广告方面制定了地方政府规章。《上海市户外广告设置规划和管理办法》就是上海市政府1999年制定发布的户外广告管理方面的地方政府行政规章。

(六) 国家认可的行业自律规则、守则等

广告行业组织作为广告行业的自律机构,其制定的经内部成员认同、国家认可的有关制度、规定,应在广告行业内部产生普遍的约束力。如中国广告协会制定的《广告宣传精神文明自律规则》。国家认可的行业自律规则、守则等,构成我国广告法律的非正式渊源。

五、广告法制体系

(一) 广告法制体系的构成

从以上对我国广告法律的渊源分析中,我们可以看出,我国广告法制体系的框架已基本形成,由不同效力、不同形式、不同层次的广告法律规范所组成的广告法制体系初步建立。目前从法律效力上看,已形成以《广告法》为核心和统帅,以《广告管理条例》为必要补充,以国家工商行政管理总局单独或会同有关部门制定的行政规章为主体,以地方性法规和政府规章为特色的多层次的法制体系;从法律规范的内容和对象看,已初步形成覆盖广告活动全过程和多种特殊商品或服务种类以及媒体形式广告的规范体系。例如:广告活动的规范,包括广告经营资质、广告收费、广告代理等方面的规范等。广告内容的规范,包括药品、医疗、化妆品、房地产、烟草、酒类等特殊商品、服务的规范。特定媒体形式广告的规范,包括户外、印刷品、店堂广告等媒体形式广告的规范等;从法律性质看,已基本形成实体性法律规范和程序性法律规范并存的法律规范体系。

(二)《广告法》的特点和缺陷

在我国的广告法制体系中,《广告法》无疑处于“核心”和“灵魂”的地位,具有重大的法律意义。《广告法》概括起来主要有六个方面的特点:一是对广告主、广告经营者、广告发布者的社会职能,作出了明确界定,为在广告业中形成科学合理的经营机制指明了方向;二是进一步明确了广告必须履行的社会法律责任;三是充分体现保护消费者的合法权益的原则；四是对广告市场准入与广告经营做了明确规范；五是加大了广告违法行为的处罚力度；六是《广告法》同与其不相抵触的广告法律、法规、规章构成了完整的广告法律体系。

《广告法》经过多年的实践，也暴露出自身存在的一些问题，主要包括：一是《广告法》从其法律性质和地位看，应当是我国广告业的部门法。但是从其实际的功能和定位看，主要是从国家对广告和广告活动的监督管理角度出发，基本可认为是一部广告的行政管理法或称行政行为法，其中缺失了国家对广告业发展的基本方针、政策的表述、对广告活动主体权利的规定等内容；二是《广告法》的调整范围仅限于商业广告，回避了对公益广告等非商业广告的管理问题，而后者在社会发展和广告业自身发展方面的重要性日益凸显；三是对广告活动的规范、广告发布标准的规范需进一步加以丰富，并向国际通行标准靠拢；四是对于虚假广告的认定和法律责任的承担问题需进一步加以完善。原有法律责任规定的处罚力度和可操作性尚有所欠缺。

（三）我国广告法制体系的完善

我国广告法制体系初具雏形，要结合当前中国广告业发展和广告监督管理的实际情况，及时总结经验教训，积极借鉴国外有价值的政府管理、行业自律、司法介入等广告管理模式和具体规范，对现有的广告法律体系不断加以完善。具体设想从以下几方面对现有的广告法律法规进一步加以丰富和完善：

（1）国家对广告业发展和广告管理的基本方针、政策；

（2）广告市场交易、竞争规则的制定，明确比较广告、误导广告等的概念和规范；

（3）公益广告等非商业广告的规范；

（4）对新的广告形式和经营方式的规范，如网络广告、媒介购买等；

（5）广告发布标准的进一步丰富；

（6）广告活动相关其他主体，包括广告协会、广告证明机构、调查机构等社会中介组织的规范；

（7）法律责任追究制度进一步完善，加大处罚力度，强化司法程序等。

第二节　广告法律责任制度概述

一、广告法律责任的概念和构成要件

（一）广告法律责任的含义和特点

广告法律责任，是指行为人由于广告违法行为、违约行为或者由于法律规定而应承受的某种不利的法律后果。广告法律责任具有两个特点：一是承担广告法律

责任的最终依据是法律；二是广告法律责任的承担由国家强制力保证。

（二）广告法律责任的构成要件

广告法律责任的构成要件包括：① 要有广告违法行为或违约行为；② 要有因广告违法行为、违约行为造成的损害事实；③ 广告违法行为、违约行为与损害事实之间有因果关系；④ 广告违法违约行为者主观上有过错。以上条件必须同时具备才能依法追究广告法律责任。

（三）广告法律责任的归责

广告法律责任的归责，是指由特定的国家机关或国家授权的机关依法对广告行为人的法律责任进行判断和确认。我国法律责任的归责，主要可以概括为责任法定原则、公正原则、效益原则和合理性原则四个原则。在广告法律责任追究上同样适用以上四原则。

责任法定原则，是指法律责任作为一种否定的法律后果应当由法律规范预先设定，当出现了违法行为或法定事由的时候，按照事先规定的责任性质、责任范围和责任方式追究行为人的责任。

公正原则要求对任何违法、违约的行为都应依法追究相应的责任；责任与违法损害相均衡，即所谓"罚当其罪"；综合考虑使行为人承担责任的多种因素，作到合理地区别对待；在追究法律责任时还必须依照法定程序等。

效益原则，是指在追究行为人的法律责任时，应当进行成本收益分析，讲求法律责任追究的效益。

合理性原则，是指在设定和归结法律责任时，在合法的前提下，应充分考虑行为人的具体情况，在法律规定的自由裁量范围内合理归责，从而真正发挥法律责任的功能。

二、广告违法行为的概念和构成要件

广告违法行为是导致广告法律责任最主要的因素，研究广告法律责任，必须立足于对广告违法行为的剖析。

（一）广告违法行为的概念

广告违法行为是指违反我国广告法律、法规和规章的行为。广告违法行为具有以下主要特征：

第一，广告违法行为是有社会危害性的行为。广告违法行为是一种反社会的任意行为，其社会危害性是广告违法行为最本质的特征。

第二，广告违法行为是违反我国广告法律、法规和规章的行为，这是广告违法行为的法律特征。广告违法行为的违法性以其社会危害性为基础和前提，但是仅有社会危害性而无违法性，也不能认定为广告违法行为。广告违法行为应同时具备社会危害性和违法性。

第三,广告违法行为是依照我国广告法律、法规和规章应当受到处罚的行为。这一特征说明,在认定广告违法行为时,还要依照我国广告法律、法规和规章,看其行为是否应当受到处罚。只有应当受到处罚的行为,才能认定是广告违法行为。广告违法行为在某些情况下可以给予处罚,但免予处罚的情形并不改变违法行为的性质。

第四,广告违法行为是有过错的行为。广告违法行为的实施者具有主观上的过错。过错包括故意或过失。故意过错指广告主或者广告经营者、广告发布者有意识地进行广告违法活动,即明知自己的行为会产生危害社会的后果,并希望或放任这种结果的发生。过失过错有两种情形,一种是指广告主或广告经营者、广告发布者不了解和没有意识到自己广告行为的违法性,以致发生了广告违法行为;第二种是指广告客户或广告经营者虽然预见到自己的行为可能导致危害社会的违法的后果,但轻信可以避免,因此仍实施了这种行为,以致发生了这种后果的。

（二）广告违法行为的构成要件

构成广告违法行为,必须具备下列条件。

第一,广告违法行为的主体主要是从事广告活动的法人、其他经济组织和个人,包括广告主、广告经营者、广告发布者;国家有关广告管理机关及其工作人员也可以成为广告违法行为的主体。

第二,广告违法行为人在主观上有过错。仅在客观上造成损害的不符合法律要求的行为,而无主观上的过错,不认为是广告违法行为。判断行为人主观上是否有过错,可以从以下几方面认定:一是行为人应当掌握的广告管理法律法规及相关法律法规的程度。不论是广告主还是广告经营者、广告发布者,在进行广告经营和广告宣传时,首先应当掌握广告管理法律法规及相关法律法规。如果知法犯法,或应当掌握的法律法规没有熟悉或掌握,并由此导致广告违法行为的发生,则应当承担法律责任;二是从行为人应当掌握的专业知识、技能和智力水平判断。凡行为人凭借其应当具备的专业知识、技能和智力水平,足以保证其正确地进行广告宣传和广告经营活动,但却故意或者由于疏忽,而实施了广告违法行为时应当承担法律责任;三是对于广告经营者、广告发布者来说,还可以从其收取和查验广告证明等义务履行的情况判断。凡广告管理法律法规规定应当收取和查验的广告证明,广告经营者没有按规定收取和查验,或者收取和查验的证明不全,由此而造成广告违法行为的,应当承担法律责任。

第三,广告违法行为侵害的客体是我国法律所保护的社会关系。我国法律所保护的社会关系包括广告管理关系、广告经营关系、广告竞争关系等。广告违法行为是对这些依法形成的各种广告法律关系的侵害。

第四,广告违法行为在客观方面,表现为违反广告法律、法规和规章的各种行为及行为造成的危害结果。如虚假广告、各类违禁广告、广告同业竞争中的不正当竞争行为等等。

广告违法行为必须同时具备以上四个要件,否则不能成立。

三、广告违法行为的种类及表现形式

广告违法行为按其行为性质分,有行政违法、民事违法和刑事犯罪三种。行政违法,是指广告违法行为违反了国家对广告活动的管理规定。行政违法在广告违法行为中占很大比例。民事违法,是指广告活动中债的不履行和侵权行为。债的不履行主要是指广告合同的当事人不履行或不完全、不适当履行广告合同约定的义务;广告中的侵权行为是指广告活动或广告内容侵害了他人人身权、财产权的行为。前者主要包括侵害他人的生命、健康、姓名、肖像、名誉等人身权利,后者主要包括侵害他人专利、商标、著作权等财产权利(这里的人身权和财产权的划分是相对的,两者间的界限并非绝对。如知名人物的肖像权也可以认为是一种财产权;而专利、商标、著作权中也包含着人身权的内容)。广告活动中的刑事犯罪行为,是指广告违法行为已触犯我国刑法,应受刑法制裁的行为。

广告违法行为按其违法的表现和特点分,有实体违法和程序违法行为两方面。广告实体违法行为,是指广告行为违反了广告法律的实体性规定。程序性违法行为,是指广告行为违反了广告法律的程序性规定。例如违反广告审查、出证和登记等程序上的规定。

广告违法行为按照违法程度和社会危害性的不同,可以分为轻微违法、一般违法和严重违法行为三类。这一划分对有关司法、行政机关对广告违法行为的责任追究具有直接意义。

广告违法行为的表现形式多种多样,概括起来主要有以下几种:① 发布虚假广告,欺骗和误导消费者;② 广告内容违反广告法律、行政法规禁止的情形;③ 广告内容不清楚,使用资料不真实、不准确;④ 广告中侵犯他人专利和注册商标;⑤ 广告中有贬低他人生产经营的商品或提供服务的内容;⑥ 以新闻报道形式刊播广告;⑦ 发布广告法律、行政法规规定应当在广告发布前经有关行政主管部门审查批准而未经审查批准的广告;⑧ 利用广播、电视、电影、报纸、期刊发布烟草广告,以及在各类等候室、影剧院、会议厅堂、体育比赛场馆等公共场所设置烟草广告;⑨ 广告主提供虚假证明;⑩ 伪造、编造或转让广告审查决定文件;⑪ 在广告活动中,进行不正当竞争;⑫ 未经工商行政管理机关批准或登记,擅自经营广告业务;⑬ 超越经营范围经营广告业务;⑭ 非法设置户外广告;⑮ 广告主发布超越其经营范围的广告;⑯ 广告审查机关对违法的广告内容作出审查批准决

定；⑰ 广告监督管理机关和广告审查机关的工作人员玩忽职守、滥用职权、徇私舞弊。

四、共同广告违法行为和数种广告违法行为

（一）共同广告违法行为

1．共同广告违法行为的概念

共同违法行为，是指两个或者两个以上的广告主或者广告经营者、广告发布者共同实施的广告违法行为。共同广告违法行为有以下两个特征：一是各个广告违法者在客观上都有共同的广告违法行为。各广告违法者可能有不同的分工，但都是围绕同一广告违法目的进行的，他们行为的总和，是广告违法结果发生的原因，他们的行为和广告违法结果之间都有因果关系。二是各个广告违法者在主观上都有共同的违法故意。也就是说，每个广告违法者都知道自己不是孤立地实施某一广告违法行为，而是同别人一起有意识地实施违法活动。以上两个特征必须同时具备，才能构成共同广告违法行为。

2．共同广告违法行为的种类

（1）事先没有串通和共同违法行为。共同广告违法者事先没有进行过违法活动的商议，共同广告违法故意是在广告违法活动的过程中形成的。

（2）事先进行串通的共同违法行为。共同广告违法者在违法活动进行之前进行过商议，其共同广告违法故意在实施违法活动之前就已形成。该种共同广告违法行为因为事先有了计划和准备，所以危害性较大。

（3）共同广告违法行为者的种类。在共同广告违法行为中，各个广告违法者所处的地位和所起的作用不尽相同，一般可将共同违法行为者分为两类：一是主要广告违法者，是在共同违法活动中起领导、组织、策划、指挥、决定作用的法人或自然人；二是次要的广告违法者，是在共同广告违法活动中提供条件，提出建议，事先串通，事后隐匿，毁灭违法证据或提供伪证的法人或自然人。

3．对共同广告违法行为的处罚

对共同广告违法行为的各个广告违法行为者，要区别其过错程度和情节轻重，分别处罚。对主要广告违法行为者应从重处罚，对次要广告违法行为者，比照对主要违法者的处罚适当从轻；对情节特别恶劣的，也可以比照主要广告违法者从重处罚。共同广告违法行为给他人造成损害的，各个广告违法者共同承担赔偿责任。

（二）数种广告违法行为

1．数种广告违法行为的概念

数种广告违法行为是指一个广告主或者广告经营者、广告发布者实施了两种以上的广告违法行为。确认数种广告违法行为要符合广告违法行为的构成要件，

广告主或广告经营者、广告发布者要有两个以上的故意或过失,实施了两个以上的违法行为,同一违法主体两次以上符合广告违法行为的构成要件,就是数种广告违法行为。数种广告违法行为分为同种类的数种广告违法行为和不同种类的数种广告违法行为。前者指广告主或广告经营者、广告发布者实施了两个以上的同一性质的广告违法行为。如某广告经营者为甲广告主刊登虚假广告后,又为乙广告主刊登虚假广告。后者是指广告主或广告经营者实施了两种以上不同性质的广告违法行为。如某广告主在发布了一则虚假广告后,又发布了贬低同类产品的违法广告。

2. 数种广告违法行为的处罚

对不同种类的广告违法行为的处罚,实行分别处罚、合并执行的原则。即对广告主或广告经营者实施的每项违法行为逐项作出处罚,然后把每项处罚相加,一并执行。

对同种类的广告违法行为的处罚,分为两种情况:凡造成违法广告发布的,适用分别处罚、合并执行的原则;未造成违法广告发布的,适用单一广告违法行为的从重情节的处罚。

处罚数种广告违法行为时,应注意区分以下几种情形。

(1) 法规竞合的情况。广告主或广告经营者、广告发布者基于一个过错,实施了一种广告违法行为,发生了单一的违法结果,但该项广告违法行为却同时触犯了数个法律或法规的有关规定,在这种同一违法行为违反数个法律法规的情况下,对该种违法行为的处罚就应适用"特别法优于一般法"、"效力等级高的法优于效力等级低的法"的原则,处理法规竞合的情况。如某一广告违法行为既违反了《反不正当竞争法》,又违反了《广告法》,对其的处罚应优先适用《广告法》。另外,在同一违法行为违反同一法律或法规中的数个条款的情况下,就发生了同一法律、法规之中的法条竞合。对此则应按照"特别条款优于普通条款"、"重法优于轻法"的原则,选择依照特别条规或规定处罚较重的条款进行处罚。

(2) 持续广告违法行为的情况。这是指广告违法行为在一定的时间内处于持续的状态。该行为貌似数种广告违法行为,两者之间相区别的关键之处在于持续广告违法行为是为了实现同一违法目的。如广告客户在一段时间内,多次发布同一违法内容的广告,就属于持续广告违法行为,应作为一个广告违法行为来处理。

(3) 牵连广告违法行为。广告客户或广告经营者在实施一个广告违法行为时,其违法的方式或结果又违反了法律、法规的其他规定。构成牵连广告违法行为的要件是:违法目的只有一个;必须实施了两个以上的违法行为,并违反了法律、法规规定的不同条款;两个以上的违法行为的目的或结果有牵连关系。牵连广告违法行为从表现形式上看是数种违法行为,但其行为之间存在直接的牵连关系。

对该种广告违法行为进行处罚时，处罚直接的违法行为。为实现违法目的而实施的违法方法或结果，应作为与直接违法行为有牵连的违法行为，不再单独处罚。如广告主为了发布虚假广告，采取伪造证明的手法，意图使虚假广告蒙混过关。对这一牵连广告违法行为进行处罚时，应直接处罚广告主发布虚假广告的违法行为，伪造广告证明的行为不单独另行处罚。不作为单独违法行为处罚，并不意味放纵不管，在处罚直接违法行为时，牵连违法行为属于决定处罚轻重的一个重要情节。

第三节　广告行政责任制度

一、广告违法行为行政责任的概念

广告违法行为的行政责任，是指广告主或广告经营者、广告发布者在不履行广告法律法规规定的义务或实施与广告法律法规所禁止的行为时，所应承担的后果。

对违反广告法律法规的广告主或广告经营者、广告发布者，主要由工商行政管理机关依法追究其行政法律责任。工商行政管理机关在查明广告违法事实，查清广告违法种类、情节和危害大小的基础上，在广告法律法规规定的处罚幅度内，实施相应的行政处罚。

二、广告违法行为行政处罚的原则

（一）处罚法定原则

行政处罚是国家惩罚权的重要方面，是国家经常使用的强制手段和方法，涉及和影响公民、法人和其他组织多方面的权利和利益。为了克服行政处罚的随意性，防止和纠正对行政处罚的滥用，在对广告违法行为的行政责任追究方面，首先应当贯彻处罚法定的原则。处罚法定是依法行政的要求和体现。《广告法》是我国调整广告经营者、广告发布者、广告主以及消费者之间经济关系的广告基本法。近年来在《广告法》的基础上，我国出台了大量广告管理的法规和行政规章，加之早期的《广告管理条例》及其实施细则，已基本形成了广告管理的法律法规体系，为广告违法行为的处罚提供了比较完善的法律依据，为处罚法定原则的实施也奠定了基础。

（二）公正公开原则

公正原则就是国家的广告监督管理机关对公民、法人或其他组织的行政处罚应与其所承担的违法责任相适应。广告监督管理机关应当首先查明广告违法事实和情节，并对违法行为的性质和社会危害程度做出正确判断和评价，然后在此基础上根据法律的规定，按照法定的程序，给予公平的处罚；公开原则要求关于行政处罚的有关规定必须向社会公开。未经公开的规定，不能作为行政处罚的依据。

(三) 行政处罚与说服教育相结合原则

对广告违法行为的处罚,是广告管理法律、法规得以贯彻执行的保障,也是国家强制力的重要体现。行政处罚与说服教育密切相关,相辅相成。表现在：就对广告违法行为的行政处罚的目的而言,并非为处罚而处罚,其最终目的在于对违法者以及其他广告活动的参与者进行教育和警戒。即处罚本身包含着深刻的法制教育的内涵。同时《广告法》等广告法律法规的实施,首先要求广告主和广告经营者、广告发布者自觉遵守；若有违反就要予以处罚,这就是社会主义法律的强制性和遵守法律的自觉性相结合的方法。从此意义上,处罚是主要的手段,教育是必要的方法,两者共同保证广告管理法律法规的有效实施。我国的广告管理法律法规集中反映了广大消费者、广告经营者、广告发布者和广告主的根本利益。因此,一般情况下,他们对广告管理法律法规会自觉地遵守和执行。但是,有些法人或自然人为了个人或小团体的私利,不履行应当承担的义务,不执行广告法律法规的规定,这种情况下,工商行政管理机关在处罚时要注意说服教育,说明处罚的原因、依据,使被处罚者认识到自己行为的违法性以及给社会造成的不良影响和后果,自觉接受处罚。对于情节轻微、主动承认错误并能及时改正的,可以依法从轻、减轻或免于处罚,予以批评教育。对于必须处罚的,要注意分清情况,区别轻重,慎重处理。在现阶段,各种广告违法行为发生较为频繁,在处理处罚与教育的关系上 ,既要重视说服教育的作用,又要重视处罚的作用。两者不能偏废,要做到两者的有机结合,在处罚时,辅之以说服教育；在说服教育时,以惩罚作为其后盾。

三、广告行政处罚情节

广告违法行为行政处罚的情节,简称广告行政处罚情节,是指广告监督管理机关对广告违法行为者实施行政处罚时,作为决定处罚轻重或减免处罚所依据的各种具体情况。

在具体执法活动中,广告监督管理机关主要依据以下三方面情况实施量罚。

(1) 广告违法程度。一般根据广告违法行为的性质、次数、金额等具体情况,判断其违法程度。

(2) 社会危害性。一般根据社会对违法广告的反映、对消费者或其竞争对手造成的损害程度、对社会公共秩序、公序良俗的破坏程度等因素来判断。

(3) 主观恶意性。一般根据其违法的具体情节来判断。如反复、多次地实施广告违法行为或无视广告监督机关提出的停止广告违法行为的要求,仍然继续广告违法行为；态度恶劣、拒绝提供调查材料、伪造证据等就属于主观恶意行为。

依据广告违法行为的以上因素,广告行政处罚可以分为从重、从轻、减轻或免于处罚四种情节。

从重处罚就是在法规规定的处罚方式和幅度内,对广告违法者适用的较重的处罚方式和较高的处罚幅度。应当依法从重处罚的具体情形包括:

第一,广告内容涉及政治性问题,有损国家尊严和利益的;

第二,广告内容虚假,损害消费者人身、财产安全或导致消费者大量申投诉的;

第三,利用广告贬低竞争对手,给对方造成严重损失的;

第四,发布国家法律、行政法规禁止发布的商品或服务广告;

第五,违反广告发布的法定程序,且内容同时违法的;

第六,多次因广告违法行为被广告监督管理机关处罚,仍继续从事广告违法行为的。

从轻处罚就是在法规规定的处罚方式和幅度之内,对广告违法者适用较轻的处罚;减轻处罚就是对广告违法者处予低于法规规定的最低处罚限的处罚;免于处罚即对广告违法者予以批评教育,做出有违法行为的宣告,而免除对其处罚。属于从轻、减轻处罚的情形主要有:

第一,单纯的广告违禁行为,例如广告中使用最佳等绝对化用语,但广告陈述事项确有一定依据的;广告中使用排序、推荐、上榜、抽查检验、统计、公布市场调查结果等内容,广告主能够提供省级以上政府部门或权威的行业组织出具的有效证明的等。

第二,单纯未标注应当在广告中标注内容的违法行为。例如药品等广告未按要求标注广告批准文号、忠告语等内容,但广告主确已取得广告批准文号的;广告中涉及专利内容未标明专利号和专利种类,但广告主确已取得专利广告证明文件的;广告中表明推销商品、提供服务附带赠送礼品的,未标明礼品的品种和数量,但确有礼品赠送的等。

第三,单纯程序违法的行为。例如未经广告行政审查机关事先审查,擅自发布药品、医疗器械、农药、兽药广告的;医疗广告、自费出国留学中介服务广告、因私出入境广告等需事先出证的广告,未经有关部门事先出证擅自发布的;含药品、医疗器械等八大类商品内容的印刷品广告、车身广告、户外广告等需经审批、登记的广告,未经登记擅自发布,经指出后及时补办手续的等。

广告违法行为轻微并及时纠正,没有造成危害后果的,可以不予行政处罚。

四、广告行政处罚的种类和方法

(一) 广告行政处罚的种类

根据《广告法》、《行政处罚法》等法律规定,对广告违法行为所给予的行政处罚主要有以下几种种类。

1. 警告

警告，是指广告监督管理机关对广告行政违法行为人的谴责和告诫，对被处罚者来说，警告的制裁作用主要是对当事人形成了心理压力和不利的社会舆论环境。适用警告的目的，是使行为人认识到其行为的违法性和对社会的危害，从而自觉纠正违法行为并不再继续违法。

2. 责令停止发布广告

责令停止发布广告，是指广告监管机关依法责令广告主、广告经营者、广告发布者停止发布有违法内容的广告，以便进行检查和纠正违法行为。

3. 责令公开更正

责令公开更正，是指广告监管机关依法责令广告主、广告经营者、广告发布者对其已发布的违法广告以等额的广告费用在相应的范围内公开予以纠正或改正。责令公开更正的目的是为了消除违法广告对消费者和社会造成的不良影响。

4. 责令改正

责令改正主要是指对广告内容的改正，包括对广告违法内容的删除和应当在广告内容中注明的字样的增加等。

5. 没收广告费用

没收广告费用，是指广告监管机关对广告经营者、广告发布者从事违法广告活动收取的广告费用依法予以没收。该罚种不适用广告主。

6. 没收违法所得

没收违法所得，是指广告监管机关依法没收因违法广告活动所取得的违法收入。例如对所有伪造、编造或转让广告审查决定文件所得的违法收入予以没收。该罚种不适用广告主。

7. 罚款

罚款，是指广告监管机关对违反广告法律、行政法规的广告主、广告经营者、广告发布者，强制其在一定期限内向国家缴纳一定数量金钱，剥夺其一定财产权的制裁方法。罚款在广告行政处罚中一般不单独适用。

8. 停止广告业务

停止广告业务，是指广告监管机关对违反广告法律、行政法规情节严重的广告经营者、广告发布者停止其广告业务活动，暂扣或吊销《广告经营许可证》，剥夺其广告经营资格。该罚种不适用于广告主。

（二）广告行政处罚的方法

1. 关于违法广告当事人的确定问题

违法广告的当事人一般包括广告主、广告经营者和广告发布者。有时还会牵涉其他的行为主体。例如在违法的印刷品广告中，会涉及广告的印刷单位。认定违法广告的当事人,是实施广告行政处罚的前提。在当事人认定上应注意以下几方面问题。

第一,关于广告主的认定,主要根据广告主应当是广告宣传的产品或服务的生产者、提供者或经销者;广告费用的出资者;广告宣传的受益者三个角度来判断。

第二,广告中同时标明生产商和经销商的,应当注意区分不同的情况来判断适格的广告主,如双方属于买断式销售的关系,一般将销售商视为广告主;非买断式销售的,生产商和销售商均视为广告主;对于销售商定牌生产的商品,一般将销售商视为广告主。这一判断同时还应结合对广告费用承担情况的分析。如在第一和第三种情况下,生产商同时也是广告费用的承担者,则应将其作为广告主。生产商在未与经销商达成协议的情况下,在对自己产品或服务的宣传中,擅自将经销商名称在广告中标明的,也不宜将经销商作为广告主。例如保健品、药品等印刷品广告中仅作为经销单位注明的药店等。

第三,违法广告的制作者未必成为违法广告的当事人。广告设计、制作者与广告主或与广告主有代理关系的广告公司之间实质上是加工承揽的民事合同关系。在违法广告中,在广告的制作者和广告代理者、发布者相分离的情况下,一般不将其作为该违法广告的当事人。

第四,广告经营者、广告发布者在未取得相应广告经营许可和资格的情况下,实际从事了违法广告的经营。在对其处罚中,将其视为广告经营者和广告发布者来处理。

2. 广告费用及违法所得的计算问题

广告行政法律责任的追究经常适用没收广告费用和处广告费用倍数罚款的处罚。因此广告费用的计算问题是一个十分重要的问题。

第一,广告主的广告费用为广告经营者和广告发布者的广告费用之和。按其承担的广告设计、制作、代理、发布等费用的总额合并计算。

第二,广告经营者的广告费用是其为广告主提供的广告设计、制作、代理费用的全部金额。为该广告附带提供其他服务的,应将其服务费与其他费用一并计算。

第三,广告发布者的广告费用以广告发布费用的全部金额计算。为该广告附带提供其他服务的,应将其服务费与广告发布费合并计算。

第四,对已经发布的违法广告,广告经营者、广告发布者尚未收到广告费,或声称未收费的,按照发布广告的实际情况计算广告费,其标准以广告主和广告经营者、广告发布者签订的书面合同约定的标准确定;未签订书面合同,或者合同未明确收费标准的,按照广告经营者、广告发布者向广告监督管理机关备案或对外公布的广告收费标准确定;未向广告监督管理机关备案的,比照违法当事人同类广告的收费标准确认。

第五,在查处广告违法案件中,对当事人违反《广告法》规定,双方不签订书面合同,不将收费标准向广告监督管理机关备案的,应当依法从重处罚。

第六,全权总代理式的广告费用无法分割计算的,广告代理费可以按照广告费用的15%计算。

第七,可以根据广告主、广告经营者、广告发布者之间的账务往来,确定广告费用的实际金额。

“广告非法所得”是与广告费用密切相关的一个概念,关于广告非法所得的计算主要有以下规定:

第一,广告经营者承办或者代理内容违法的广告,以全部广告费作为非法所得;其他广告违法行为以全部广告费收入减去设计、制作等直接成本费用之差作为非法所得。

第二,未经工商行政管理机关核准登记或超出核准登记的范围从事广告经营活动的单位或者个人,非法承办或者代理的广告内容同时违法的,以全部广告费作为其非法所得;广告内容不违法的,以全部广告费收入减去设计、制作等直接成本费用之差作为非法所得。

第三,擅自提高广告业务代理费标准和户外广告场地费建筑物占用费收费标准的,以擅自提高的费用标准与国家规定的费用标准之差计算非法所得。

第四,违法经营广告业务的单位或个人在工商行政管理机关做出处罚决定之前已缴纳的税款,在计算非法所得时,应予以扣除,未缴纳的,不予扣除。

五、各类广告违法行为的行政处罚

《广告法》第三十七条至四十六条对各类广告违法行为的行政处罚做了明确规定。同时各广告管理行政法规、规章中也参照《广告法》,对有关广告违法行为的法律责任做了具体规定。

(一) 虚假广告

虚假广告是广告违法行为中危害性最大,也最为常见的一种违法行为,因此也是广告监管机关查处的重点所在。对虚假广告的行政处罚主要依据《广告法》第三十七条的规定,即由广告监督管理机关责令广告主停止发布,并以等额的广告费用在相应范围内公开更正消除影响,并处广告费用1倍以上5倍以下的罚款;对负有责任的广告经营者、广告发布者没收广告费用,并处广告费用1倍以上5倍以下的罚款;情节严重的,依法停止其广告业务。

(二) 违禁广告

违禁广告这里特指广告主、广告经营者、广告发布者发布的广告内容含有《广告法》第七条第二款规定的禁止性内容的广告,即在广告中出现以下九种情形的:

使用中华人民共和国国旗、国徽、国歌；使用国家机关或国家机关工作人员的名义；使用国家级、最高级、最佳等用语；妨碍社会安定和危害人身、财产安全，损害社会公共利益；妨碍社会公共秩序和违背社会良好风尚；含有淫秽、迷信、恐怖、暴力、丑恶的内容；含有民族、种族、宗教、性别歧视的内容；妨碍环境和自然资源保护；法律、行政法规规定禁止的其他情形。凡广告中有上述违禁内容，应根据《广告法》第三十九条给予相应的行政处罚。即由广告监督管理机关责令负有责任的广告主、广告经营者、广告发布者停止发布、公开更正，没收广告费用，并处广告费用1倍以上5倍以下的罚款；情节严重的，依法停止其广告业务。

（三）无照经营、超越经营范围或国家许可范围

无照经营，是指未经工商行政管理机关核发营业证照，擅自承办广告业务的行为。根据我国广告管理法规规定：广告公司、广告兼营单位、经营广告业务的个体工商户和广告制作单位，都必须按照有关规定在工商行政管理机关申请登记、领取营业执照和广告经营许可证。未经登记，或者申请登记未获批准，不得承办广告业务。

超越经营范围，是指广告经营者或广告客户超越工商行政管理机关核准营业证照所明确规定的营业范围而经营广告业务的行为。依据《广告法》第二十二条规定，广告主自行或者委托他人设计、制作、发布广告，所推销的商品或者所提供的服务应当符合广告主的经营范围。企业的经营范围是其业务活动的具体内容，是企业从事经营活动合法性的基本依据，是判断企业经营行为是否有效的法律依据。因此企业发布涉及生产或经营业务活动内容的广告，不得超出其核准登记的经营范围；机关、社会团体、学校等事业法人发布的涉及职权及业务权限内容的广告，不得超越国家赋予其的职权或业务权限；公民个人申请发布广告所涉及的事项，必须在其仅有的权利能力和行为能力范围之内。除此之外，还不得超越国家法律、法规和政策所准许的其他范围。否则就构成广告违法行为。

对无照经营广告业务以及超越经营范围经营广告业务的广告经营者，依据《广告管理条例施行细则》第十九条规定，对于无照经营广告业务的，按照《无照经营查处取缔办法》有关规定予以处罚；超越经营范围经营广告业务的，按照企业登记管理法规有关规定予以处罚。按照《无照经营查处取缔办法》第十四条的规定，对于无照经营行为，由工商行政管理部门依法予以取缔，没收违法所得；触犯刑律的，依法追究刑事责任；尚不够刑事处罚的，并处2万元以下的罚款；无照经营行为规模较大、社会危害严重的，并处2万元以上20万元以下的罚款；无照经营行为危害人体健康、存在重大安全隐患、威胁公共安全、破坏环境资源的，没收专门用于从事无照经营的工具、设备、原材料、产品（商品）等财物，并处5万元以上50万元以下的罚款。按照《企业法人登记管理条例》第30条，企业法人超出核准登记的经

营范围从事经营活动的,登记主管机关可以根据情况分别给予警告、罚款、没收非法所得、停业整顿、扣缴、吊销《企业法人营业执照》的处罚。按照《公司登记管理条例》第73条的规定,“公司登记事项发生变更时,未依照本条例规定办理变更登记的,由公司登记机关责令限期登记;逾期不登记的,处以10 000元以上100 000元以下的罚款。其中,变更经营范围涉及法律、行政法规或者国务院决定规定须经批准的项目而未取得批准,擅自从事相关经营活动,情节严重的,吊销营业执照。”

国内企业在境外发布广告,外国企业(组织)、外籍人员在境内承揽和发布广告,应当委托在中国注册的具有广告经营资格的企业代理。违反规定者,处以违法所得额三倍以下的罚款,但最高不超过30 000元,没有违法所得的,处以10 000元以下的罚款。对于广告主申请发布的广告超越其经营范围或者国家许可的范围,依据《广告管理条例施行细则》第二十条规定,视其情节予以通报批评、处5 000元以下的罚款。

(四) 广告经营中的垄断和不正当竞争行为

《广告法》的第二十一条及《广告管理条例》第四条都规定了在广告经营中禁止垄断和不正当竞争行为。广告经营中的垄断和不正当竞争行为是指在广告活动中损害其他广告活动主体的合法权益,扰乱广告市场秩序的行为。对于广告活动中违反国家禁止垄断和不正当竞争规定的广告活动当事人,工商行政管理机关依据《广告管理条例实施细则》第十八条的规定,视其情节予以通报批评、没收非法所得、处5 000元以下罚款或责令停业整顿。

(五) 以新闻报道形式发布广告

对以新闻报道形式发布广告的广告违法行为,依据《广告法》第四十条第二款规定,由广告监督管理机关责令广告发布者改正,处以1 000元以上5 000元以下的罚款。

(六) 广告语言文字违法

按照《广告语言文字管理暂行规定》,广告使用的语言文字不符合社会主义精神文明建设的要求,含有不良文化内容的,由广告监督管理机关责令停止发布广告,对负有责任的广告主、广告经营者、广告发布者视其情节予以通报批评、处以违法所得额三倍以下的罚款,但最高不超过30 000元,没有违法所得的,处以10 000元以下的罚款。违反《广告语言文字管理暂行规定》其他条款内容的,由广告监督管理机关责令限期改正,逾期未能改正的,对负有责任的广告主、广告经营者、广告发布者处以10 000元以下的罚款。

(七) 广告证明违反规定

广告管理法规对广告证明的提交、查验做了一系列的规定,广告经营者代理或发布广告时,应遵守这些规定。广告证明的规定包括三个方面:一是广告主申请发布广告,必须出具有关的证明;二是广告经营者在发布广告之前,必须查验有关的证明,即履行验证手续,未经查验,不得发布;三是主管部门必须如实出具广告证明文件。广告证明违反规定而代理或发布的广告,有以下三种情况。

1. 代理、发布无合法证明或证明不全的广告

目前许多违法广告,特别是虚假广告的发生,都与广告经营者未依法查验证明有着直接的关系。加强对广告经营者是否依法查验证明的监督检查,有助于及时发现和处理问题,有效防止各种违法广告的发生。根据《广告管理条例实施细则》第25条的规定,对实施了此类广告违法行为的广告经营者视其情节予以通报批评、没收非法所得、处3 000元以下罚款;由此造成虚假广告的,必须负责发布更正广告,给用户和消费者造成损害的,负连带责任。

处罚这类广告违法行为应注意区别以下几种情况:一种是广告发布者直接承揽并在自己媒介上发布广告,未依法查验证明,法律责任完全由该广告发布者承担。一种是广告发布者发布了由广告经营者代理的无合法证明或证明不全的广告,除了追究广告发布者的责任外,还要追究广告经营者的责任,对广告经营者和广告发布者同时予以处罚;还要区分所发布的广告可能造成的两种结果,其一是发布的广告是违法的。在查处这类广告案件时,还要根据广告内容违法的情况一并处理。其二是未造成违法广告,可直接按照广告管理法规的有关规定处罚。

2. 伪造、变造或者转让广告审查决定文件

伪造广告证明指的是假冒有关广告审查机关的名义,伪造广告审查决定文件;变造或者转让广告审查决定文件,是对合法的广告审查决定文件、失效的广告审查文件或他人的广告审查文件的内容进行篡改,变化其内容、有效期、单位名称等,以适合违法活动的需要;转让广告审查决定文件,是对广告审查文件的非法让渡行为。

对此类广告违法行为,广告监督管理机关应依据《广告法》第四十四条的规定,由广告监督管理机关没收违法所得,并处以10 000元以上100 000元以下的罚款。

3. 出具或提供虚假或非法广告证明

广告管理法规对广告证明出具机关也作出了明确的规定。广告证明大体上可以分为两类:一类是资格证明,即证明申请发布广告的广告主的主体资格合法;另一类是广告内容真实性、合法性的证明。主体资格合法的证明是国家企业登记机关颁发的《企业法人营业执照》或《营业执照》;广告内容真实性、合法性的证明之出具机关为管理广告内容所涉及的商品或服务的国家行政主管机关或其授权单位。如医疗器械广告的内容是否真实,由国家卫生行政管理机关负责进行审查,并出具《医疗器械广告证明》。为广告主出具虚假的证明是指合法的或非法的广告证明出具机关为广告主出具内容虚假的证明;为广告主出具非法证明是指没有资

格出具广告证明的机关为广告主出具广告证明。构成该类广告违法行为的主体，既有合法的广告证明出具机关，也有非法的广告证明出具机关。出具虚假或非法的广告证明，破坏了国家广告管理秩序和国家机关使用证明的正常活动，可能导致各种违法广告行为的发生。主管部门为广告主出具虚假或非法广告证明的，广告监督管理机关依据《广告管理条例实施细则》第24条的规定，予以通报批评、处5000元以下罚款，并负连带责任。广告主提供虚假证明文件的，根据《广告法》第44条第一款的规定，由广告监督管理机关处以10000元以上100000元以下的罚款。

（八）广告经营违法

依照《广告经营许可证管理办法》（国家工商总局令第16号），广告监督管理机关按照如下规定处罚：

未取得《广告经营许可证》从事广告经营活动的，依据国务院《无照经营查处取缔办法》的有关规定予以处罚。

提交虚假文件或采取其他欺骗手段取得《广告经营许可证》的，予以警告，处以5000元以上10000元以下罚款，情节严重的，撤销《广告经营许可证》。被广告监督管理机关依照本项规定撤销《广告经营许可证》的，一年内不得重新申领。

《广告经营许可证》登记事项发生变化未按本办法规定办理变更手续的，责令改正，处以10000元以下罚款。

广告经营单位未将《广告经营许可证》正本置放在经营场所醒目位置的，责令限期改正；逾期不改的，处以3000元以下罚款。

伪造、涂改、出租、出借、倒卖或者以其他方式转让《广告经营许可证》的，处以3000元以上10000元以下罚款。

广告经营单位不按规定参加广告经营资格检查、报送广告经营资格检查材料的，无正当理由不接受广告监督管理机关日常监督管理的，或者在检查中隐瞒真实情况或提交虚假材料的，责令改正，处以10000元以下罚款。

（九）特定内容广告违法的行政法律责任

1. 涉及商品的性能、产地、质量、使用统计数据、资料、专利产品、专利方法等等内容的广告

广告中经常会涉及对商品的性能、产地、用途、质量、价格、生产者、有效期限、允诺或者对服务的内容、形式、质量、价格允诺有表示的，应当清楚明白；表明推销商品、提供服务附带赠送礼品的，应当表明赠送的品种和数量；使用数据、统计资料、调查结果、文摘、引用语，应当真实、准确，并表明出处；涉及专利或专利方法的，应表明专利号和专利种类，未获专利权不得谎称取得专利权，专利申请不得做广告。违反上述规定的，按照《广告法》第40条的规定，由广告监督管理机关责令

负有责任的广告主、广告经营者、广告发布者停止发布、公开更正、没收广告费用，可以并处广告费用1倍以上5倍以下的罚款。

2. 涉及贬低其他生产经营者的商品或者服务内容的广告

在广告中不得对其他生产经营者的商品或者服务进行直接或间接的诋毁、怀疑，使其荣誉、信誉等受到损害。违反此规定，由广告监督管理机关责令负有责任的广告主、广告经营者、广告发布者停止发布、公开更正、没收广告费用，可以并处广告费用1倍以上5倍以下的罚款。

3. 药品、医疗器械、农药、食品、化妆品广告

药品、医疗器械、农药、食品、化妆品是与消费者息息相关的重要商品，广告法对这类商品广告作了明确具体的规定，既有限制性条款，又有禁止性条款。违反这些规定，依照《广告法》第四十一条规定，由广告监督管理机关责令负有责任的广告主、广告经营者、广告发布者改正或者停止发布，没收广告费用，可以并处广告费用1倍以上5倍以下的罚款；情节严重的，依法停止其广告业务。对于《广告法》无具体处罚条款的，由广告监督管理机关责令停止发布，视其情节予以通报批评，处以违法所得额3倍以下的罚款。擅自变更或者篡改经审查批准的保健食品广告内容进行虚假宣传的，原审批地省、自治区、直辖市（食品）药品监督管理部门责令申请人改正，给予警告，情节严重的，收回该保健食品广告批准文号。

4. 酒类广告

根据《酒类广告管理办法》的规定，违反本办法第4条第二款规定的，即任何单位和个人在设计、制作、发布酒类广告中伪造、变造有关证明文件的，依照《广告法》第37条的规定，由广告监督管理机关责令广告主停止发布，并以等额广告费用在相应范围内公开更正，消除影响，视其情节处广告费1倍以上5倍以下罚款；对负有责任的广告经营者、广告发布者没收广告费用，并处广告费用1倍以上5倍以下罚款；情节严重的，依法停止其广告业务。

违反本办法第5条规定，广告经营者、广告发布者经营或发布内容不实或者证明文件不全的酒类广告，依照《广告管理施行细则》第25条的规定处罚，即视其情节予以通报批评、没收非法所得、处3 000元以下的罚款；由此造成虚假广告的，必须负责发布更正广告，给用户和消费者造成损害的，负连带赔偿责任。

违反本办法第6条规定，酒类广告不符合卫生许可事项，依照《广告法》第41条，由广告监督管理机关责令有责任的广告主、广告经营者、广告发布者停止发布，没收广告费用，并处广告费用1倍以上5倍以下的罚款；酒类广告使用医疗用语或易与药品相混淆用语的（经批准有医疗作用的酒类商品除外），依照《广告法》第43条规定，由广告监督管理机关责令有责任的广告主、广告经营者、广告发布者改正或者停止发布，没收广告费用，可以并处广告费用1倍以上5倍以下的罚款；情

节严重的,依法停止其广告业务。

违反本办法第 7 条、第 8 条、第 9 条规定,酒类广告中出现有关禁止出现内容的;在各类临时性广告活动中将酒类作为奖品或礼品出现的;大众传播媒介发布酒类广告违反时段、条次限制的,依照《广告法》第三十九条规定,由广告监督管理机关责令有责任的广告主、广告经营者、广告发布者停止发布、公开更正,没收广告费用,并处广告费用 1 倍以上 5 倍以下的罚款;情节严重的,依法停止其广告业务。

5. 烟草广告

《广告法》对烟草广告作了较为严格的限制性规定,违反《广告法》第十八条规定,利用广播、电影、电视、报纸、期刊发布烟草广告,或者在公共场所设置烟草广告的,或者变相发布烟草广告的,按照《广告法》第四十二条的规定,由广告监督管理机关责令有责任的广告主、广告经营者、广告发布者停止发布,没收广告费用,并处广告费用 1 倍以上 5 倍以下的罚款。

对于违反《烟草广告管理暂行办法》第 5 条、第 6 条和第 10 条规定,在国家禁止范围以外的媒体或者场所发布烟草广告,未履行相应审批程序、烟草广告中出现 5 种不得出现的情形之一的、烟草广告未标注忠告语或标注不符合要求的,按照《烟草广告管理暂行办法》第 12 条规定,由广告监督管理机关责令停止发布,对负有责任的广告主、广告经营者、广告发布者可以并处 10 000 元以下的罚款。

6. 医疗广告

医疗广告内容必须真实、健康、科学、准确,不得以任何形式欺骗或误导大众,对于发布虚假医疗广告,欺骗和误导患者的,依照《广告法》第三十七条的规定,由广告监督管理机关责令广告主停止发布,并以等额广告费用在相应范围内公开更正,消除影响,视其情节处广告费 1 倍以上 5 倍以下罚款;对负有责任的广告经营者、广告发布者没收广告费用,并处广告费用 1 倍以上 5 倍以下罚款;情节严重的,依法停止其广告业务;卫生行政部门可以吊销医疗机构的《医疗广告证明》。

对于伪造、变造、提供虚假医疗广告证明文件的,依照《广告法》第四十四条规定,由广告监督管理机关处以 10 000 元以上 100 000 元以下的罚款。

对以新闻报道形式发布广告的,根据《广告法》第四十条规定,由广告监督管理机关责令改正,处以 1 000 元以上 10 000 元以下的罚款。

对于利用医疗广告宣传药品,推销医疗器械,未经药品监督管理部门审查批准的,依照《广告法》第四十三条规定,由广告监督管理机关责令停止发布,没收广告费用,并处广告费用 1 倍以上 5 倍以下罚款。

对广告中含有禁止性规定内容以及超出《医疗广告证明》范围发布广告的,应认定为未取得证明文件发布医疗广告的行为,依照《医疗广告管理办法》第 15 条规定,视其情节,予以通报批评,处以 5 000 元以下罚款,并吊销《医疗广告证明》,

责令停止发布广告。

广告主或广告经营者的医疗广告有贬低他人内容的，视其情节予以通报批评、没收非法所得、处5 000元以下罚款或责令停业整顿。

广告内容有淫秽、迷信、荒诞语言文字、画面或违反了其他有关法律、法规的，对广告经营者予以通报批评、没收非法所得。处10 000元以下罚款。

广告经营者承办或代理医疗广告，未查验《医疗广告证明》、未按核实内容设计、制作、代理、发布医疗广告的，视其情节予以通报批评、没收非法所得、处3 000元以下罚款，由此造成虚假广告的，必须负责发布更正广告。

7. 房地产广告

凡未按《广告法》和国家有关规定履行法律义务，造成房地产违法广告发布的广告主、广告经营者、广告发布者，应当依照《广告法》的规定承担法律责任；《广告法》中没有具体规定的，依照《房地产广告发布暂行规定》第21条，由广告监督管理机关责令停止发布，视其情节予以通报批评，处以违法所得额3倍以下的罚款，但最高不超过30 000元，没有违法所得的，处以10 000元以下的罚款。

（十）特定媒介广告违法行为的行政法律责任

1. 户外广告

未经登记擅自发布户外广告的单位和个人，由工商行政管理机关没收违法所得，并处以30 000元以下的罚款，限期补办登记手续。逾期不补办登记手续的，责令停止发布。

提交虚假文件或者采取其他欺骗手段取得《户外广告登记证》的，由登记机关责令改正，并处以30 000元以下的罚款；情节严重的，撤销登记证。

擅自改变规格发布户外广告的，由登记机关责令改正。不按照核准登记的发布期限、形式、数量或者内容发布户外广告的，责令改正，处以5 000元以下的罚款；情节严重的，责令改正，处以30 000元以下的罚款。

已经登记的户外广告，未按规定在右下角清晰标明户外广告登记证号的，由登记管理机关责令改正，处以1 000元以下的罚款。

伪造、涂改、出租、出借、倒卖或者以其他形式转让《户外广告登记证》的，由登记管理机关缴销《户外广告登记证》，处以30 000元以下的罚款。

2. 印刷品广告

违反《印刷品广告管理办法》有关规定，依照《中华人民共和国广告法》、《广告管理条例》等有关法律、行政法规以及《广告管理条例施行细则》的规定予以处罚。

《中华人民共和国广告法》、《广告管理条例》等有关法律、行政法规以及《广告管理条例施行细则》没有规定的，由工商行政管理机关责令停止违法行为，视情节处以违法所得额3倍以下的罚款，但最高不超过30 000元，没有违法所得的，处以

10 000 元以下的罚款。

对非法散发、张贴印刷品广告的个人，由工商行政管理机关责令停止违法行为，处以 50 元以下的罚款。

固定形式印刷品广告内容违法，情节严重的，原登记机关可以依照《广告法》第三十七条、第三十九条、第四十一条规定停止违法行为人的固定形式印刷品广告业务，缴销《固定形式印刷品广告登记证》。

六、加强广告违法行为的行政处罚，净化广告市场环境

长期以来虚假违法广告对我国的广告市场秩序产生极大的危害，引发社会公众对广告业的"信任危机"。加强对广告违法行为的行政处罚成为惩治虚假违法广告、净化广告市场环境的当务之急。近年来以工商行政管理机关为主力军，各广告监管部门加大了对虚假违法广告的整治和处罚力度。从以下国家工商总局对全国工商系统"2005 年广告监管盘点"情况，可以对我国近年来在整顿和规范市场经济秩序工作中加强广告违法行为查处和广告市场整治力度情况有所了解：2005 年，全国各级工商行政管理机关广告监管部门按照《国务院办公厅关于开展打击商业欺诈专项行动的通知》和国家工商总局、中宣部等 11 部门印发的《虚假违法广告专项整治工作方案》（工商广字（2005）第 56 号，全文内容详见本节参考附录）精神，建立联席会议制度，搞好部门协作，加强办案协调，强化督促检查，形成执法合力，以惩治虚假违法药品、医疗、保健食品、化妆品、美容服务广告以及利用互联网发布的虚假违法广告为重点，强化对广告主、广告经营者、广告媒体的监管，加强广告监测，严厉打击设计、制作、发布虚假违法广告等欺骗和误导消费者的商业欺诈行为，有力地维护了广告市场秩序，广告监管工作取得显著成效。2005 年全国共查处广告违法案件67 676 件，比上年同期增长 9.59%。其中共查处虚假广告案件 16 483 件，增长45.67%，占广告违法案件的 24.36%，比上年同期增加 6.04 个百分点。具体成果体现在以下四个方面：

（1）打击虚假医疗、药品、保健食品、化妆品和美容服务广告取得显著成效。各地工商局根据专项整治工作的要求，结合实际情况，精心组织，周密部署，加强重点地区、重点单位和重点广告内容的检查和监测，从重点商品（服务）广告入手，严厉打击情节严重、影响恶劣、群众反映强烈的典型虚假违法广告，特别是《方案》中重点强调的六种虚假违法广告，使广告虚假宣传现象得到了有效治理。对经营、发布恶性虚假广告的有关责任人依法予以严厉惩治，使严重损害消费者合法权益的商业欺诈行为得到了有效遏制。2005 年共查处虚假药品违法广告案件 4 313 件，比上年同期增长 84.71%，占虚假广告案件总数的 26.17%；虚假保健食品违法广告案件 1 704 件，增长 25.20%，占 10.34%；虚假化妆品违法广告案件 517 件，增长

22.80%；虚假医疗服务违法广告案件1 762件，增长20.27%，占10.69%。

（2）加强对电视、广播、报纸、期刊等广告媒介监管，规范印刷品广告、户外广告市场秩序。各级工商行政管理机关充分发挥舆论宣传作用，积极引导、支持当地主要媒体通过有效方式，发布自律倡议书，向社会公开承诺杜绝发布虚假违法广告，并接受社会公众监督；严把媒体广告发布这一关键环节，对媒体广告加强监测和监管，对媒体的广告违法行为进行严厉查处。同时，开展固定形式印刷品广告专项清理工作，整治固定形式印刷品广告发布秩序，对违法者进行严肃处理。共查处印刷品广告违法案件4 400件，比上年同期增长22.36%，占虚假广告违法案件总数的26.69%；户外广告违法案件3869件，增长60.21%，占23.47%；报纸广告违法案件2 193件，增长12.92%，占13.30%；电视广告违法案件1 772件，增长65.61%，占10.75%；网络广告违法案件765件，增长2.12倍；期刊广告违法案件157件，增长82.56%；广播广告违法案件332件，增长8.14%。

（3）加大执法力度，集中力量查处大案、要案。各级工商行政管理机关集中力量查处虚假违法广告，挂牌督办大要案件，对典型案例进行曝光、公示，在对违法者起到有效的震慑作用的同时，增强了消费者识别抵制虚假广告的能力和自我保护意识。共查处案值万元以下虚假广告案件13 991件，比上年同期增长46.40%，占虚假广告违法案件总数的84.88%；案值1万元～5万元虚假广告案件1 991件，增长28.62%，占12.08%；案值5万元～10万元虚假广告案件351件，增长1.18倍；案值10万元～50万元虚假广告案件141件，增长2.28倍；案值50万元以上虚假广告案件9件，增长50%。

（4）针对广告主仍然是违法主体的主要方面"对症下药"。各级工商行政管理机关严把广告市场准入关，严格掌握营业执照和广告经营许可证的发放条件，加强对广告主、广告经营者、广告发布者的全方位监管，从源头上有效打击虚假违法广告。共查处广告主虚假广告违法案件10 337件，比上年同期增长53.89%，占虚假广告案件总数的62.71%；广告经营者虚假广告违法案件2 061件，增长43.32%，占12.5%；广告发布者虚假广告违法案件2 732件，增长28.99%，占16.57%。

本节参考附录：《虚假违法广告专项整治工作方案》、整治虚假违法广告专项行动部际联席会议制度

虚假违法广告专项整治工作方案

为严厉打击利用广告欺骗和误导消费者的商业欺诈行为，规范市场经济秩序，根据《国务院办公厅关于开展打击商业欺诈专项行动的通知》(国办发[2005]21号)精神,制定本方案。

一、整治工作的任务和目标

(一)整治工作的主要任务是,以惩治虚假违法广告为重点,严厉打击欺骗和误导消费者的商业欺诈行为,特别是保健食品、药品、医疗、化妆品、美容服务虚假违法广告,以及利用互联网发布的虚假违法广告。重点查处下列虚假违法广告行为:

1. 以新闻报道形式发布的广告。一是在广告版面不标明"广告"标记,而使用"专版"、"专题"、"企业形象"等非广告标记;二是以通讯、评论、消息、人物专访、专家访谈、纪实报道、报告文学、专家咨询、科普宣传等形式发布广告;三是在新闻报道中标明企业、事业单位的详细地址、邮编、电话、电子信箱等联系方式方法。

2. 在保健食品、药品、化妆品和医疗广告中使用消费者、患者、专家的名义和形象作证明,尤其是社会公众人物在保健食品、药品、化妆品和医疗广告中以消费者、患者、专家的身份,向受众推荐商品服务或者介绍商品服务的优点、特点、性能、效果等。

3. 保健食品广告宣传治疗作用或者夸大功能。主要是在广告中把保健食品混同为药品,宣传治疗作用或者使用易与药品相混淆的用语;超出核准的保健功能范围,宣传未经核准的功能。

4. 药品广告夸大功能、保证疗效。主要是未经审批擅自发布和篡改审批内容发布药品广告,在广告中对药品的适应症或者功能主治、治疗效果进行夸大宣传或者做出承诺;广告中含有药品说明书以外的学术理论、观点等内容。

5. 医疗广告夸大功能,宣传保证治愈。主要是在广告中保证或者变相保证治愈各种疑难疾病。

6. 化妆品和美容服务广告夸大功能,虚假宣传。主要是对化妆品的效用或者性能等作虚假宣传,使用他人名义保证或者以暗示方法使人误解其效用的宣传,宣传化妆品的治疗作用或者使用医疗术语,误导消费者;对美容服务的效果进行虚假夸大宣传,使用医疗术语误导消费者。

(二)整治工作的目标

坚持标本兼治、打防并重的方针,通过各部门各司其职,协调配合,形成政府监管、行业自律、舆论监督、群众参与的综合治理机制。对当前广告经营活动中存在的情节严重、影响恶劣、群众反映强烈的典型虚假违法广告,特别是利用新闻媒体发布的虚假保健食品、药品、化妆品、医疗和美容服务广告,以及利用互联网发布的虚假广告,进行集中治理,严厉打击。通过专项整治,使群众反映强烈的广告虚假宣传现象得到有效治理,对经营、发布恶性虚假广告的有关责任人依法予以严厉惩治,使严重损害消费者合法权益的商业欺诈行为得到有效遏制。结合专项整治,完善法律法规和广告执法监管机制,增强消费者对虚假违法广告的防范意识和识别能力,建设诚信广告业,探索和建立广告监管长效机制,规范市场经济秩序,促进社会经济和谐健康发展。

二、整治工作的职责分工

(一)工商行政管理机关作为广告监督管理机关,负责组织专项检查和与有关部门的协调工作。要集中力量查处一批典型虚假广告案件。严把广告市场准入关,严格掌握营业执照和广告经营许可证的发放条件,加强对广告主、广告经营者、广告发布者的全方位监管;对监测、检查中发现的虚假违法广告,要立即责令停止发布,并立案查处;对上级交办或者其他部门转办的案件，必须及时处理，并上报或者反馈查处结果；对相关地方工商行政管理机关转办的案件必须及时处理，做好异地查办案件的协调工作；对消费者投诉举报或者 12315 消费者申诉举报网络移交的虚假违法广告案件线索，要及时调查处理；要加大对印刷品广告特别是固定形式印刷品广告的监管力度，严肃查处虚假违法印刷品广告。对符合追诉标准，已涉嫌虚假广告罪的，要及时移送司法机关依法追究其刑事责任。

（二）各级党委宣传部门要加强对新闻媒体广告导向的管理，并作为今年深入开展"三项学习教育活动"的重要内容，向新闻单位提出严格要求。要及时向新闻媒体通报带有倾向性和普遍性的虚假违法广告问题。对发布虚假违法广告问题突出的新闻媒体，会同广播影视、新闻出版行政部门及新闻单位的主管、主办单位督促整改，责令其予以改正，对有关责任人予以严肃处理。进一步加大对虚假违法广告专项整治工作的宣传力度。

（三）广播影视行政部门要依法加强对广播电视媒体的管理。对发布虚假违法广告问题严重的广播电视媒体，要严格依据《广播电视广告播放管理暂行办法》（国家广播电影电视总局令第 17 号）进行查处。对拒不配合执法机关调查取证的广播电视媒体，要责令其予以改正，并视情节对有关责任人予以处分。广播影视行政部门对广播电视媒体及其负责人的各种评比、评优、考核等，必须将广告经营守法情况列为考核指标，并征求广播电视播出机构所在地工商行政管理机关的意见，实行"广告违法一票否决制"。

（四）新闻出版行政部门要依法加强对报刊出版单位的管理。对发布虚假违法广告问题严重、社会影响恶劣或者拒不配合执法机关调查取证的报刊出版单位，要及时责令其予以改正，并视情节责成报刊出版单位的主管、主办单位对有关责任人予以处分。新闻出版行政部门对报刊出版单位及其负责人的各种评比、评优、考核等，必须将广告经营守法情况列为考核指标，并征求报刊出版单位所在地工商行政管理机关的意见，实行"广告违法一票否决制"。

（五）卫生、中医药行政管理部门要加强对医疗机构的管理，重点打击无证行医和医疗机构对外出租、承包科室的行为。卫生行政部门要加强对保健食品、化妆品生产企业的监督管理，加大对假冒伪劣保健食品、化妆品的打击力度；加强对美容服务业的监管，坚决取缔未取得《医疗机构执业许可证》擅自从事医疗美容服务的美容机构。

（六）食品药品监督管理部门要加强对药品广告的审查工作，进一步完善药品、保健食品广告审查电子政务系统，将所有审批通过的广告，在国家食品药品监督管理局网站予以公布。对违反法律行政法规规定发布虚假药品广告情节严重，被撤销广告批准文号的，应当严格执行有关法律行政法规，一年内不受理其广告审查申请。要加强对医疗机构生产销售医院制剂的管理，严厉打击非法生产、销售医院制剂的行为。

（七）公安机关要充分发挥职能作用，依法严厉打击利用广告作虚假宣传涉嫌犯罪的行为，加大打击力度。

（八）国务院信息产业主管部门和省（区、市）电信管理机构要加强对互联网信息服务提供者和声讯服务、短信息等电信信息服务经营者的行业管理，对发布虚假违法广告情节严重的，在相关部门依法出具书面意见后，由国务院信息产业主管部门和省、自治区、直辖市电信管理机构依据《互联网信息服务管理办法》、《中华人民共和国电信条例》等有关规定予以处理。

（九）监察机关和纠风办要加强对有关行政部门依法行政、履行监管职责的监督，对措施不得力、整治工作成效不明显的，要限期整改；对拒不执行国家有关广告及其他法律行政法规的，要依纪依法严肃处理；对问题严重的，还要追究有关领导的责任。

各有关部门要根据专项整治的工作任务和目标，按照职能分工，加强协调与配合，对虚假违法广告进行综合治理，确保整治工作取得实效。

三、整治工作的措施

（一）建立以工商行政管理部门牵头，党委宣传部门、公安、监察、纠风、电信管理、卫生、广播影视、新闻出版、食品药品监督管理、中医药管理等部门参加的整治虚假违法广告专项行动联席会议制度。一是根据整治工作进展情况，提出不同时期的治理重点，对查处过程中遇到的疑难问题，通过联席会议予以认定、解决；二是通报各部门转办案件的查处情况，以及工商行政管理机关监测检查发现、立案查处的虚假违法广告情况，对造成严重社会后果的虚假违法及不良广告，要进行专门通报；三是对整治工作中发现的薄弱环节和突出问题，研究具体应对措施。

（二）建立新闻媒体单位领导责任追究制。新闻媒体单位的主要负责人，应当对其媒体发布广告的合法性和正确导向承担领导责任。新闻媒体要建立健全广告发布责任制，对未经审查或者与审查批准的内容不一致的药品广告，不得发布；对不具备相应证明文件的保健食品、医疗、化妆品、美容服务的广告，不得发布。对发布虚假违法及不良广告问题严重或者放弃广告终审权而导致新闻媒体广告发布出现导向错误的新闻单位，经工商行政管理机关认定违法事实后，由新闻媒体的主管、主办单位对有关责任人予以处分或者调离工作岗位，必要时追究其主管负责人的领导责任，并报党委宣传部门、广播影视和新闻出版行政部门备案。

（三）建立违法广告公告制度。一是联合公告。对工商行政管理机关查办的虚假违法及不良广告典型案件，根据具体情况，由工商行政管理机关会同广播影视、新闻出版、卫生、中医药管理、食品药品监督管理、监察、纠风等部门联合公告。二是工商行政管理机关根据查处的典型虚假违法广告及广告市场监管情况，及时向社会发布“广告监管公告”，包括典型虚假违法广告案例曝光、违法广告提示、违法广告案例点评等。

（四）建立广告市场信用监管体系。根据广告市场监管情况，结合企业信用体系建设，将广告主、广告经营者相应地分为不同的管理类别，即 A、B、C、D 四级。A 级为守信企业，用绿牌表示；B 级为警示企业，用蓝牌表示；C 级为失信企业，用黄牌表示；D 级为严重失信企业，用黑牌表示。逐步完善广告主、广告经营者的广告信用评价体系，对诚实信用、守法经营的广告主、广告经营者给予通报表彰；对把关不严、违法违规现象突出的广告主、广告经营者，降低其信用等级并向社会公布，在广告行业的各种评比、评优中不予评为先进单位和个人。根据信用分类监管制度，建立企业失信惩戒机制和企业严重失信淘汰机制。对黄牌企业，要作为重点监控对象，加强日常检查，实施案后回查、办理登记和年检时重点审查、公开违法记录等监管措施；对黑牌企业，要发布吊销公告并公开违法记录，对典型案件还要予以曝光。探索新闻媒体作为广告发布单位信用监管的新路子，逐步建立广告发布单位信用监管制度。

（五）建立广告活动主体退出广告市场机制。一是建立违法广告量化跟踪及处理制度。对违法率居高不下或者发布虚假违法广告造成恶劣社会影响的广告主、广告公司和广告发布者，由工商行政管理机关依法责令其在相应范围内公开更正，对广告主可在一定时期内暂停其发布广告；对负有责任的广告公司，限制直至取消其广告经营资格；对负有责任的媒体单位，可暂停其部分类别商品或者服务广告的发布业务，直至取消其广告经营资格。二是对严重违反宣传纪律，发布的虚假违法及不良广告在社会上造成恶劣影响的报刊、广播电台、电视台，经工商行政管理机关认定违法事实后，由广播影视、新闻出版行政部门依照有关法律行政法规对其进行行政处罚。

四、整治工作要求

（一）统一思想，提高认识。各地区、各部门要从实践“三个代表”重要思想、坚持执政为民、建设社会主义和谐社会的高度，充分认识打击商业欺诈行为的重要性，增强打击虚假违法广告的紧迫感、责任感和使命感，认真做好此次专项整治工作。要注重实效，不走过场。

（二）分工负责，落实责任制。要按照重点突出、目标明确、措施有力、注重实效的总体要求，做好整治行动的动员工作，明确整治工作的目标、重点、步骤、措施，并认真组织实施。各部门要在分工负责的基础上，加强协调配合，切实履行职责。各级工商行政管理机关要切实负起责任，落实责任制，精心组织，周密安排，把任务和责任分解到有关单位，并在人员经费等各个方面予以充分保障，建立打击虚假违法广告的综合治理机制。

（三）突出重点，齐抓共管。各部门要按照职责分工，突出整治工作的重点，加强对重点地区、重点媒体、重点广告主、重点商品服务广告的检查和监测，从重点商品服务广告入手，严把媒体广告发布这一关键环节，把日常监管与专项整治有机结合起来。通过整治虚假违法广告专项行动联席会议制度，加强整治工作的信息沟通，夯实齐抓共管基础，形成打击虚假违法广告的强大合力。

（四）打防结合，立足治本。各部门要结合社会诚信体系建设这一基础工作，坚持边整边改的原则，从源头治理，规范审批行为，强化广告内容监管等各个环节，积极探索广告市场监管的有效模式和方法，立足建立广告监管长效机制，不断提高广告监管执法的效能。

（五）加强部门之间整治工作的信息沟通。各部门要将整治工作进展情况、阶段性整治成果以及其他有关情况及时通报同级工商行政管理机关。国家工商行政管理总局将定期或者不定期编发《虚假违法广告专项整治工作简报》，印发各成员单位并上报全国整顿和规范市场经济秩序领导小组办公室。

（六）加强指导，督促检查。虚假违法广告专项整治行动从 2005 年 4 月开始，2006 年 6 月进行总结验收。各部门要加强对整治行动法规政策、执法办案、日常监管等各方面的指导工作，对在整治工作中遇到的困难和问题，要认真研究解决。在整治期间，由工商行政管理机关会同有关部门组成检查组，适时对重点地区、重点商品服务、重点媒体的广告发布情况进行督促检查。各部门要在 2006 年 6 月底前，将广告专项整治工作情况报国家工商行政管理总局，由国家工商行政管理总局汇总后报全国整顿和规范市场经济秩序领导小组办公室。

整治虚假违法广告专项行动部际联席会议制度

根据《国务院办公厅关于开展打击商业欺诈专项行动的通知》（国办发［2005］21 号）的要求，为充分发挥各部门职能作用，形成打击虚假违法广告的综合治理机制，国家工商行政管理总局会同有关部门建立整治虚假违法广告专项行动部际联席会议制度。

一、整治虚假违法广告专项行动部际联席会议组成

（一）联席会议由国家工商行政管理总局、中央宣传部、公安部、监察部、国务院纠风办、信息产业部、卫生部、国家广播电影电视总局、新闻出版总署、国家食品药品监督管理局、国家中医药管理局等部门组成。

（二）联席会议由国家工商行政管理总局负责召集，各成员单位主管领导及相关业务司局负责人参加。各成员单位指定一名联络员。

二、联席会议职能

(一) 根据整治工作进展情况,提出阶段性整治工作重点。

(二) 协调查处重大虚假违法广告案件。

(三) 通报、沟通各部门专项整治工作进展情况。

(四) 对整治工作中发现的薄弱环节和突出问题,研究具体应对措施。

(五) 分析广告业发展与监管形势,结合整治工作,提出治理虚假违法广告的对策以及有关政策、法规建议。

各部门要按照《虚假违法广告专项整治工作方案》的职责分工,做好各项工作。

三、工作方式

(一) 定期召开联席会议。联席会议由成员单位职能部门负责人参加,每季度召开一次。必要时,邀请成员单位负责人参加。对联席会议确定的具体工作任务,需要协调解决的,可由联络办公室召开联络员会议。

(二) 遇有重大问题,应成员单位提议,随时召开。

(三) 联席会议的联络办公室设在国家工商行政管理总局广告监管司。联络办公室的职责是:根据各成员单位的提议确定会议时间、议题,并在会议召开前十日内通知各成员单位;整理会议纪要,并报送有关领导和各成员单位;负责联席会议的其他事务性工作。

各省级工商行政管理机关要参照本制度,建立本省(自治区、直辖市)的整治虚假违法广告专项行动联席会议制度。

第四节　广告违法行为的民事责任和刑事责任

一、广告违法行为民事责任的概念及构成要件

广告违法行为的民事责任,是指广告主、广告经营者、广告发布者因进行广告违法活动,欺骗或误导消费者,使购买商品或接受服务的消费者的合法权益受到损害,或者有其他侵权行为时,应承担的民事法律责任。

广告违法行为的民事法律责任的构成,必须具备下列四个要件:

第一,必须有违反我国广告法律、法规的行为存在,即必须有广告违法行为或违约行为。

第二,必须有损害事实。损害事实包括物质损害和非物质损害。物质损害即财产损害,是指受损害后的财产与损害前的财产状况比较所发生的财产差额。财产损害,有积极的损害,即对法律保护的现存物质财富的损害或减少;有消极的损害,即妨害现有财产的增值,即可得利益的损失。非物质损害,是指对消费者人身和精神方面的损害。如对他人姓名、肖像、名誉或著作权的侵害等。

第三,广告违法、违约行为与损害事实之间必须有因果关系。如果损害事实的发生与广告违法行为之间无因果关系,行为人就不应承担民事责任。确定因果关系,不能凭主观臆测或推定,而要从客观现象中分析其间存在的不依人们意志为转

移的必然联系。

第四,广告违法、违约行为人必须有过错。过错就是违法行为人对自己的行为及其后果的心理状态,包括故意和过失两种。

二、广告违法行为民事责任的法律规定

广告违法行为人对自己的违法行为应依法承担民事责任,除《民法通则》和《消费者权益保护法》等法律法规的规定外,《广告法》也作了专门性的规定。《广告法》第三十八条规定,"违反本法规定,发布虚假广告,欺骗和误导消费者,使购买商品或者接受服务的消费者的合法权益受到损害的,由广告主依法承担民事责任;广告经营者、广告发布者明知或者应知广告虚假仍设计、制作、发布的,应当依法承担连带责任。广告经营者、广告发布者不能提供广告主的真实名称、地址的,应当承担全部民事责任。社会团体或者其他组织,在虚假广告中向消费者推荐商品或者服务,使消费者的合法权益受到损害的,应当依法承担连带责任。"《广告法》第四十七条规定,"广告主、广告经营者、广告发布者违反本法规定,有下列侵权行为之一的,依法承担民事责任:① 在广告中损害未成年人或者残疾人的身心健康的;② 假冒他人专利的;③ 贬低其他生产经营者的商品或者服务的;④ 广告中未经同意使用他人名义、形象的;⑤ 其他侵犯他人合法民事权益的。"

三、广告违法行为民事责任形式

广告违法行为民事责任形式,即广告违法行为应承担民事责任的方式,也就是对广告违法行为所采取的民事制裁措施。根据我国《民法通则》的规定,民事责任的形式主要有以下几种,即:① 停止侵害,排除妨碍,消除危险;② 返还财产,恢复原状;③ 修理、重作、更换和支付违约金;④ 赔偿损失;⑤ 消除影响、恢复名誉和赔礼道歉。以上各种违法行为的民事责任形式,在实际中既可以单独适用其中一种,也可以同时适用多种形式。如广告中损害未成年人或者残疾人的身心健康的,权利人可以请求广告违法行为人同时适用赔偿损失、消除影响、恢复名誉、赔礼道歉等责任形式。

四、广告违法行为损害赔偿的原则

根据《广告法》第三十八条的规定,发布虚假广告,欺骗或者误导消费者,使购买商品或者接受服务的消费者的合法权益受到损害的,应依法承担民事责任。赔偿损失是一种最主要的民事责任形式。确定广告违法行为损害赔偿的范围应遵循以下原则:

(一) 财产损失全部赔偿原则

民事责任主要是财产责任,其目的在于对造成权利的损害给予经济上的补偿,使其恢复原状。财产损失包括财产的直接减少和失去的可得利益。可得利益是指按照合理预见的原则,当事人已经预见或应当预见到的必然能够得到的预期收益。

(二) 对人身赔偿,赔偿由此引起的财产损失的原则

人身损害是一种非财产的损害,它包括对人的生命、健康以及人格权的损害。这些损害有时会引起财产上的损失,而有时则单纯为无形损害,即精神损害。凡伴随有财产损害,应赔偿由此造成的全部损失。赔偿损失的范围,因损害程度的不同而不同。如赔偿医疗费、住院费、误工工资、营养费、护理费、交通费等。凡致人残疾,除赔偿医药治疗费外,还应赔偿因误工减少的收入和残疾者生活补助费。

(三) 对精神损害,实行财产责任与非财产责任并用的原则

根据《民法通则》规定,公民的姓名权、肖像权、名誉权、荣誉权受到侵害的,有权要求停止侵害,恢复名誉,消除影响,赔礼道歉,并可以要求赔偿损失。对精神损害,主要是承担非财产责任,同时根据受害人的请求,还可使广告违法行为人承担赔偿损失的财产责任。如广告中未经同意使用他人名义、形象的,属于广告违法行为。如给受害人造成精神损害,则应依法承担非财产责任和财产责任。

五、广告共同损害赔偿

广告损害赔偿分为单独损害赔偿和共同损害赔偿两种情况。单独损害赔偿是指一个广告客户给用户和消费者及其他人造成损害时,应该由广告客户独自承担的赔偿责任。共同损害赔偿是指有两个以上的广告客户或广告经营者与广告客户共同的行为给消费者造成损害时,应当由全体行为人共同承担的赔偿责任。受害人有权向共同致害人的全部或共同致害人中有赔偿能力的任何一方要求赔偿损失的全部或部分。

在处理广告共同损害赔偿案件时,广告监督管理机关可以根据各个致害人的过错和责任大小来确定他们各自的赔偿责任和数额。如果部分致害人无力偿还所赔数额,可以责令共同致害人中有赔偿责任能力的一方或几方代赔无赔偿能力方应赔偿受害人的数额。然后代赔人再向被代赔人主张追索权。

广告管理法规规定,当损害是由广告客户和广告经营者共同的行为造成的,广告经营者负连带赔偿责任;当损害责任是由广告证明出具机关出具非法或虚假证明造成的,广告证明出具机关负连带赔偿责任。具体有以下几种情况。

第一,广告经营者承办或代理广告业务时,未审查广告内容、查验广告证明或证明查验不齐全就承办或代理广告业务,造成虚假或其他侵权广告违法行为,并由此给用户和消费者及其他人造成损害的。

第二,广告经营者帮助广告客户弄虚作假,并由此给用户和消费者及其他人造成损害的。帮助广告客户弄虚作假是指,已知道广告客户委托承办或代理的广告是虚假广告,不予拒绝而予承办或代理的;审查广告时,可以发现广告明显虚假不实,但借口未发现,予以承办或代理的;为广告客户发布虚假广告提供方便条件的。广告经营者、广告发布者不能提供广告主的真实姓名、地址的,应承担全部民事责任。

第三,社会团体或其他组织,如果在虚假广告中向消费者推荐商品或服务,使消费者的合法权益受到损害,实际上也是一种对消费者的共同侵权行为应依法承担连带责任。

六、广告违法行为的民事责任

(一)广告活动中侵权行为的种类及应承担的民事责任

1. 侵害他人财产所有权

在广告活动中,广告主、广告经营者、广告发布者利用广告对商品或服务作虚假宣传,欺骗和误导消费者,刺激消费者购买商品或接受服务,从而使消费者的合法财产遭受损失。侵害他人财产权是广告活动中的一种常见的侵权行为,广告主、广告经营者、广告发布者应依法赔偿给消费者造成的损失。

2. 假冒他人专利

专利权是公民、法人对其发明创造所享有的专有权。在广告活动中,既不允许未取得专利权的,在广告中谎称取得专利权,也不允许使用已经终止、撤销、无效的专利做广告,更不允许假冒他人专利做广告。凡广告中假冒他人专利的,即构成侵害他人专利权的行为,应依法承担侵权的民事责任。

3. 侵害公民身心健康

侵害公民身心健康就是侵害公民的生命权和健康权的行为。侵害公民身体,造成伤害的,为侵害公民的健康权;造成死亡的,为侵害公民的生命权。《民法通则》规定,侵害公民身体造成伤害的,应当赔偿医疗费、因误工减少的收入、残废者生活补助费等费用;造成死亡的,并应支付丧葬费、死者生前扶养的人必要的生活费等费用。《广告法》对未成年人和残疾人的身心健康还给予特殊保护,规定:凡在广告中损害未成年人或者残疾人的身心健康的,广告主、广告经营者、广告发布者必须依法承担民事责任。

4. 侵害他人人格权

《广告法》第四十七条第三、第四项规定,广告中贬低其他生产经营者的商品或者服务的,以及广告中未经同意使用他人名义、形象的,即构成侵权行为,广告主、广告经营者、广告发布者应依法承担民事责任。在广告中贬低其他生产经营者的商品和服务的，属于侵犯他人名誉权的行为。这种行为，是以广告的形式公开诋毁其他生产经营者的名誉，使其名誉受到损害。对通过广告形式贬低他人商品或服务的行为，应当使其承担相应的民事责任；肖像是指公民对自己的肖像权享有的权利，受法律的保护。我国《民法通则》规定，公民享有肖像权，未经本人同意，不得以营利为目的使用公民的肖像。《广告法》第25条也明确规定，"广告主或者广告经营者在广告中使用他人名义、形象的，应当事先取得他人的书面同意；使用无民事能力人、限制民事行为能力人的名义、形象的，应当事先取得其监护人的书面同意。"广告中未经书面同意使用他人名义、形象的，应当依法承担民事责任。

5. 其他民事侵权行为

如侵犯公民或法人的著作权。即在广告作品中对受《著作权法》保护的公民或法人的广告创意、文案、声音、画面等进行模仿、抄袭、引用等。

(二) 广告活动中违反广告合同的表现形式及应承担的民事责任

广告活动中，违反广告合同，主要表现为当事人在成立有效广告合同以后，没有履行自己的义务。具体表现在以下几个方面。

第一，不履行。是指广告合同到了履行期而没有履行的行为。不履行有两种情况：一是无正当理由拒绝履行，如有正当理由拒绝履行则不构成违反广告合同；二是由于主观或客观的情况而导致不能履行。

第二，不完全履行。是指对广告合同内容履行在量或者质上的欠缺，也就是债务人虽有履行行为，但没有完全按照广告合同规定的全部内容履行的行为。

第三，迟延履行。是指广告合同已到履行期，当事人能够履行而不按法定或约定的时间履行的情形。

第四，拒绝履行。是指广告合同当事人一方无任何正当理由或法律依据而单方拒绝履行广告合同约定义务的行为。

违反广告合同的民事责任形式主要有以下几种。

第一，赔偿责任。赔偿损失是违反广告合同民事责任的最重要的责任形式，是指由法律规定的一方当事人违反广告合同造成另一方损失时，应对此损失承担赔偿责任。构成违反广告合同的赔偿损失责任的要件，除须违反广告合同行为和债务人有过错外，还须因违反广告合同造成对方损失。如果违反广告合同并未造成对方损失，即使是故意违反广告合同，也不发生赔偿责任。赔偿损失的目的，就在于弥补债权人因对方不履行债务所受到的损失。《合同法》第113条规定，当事人一方不履行合同或者履行合同业务不符合约定，给对方造成损失的，损失赔偿额应当相当于因违约所造成的损失，包括合同履行可以获得的利益，但不得超过合同一方订立合同时预见到或者应当预见到的因违反合同可能造成的损失。当事人可以约定因违约产生的损失赔偿额的计算方法。

《消费者权益保护法》第四十九条规定：经营者提供商品或者服务有欺诈行为的，应当按照消费者的要求增加赔偿其受到的损失，增加赔偿的金额为消费者购买商品的价格或者接受服务的费用的1倍。这是我国第一个适用惩罚性赔偿的立法例。《合同法》第一百一十三条第二款对此也做出明确规范。

第二，支付违约金。支付违约金是违反广告合同责任中最常见的责任形式。它是指一方当事人违反广告合同，依法律规定或合同约定给对方支付一定数额金钱的责任形式。违约金可以分为法定违约金和约定违约金两种形式，法定违约金的数额是由有关法律确定，约定违约金的数额一般由当事人自行约定。只要有违约的事实，就应支付违约金。根据《合同法》第一百一十四条规定，当事人可以约定一方违约时应当根据违约情况向对方支付一定数额的违约金。约定的违约金低于造成的损失的，当事人可以请求人民法院或者仲裁机构予以增加；约定的违约金过分高于造成的损失的，当事人可以请求人民法院或者仲裁机构予以适当减少。

第三，继续履行。是指违反广告合同的当事人不论是否已经支付违约金或赔偿损失，都必须依据对方的要求，在自己能够履行合同的条件下，对原广告合同未履行的部分继续履行的责任形式。继续履行责任，是合同实际履行原则的一种体现。因此当事人一方违反广告合同，在承担赔偿或违约金责任的同时，只要对方有继续履行的要求，并且自己有履行能力，就应当继续履行原广告合同中未履行部分。继续履行责任，与一般的履行行为不同，它是法律规定对违反广告合同行为人的一种强制形式，不论责任人是否愿意，只要权利人有继续履行的要求，并且又有实际履行的可能，就必须继续履行，否则，将依法强制履行。

七、广告违法行为的刑事责任

广告违法行为的刑事责任是指广告客户或广告经营者所实施的行为不但违反了广告管理法规，而且构成了犯罪，依照《刑法》的规定所应当承担的法律责任。我国《广告法》对广告活动中的犯罪行为及处罚作了原则性规定。具体体现在以下三个条文中：《广告法》第三十七条规定，“违反本法规定，利用广告对商品或者服务作虚假宣传的，由广告监督管理机关责令广告主停止发布、并以等额的广告费用在相应范围内公开更正……构成犯罪的，依法追究刑事责任。”《广告法》第三十九条规定，“发布广告违反本法第7条第2款规定的，……构成犯罪的，依法追究刑事责任。”《广告法》第四十六条规定，“广告监督管理机关和广告审查机关的工作人员玩忽职守、滥用职权、徇私舞弊的，给予行政处分。构成犯罪的，依法追究刑事责任。”由此看来，何种广告违法行为构成犯罪，只能依据我国刑法的有关规定，并根据刑法规定的刑种和处罚幅度进行定罪量刑。

根据广告违法行为侵犯的客体的不同，广告违法行为可以构成下列犯罪：

第一,虚假广告罪。违反《广告法》第三十七条规定,所构成的犯罪即为虚假广告罪。虚假广告罪,是指广告主、广告经营者、广告发布者违反国家规定,利用广告对商品或者服务作虚假宣传,情节严重的行为。根据《刑法》第222条、第223条的规定,犯虚假广告罪的,处2年以下有期徒刑或者拘役,并处或者单处罚金。单位犯本罪的,实行双罚制,即对单位判处罚金,并对其直接负责的主管人员和其他直接责任人员,按照上述规定处罚。2002年10月,在大连发生全国首例"媒体期权"虚假广告案件,犯罪嫌疑人滕××自编投资理财手册,发布"媒体期权"无风险、升值快的虚假广告,向公众出售非法媒体版块,半年里非法牟利260 000元,被当地检察院以涉嫌虚假广告罪批准逮捕。

第二,诽谤罪。是指利用广告散布故意捏造某种虚构的事实,损害他人人格,破坏他人名誉,情节严重的行为。

第三,诈骗罪。这里指以非法占有为目的,利用虚假广告骗取数额较大的公私财物的行为。

第四,假冒商标罪。是指违反商标管理法规,未经注册商标所有人许可,在同一种商品上使用与其注册商标相同的商标,情节严重的行为。

第五,伪造、变造、买卖国家机关公文、证件、印章罪。违反《广告法》第四十四条规定,伪造、变造、转让广告审查决定文件,情节严重,就构成此罪。

第六,渎职罪。这类犯罪,是指国家机关工作人员滥用职权、玩忽职守,或者利用政权徇私舞弊,违背公务职责的公正性、廉洁性和勤勉性,妨碍国家机关正常的职能活动,严重损害国家和人民利益的行为。《广告法》第四十六条对此做出了具体规定。这里一般具体涉及滥用职权罪和玩忽职守罪。其犯罪主体是特定的,即广告监督管理机关和广告审查机关的国家公职人员。

第七,其他犯罪。

工商行政管理机关作为广告的监督管理机关在查处广告违法案件时,对于情节严重、构成犯罪的,应及时移交司法部门追究其刑事责任,不能用行政处罚来代替刑事处罚。最高人民检察院和公安部2001年4月18日发布实施的《关于经济犯罪案件追诉标准的规定》中对各类经济犯罪案件制定了具体的追诉标准。关于虚假广告罪的追诉标准,规定广告主、广告经营者、广告发布者违反国家规定,利用广告对商品或者服务作虚假宣传,涉嫌下列情形之一的,应予追诉:

第一,违法所得数额在100 000元以上的(含本数);

第二,给消费者造成的直接经济损失数额在500 000元以上的(含本数);

第三,虽未达到上述数额标准,但因利用广告作虚假宣传,受过行政处罚两次以上,又利用广告作虚假宣传的("未达到上述数额标准",是指接近上述数额标准且已达到该数额的80%以上的);

第四，造成人身伤残或者其他严重后果的。

第五节　广告行政复议和行政诉讼

一、广告行政复议

（一）广告行政复议的概念和性质

我国的行政复议，是指行政机关根据上级行政机关对下级行政机关的监督权，在当事人的申请和参加下，按照行政复议程序对具体行政行为的合法性和适当性审查，并作出裁决解决行政侵权争议的活动。广告行政复议，是指公民、法人或者其他经济组织对广告监督管理机关作出的具体广告行政行为不服，而向其上一级广告监督管理机关提出申请，并由上一级广告监督管理机关在当事人参加的情况下，依法对该行政行为进行审查并作出裁决的活动。

我国现行的行政复议制度是作为行政诉讼的配套制度于 1990 年建立的。1990 年 12 月国务院发布行政复议条例，1994 年发布了关于修正该条例的决定。1999 年 4 月，第九届全国人大常委会第九次会议颁布《中华人民共和国行政复议法》，标志着我国建立起了独立的国家行政复议制度。

包括广告行政复议在内的行政复议制度具有以下的性质和特征。

第一，广告行政复议是权利救济制度。行政复议的内容和目的，是通过处理行政争议，对受到行政侵害的公民、法人和其他组织合法的权益提供法律救济。

第二，行政复议是行政监督制度。行政复议的根据是上级行政机关对下级行政机关的层级监督权。这种层级监督权具有维持、撤销或者改变下级行政机关决定的内容。

第三，行政复议是一种行政行为制度。行政复议是行政机关行使行政管理权的单方职权行为，可以直接规定公民、法人和其他组织的权利义务。因此行政机关的复议行为应当遵守行政活动的基本制度，应当具备具体行政行为的成立条件和合法条件。

第四，行政复议是行政裁判制度。行政复议的活动方式是处理行政争议，应当遵守保证公正处理的复议程序。

在广告监管过程中，工商行政管理机关代表国家行使具有行政强制力的广告行政管理权。由于广告活动的复杂性和管理与被管理的矛盾性等各种原因，广告监督管理机关与广告被监督管理者之间产生争议是不可避免的。广告行政争议能否及时得到解决，既关系到广告被管理者的合法权益能否得到及时保护，也关系到国家的广告监督管理行为能否有效地得到维护和执行，因此广告行政复议是解决广告监管中的行政争议的一项重要的法律制度，在实践中，应当按照合法、公正、公开、及时和便民的原则具体实施这一制度。

（二）申请复议的范围

根据《中华人民共和国行政复议法》的规定，对广告监督管理机关的下列行为，公民、法人和其他组织认为对其构成侵权的，可以依法申请行政复议：

第一，对广告监督管理机关作出的警告、罚款、没收违法所得、暂扣或者吊销广告经营许可证等行政处罚不服的；

第二，对广告监督管理机关作出的有关广告经营许可证变更、核销、作废的决定不服的；

第三，认为广告监督管理机关侵犯合法的广告经营自主权的；

第四，认为广告监督管理机关违法要求履行义务的；

第五，认为符合经营广告业务法定条件申请工商行政管理机关颁发的许可证和营业执照，工商行政管理机关没有依法办理的；

第六，认为广告监督管理机关侵犯其人身权、财产权的；

第七，法律、法规规定可以提出申请复议的其他行为。

（三）申请复议的条件和要求

申请广告行政处罚复议必须具有法定的条件，否则申请复议无效，复议的广告监督管理机关也不予受理。申请复议应当符合下列条件：

第一，申请复议人是认为广告监督管理机关的行政行为侵犯其合法权益的广告主、广告经营者、广告发布者。申请复议必须以广告行政行为为前提，没有广告行政行为，也就不存在申请复议。

第二，有明确的被申请人。被申请人是指做出广告行政行为的广告监督管理机关。

第三，有具体的复议请求和事实根据。如果没有具体的复议请求和事实根据，广告行政复议机关不予受理。

第四，属于申请复议的范围。超出申请复议的范围，复议机关不予受理。

第五，属于受理复议机关管辖。广告行政处罚复议申请只能向做出行政处罚的上一级广告监督管理机关提出。

第六，申请复议必须有提请复议的真实意思表示和行为。如果申请复议是由于误解或胁迫所致，申请复议无效。如果只有申请复议的意思，而没有表示这种真实意思的具体行为，申请复议无效。申请人可以以书面形式，向广告行政复议机关递交复议申请书，也可以口头申请复议。

第七，申请复议必须在法定的期限内提出。《行政复议法》第九条规定“公民、法人或者其他组织认为具体行政行为侵犯其合法权益的，可以自知道该具体行政行为之日起60日内提出行政复议申请；但是法律规定的申请期限超过60日的除外。因不可抗力或者其他正当理由耽误法定申请期限的,申请期限自障碍消除之日起继续计算”。如果超过法定期限,复议机关不予受理,当事人仍坚持复议的,按申诉处理。

第八,广告主、广告经营者、广告发布者已向人民法院起诉,人民法院已经受理的,不得申请复议。

申请人向复议机关申请复议提交复议申请书,应当载明以下内容:

第一,申请人的姓名、性别、年龄、职业、住址等或法人及其他组织的名称、地址、法定代表人的姓名;

第二,被申请人的名称、地址;

第三,申请复议的要求和理由;

第四,提出申请复议的日期。

为了证明复议申请书的要求能够成立,必须提出充分的理由。申请复议的理由主要包括:① 广告监督管理机关的行政行为在认定事实上有错误;② 广告监督管理机关的行政行为适用法律上有错误;③ 广告监督管理机关违反了法律规定的行政程序;④ 作出行政行为的机关超越了职权范围;⑤ 行政行为侵害了其合法权益;⑥ 作出处罚决定的广告监督管理机关违反了广告法律、行政法规规定的查处范围。

(四) 行政复议的审理、决定和执行

1. 行政复议审理中的举证责任问题

提交证据证明具体行政行为合法适当的责任,由被申请人,即实施了具体广告行政行为的广告监督管理机关负担。履行这一义务的内容,是提交当初作出具体行政行为的证据、依据和其他有关材料,对申请人的申请提出书面答复。根据行政复议的审查方式,被申请人的举证责任在复议程序开始阶段对申请人申请的答复程序中履行。被申请人不履行这一义务的法律后果,是具体行政行为被撤销。法律规定了限制被申请人在行政复议过程中证据收集权的制度。被申请人不得自行向申请人和其他有关组织和个人收集证据。

2. 广告行政复议决定和执行

复议机关收到复议申请书后,应当自收到之日起 15 日内对复议申请进行审查,符合规定的应予受理;不符合规定条件的,裁决不予受理,并告之理由;认为复议申请书内容不符合规定要求的,把复议申请书发还申请人,限期补正。过期不补的,视为未申请。

受理复议申请后,复议机关对被申请复议的具体广告管理行政行为在法律、法规、行政规章和具有普遍约束力的决定、命令适用是否准确、事实认定是否清楚、是否符合法定权限和程序几方面进行审查。

复议机关应当自受理申请之日起 60 日内作出行政复议决定。广告行政复议决定一般有以下四种：

第一，具体广告行政行为认定事实清楚，证据确凿，适用依据正确，程序合法，内容适当的，决定维持；

第二，被申请人不履行法定职责的，决定其在一定期限内履行；

第三，具体广告行政行为有下列情形之一的，决定撤销、变更或者确认该具体广告行政行为违法；决定撤销或者确认该具体广告行政行为违法的，可以责令被申请人在一定期限内重新做出具体广告行政行为：① 主要事实不清，证据不足的；② 适用依据错误的；③ 违反法定程序的；④ 超越或滥用职权的；⑤ 具体广告行政行为明显不当的。

第四，被申请人不按照《行政复议法》第 23 条的规定提出书面答复、提交当初做出具体广告行政行为的证据、依据和其他有关材料的，视为该具体广告行政行为没有证据、依据，决定撤销该广告行政行为。

行政复议机关做出行政复议决定，可以依法同时决定行政赔偿的问题。根据《国家赔偿法》第 9 条第 2 款，申请国家赔偿可以先向赔偿义务机关提出，也可以在申请行政复议时一并提出。如果对不予赔偿或赔偿数额有异议，申请人当事人可以将复议机关和赔偿机关一并作为共同被告提起行政诉讼。

复议机关做出复议决定，应当制定行政复议决定书。行政复议决定书，是行政复议机关根据申请人的申请，依法对被申请人做出的具体行政行为进行审理后所制作的书面决定。复议决定书中应当载明法律规定的事项，加盖复议机关的印章。行政复议决定书一经送达，即发生法律效力。复议决定书具体应载明下列事项：

第一，申请人的姓名、性别、年龄、职业、住址或法人及其他组织的名称、住所、法定代表人的姓名。如有第三人参加复议，还应当列明第三人的情况。

第二，被申请人的名称、地址、法定代表人的姓名、职务。

第三，复议申请的主要事实和理由。

第四，复议机关认定的事实、理由、适用的依据。

第五，复议结论。这一部分应根据维持原处罚决定、撤销原处罚决定、部分维持部分撤销原处罚决定、部分维持部分变更原处罚决定四种情况作出不同表述。

第六，诉权及起诉期限。

第七，作出复议决定的年、月、日。

复议机关应当在收到复议申请之日起 60 日内做出复议决定。复议机关逾期不作出复议决定的，当事人可以在复议期满之日起 15 日内向人民法院起诉。复议决定一经做出并送达即发生法律效力。复议期间，被申请重新审理的原广告管理行政行为不停止执行。当事人对复议决定不服的，可以在收到复议决定书之日起

15 日内向人民法院起诉。当事人逾期不起诉又不履行复议决定的,做出处罚决定的机关可以申请人民法院强制执行。

二、广告行政诉讼

(一) 广告行政诉讼的概念和特征

行政诉讼是国家司法机关在当事人及其他参与人的参加下,依照法定程序,对行政案件进行审理并做出裁决的活动。广告行政诉讼,是指公民、法人或其他组织认为广告监督管理机关作出的广告行政行为侵犯其合法权益,而向人民法院提起诉讼,由人民法院做出裁判的活动和制度。

广告行政诉讼有以下几个特点。

第一,广告行政诉讼的双方当事人有一方必须是广告监督管理机关。我国广告监督管理机关主要是工商行政管理部门。广告行政诉讼必然要以广告监督管理机关的广告行政行为为基础,而有权作出广告行政行为的机关只能是各级广告监督管理机关。因此,广告行政诉讼的一方当事人必须是广告监督管理机关,并且在诉讼中,广告监督管理机关只能是被告。

第二,广告行政诉讼的原告是认为自身权益受到广告监督管理机关具体行政行为侵犯的公民、法人和其他组织。主要是广告主、广告经营者、广告发布者,以及其他广告行政行为的相对人。

第三,广告行政诉讼中的原告和被告的法律地位平等,在诉讼中享有平等的权利和义务。

第四,广告行政诉讼的客体只能是广告监督管理机关的具体广告行政行为。广告监督管理机关作出制定、发布具有普遍约束力的决定、命令的抽象行政行为,以及机关内部对工作人员的任免、奖惩决定等不能成为广告行政诉讼的客体。

(二) 广告行政诉讼的范围

根据《行政诉讼法》11 条规定的受案范围,广告行政诉讼的范围包括:

第一,罚款、吊销广告经营许可证等行政处罚行为;

第二,认为符合法定经营广告业务的条件申请广告监督管理机关颁发许可证和执照,广告管理机关拒绝颁发或不予答复的行为;

第三,认为广告监督管理机关侵犯法律规定的广告经营自主权的行为;

第四,认为广告监督管理机关违法要求履行义务的行为;

第五,认为广告监督管理机关侵犯其人身权、财产权的行为;

第六,法律、法规规定其他可以提起诉讼的广告行政行为。

(三) 提起广告行政诉讼的条件

广告主、广告经营者、广告发布者提起广告行政诉讼,应当具备下列条件:

第一,原告适格。原告必须是认为自身合法权益受到广告行政行为侵犯的公民、法人或其他组织。

第二,有明确的被告。原告必须清楚地表示侵犯其合法权益,与其发生广告行政诉讼的被告是哪一级广告监督管理机关。根据《行政诉讼法》的规定,经复议的案件,复议的广告监督管理机关决定维持原行政行为的,做出原广告行政行为的机关为被告;复议的广告监督管理机关改变原行政行为的,复议的广告监督管理机关为被告。

第三,有具体的诉讼请求和事实依据。诉讼请求,是原告提出请求人民法院予以保护的主张,如撤销、变更广告行政行为的请求。这种请求必须是具体的、明确的,而不是模糊不清,难以认定的。事实根据是指原告向人民法院起诉所依据的事实和证据,包括案件的案情事实和证据事实。这里的事实根据是指广告行政行为争议是否存在的事实,而不是要求原告提供证明具体广告行政行为违法的证据。一般说来,只要有一定的书证、物证或者证人,证明广告监督管理机关做出了一定的广告行政行为,就应该认为有事实根据。

第四,属于人民法院受案范围和受诉人民法院管辖。根据《行政诉讼法》规定,广告行政诉讼案件,属于人民法院受案范围。基层人民法院管辖第一审行政案件,中级人民法院管辖国务院各部门或者省、自治区、直辖市人民政府所做的具体行政行为提起诉讼的案件。对广告行政复议决定不服的,凡复议广告监督管理机关维持原行政行为的,原告向最初作出广告行政行为的广告监督管理机关所在地的基层人民法院起诉;复议广告监督管理机关改变原行政行为的,原告向复议广告监督管理机关所在地的人民法院起诉,也可以向作出原广告行政行为的广告监督管理机关所在地基层人民法院起诉。

人民法院对符合上述起诉条件的广告行政诉讼案件应当依法受理;对欠缺起诉条件的,可要求当事人补齐有关证据、材料,待符合条件后,再予以受理;对不具备起诉条件的,人民法院不予受理。

根据《广告法》第四十八条的规定,广告主、广告经营者、广告发布者对广告行政处罚决定不服,提起广告行政诉讼,主要有以下三种情况:

第一,当事人对行政处罚决定不服的,可以在接到处罚通知之日起 15 日内直接向人民法院起诉。

第二,当事人对复议机关做出的复议决定不服的,可以在接到复议决定之日起 15 日内向人民法院起诉。

第三,复议机关逾期不做出复议决定,当事人可以在复议期满之日起 15 日内向人民法院起诉。

(四) 广告监督管理机关在广告行政诉讼中的权利和义务

广告监督管理机关在广告行政诉讼中具有如下权利:

第一,不停止处罚决定的执行。处罚决定不因提起诉讼而停止执行。但下列两种情况之一的,应停止执行处罚决定:作为被告的广告监督管理机关认为需要停止执行的,或者原告申请停止执行,人民法院认为处罚决定的执行会造成难以弥补的损失,并且停止执行不会损害社会公共利益,而裁定停止执行的。

第二,辩论的权利。广告监督管理机关在广告行政诉讼中,有权就所争议的问题,陈述自己的意见和理由,进行答辩和反驳。辩论的形式有书面辩论和法庭辩论。

第三,申请回避权。广告监督管理机关认为审查案件的审判人员以及书记员、翻译人员或者鉴定人员是案件的当事人或当事人的近亲属,或者是与本案有利害关系的,或者与本案当事人有其他关系的,有权向法庭申请其回避。

第四,委托代理人代理诉讼。在广告行政诉讼中,广告监督管理机关有委托诉讼代理人进行诉讼的权利。委托的诉讼代理人可以是本机关或者本系统的工作人员,也可以是律师或其他人员。

第五,申请法院证据保全。广告行政诉讼案件起诉后,若出现了证据可能灭失或者以后难以取得的情况,广告监督管理机关有权向人民法院申请证据保全。

第六,改变原处罚决定。在人民法院对广告行政诉讼案件宣布判决以前,广告监督管理机关可以改变原行政行为,原告同意改变的,可以申请撤诉,但是否准许,应由人民法院裁定。

第七,上诉权和申诉权。广告监督管理机关不服一审人民法院判决的,有权向上一级人民法院起诉,要求复审一审判决的准确性和合法性。对于二审人民法院作出的发生法律效力的判决不服的,可以向原审人民法院或者上一级人民法院提出申诉。但二审人民法院的判决不停止执行。

第八,申请法院强制执行权。对于人民法院判决维持广告监督管理机关广告行政行为,原告没有履行法院判决的,广告监督管理机关可以向人民法院申请强制执行。

工商行政管理机关在广告行政诉讼中具有下列义务:

第一,应诉。行政诉讼的原告向人民法院起诉后,作为被告的广告监督管理机关应当应诉。不应诉的,不影响人民法院的依法审理。

第二,提供答辩状。在收到应诉通知书后 10 日内,广告监督管理机关应向人民法院作出书面答辩,并将作出处罚决定的全部材料移送法院。不做答辩状的,不影响人民法院审理。

第三,举证。在广告行政诉讼中,广告监督管理机关负有举证责任,向法院提供证明做出有关行政行为时所依据的证据和依据。在诉讼期间,广告监督管理机关不得自行向原告和证人收集证据。

第四,遵守诉讼程序。广告监督管理机关在整个诉讼过程中应当遵守法律规定的诉讼程序,服从法庭的指挥,使诉讼按法定的程序进行。

第五,履行人民法院的判决。对人民法院变更或者撤销广告监督管理机关广告行政行为的判决、裁定,在其发生法律效力后,广告监督管理机关应当自觉履行。否则,人民法院将强制执行。

第六,承担败诉费用。广告监督管理机关在广告行政诉讼案件中败诉的,应当承担诉讼费用。

(五) 广告行政诉讼案件的审理和判决

人民法院审理广告行政诉讼案件实行两审终审制。人民法院应当在立案之日起5日内,将起诉状副本发送被告。被告应当在收到起诉状副本之日起10日内向人民法院提交作出具体行政行为的有关材料,并提出答辩状。人民法院应当在收到答辩状之日起5日内,将答辩状副本发送原告。人民法院由审判员组成合议庭或者审判员、陪审员组成合议庭审理广告行政诉讼案件。合议庭成员应是3人以上的单数。经人民法院两次合法传唤,原告无理拒不到庭的,视为申请撤诉;被告无正当理由拒不到庭的,可以缺席判决。人民法院审理广告行政诉讼案件,不适用调解。

人民法院经过审理,根据不同情况,分别做出以下判决:

第一,广告行政行为证据确凿,适用法律、法规正确,符合法定程序的,判决维持原处罚决定。

第二,对原广告行政行为的主要证据不足,或适用法律、法规有错误,或违反法定程序,或滥用职权、超越职权的,判决撤销或部分撤销原广告行政行为,并可以判决被告重新作出具体行政行为。

第三,被告不履行或延迟履行法定职责的,可以判决其在一定期限内履行。

第四,广告行政处罚显失公正的,可以判决变更原处罚决定。

人民法院判决被告重新做出广告行政行为的,被告不得以同一事实和理由做出与原广告行政行为基本相同的行政行为。当事人不服人民法院第一审判决的,有权在判决书送达之日起15日内向上一级人民法院提起上诉。当事人不服人民法院第一审裁定的,有权在裁定书送达之日起10日内向上一级人民法院提起上诉。逾期不提起上诉的,人民法院的第一审判决或者裁定发生法律效力。人民法院对上诉案件,认为事实清楚的,可以书面审理,并应当在收到上诉状之日起两个月内作出终审判决。

（六）发生法律效力的广告行政处罚决定及执行

《广告法》第四十八条第三款规定："当事人逾期不申请复议也不向人民法院起诉，又不履行处罚决定的，做出处罚决定的机关可以申请人民法院强制执行。"

广告行政处罚决定在下列情况下发生法律效力：

第一，广告监督管理机关做出广告行政处罚后，当事人在法定期限内未申请复议也未向人民法院起诉的，处罚决定在法定期限届满后即发生法律效力。

第二，复议的广告监督管理机关做出复议决定，在复议决定书送达复议申请人后，即发生法律效力。诉讼期间，复议决定不停止执行。

对已发生法律效力的广告行政处罚决定，当事人应当自觉履行。当事人不履行的，做出处罚决定的机关可以申请人民法院强制执行。

问题与思考

1. 试述广告法律关系的特征、广告法律渊源以及广告法制体系的构成和完善。

2. 广告法律责任以及广告违法行为的概念、构成要件是什么？广告违法行为的种类和表现形式主要有哪些？

3. 试述广告违法行为行政处罚的原则、量罚依据以及处罚的具体形式和方法。

4. 试述我国广告法律法规及行政规章对广告违法行为行政处罚方面的具体规定。

5. 试述广告活动中民事违法行为的种类及应承担的民事责任。

6. 试述利用广告对商品或服务作虚假宣传应予追诉的标准和虚假广告罪应承担的刑事责任。

7. 试述广告行政复议的概念和特征、申请的范围和条件、对行政复议的审理和决定。

8. 试述广告行政诉讼的概念和特征、申请范围和条件、行政诉讼的审理和判决。

第八章　涉外广告的法规管理

随着我国加入 WTO,我国对外开放事业不断深入发展,中国市场与国际市场的关联度越来越高,广告作为经济发展过程中市场营销的伴生物,其国际化色彩也必然会越来越浓重。以国内广告为基础的涉外广告,在开拓、巩固和扩大国际市场,促进国家之间的贸易来往,树立产品的国际形象,赢得企业的国际声誉等方面发挥着重要作用。对涉外广告进行法规管理是我国广告监管的重要内容。

第一节　涉外广告的法规管理

一、涉外广告的含义和管理范围

涉外广告,是指广告主通过国外的或国际的传播媒体,对其他国家或地区的消费者所进行的有关商品或者服务的宣传活动。涉外广告一般有两方面的含义,一方面指本国企业(组织)或个人在国外进行的广告宣传活动,一方面指外国企业(组织)或个人在本国进行的广告宣传活动。对我国而言,涉外广告主要包括外商来华广告和我国的出口广告,涉及进出口我国港、澳、台地区的广告,由于特殊原因,也属涉外广告的范畴。一个国家涉外广告的发展程度,某种意义上反映了其经济的开放程度及与国际经济发展的关联度,因此涉外广告又可称为国际广告。

涉外广告的法规管理是对国际营销中进行的广告宣传活动的监督管理。主要包括对外商来我国进行的广告宣传的法规管理和我国组织和公民在境外所进行的针对出口商品的广告宣传的法规管理,具体包括对外商来华广告的监管、我国企业出口广告宣传的监管以及外商投资广告企业的登记监管等内容。

二、涉外广告的产生与意义

(一) 涉外广告的产生

20 世纪 70 年代兴起的新技术革命,不但引起了产业结构的巨大变化和社会生活的巨大变革,而且对广告的发展产生了深远的影响。就商业广告而言,广告已不仅仅是推销商品的工具与手段,而且是社会经济信息的综合性服务部门;广告已不仅仅是地区性的、国家性的信息传播工具与手段,而且是国际性的、全球性的信息传播通路与渠道;广告已不仅仅是一种简单的信息传播通路与渠道,而且是以广告为核心的市场营销信息传播的有机体,是一种多部门、多功能的市场营销信息传播系统。尤其是近十年来,随着新技术革命不断深入,微电子技术的普及及应用,广告已发展成为当代信息社会中的一种首当其冲的产业,成为现代社会生产、生活以及人类一切活动的必不可少的工具与指南。

涉外广告是广告发展的产物,也是现代市场营销的产物,随着现代化大生产的发展,新技术革命的不断深入,人们的物质生活水平不断提高,商品日益丰富,消费水平也日益提高,现代营销已无国内市场与国外市场之分,人们均在同一个国际市场上开展营销活动,世界进入了国际营销时代。作为国际营销的重要手段的涉外广告也应运而生。涉外广告以国内广告的发展为基础,配合整体国际营销的需要,而向世界各国实施广告宣传。它是开拓、巩固和扩大国际市场,促进国家之间的贸易往来,赢得企业声誉的一种重要工具和手段。

(二) 涉外广告的意义和作用

1. 发展涉外广告是国际营销的必要手段

涉外广告是与国际行销密切相关的,是为了配合国际行销的需要,对出口国和地区所做的商品广告。涉外广告是以本国广告的发展为母体,再向世界其他国家和地区发展。涉外广告活动的目的,是通过各种适应国际市场特点的广告形式,使出口商品能迅速地进入国际市场,赢得声誉、扩大销售。国际市场与国内市场有许多不同的特点。国内市场,消费者一般对同类商品都有一定的认识,当新产品投入市场时,由于广告的宣传,日常的接触,相互传诵推荐,比较容易认识。但在国际市场则不同,由于我国长期闭关自守,国际消费者除了对我国一些传统的商品有一些知识外,对大多数出口商品都是陌生的。因此,出口商品首次进入国际市场时必须运用广告,迅速提高商品的知名度,增强当地消费者对商品的认识,才能打开销路。即使是传统的出口商品,也必须运用广告宣传,不断加深消费者的印象,产生好感,在消费者需要购买这类商品时,才能选择该种商品。国际市场竞争是异常激烈的,在发达的国家和地区,市场繁荣,商品充裕,是买方市场,消费者购买商品的弹性很大,选择性较强,因此,商品生产者之间进行的广告战,对消费者的争夺也异常激烈。在这种市场环境下,如不发挥广告的竞争力量和作用,在广告宣传上先声夺人,使消费者心目中树立起深刻的商品形象和企业形象,是不能巩固和扩大市场占有率的。国际市场上商品品种繁多,新商品日新月异,广告宣传已渗透到每个企业,每个家庭,因此,已经形成了消费者参考广告选购商品的习惯。据香港调查的资料显示,70%的消费者购物时是参考广告宣传所提供的资料的。在现代市场中,人们购买商品,除了重视商品的使用价值以外,还越来越讲究商品的社会价值,他们追求名牌、追求新潮,考虑使用商品后可以给自己树立怎样的形象。因此,在不断推陈出新的国际市场中,发展涉外广告,尤其是出口商品广告是出口商引导、争取消费者的不可缺少的促销手段。

2. 发展涉外广告是现代广告业发展的必然趋势

随着现代工业和现代科学技术的发展,现代化大生产已达到相当规模,商品流通早已突破地域和国界的限制,商品市场也向着全球统一的国际市场方向发展。现代广告的发展也必然与之相适应,向涉外广告即国际广告的方向发展。我国在1993年前后出现了外资广告业投资的热潮。当时很多外资广告公司是伴随其国际客户进入中国,而在国内成立合资广告公司的。国际广告的发展有助于国际间在进行产品交流的同时,进行广告活动的借鉴、交流,促进广告业的发展。从我国广告业发展的实践来看,外资广告业的进入提升了我国广告业发展的整体水平,为本土广告业发展也提供了很好的示范作用。同时随着我国对外经济贸易往来的日益频繁和广告业的成熟壮大,在涉外广告的发展上强调"引进来"的同时,还要大胆地"走出去",这是广告业发展成熟的必然趋势。

3. 发展涉外广告是我国加入 WTO 后扩大对外开放,发展市场经济的必然要求

我国实行改革开放以来,涉外广告有了突飞猛进的发展。加入 WTO 以后,我国市场的开放度进一步扩大,我国经济日益融入国际经济发展的大循环之中。为了进一步顺应我国加入 WTO 后的形势,促进我国与国际间的贸易往来,辅佐企业开拓、巩固国际市场,就必须大力发展我国的涉外广告业,发挥涉外广告在国际市场上的"开路先锋"作用,促进我国的对外经济在国际市场抢占先机,不断提高国际竞争力。

三、我国涉外广告的管理规范

(一) 外商来华广告宣传的管理规范

外商来华广告宣传是指外国企业(组织)、个人在中华人民共和国境内进行的广告宣传。外国企业(组织)、个人在中国进行广告宣传,必须遵守中国的法律、法规和政策。广告内容和广告表现形式要符合中国广告管理的法律法规。

外国企业(组织)、个人不得自行在中国境内进行广告宣传活动,而必须委托具有外商广告经营权的中国广告经营者办理。没有外商来华广告经营权的中国广告经营者或非广告经营者不得承办外商来华广告业务。

外商来华广告宣传的内容中,按照中国的法律、法规需要其本国出具某些证明或在中国办理一定批准登记、检验等手续的,要提供有关证明和办理批准登记、检验手续。比如国外的药品生产、经营企业要在我国境内进行药品广告宣传,就要提供生产该药品的国家(地区)批准的证明文件和该药品的商标注册登记证、说明书、包装(附中文译本),同时还要在我国办理审批手续。

凡是国家明确规定对某些国家和地区来华广告宣传必须指定广告经营者办理的，未被指定的广告经营者即使有外商广告经营权，也不得办理这类广告业务。对某些国家和地区来华广告宣传的内容和广告宣传媒介有限制性规定的，也要按照规定执行。

来华广告宣传违反中国法律、法规和政策的，要按照中国的法律、法规和政策处罚。

（二）对出口广告宣传的管理规范

出口广告宣传是中国企业（组织）、个人在国外进行的广告宣传。

中国企业（组织）、个人进行的出口广告宣传，要遵守中国的法律、法规和政策，遵守中国的外交政策、对外经济贸易政策和为中国承认的国际惯例、条约，不得损害中国的利益；同时又要遵守广告宣传地所在国或地区的法律规定；广告内容不能损害当地的民族尊严，不能违反当地的风俗习惯；广告不能进行诽谤性宣传，不得使用不友好的文字；在广告中使用注册商标的，应先在当地注册，经核准后发布；对当地有特殊规定的商品广告，如药品、食品等，应经专门组织或机构批准后发布；户外广告的设置、张贴等，要遵守当地的有关规定；等等。

我国企业（组织）、个人不得自行到国外进行广告宣传，应当委托具有出口广告经营权的中国广告经营者代为办理出口广告宣传业务。经营出口广告业务的中国企业，必须向工商行政管理机关办理登记注册手续，未经核准的，不得从事出口广告经营业务。

外国企业及其外籍人员不得擅自在中国境内招揽广告业务。外国企业在中国境内招揽广告业务，必须委托具有外商广告经营权的中国广告经营者代为办理。

香港、澳门、台湾地区由于其存在的特殊性，对这些地区的企业（组织）、个人来祖国内地进行的广告宣传，参照外商来华广告管理的有关法律规定进行监管。我国内地的企业（组织）、个人到这些地区进行广告宣传的，参照出口广告管理的法律规定进行管理。我国法律、法规另有规定的，按照有关规定进行监管。如对香港、澳门、台湾地区投资的企业在广告宣传中不能冠以“中外合资”、“中外合作”或“中台合资”、“中港合作”等，只能冠以当地名称简称，如“沪台合资”、“沪港合作”等。

2003 年 6 月 29 日，中央人民政府和香港特别行政区政府签订《内地与香港关于建立更紧密经贸关系的安排》（简称 CEPA），自 2004 年 1 月 1 日起，内地进一步对香港服务及服务提供者开放包括广告及相关市场（例如：会展服务以及图书、报纸、杂志等在内的分销服务等内容）。允许香港公司自 2004 年 1 月 1 日起在内地设立独资广告公司。

四、外商投资广告企业的登记管理

外商投资广告企业,是指依法经营广告业务的中外合资经营企业、中外合作经营企业(合称为中外合营广告企业)以及外资广告企业。对外商投资广告企业的登记管理是涉外广告法规管理的重要内容。在外商投资广告企业的登记管理方面,1994 年 11 月,当时的国家工商局和外经贸部制定了《关于设立外商投资广告企业的若干规定》(工商广字[1994]第 304 号),对外商投资广告企业应具备的条件、设立的程序、报送的文件等做出了明确规定,成为外商投资广告企业登记管理的重要依据。随着 2001 年 12 月我国正式加入 WTO,我国在广告服务贸易市场准入方面做出承诺;2004 年 7 月,我国《行政许可法》实施,提出行政许可方面新的原则和要求。为适应新的形势变化和需要,加强对外商投资广告企业的管理,促进广告业健康发展,2004 年 3 月 2 日,国家工商总局和商务部发布《外商投资广告企业管理规定》(中华人民共和国国家工商行政管理总局、中华人民共和国商务部令第 8 号,以下简称 8 号令),并自发布之日起施行,《关于设立外商投资广告企业的若干规定》同时废止。除《外商投资广告企业管理规定》外,设立外商投资广告企业还应当遵守《中华人民共和国中外合资经营企业法》、《中华人民共和国中外合作经营企业法》、《中华人民共和国外资企业法》、《中华人民共和国广告法》、《广告管理条例》等有关法律法规。根据 8 号令,外商投资广告企业的登记管理主要涉及以下内容和程序。

(一) 立项

外商投资广告企业的项目建议书及可行性研究报告,由国家工商行政管理总局及其授权的省级工商行政管理局审定。外商投资广告企业的合同和章程,由商务部及其授权的省级商务主管部门审查批准。外商投资广告企业符合规定条件,经批准可以经营设计、制作、发布、代理国内外各类广告业务,其具体经营范围,由国家工商行政管理总局及其授权的省级工商行政管理局依据《广告经营者、广告发布者资质标准及广告经营范围核定用语规范》予以核定。

(二) 中外合营广告企业设立的条件和程序

设立中外合营广告企业,除符合有关法律、法规规定的条件外,还应具备以下条件:① 合营各方应是经营广告业务的企业;② 合营各方须成立并运营两年以上;③ 有广告经营业绩。

设立中外合营广告企业按照下列程序办理:

第一,申请设立中外合营广告企业,由中方主要合营者向其所在地有外商投资企业核准登记权的工商行政管理局报送下列文件:① 设立中外合营广告企业的申请书;② 企业名称预先核准通知书;③ 合营者股东会(董事会)决议;④ 设立中外合营广告企业的项目建议书及合营各方共同编制的可行性研究报告；⑤ 合营各方的登记注册证明；⑥ 合营各方的资信证明；⑦ 广告管理制度；⑧ 地方工商行政管理局的初审意见。由其提出初审意见，报国家工商行政管理总局授权的省级工商行政管理局审定，或经省、自治区、直辖市及计划单列市工商行政管理局核转，报国家工商行政管理总局审定。国家工商行政管理总局及其授权的省级工商行政管理局自收到全部呈报文件20日内，作出同意或不同意的决定。

第二，国家工商行政管理总局或其授权的省级工商行政管理局颁发《外商投资广告企业项目审定意见书》后，由中方主要合营者向拟设立企业所在地省级商务主管部门报送下列文件：① 国家工商行政管理总局或其授权的省级工商行政管理局颁发的《外商投资广告企业项目审定意见书》；② 设立外商投资广告企业的合同、章程；③ 项目可行性研究报告；④ 合营各方的登记注册证明；⑤ 合营各方的资信证明；⑥ 企业名称预先核准通知书；⑦ 合营企业的董事会名单及各方董事委派书；⑧ 地方商务主管部门的初审意见。经省级商务主管部门审查批准的，颁发《外商投资企业批准证书》；不予批准的，书面说明理由。

第三，中方主要合营者持国家工商行政管理总局或其授权的省级工商行政管理局颁发的《外商投资广告企业项目审定意见书》、省级商务主管部门颁发的《外商投资企业批准证书》及法律、法规规定的其他文件，按企业登记注册的有关规定，向国家工商行政管理总局或有外商投资企业核准登记权的地方工商行政管理局办理企业登记注册手续。

（三）外资广告企业设立的条件和程序

设立外资广告企业，除符合有关法律、法规规定的条件外，还应具备以下条件：① 投资方应是经营广告业务为主的企业；② 投资方应成立并运营3年以上。

设立外资广告企业按下列程序办理：

第一，外国投资者，向国家工商行政管理总局呈报以下文件：① 设立外商投资广告企业的申请书；② 投资者股东会（董事会）决议；③ 投资者编制的项目建议书及可行性研究报告；④ 投资者的登记注册证明；⑤ 投资者的资信证明；⑥ 企业名称预先核准通知书。国家工商行政管理总局自收到全部呈报文件20日内，作出同意或不同意的决定。

第二，国家工商行政管理总局颁发《外商投资广告企业项目审定意见书》后，由外国投资者向拟设立企业所在地省级商务主管部门呈报下列文件：① 设立外商投资广告企业的申请书；② 国家工商行政管理总局颁发的《外商投资广告企业项目审定意见书》；③ 投资者编制的项目建议书及可行性研究报告；④ 投资者的登记注册证明；⑤ 投资者的资信证明；⑥ 设立外资广告企业的章程。由省级商务主管部门在20日内提出初审意见报商务部审批。商务部自收到全部呈报文件

20日内，作出同意或不同意的决定；经审查批准的，颁发《外商投资企业批准证书》。

第三，外国投资者持国家工商行政管理总局颁发的《外商投资广告企业项目审定意见书》和商务部颁发的《外商投资企业批准证书》及法律、法规规定的其他文件，按企业登记注册的有关规定，向国家工商行政管理总局申请办理企业登记注册手续。

（四）外商投资广告企业申请设立分支机构的条件和程序

申请设立分支机构的外商投资广告企业，应具备以下基本条件：① 注册资本全部缴清；② 年广告营业额不低于2 000万元人民币。

外商投资广告企业申请设立分支机构，按下列程序办理：

第一，申请设立分支机构的外商投资广告企业，由外商投资广告企业分别向所在地省级商务主管部门及同级工商行政管理局提交以下文件：① 设立外商投资广告企业分支机构的申请书；② 董事会决议；③ 广告经营年度审计报告；④ 企业营业执照；⑤ 经营场所证明；⑥ 企业验资报告。

第二，所在地省级商务主管部门在征求同级工商行政管理局意见后，决定批准或不批准。决定批准的，同时将批准文件抄送设立地省级商务主管部门及省级工商行政管理局；不予批准的，书面说明理由。

第三，外商投资广告企业持设立分支机构的批准文件及法律、法规规定的其他文件到其分支机构设立地有外商投资企业核准登记权的工商行政管理局办理分支机构登记注册手续。

（五）外商投资广告企业登记的其他规定

第一，外商投资广告企业设立后，如出现下列情况之一的，应按设立程序另行报批，并办理企业变更登记：① 更换合营方或转让股权；② 变更广告经营范围；③ 变更注册资本。

第二，通过并购境内广告企业投资广告业的，按照外国投资者并购国内企业有关规定和8号令办理。

第三，香港、澳门、台湾地区投资者在内地投资设立广告企业，参照8号令办理。

第四，外商投资企业申请增加广告经营业务的，参照8号令办理。

第五，自本规定施行之日起允许外资拥有中外合营广告企业多数股权，但股权比例最高不超过70%；2005年12月10日起，允许设立外资广告企业。

（六）关于外国投资者通过股权并购开办外商投资广告企业有关问题的规定

第一，外国投资者可以依据《外国投资者并购境内企业暂行规定》（2003年3月7日对外贸易经济合作部、国家税务总局、国家工商行政管理总局、国家外汇管理局令第3号),和8号令等有关规定,通过购买境内广告企业的部分股权开办中外合营广告企业,通过购买境内广告企业的全部股权开办外资广告企业。

第二,外国投资者以股权并购方式开办的外商投资广告企业,中外投资者应符合8号令规定的条件。如被并购的境内广告企业已主营或兼营两年以上广告业务,则该境内广告企业的原中方投资者可继续保留其股东地位,不受前款规定限制。

第三,外国投资者并购境内广告企业投资广告业,应当按照8号令规定的程序办理审批登记手续。申请人在申请《外商投资广告企业项目审定意见书》时,应当向国家工商行政管理总局或其授权的省级工商行政管理局报送下列文件:① 外国投资者和被并购的境内广告企业共同签署的股权并购申请书;② 被并购的境内广告企业的股东会(董事会)决议;③ 外国投资者股东会(董事会)决议;④ 被并购的境内广告企业的登记注册证明;⑤ 外国投资者的登记注册证明;⑥ 外国投资者的资信证明;⑦ 地方工商行政管理局的初审意见。通过购买境内广告企业的部分股权开办中外合营广告企业的,还需提交被并购的境内广告企业股东情况及各股东相关登记注册证明、被并购的境内广告企业的资信证明及被并购的境内广告企业各股东的资信证明。

第四,申请人获得国家工商管理总局颁发的《外商投资广告企业项目审定意见书》后,应当按照8号令及国家有关并购的相关规定向商务主管部门报送文件并办理审批手续。

(七)香港、澳门投资者在内地投资广告业的专门规定

为了促进香港、澳门与内地建立更紧密的经贸关系,鼓励香港服务提供者和澳门服务提供者在内地投资设立广告企业,根据国务院批准的《内地与香港关于建立更紧密经贸关系的安排》、《内地与澳门关于建立更紧密经贸关系的安排》,《管理规定》就香港和澳门投资者投资广告业专门以附件形式做出补充规定,内容如下:

第一,自2004年1月1日起,允许香港服务提供者和澳门服务提供者在内地设立独资广告公司。

第二,香港服务提供者和澳门服务提供者应分别符合《内地与香港关于建立更紧密经贸关系的安排》和《内地与澳门关于建立更紧密经贸关系的安排》中关于"服务提供者"定义及其相关规定的要求。

第三,香港服务提供者和澳门服务提供者应是经营(含非主营)广告业务的企业法人。

第四,香港服务提供者和澳门服务提供者在内地投资广告业的其他规定,仍按照《外商投资广告企业管理规定》执行。

五、对广告作品参加国际评比及展示活动的管理

随着改革开放的深入,我国广告业对外交流更为广泛,参加各类国际性广告作品评比、展示的单位和个人日益增多。为了维护我国广告业的国际声誉和形象,保证参加国际交流的广告作品的内容和形式符合我国法律和有关方针政策的要求,国家工商行政管理总局委托中国广告协会统一负责向国际性的广告评比、展示活动推荐中国广告作品,各广告主、广告经营者、广告发布者不得直接推荐。广告作品可直接送中国广告协会,也可由当地广告协会转送。

第二节 WTO与广告监督管理

2001年11月10日,在卡塔尔首都多哈进行的世界贸易组织第四届部长级会议审议通过了《关于中华人民共和国加入的决定》和《中华人民共和国加入议定书》。2001年12月11日,中国正式成为WTO成员。WTO组织堪称"经济的联合国",加入WTO对我国的发展具有深远的影响,从此,我国政府制定和实施有关政策的行为要受WTO有关规则的规范和约束。WTO对我国广告业的开放和发展也有着深远的影响。本节内容将着重就WTO对我国涉外广告以及广告监管的影响进行探讨和分析。

一、WTO的基本原则以及我国入世后关于广告市场方面的承诺

(一) WTO的基本法律原则

(1) 最惠国待遇原则。是指一成员方将在货物贸易、服务贸易和知识产权领域给予其他国家(无论是否WTO成员)的优惠待遇,立即和无条件地给予其他成员方。

(2) 国民待遇原则。是指对其他成员方的产品、服务或服务提供者及知识产权所有者和持有者所提供的待遇,不低于本国同类产品、服务或服务提供者及知识产权所有者和持有者所享有的待遇。

(3) 透明度原则。是指成员方应当公布所制定和实施的贸易措施及变化情况(如修改、增补或废除等),不公布的不得实施,同时还应将这些贸易措施及变化情况提交世贸组织。

(4) 自由贸易原则。是指在世贸组织的框架下,通过多边贸易谈判,实质性削减关税和减少其他贸易壁垒,扩大成员方之间的货物和服务贸易。

(5) 公平竞争原则。是指在世贸组织框架下,成员方应避免采取扭曲市场竞争的措施,纠正不公平贸易行为,在货物贸易、服务贸易和与贸易有关的知识产权领

域,创造和维护公平、公开和公正的市场环境。

(二) 我国入世后关于广告服务贸易的承诺

WTO 将广告业纳入服务贸易进行了明确规定。《服务贸易总协定》将服务分为 12 个部门和 160 多个分部门,其范围相当广泛,"包括任何部门的任何服务,但在行使政府职权时提供的服务除外",因为"行使政府职权时的服务指既不依据商业基础提供,也不与一个或多个服务提供者竞争的任何服务"。服务贸易领域的开放主要涉及市场准入和国民待遇两方面问题。在广告服务贸易方面,我国政府的承诺主要体现在市场准入方面,在国民待遇方面没有限制,外国的广告企业与中国的广告企业,平等地从事广告经营活动。根据《服务贸易总协定》,关于服务贸易市场准入程度,涉及跨境交付、境外消费、商业存在和自然人流动四种服务提供方式。

1. 跨境交付

是指服务的提供者从一成员方领土内向任何其他成员方境内的消费者提供服务。这种服务提供方式特别强调卖方和买方在地理上的界限,跨越国界和边界的只是服务本身。在广告服务的市场准入上,我国政府承诺仅限于通过在中国注册的、有权提供外国广告服务的广告公司代理。即外国企业在中国发布广告,必须通过在中国注册的,具有经营外商来华广告资质的广告公司代理。

2. 境外消费

是指服务的提供者在一成员方境内向来自任何其他成员方境内的消费者提供服务。我国政府在此方面的承诺是仅限于通过在中国注册的、有权提供外国广告服务的广告公司代理。即中国的企业到境外发布广告,必须委托在中国注册的、具有外国广告经营资质的广告公司代理。

3. 商业存在

是指一成员方的服务提供者在另一成员方的领土内设立商业机构或者专业机构,为后者领土内的消费者提供服务。一般认为商业存在是四种服务提供方式中最重要的一种。在此方面,我国政府承诺加入时,允许外国广告服务提供者仅限于以合资企业形式,在中国设立广告企业,外资比例不超过 49%；中国加入后 2 年内,即 2003 年 12 月 10 日之后,允许外资控股;中国加入 4 年内,即 2005 年 12 月 10 日之后,允许外国服务提供者在华设立外资独资子公司。

4. 自然人流动

是指一成员方的服务提供者以自然人身份进入另一成员方的领土内提供服务。我国政府除水平承诺中的内容外,不作承诺。也就是要遵守有关自然人入境和居留的规定。

二、入世对我国广告市场发展的影响

入世对我国的经济发展和改革开放有着深远的影响。有学者曾概括入世后中国的对外开放进程会出现五大转折：一是由有限范围、区域性的开放转向全方位、多层次的开放；二是由试验、试点式的开放转向 WTO 框架下的整体开放战略；三是由行政命令和长官意志所决定的开放转向以市场价值规律、比较优势规律为基础的开放；四是由强调中国特殊性和国情的开放转向认可 WTO 普遍原则的开放；五是由以改革推动开放转向开放促进改革。广告市场在整个市场体系中具有较为独特的地位。它在整个市场体系中是一个独立的产业，同时又与市场体系其他组成部分的发展具有高度的相关性和依附性，这就是广告业的发展之所以被称为经济发展的“晴雨表”的原因。因此 WTO 对我国广告市场的影响将是多层次和全方位的，既有基于我国对广告市场准入的承诺而引发的直接影响，也有许多基于其他相关市场的开放带来的广泛的、后发的、间接的影响。

（一）对广告主的影响

加入 WTO，对我国经济总体的利好和市场竞争的加剧，会带来广告投入的增加。也就是意味着广告主广告投入的需求呈大幅度增长的趋势。广告主对广告投入的增加具体基于以下理由：一是基于我国经济发展总量扩容的事实。这为广告投入的增长提供了强有力的支撑。二是基于传统产业市场竞争的进一步加剧。加入 WTO 后，市场竞争的深度和广度不断扩大，国内企业面临来自国际的竞争。如汽车产业，面对激烈的市场竞争，其广告投入呈上升态势。三是基于诸如金融、保险、电信、教育等新兴产业的兴起。这些新兴产业日益成为新的广告投放热点。四是基于外资大量进入国内市场对广告投入的拉动。中国加入 WTO，必然带来外资进入中国的新一轮热潮。国外很多大企业会陆续进军中国市场，而这些企业有着较为成熟的广告营销策略。据悉，美国百强企业中，81% 的大企业有意向进入中国市场，而每家企业的年广告投放量约为 1 000 万美元。

（二）对媒体的影响

中国加入 WTO 后，尽管我国政府并未承诺如何开放传媒业，但海外的实力派传媒集团对中国广阔传媒市场的渗透已经开始。2001 年初，媒体巨头 AOL——时代华纳就斥资 1 亿美元入主香港华娱卫视，而后者早已在广东一个较小区域内进入有线电视网。2001 年 10 月 18 日，广电总局批准凤凰卫视中文台进入珠江三角地区有线网。同年 12 月 19 日，默多克的新闻集团全资拥有的 STAP 集团与中央电视台等 3 家公司达成协议，STAP 集团负责中央电视台的一个频道在美国落地进入有线电视网，而 STAP 集团则于 2002 年上半年通过有线系统向广东地区播放一个全新的 24 小时综艺频道。2002 年 12 月 19 日，澳洲新闻集团与湖南广电集团签约结盟，联合制作产品，互换节目，并展开其他领域的合作，这是获准与中国电视传媒合作的首个外国公司，也是中国政府第一次允许外资电视机构和中国的影视机构进行全面合作的外国公司。这预示着中国电视传媒对外开放的程度正在加快。目前还有200多个境外电视频道正在竞争"中国落地权"。2003年初，国家广电总局已经允许包括CNN在内的30多家境外电视在三星级以上宾馆和涉外住宅小区"有区域限制"地合法落地。同时我国在与媒介相关的一些产业，如广告、印刷、发行业务等市场开放上的承诺将对媒介的发展产生直接的冲击。例如我国政府承诺从2003年起放开书刊批发业务，2005年所有信息技术产品实行零关税。对整个中国来说，入世是一个消除中国社会和国际化社会之间各种障碍和鸿沟的过程，在经济趋向一体化的同时，将逐步融入到信息传播全球化体系中，这一点是中国媒体面临挑战的根源。所以从长远看，中国媒体也面临巨大的竞争压力，媒介将日益告别资源垄断的强势时代，而走上市场化经营的道路，媒介与广告主、广告公司的关系会发生进一步的变化。在未来的广告发展过程中，将会有更丰富、多样、优质、优价的媒介资源，促进中国广告市场的进一步繁荣。

（三）对广告经营者的影响

加入WTO对广告经营者的影响一般认为内资广告公司将面临较大的冲击。笔者认为对国内的广告经营者而言应是机遇与挑战并存。在20世纪80年代末90年代初，外资广告公司随其服务的国际客户进入中国而纷纷抢滩中国市场，我国民族广告业实际已经经历了外资广告业的冲击，目前已有近400家合资的广告公司在我国注册，且全世界知名的跨国广告公司几乎都在中国建立了合资企业，本土广告企业已经在这一轮挑战中得到了锻炼和发展。加入WTO后，我国广告市场面临以下新的变化：2003年12月10日之后，允许外资控股；2005年12月10日之后，允许外国服务提供者在华设立外资独资子公司；外资广告公司的经营范围更为广泛，比如媒介购买等；伴随广告业开放度的进一步扩大，广告市场的竞争更加激烈。对本土广告公司来说，与世界跨国广告公司相比，在经营的观念方面，广告制作的材料、技术、工艺方面，优质客户资源方面，人才、管理和效益等方面均还有一定的差距。例如据有关统计数据，外商投资广告公司户均拥有从业人员25人，是中国本土公司的3倍，经营效益则是本土公司的12倍。总的说来，加入WTO，会促进广告公司进一步提高自身的竞争力，加速行业优胜劣汰的进程，从而使行业的整体发展水平能够得到更快的提升；对于本土广告公司来说，会逐步摆脱过去凭关系拉业务的不良倾向，转而更加注重以服务质量、信誉和特色等占领市场。

三、我国现有的广告监管适应 WTO 要求方面存在的问题

(一) 广告监管的体系尚不完善

在广告监管的体系上,我国采取的是以行政监管为主,行业自律和司法介入等为辅的行政主导模式。这种监管模式逐步形成于20世纪80年代广告业发展的初期。从国际通行的广告监管模式来看,在广告业发展较为成熟的国家和地区,行业性组织的自律性管理占据十分重要的地位,其涉及范围可以渗透到行业运作、发展的每一环节和步骤,并得到行业的高度认同,体现了这一行业高度的自治性和自我协调能力;司法部门的介入是在行业内、外部自行协调无效的情况下,国家权威部门的介入和裁判;政府部门的监管只在整个监管体系中占据极小的部分。我国的情况有所不同,从计划经济时代遗留下来的行政体系强大而繁复,包括对广告业在内的行政监管模式在短期内不可能得到根本的转变。相对广告业发展的要求来看,形成于计划经济时期的行政主导型的广告监管模式存在诸多不相适应之处,必须加以完善,形成行政、司法和行业自律三者相互制约、相辅相成的监管体系。

(二) 广告规范的法律不够健全

广告监管的法律法规经过长期的发展完善,已初步形成了以《广告法》为核心的,覆盖广告经营资质、各类广告发布标准的法律法规体系,为广告监管的实践提供了丰富的执法依据。但广告监管的相关法律在适用中存在以下问题。包括:一是大量国家机关内部文件形式;二是稳定性和透明度不够;三是有些规定存在与 WTO原则相违背之处。

(三) 广告行政监管的效能有待于进一步提高

在广告监管方面,过去长期片面注重对广告市场准入的监管,而相对忽视对广告行为的监管;注重对广告发布内容的审批,忽视对广告市场竞争行为的监管。相对广告发布的总量,能够进行事先审查、登记的只占极小的比例,但相关的工作却牵涉了监管机关主要的精力。如此就其监管效果而言,必然会导致对绝大多数广告监管的弱化。因此监管机关也在不断探索加强对广告的事后监管,力求形成覆盖广告发布事前、事中和事后的全方位、立体化的监管网络。为此近年来不断加强对违法广告的查处,进行虚假违法广告的集中整治,遏制虚假广告的蔓延。同时注重标本兼治,探索建立广告监管的各项制度,如广告监测制度、违法广告告示制度、广告市场信用监管制度、虚假违法广告专项行动联席会议制度等。但从整体上看,广告监管的重点、监管的方式方法均有待于进一步转移和调整,查处虚假、违法广告、规范广告业的竞争秩序、支持广告业发展等方面仍有待进一步探索新的有利举措。

四、广告监督管理适应入世要求，加强改革的途径探索

（一）进一步转变观念，加强学习

（1）树立与市场经济原则和 WTO 原则相适应的服务的观念，市场的观念和法治的观念、要加强对广告业的扶持，寓服务于监管，以监管促发展；要注重市场自身调节作用的发挥，政府的行政监管行为应着重弥补市场缺陷和市场失灵；要树立行政法治的观念，依法行政，以法治权，将对广告的监管纳入法制化轨道。

（2）建立学习型的组织，不断提高广告监管干部的素质。从事广告监督管理的政府工作人员要成为学习型的人才，不断适应新形势的要求，加强学习。要学习 WTO 的规则。在此方面，上海工商行政管理部门提出的应对 WTO 的“三知三会”工程值得提倡，“三知三会”即要求广大监管干部要知晓与工商行政管理相关的 WTO 规则，知晓入世后我国法律法规的新变化，知晓我国政府承诺的有关义务履行的时间表；并且做到会解答与 WTO 相关的业务问题，会受理操作，会按照新的法律法规监督检查。

（二）进一步调整完善广告监督管理方面的法律法规

（1）对现行广告监管法律法规进行修订。加强对现行广告监管法律法规的研究，对与 WTO 精神和原则不相适应之处，及时进行立、改、废等工作。

（2）及时调整、完善外资在广告市场及相关市场准入方面的法律规定。2004 年 3 月发布实施的《外商投资广告企业管理规定》根据我国的入世承诺，对外资的广告市场准入进行了新的规范。在此方面，要进一步细化、完善相关的法规规定，促进外资广告业的健康发展。

（3）修订、完善《广告法》等法律法规，使其更加适应 WTO 的有关原则和广告业发展的自身要求。

（三）进一步调整、改革现有的广告监督管理方式方法，形成高效协调的监管执法体系

（1）探索对广告市场的长效监管机制。为此应加强对广告经营活动所涉及的广告主、广告经营单位的“诚信管理”。具体办法包括建立相关经营单位的“广告诚信档案”；将制作、发布违法广告达一定次数和恶性程度的广告主、广告公司纳入“黑名单”，进行重点监控；对典型违法广告向社会曝光等。

（2）确立覆盖广告发布全过程的全方位监管机制。为此有关方面应共同建立广告发布前的咨询、审查、发布中的监测以及对所发现的违法广告的处罚几个环节前后连贯、环环相扣的广告监管流程，使广告发布始终处于可控状态。

（3）加强广告监管的政务公开，增强工作的透明度、稳定性和可预见性。

（四）积极发挥广告行业组织的自律作用

应借鉴国际惯例和广告业发达国家的经验，大力加强广告行业自律，重新定位行业协会在整个监管体制中的地位和作用，充分发挥广告行业协会等行业组织以及其他相关社会中介组织在广告业发展中的协调、指导、规划、服务、监督等方面的积极作用，成为有效联系和沟通政府和企业的纽带和桥梁。

问题与思考

1. 涉外广告的含义、监管范围和内容是什么？
2. 我国加入 WTO 后关于广告服务贸易的承诺具体包括哪些内容？
3. 试述我国的广告业及广告监督管理如何适应加入 WTO 的形势要求加以改革和发展。

第九章　我国港台地区的广告业及其监督管理

第一节　香港特别行政区广告业的发展和监管

一、香港特别行政区的广告业发展概况

（一）香港广告业发展的总体情况

香港特别行政区是现代化、多元化和国际化的世界商业贸易中心，也是创造了经济发展奇迹的“亚洲四小龙”之一。香港特别行政区的广告业从20世纪30年代开始，伴随其工业革命而起步，50年代至60年代初期，伴随香港经济的起飞，香港广告业已相当蓬勃。至60年代后期和70年代，香港地区经济的发展带动了广告业的繁荣，相对独立、完整的广告行业体系已形成，各种类型的广告公司相继成立。香港特别行政区的广告业发展与GDP的增长保持着很大的同步性。自1970年至1988年间，香港广告费用的支出额由1.5亿港元猛增至26.8亿港元，而同期香港的GDP由200亿港元增至3 600多亿港元，两者均增长了约18倍。同时香港特别行政区广告业的发展达到了世界较高水准。如果按广告费占GDP的比例排行，香港地区1988年开始进入世界前20位之列，1988年名列第13位，1989年为第14位。2000年香港广告费占GDP的比例为2.18%，排名世界第5位；按人均广告费排行，香港地区从20世纪80年代中期进入世界前20名，1985年、1986年为第20位，1988年为第19位，1989年为第17位。2000年香港地区人均广告费520.9美元，排名世界第8位；2000年，香港的广告费用达到35.42亿美元，排名世界第15位，占世界广告费用的1.1%。

（二）香港广告媒介的发展情况

香港的广告媒介相当发达。除电视、报纸、杂志、广播等大众传播媒介外，户外广告、邮寄广告、霓虹灯广告及车身广告等在香港也被普遍采用。香港地区的电视台、商业电台、各种报纸及大部分杂志全部依靠商业支撑，广告费是最主要的资金来源。据1994年的统计显示，当年四大媒介的广告营业额占香港地区广告总额的96.6%，其中电视广告占44.1%，报纸占35.2%，杂志占11.6%，广播占5.7%。在香港地区的广告市场中，电视广告高居首位。香港地区现有两家电视公司。一是香港电视广播有限公司，简称“无线电视”（TVB）。1967年11月开始播映黑白

电视,1971 年开办彩色电视。它分两个电视台播映,即中文的翡翠台和英文的明珠台。播出的节目主要有新闻、知识、体育、娱乐、电视剧以及外国影片等。另一家是亚洲电视有限公司,简称"亚视"(ATV)。其前身是 1957 年 5 月建立的"丽的呼声(香港)有限公司"办的"丽的电视台",总部设在英国。这是香港地区开办最早的黑白电视台,1973 年 12 月改为彩色电视。现设有中文台和英文台,主要播出电影、戏剧、电视剧和教育节目。电视广告按当局规定穿插在节目当中,广告时间不得超过整个播放时间的 10%。香港的报纸广告一直紧随电视广告占据广告业的第二位,且目前其比重有不断上升的势头。据 1994 年统计,香港地区的报纸有 76 家,杂志达 663 家。报纸分为日报、晚报、专业性报纸等。香港报纸版面很多,少则二三十版,多则近百版。报纸中的广告一般占三分之一强。1994 年报纸广告营业额最高的是东方日报,达 1.323 亿美元。香港地区的广播电台主要有两家。一家是 1928 年 6 月 30 日开播的香港广播电台,简称香港电台(RTHK),为当时的港英当局所办。该台办有 5 套节目,每周广播约 600 小时。另一家是香港商业广播电台,由"香港商业广播有限公司"主办,简称香港商台(CR),1959 年 8 月 26 日开播,其经济来源主要靠广告收入。

(三) 香港广告公司的发展概况

香港地区的广告公司发展迅速。20 世纪 80 年代中期有 600 多家,90 年代后,则发展至近千家。香港的广告公司以服务对象区分,大致分为五种类型:即① 全面服务的广告公司;② 代理和经营媒介的广告公司;③ 大企业的广告部或大企业附属的广告公司;④ 广告制作公司及个体专业人员;⑤ 实物广告公司、邮递广告公司及其他为广告业服务的相关专业公司,如公共关系公司、市场调查公司等。按所属关系和实力分,大致有四种类型:一是跨国公司在香港设立的分公司或联营公司,如奥美、华美、威雅、达彼思、电通等,约有 20 多家,其年营业额都在 1 000 万港元以上;第二类是华资广告公司,这是香港本地资本规模较大的公司,如远东、大东、华联等,约有 30 多家;三是内地在香港地区开办的广告公司,如中国广告公司、新华广告公司、经贸广告公司等,主要为出口商品的广告宣传服务,也兼营当地的一些广告业务;四是小型的广告代理商,业务比较单一。香港的广告业细分程度高,社会分工比较明确,已形成广告公司、广告客户、媒介、制作公司互相依存,密切协作的关系。广告公司的主要任务是接收客户的委托,为客户制定广告计划,提出创意,进行广告设计和媒介介绍,并代理客户向媒介投放广告;广告制作公司主要是根据广告公司和广告客户的要求,收取广告制作费,广告公司本身不搞大的广告制作,制作任务主要委托制作公司;还有一些为广告业服务的市场调查公司,是作为第三者进行广告效果的调查、测定和媒介受众面的调查,从而客观地将消费者的意见传送给工商企业和广告公司。

二、香港特别行政区广告业的监督管理

香港是个高度自由竞争的社会，但其强调对广告业的严格监管，这也是香港广告业得以蓬勃而有序发展的重要保障。香港地区广告监管已形成了由广告行业组织的自律和政府部门的行政管理有机结合的体系，有关的广告法规也比较完备。

（一）行业组织自律情况

香港地区的广告行业组织在加强行业自律、提高服务水平、防止不正当竞争方面发挥着重要作用。这些行业组织主要有：

第一，香港广告商会，又叫"4A"广告协会。它成立于1957年，会员约20多家，但掌握了全港广告开支的65%。其宗旨在于制定及维护广告专业操守，执行业务守则，出任广告公司的纠纷仲裁人，为广告公司和广告从业者提供交流意见的机会等。

第二，香港华资广告业商会，又叫"CCAA"广告协会。1982年该会有成员公司30多家，会员以报界广告部为主。

第三，香港广告业联会。参加联会的公司大多数是与中国内地有广告业务往来的公司，如中国广告公司、新华广告公司等。联会实质仅是广告同业俱乐部，会员资格不限，参加活动的会员曾多达500多人。

第四，广告商会，又叫"2A"商会或香港客户协会。该会是广告主的组织，会员主要是国际性工商企业在港的子公司，如万国宝通银行、太平洋行、飞利浦、柯达等香港有限公司。该会主要任务是在于协调保护广告主利益的行动。

此外，消费者对广告的监督是香港消费者运动的重要内容。保护消费者利益也是广告监管的重要方面。在此方面，成立于1974年4月的香港"消费者委员会"对工商企业的不法买卖行为和欺骗性广告宣传进行监督揭露，并指导消费者如何选购商品，维护消费者的权益。

（二）相关政府机构和法律规定

香港特别行政区监管广告的政府部门主要有影视及娱乐事务管理处、广播事业管理局、广播事业检讨委员会、电影检查委员会、医务卫生处等。其中影视及娱乐事业管理处（简称电检处）是最重要的广告管理机关。该处分为三个部门，即电影检查组、电视检查组、广告检查组。各种专业广告转请其他专业性部门的专家审查。

香港地区涉及广告管理的法律法规很多，大多散见于各专业法律法规中。主要有《电视条例》、《商标条例》、《公众娱乐场所条例》、《药剂及毒药条例》、《诊疗所条例》、《吸烟条例》、《不良医药广告管理条例》、《商品说明条例》、《售卖货品条例》、《版权条例》、《毁谤条例》、《赌博条例》、《博彩税条例》、《性病条例》等二十

多项。此外还有一些专项广告管理法规,如:《电视广告标准》、《香烟及烟草广告标准》、《物业广告标准》、《医药广告标准》、《广告与儿童标准》、《戏院广告标准》等。香港的电视、电影咨询委员会还就市民对电影、电视广告的意见定期进行抽样调查,根据抽样调查的结果,向电视监督提供意见,并就技术、节目、广告方面的标准及有关事项向总督会及行政局提出建议。电检处根据这些意见修订有关的管理条例,一般半年至一年要修订一次。个别或单项的电视广告如公众有意见,可以随时停播或修改。

《电视广告标准》是由影视及娱乐事务管理处制定的香港最重要的广告专业管理法规。该法规规定的广告基本原则——广告必须合法、健康、诚实、正确,不但适用于电视广告,而且适用于全港各媒介一切类型的广告。《电视广告标准》除了对广告基本原则的规定外,主要内容包括以下 7 个方面:① 规定所有广告影片事先必须交电影检查委员会及电视监督会检查通过后方可播放;② 广告内容、表达方式、播出时间必须遵守有关节目标准的电视业务守则;③ 广告资料必须以庄重及不致低俗的方式播映,避免播映令人不安及烦恼的事务;④ 广告内容不得贬抑其竞争的厂商、货品、其他行业、专业或机构;⑤ 未有证明,广告字句不能称某一商品与其他商品比较,为“最好”、“最有效”、“最安全”、“最快”,或采用类似字眼,称品质最高;⑥ 规定了香烟及烟草广告、酒类广告、私人用品广告、医药广告等的具体标准;⑦ 规定了禁止发布的广告以及对广告时间的限制。

《香烟及烟草广告标准》规定,香烟广告只可以说服吸烟者转吸或继续吸所推销的牌子,但不可鼓励非吸烟人士吸烟、鼓励吸烟者吸更多香烟或无节制吸烟;香烟及烟草广告只能以成年观众为广告对象,儿童和青年都不能在广告中出现,也不得在接近儿童节目的时间或为青年人而设的节目时间播映;不能以运动员、娱乐界知名人士或其他对市民具吸引力的人士为推荐者;不得以家庭为背景,显示父母在孩子面前吸烟;香烟广告表现不得令人觉得吸烟是值得一试的新体验,或将吸烟描述为受欢迎及成功人士的必备条件;必须在广告中标有健康警告语句等。

《医药广告标准》主要规定,医药广告内容必须事先经医务卫生处处长批准,不得以医生、护理人员、医院或有关医学团体、组织名义推荐药品,不得声称或暗示某一类病症“全部”可以由该种药品治愈,不得声称某药品或治疗方法为“最有效”、“最安全”、“最快”或用类似的绝对性或比较性形容词;不得使用渲染疾病痛苦的词句或图片;不得直接或间接鼓励大众不甄择地、不必要地或过量地使用药品;不得发布戒烟、头发及头皮治疗所、验孕服务、医学代验服务等药品或服务广告。

《广告与儿童标准》主要规定在专为儿童观众播映,或可能有大量儿童观看的电视节目内,不得播映任何会引致儿童生理、心理或道德观念受到损害的广告,或利用儿童天真无邪及诚信本性以达到目的的商品或服务广告。根据这个原则,该标准对有可能引起儿童生理、心理或道德观念受到损害的十个方面作出了具体、详细的规定。如规定不得鼓励儿童进入陌生的地方或与陌生人交谈，以便领取赠券、包装纸、签条等；不得引致儿童相信如缺少所宣传的物品，即会不及其他儿童，遭人轻蔑嘲笑；儿童和少年不准参与烟酒广告的播出；不能出现儿童将身体伸出床外或桥边，或攀登峭壁等危险情况；不得表现儿童能触摸到的药物、消炎剂、防腐剂或腐蚀性物质；不得表现儿童使用火柴或可能引起灼伤、触电或其他伤害的各种煤气、液状石蜡油、汽油、机械或电动的设备等。

第二节　台湾地区广告业的发展和监管

一、台湾地区广告业的发展概况

台湾地区的广告业起步于20世纪50年代末和60年代，在经历了70年代的成长期、80年代的转型、融合期后，自80年代末至90年代，进入了成熟期。

20世纪50年代的台湾地区刚刚挣脱日本长达50年的殖民统治，广告业的发展可以说是一片空白。1959年，第二届亚洲广告会议在日本东京召开，台湾地区许多重要媒介及工商界均派员参加。是年末，台湾地区第一家具现代雏形的广告公司——东方广告社成立，此后众多广告公司如雨后春笋般先后涌现，如台湾广告公司、国华广告公司等。这些早期的广告公司虽然规模很小，但普遍设有业务、媒介、设计等部门，实行现代广告代理制的经营路线。60年代，台湾地区的经济已有复苏，对外贸易发展迅速，大众生活水平有所提高，为广告代理制的生存和发展打下了基础。1966年，第五届亚洲广告会议在台北召开，进一步推动台湾广告界完善广告经营制度、改进广告技术及借鉴国际广告发展的新经验。60年代台湾地区的电视广告媒介的出现，推进了广告业的发展进程。1962年，台湾地区第一家电视台开播，1969年和1971年，第二家和第三家又相继开播。电视广告的兴起，带动了专业广告影片制作公司的成立，使台湾地区的广告业开始有了对外分工的雏形。1969年，台湾地区广告业经营额达109 700万新台币。

20世纪70年代，伴随着台湾地区经济的起飞，企业大幅度增加对广告的投入，广告营业额每年以2位数提升，广告公司成长壮大，其服务水准及范围扩大，并引进了国外先进的经营管理方式，广告业进入迅速发展的成长期。这时台湾地区的广告进入以电视为主的阶段。1975年台湾地区制定了电视广告规范。1978年，台湾《中国时报》举办广告金像奖评选活动。1979年，联合报首先实施广告分版制度。同年10月《动脑》杂志——台湾专业广告杂志成立。

20世纪80年代初，台湾地区的人均收入已达世界前列，世界各地的产品和厂商涌入台湾地区市场，使市场竞争进一步加剧，广告公司在市场竞争中的功能也日益凸现，并为工商界所认同。同时，由于这时台湾地区解除了海外人士投资广告业的限制，广告市场成为国际广告公司的抢滩之所，台湾地区的广告业发展进入“洋土”融合的转型时期。1981年，国泰建业广告公司与美国奥美国际广告公司建立技术合作；1984年，台湾地区的“太洋广告”与日本“第一企划”合资，更名为“太一”广告；1985年，“恒中广告”成为“李奥贝纳”广告公司，直属美国总公司；1985年台湾奥美公司成为台湾地区第一个外资广告业的国际代理商；截至1989年初，世界排名前15名的外国广告公司在台湾地区创办独资、合资公司的有奥美、智威汤逊、达彼思、灵狮、塞吉、李奥贝纳、麦肯等。台湾地区广告业在国际化的冲击和压力下，整体的服务水平提升到了新的高度。

20世纪80年代末至90年代，台湾地区广告业进入成熟期。广告公司发展形成了同一体系的广告集团，并以整体的力量进行广告市场的竞争。1993年，台湾地区排名前10位的广告公司有9家属于跨国性的广告集团，台湾地区的广告公司已完全纳入全球广告体系之内。随着1988年台湾当局开放报禁，台湾地区的媒介迅速扩展，至1992年有报纸200多份、杂志4 000多种。海峡两岸广告界的交流有所发展。1987年，台湾宣布解除“戒严令”，并通过“国安法”，开放对大陆探亲；1989年，台湾开放到大陆拍片，台湾广告界及影视广告制作人开始到大陆访问和拍片；1990年3月，台湾《自立晚报》连续两天在一版刊登福建闽东电机（集团）公司的商品广告，这是大陆企业首次在台湾地区刊登广告；1994年开始，在大陆经营的台商企业进行大规模的广告投资，从而促进台湾广告公司到大陆开设公司。

2000年台湾地区广告费用达到32.58亿美元，排名世界第16位，人均广告费用146.1美元，排名世界第23位，占GDP的比例为1.05%，排名世界第25位。台湾地区的广告业经营情况可以从表9-1数据中得到说明：

表9-1 台湾地区广告业经营情况表

媒体类别		2000年广告费（亿元）	1999年广告费（亿元）	增长率（%）	2000年市场占有率（%）
电视	无线	130.02	176.76	-26.44	11.73
	有线	176.68	145.59	21.35	15.94
	制作费	32.00	40.00	-20.00	2.89
报纸		312.43	350.00	-10.73	28.19
杂志		82.64	70.00	18.06	7.46
广播		59.20	55.00	7.64	5.34
四大媒体小计		792.97	837.35	-5.30	71.54
户外广告		24.00	30.00	-20.00	2.17

续表

媒体类别	2000 年广告费（亿元）	1999 年广告费（亿元）	增长率（%）	2000 年市场占有率（%）
交通广告	18.00	14.70	22.50	1.62
夹报广告	12.50	30.00	-58.33	1.13
店头广告	54.00	56.00	-3.57	4.87
电话簿广告	11.00	12.00	-8.33	0.99
展场广告	100	90.00	11.11	9.02
网络广告	6.00	3.60	66.67	0.54
直效行销	51.00	50.00	2.00	4.60
其他	39.00	40.00	-2.50	3.52
其他媒体小计	315.50	326.30	-3.31	28.46
总计	1 108.47	1 163.65	-4.74	100

（数据来源：AC 尼尔森；单位：新台币）

二、台湾地区的广告管理

台湾地区广告行业的自律十分活跃。主要自律组织有广告商同业公会、台北市广告代理商同业公会以及各新闻媒介专业协会等。主要的自律规则有“广告人自律纲要”“报业道德规范”“无线电广播道德规范”“电视道德规范”“新闻事业广告规约”“会员承揽广告协约”等。这些广告自律规范相比台湾地区所谓的广告管理规定来说，比较原则，主要是要求组织成员遵守有关广告方面的规定；坚持广告真实性的原则；新闻与广告不得混淆等。

台湾地区的广告管理主要由各行政主管部门实施。药品、食品广告由卫生行政主管部门管理，实行广告内容审批制度；房地产广告由“建设委员会”管理；报刊、广播、电视广告由“新闻局”管理，电视广告实行事前审查制度。

台湾地区没有专门的综合性的全面调节广告活动的规定，只有针对广告活动某一方面制定的规定。它们包括单项广告管理规定，及相关规定中涉及广告管理的内容。台湾地区现行的广告管理规定有：“广播电视法”“广播电视节目供应事业管理规则”“电视广告制作规范”“广告物管理办法”“食品卫生管理法”“化妆品卫生管理条例”“药物药商管理法”等。

在广播、电视广告的管理方面，针对存在的问题，1970 年 6 月，台湾“新闻局”邀请有关方面对净化广告的问题进行研讨；1971 年 9 月决定加强对广告影片内容的审查；卫生主管单位对药物广告加强审核；同时电视广告的净化和自律问题提上了议事日程；1975 年 1 月，“台湾电视学会”通过“电视事业加强心理建设工作实施要点”,同年7月成立“净化电视广告规范编订小组”;1976年1月8日台湾地区现行的广播电视事业基本规定“广播电视法”公布施行。该规定共7章51条,规定了设立电台的程序、广播电视节目的范围。其中第四章“广告管理”中对广播电视广告活动做出了全面具体的规定。主要内容是:除民营电台、电视台外,其他电台、电视台播放广告必须经“行政院新闻局”许可;广播电视广告内容必须经“新闻局”审查许可后方可播出;广播电视广告不得出现有损公共利益和民族尊严,煽惑他人犯罪或违背法令、伤害儿童身心健康,妨害社会公共秩序或善良风俗,散布谣言、邪说或混乱视听等的内容;广告播出时间、播出时段、播出方式必须符合法律规定的要求;广告与节目必须明显分开,不得混淆;新闻及政令宣传节目的内容及播出方式,不得委托广告商提供;不得将电台、电视台设施的全部或部分交由广告商直接使用;药品、食品、化妆品、医疗器材、医疗技术及医疗业务的广告内容,必须先经卫生主管机关核准,取得证明文件;违反规定的给予警告、罚款、停播、吊销执照处罚,涉及刑事责任的,依有关规定处理。1976年12月又公布了“广播电视法施行细则”,对进出口广播电视节目的程序,广告的播送方式、数量分配、审查程序及办法作了详细的规定。1982年5月,台湾地区当局又对“广播电视法”进行了修改,对广告诠释中增列了推广宣传的观念,删除了广告须收取报酬的诠释,并增订了录像节目带及广播电视节目供应事业的管理规定。“广播电视节目供应事业管理规则”是一部专门规定从事节目或节目带制作审批问题的文件。其中规定了从事广播、电视广告策划、制作的公司或其他法人组织应当具备的条件,包括设备、人员、资金、场地等以及审批程序等。“电视广告制作规范”(简称“规范”)的主要内容则包括:① 规定了广告的基本原则,要求广告必须真实,画面优美,旁白高雅,音量柔美;② 禁止用新闻报道方式播放广告;③ 有关商品特性、功能、数据及特殊成分方面的宣传,必须具有证明文件;④ 禁止广告出现违背公共安宁和社会道德的内容和表现;⑤ 不得播放贬低同类产品的广告;⑥ 比较广告必须明白指出比较商品的名称及品牌,并持有有关机关或团体的证明文件;⑦ 使用他人名义、形象、言论作广告,必须经被使用人许可并持有证明文件;⑧ 聘用外国人作商品广告,必须在广告中表明广告商品为国产品;⑨ 广告的语言文字必须规范;⑩ 涉及儿童和少年的广告,不得有任何导致儿童、少年心理或道德观念受到损害,或有不良影响的内容或表现。此外,“规范”还分别详细规定了药品、化妆品、食品、医疗器材、医疗技术、农药及动物用药、房地产、补习班等广告应当遵守的规范,对这些广告禁止出现的内容、语言文字、人物及其形象,应当在广告中标明的内容、广告播出的时间和长度等作出了具体的规定。“规范”还对电影广告作出了管理规定。

在户外广告的管理方面,“户外物管理办法”是专门规定户外广告活动的管理规章。主要内容有：① 户外广告的管理机关；② 户外广告的种类；③ 户外广告不得出现的内容；④ 禁止设置户外广告的处所；⑤ 设置户外广告申请、批准程序；⑥ 各类户外广告的规格、标准；⑦ 违反规定的处罚办法。

关于食品、药品、化妆品广告管理，在"食品卫生管理办法""药事法""医疗法""药物药商管理法""化妆品卫生管理条例"等规定中，都有专门章节或条文对食品广告、药品广告或化妆品广告作出管理规定。基本内容包括：① 三种产品的广告内容必须经卫生主管机关审查批准后方可发布。② 不得制作、发布虚假、夸大、有伤风化或容易使人误解的广告。严格禁止"新闻式广告"或"广告式新闻"。③ 不得出现规定中禁止出现的内容或表示。如化妆品广告不得宣传疗效；药品广告不得出现夸张药品安全性、效能、效力、药物制法、保证药物效能等类的图文言词等。

1992 年 2 月，台湾地区"公平交易法"公布实施。该规定旨在维护交易秩序及消费者权益，确保公平竞争，也称之为"反不正当竞争法"。该规定对广告行为也进行了规范，以防止和制止不正当厂商制作不实或误导性广告，损害消费者权益。

问题与思考

1. 列举香港特别行政区管理广告的组织和机构。
2. 试述香港特别行政区的几部主要广告专业管理法规的主要内容。
3. 试述台湾地区广播电视广告的管理内容。
4. 请谈谈我国港台地区的广告管理有何特色？对内地（大陆）的广告管理有何借鉴意义？

第十章　国际广告的发展与监督管理

第一节　国际广告监督管理概述

一、国际广告和国际广告组织

（一）国际广告管理发展简介

世界上最早的广告管理，可以追溯到公元前79年的古罗马，当时政府严令在街头乱树广告招牌，以免影响市容、妨碍交通，而规定一律在墙壁上做广告，这就是最早的户外广告管理。公元1142年，法国国王路易七世准许酒商呼号于市，并公布叫卖法则，这也可以说是最早的叫卖广告管理。公元1712年，英国开创了征收广告特税制度，对报纸、杂志上的广告征税。

从世界范围来看，较完善的广告管理始于20世纪初。1907年，英国颁布了《广告法》，这是广告管理史上最早的较完整的广告法。以后又制定了多种法规。美国是实施广告管理最典型的国家。早在1911年，美国广告联合会的前身——广告联合俱乐部，在开展广告诚实化运动的基础上制定了世界著名的《普令泰因克广告法案》（又称《印刷物广告法案》），确定要对虚假或欺骗性的广告施加惩罚，指出如广告"凡其陈述之事实，有不确、欺诈或使人误信者治罪"。这个法案最初在纽约州实行，后于1945年被修订为广告法，在美国各州得到了广泛采用。此外，美国国际商务会议于1937年公布了《广告业务准则》和《广告行为准则》。日本的广告管理虽然起步较晚，但几十年来发展很快。1940年，日本广告联盟制定了最初的广告准则《日本广告律令》和《广告伦理纲领》，成为全国制作广告的最高准则。

伴随着第二次世界大战后各国经济的迅猛发展，世界范围的广告业也一度兴旺。但欺骗性广告随之而起且愈演愈烈，激起了社会广泛的怨恨和抗议。20世纪50年代起，"保护消费者运动"在全球掀起。各国政府纷纷制定更为严格、具体的法律、法规，制裁包括欺骗性广告在内的不正当竞争行为。如美国的《谢尔曼反托拉斯法》，德国的《禁止不公平竞争法》，英国的《食品和药物法》，日本的《非公正交易法》等。其他国家，如丹麦、比利时、法国、意大利、卢森堡等欧共体国家也相继在60年代至70年代制定了一系列法规，对广告行为加以规范。在制定法规的同时，各国政府还设置了专门的广告管理机构，如美国的联邦贸易委员会、英国的商业部、日本的广告审查机构等。除了政府对广告实施的行政管理外,发达国家的广告业内部的行业自律也日益增强,广告行业组织一方面对一些违法的广告行为实施严厉的制裁,另一方面与政府及消费者组织加强联系,成为广告业与政府、消费者等外界进行沟通的桥梁。此外,各国消费者组织加强了对广告的社会监督,它们代表消费者向政府、企业、广告公司及媒体交涉,对企业的不法行为和欺骗性广告进行监督、检举、揭露,呼吁政府及有关方面加强广告业的立法和指导。这样发达国家逐步形成了覆盖面广的政府管理、行业自律和社会监督几方面相辅相成的系统性的管理网络。

现代广告业在发展过程中日益国际化,出现了大量的国际性广告和国际广告代理业务,使国际间的广告活动面临新的问题。各国政府都希望通过法律的形式或行业自律的方式,进一步规范广告活动。1963 年,国际商会通过的《国际商业广告从业准则》是目前国际性共同广告规范的主要形式。进入 80 年代以来,由于科学技术的迅猛发展,广告媒体增多,传播速度加快,覆盖面扩大,广告形式也不断翻新。各国对广告业的管理也日趋严格和科学,管理水平不断提高。各国政府、广告界和消费者组织经常适时修改旧的广告管理法规,制定新的法规和管理办法,并加强舆论监督。

（二）国际广告管理的组织与方式

世界各国的广告管理体系大多由政府机构管理和行业自律两方面组成。

1. 国际广告协会

国际广告协会(International Advertising Association)简称 IAA,是最大的和最有权威的国际广告团体。重建于 1938 年,现有会员约 3 000 名,它是由各国广告界知名人士组成的非营利性组织。会员包括个人会员、团体会员、组织会员、院校会员、资深会员、名誉会员和准会员等,会员遍及世界近 80 个国家及地区,总部设在美国纽约。国际广告协会每两年召开一次全体会议。最高权力机构是世界委员会,世界委员会选举产生 40 名理事、世界委员会主席和担任协会地区理事的副主席。在协会理事会休会期间,协会的日常事务由世界委员会主席、作为地区理事的副主席、秘书、财务和理事会主席组成的执行委员会负责。协会在其他国家或地区设有分会。我国于 1987 年 5 月 16 日,以“国际广告协会中国分会”的名义参加国际广告协会。2004 年我国成功举办第 39 届国际广告大会。这次全会讨论了“广告——和平与发展”的主题和创新、动力、责任三方面的论题。

国际广告协会的宗旨是,满足一定范围内对广告和市场营销中的行业和消费集团的不同需要,把广告界品质优良,富有声望的人士团结起来。国际广告协会的目的有:促进会员之间交流思想、经验,探索广告的设计制作和发展前景,鼓励会员遵守该组织制定的从业准则,保护消费者的利益,调解广告主、广告经营者和广告发布者之间的纠纷与冲突。并同世界其他组织和机构合作,加强各国之间的联系,同各国政府机关和有关部门共同协商、研究各种管理问题,促进国际广告的发展。

2. 亚洲广告协会联盟

亚洲广告协会联盟(Asia Federation Advertising Association),成立于1978年,是由亚洲地区的广告公司协会、国际广告协会在亚洲各国的分会以及由其他广告主、广告媒体等组成的。亚洲广告协会联盟是个松散型的组织,会议期间共同研讨一些感兴趣的问题,交流广告活动经验。其宗旨是团结亚洲专门从事广告活动的组织和个人;提高广告的道德规范和业务水平;促进各国对广告作用的认识;收集地区性的广告和市场的资料与信息;增进广告业的自我调解能力;制定和实施关于广告的教育计划,协调开发亚洲广告人才。亚洲广告协会联盟每两年召开一次会议,首届会议于1958年在日本东京召开。1987年6月14日,我国加入该组织。

3. 世界广告行销公司

世界广告行销公司(World Advertising Marketing Ltd.),简称WAM。它是由世界各地著名的广告公司组成,是一个具有世界影响力的行业组织,总部设在英国伦敦。凡参加该组织的会员在业务上可获得公司的实际帮助,诸如协助开拓国际市场、使会员直接在世界各地驰名的广告公司受训、举办各种讲习会、定期提供世界各地最新的广告佳作及经济动向等。该组织会员囊括了世界著名的厂商,其产品一旦在会员国销售,参加该组织的会员则是其产品代理商。这样会员不但在广告方面能获得提高,而且在行销方面也可以趋向国际化。

4. 欧洲广告标准联盟

欧洲广告标准联盟(European Advertising Standards Alliance),简称EASA,成立于1992年,总部设在布鲁塞尔,是代表欧洲广告业自律性、非营利的权威组织。成立之初,EASA的成员包括全国性的对广告内容负责的广告自律组织SROs,2001年11月EASA的成员范围扩大到代表广告主、广告公司和媒体的欧洲行业联盟。目前在EASA内有28个自律组织,其中24个来自于欧洲国家,4个来自非欧洲国家(新西兰、南非、加拿大、美国)。EASA内部还有12个广告行业联合会,分别代表广告主、广告公司和媒体的利益。在加强欧洲广告自律管理和发展方面,EASA于2002年6月发布基本条款,2005年发布《欧洲广告标准》第四版。还定期举办论坛,管理和处理跨境投诉案件等。如发现含有欺诈和不良内容广告,发出广告警告(AD ALERT)。EASA通过其官方网站和出版物提供有关EASA及其成员、自律条款、事务操作、最新跨境广告投诉报告以及数据等内容。EASA注重与官方的合作,它与欧洲委员会和欧洲议会保持经常性的联系。

二、国际广告管理的有关规则

为加强国际广告管理,各个国家和地区都先后制定了法律法规和行政规章以调整和管理国际广告活动。国际商会于 1963 年通过了《国际商业广告从业准则》,来促进广告主、广告经营者和发布者遵守法律规定,保护消费者利益。《准则》的内容包括:

（一）国际广告从业准则

为保护消费者的利益,广告主、广告商、广告代理人、出版商和各种广告媒体应当遵守如下道德准则:

1. 保护消费者利益之道德准则

① 应遵守所在国家的法律规定,并应不违背当地固有的道德及审美观念。② 凡是引起轻视及非议的广告,均不应刊登,广告的制作不应利用迷信或一般人的盲从心理。③ 广告只应陈述真理,不应虚伪或利用双关语及略语的手法,以歪曲事实。④ 广告不应含有夸大的宣传,致使顾客在购买后有受骗及失望之感。⑤ 凡广告中所刊载的有关商号、机构或个人的介绍,或刊载产品品质及服务等语词,不应有虚假或不实的记载。凡捏造、过时、不实,或无法印证之词句均不应刊登。引用他人证词者与作证者本人,对证词的真实性应负同等的责任。⑥ 未经征得当事人的同意或许可,不得使用个人、商号或机构所作的证词。亦不得采用其相片。对已逝人物之证件或言词及其照片等,倘若非依法征得其关系人同意,不得使用。

2. 广告活动的公平原则

广告业应普遍遵守商业上的公论与公平竞争的原则。不应采用混淆不清的广告,致使顾客对于产品,或提供的服务产生误信;广告应以本身所推销的产品及服务为基础,努力获得公众之信誉,不得作损害同业的宣传。

3. 广告商及广告媒体商实则

① 广告代理商及媒体商,不应诋毁其竞争者;② 在本国以外国家经营的广告商,应严格遵守当地有关广告业经营的法令,或同业的约定;③ 广告商为广告客户所作歪曲或夸大的宣传,应予以禁止;④ 广告客户对于刊登广告的出版物或其他媒体有权了解其发行量,及要求提供确实发行数字的证明,广告客户可进一步了解广告对象的听众或观众的身份及人数,以及接触广告的方法,广告业者应提供忠实的报告;⑤ 各类广告的广告费及折扣,应有明确、详实的公开价格,并应确实遵守。

（二）国际电视广告准则

国际电视广告业的约定最初是由国际广告客户联合会于 1963 年会中所通过提出。比利时、丹麦、法国、美国、意大利、荷兰、挪威、瑞典、瑞士及联邦德国诸国曾派代表出席该会。

1. 基本原则

所有电视广告制作的内容除真实外,应具有高尚格调,须符合广告发布当地国家的法令及同业的不成文法,应特别注意广告的道德水准,不得触犯观众的尊严。

2. 特殊广告方式准则

(1) 儿童节目广告准则。在儿童节目中或在儿童所喜爱的节目中,不应作足以伤害儿童身心健康和道德的广告。也不容许利用儿童轻信的天性或忠诚心,作不正当的广告。故利用儿童节目发表的广告,具体应做到不应鼓励儿童进入陌生地方或与陌生人交谈;不应以任何方式暗示儿童必须出钱购买某种产品或服务;不应使儿童相信,如果他们不购买广告中的产品,则将不利于其健康和身心发展,或前途将受到危害,如所谓不购买广告中的产品将遭受轻视或嘲笑;儿童使用产品的电视广告,不应促使他们向家长或别人要求购买。

(2) 禁止虚伪或误人的电视广告。无论视觉或听觉广告,不应对某产品的价格,或其对顾客的服务,作直接或间接的虚伪报道。广告中所引用的科技名词和统计数字、科学上的说明或技术性文献等资料,必须对观众负责;影射及模仿不应采用足以使顾客对推销的产品或服务发生错觉,借机采用鱼目混珠的广告方式。

(3) 禁止不公正的比较及引证,避免滥用保证。

(4) 据实作证的原则。广告文不得具有作证性质的说明及涵义;捏造、过时、不实的证词,均不得使用。引用证词者与作证者本人,应负同等责任;未获正式许可的,不得使用或引用个人、商号或机构所作的证词;未经当事人许可,不得以其相片为证,也不得引述其证词。对刊登已逝人物之证件或言论,或其相片,更应特别谨慎。

(三) 特殊产品广告准则

1. 关于酒精饮料广告的规定

各国对含有酒精的饮料所作广告活动的态度颇不一致。一般而论,电视广告与其他广告相同,在发行广告国家当地法律的范围内,不应鼓励滥用酒精饮料,也不应以少年人为广告对象。

2. 关于香烟及烟丝广告的规定

各国对香烟及烟丝广告的态度不同。一般而言,电视广告与其他广告相同,在国家法律范围内,不应鼓励或提倡滥吸香烟及烟丝,也不应以少年人为广告对象。

3. 关于设备性产品之租用或分期付款购买广告的规定

广告对于产品的总值,与其销售的条件及详细办法,应明确说明,以不至引起误信为原则。

4. 关于职业训练广告的规定

凡为职业考试举办的某行业或某种科目的训练班,其广告不得含有代为安排工作的承诺,若夸言参加此种课程者即可获得就业的保障,也不可以授予未为当地主管当局所认可的学位或资格。

5. 关于邮购广告的规定

推行邮购业务的客户,须对广告业者提供证明,以证实广告中宣传或推销的产品,确有足够的存货后,才可刊登邮购销售广告。仅有临时地址或信箱号码的商号,不得刊登邮购广告。

6. 关于私生活方面产品广告的规定

凡与个人私生活有密切关系的产品,其广告的制作应特别审慎,宜省略,不宜在社会大众之前公开讨论的文辞;广告应特别强调其高尚风格。

7. 关于药物及治疗广告的规定

① 应避免误人或夸张的宣传:除非具有足资证明的事实,广告中不可引用某大学、某诊疗所、某研究所、某实验室或类似名称。无论是采取直指或含义的方式,广告不得对于药品的成分、性质或治疗有不实的说明,也不得对药物及治疗的适应症作不当的宣传。② 不应采用恐吓手段:广告不可使患者感到恐惧,如暗示不加治疗将陷于不治之境。广告不可揭示以通讯方式诊治疾病。③ 应避免夸大治疗效果的宣传:广告不可向大众宣传包医某种疾病。④ 不应滥引执业医生及医院临床实验的效果:没有具体事实根据,不得以广告证明医生或医院曾采用某种治疗方式及试验。广告不得涉及医生或医院的试验。⑤ 不得刊载文辞夸张之函件样本:广告中不可采用内容过分渲染与文辞夸张的函件印本,以作为治疗效果的佐证。⑥ 禁登催眠治疗广告:广告不可提示采用催眠治疗疾病的方式。⑦ 疾病需要正常医疗:广告不可对通常应由合格医师治疗的严重疾病、痛楚或症状,不经医师处方,即提供药品、治疗及诊断的意见。⑧ 对身体衰弱、未老先衰及性衰弱等医疗广告的规定:医药广告,不可明示某种药物或治疗方法可以增强性功能,治疗性衰弱,或纵欲所引起的恶疾,或与其有关的病痛。⑨ 妇科医药广告:在治疗妇女经期不调或反常的医药广告中,不可暗示该项药物可治疗或可用作流产。

第二节 美国广告业及其监督管理

一、美国广告业发展概况

美国是世界广告业最发达的国家。在每年的世界广告费开支中,美国都占一半左右。1997 年美国广告费用达 1 749.47 亿美元,占世界广告费的比重为 48.9%,人均广告费 653 美元;1998 年广告费上升至 1 885.77 亿美元,占世界广告费的比重也上升至 52.8%,人均广告费 691.8 美元;2000 年广告费有所下降,为 1 322.95亿美元,占世界广告费用的 41.9%,广告费用占国民生产总值的 1.33%,人均广告费 482.8 美元,人均广告费降至世界第二位;2005 年美国广告费用达 1 500亿美元,比上年上升 3%。美国的广告媒介十分发达,形式多种多样。据

1987年统计资料,美国有报纸9 031种,杂志1 1593种,各种报刊中广告版面所占比例很大,如《纽约时报》、《华盛顿邮报》、《洛杉矶时报》等大报,广告版面均占70%左右。美国三大广播电视网,美国广播公司(ABC)、全国广播公司(NBC)、哥伦比亚广播公司(CBC)控制着全国的广播电视网络,大量的广告充斥在各种节目的前后、中间。1989年美国媒介广告营业额发布情况是:印刷广告503.6亿美元、电视广告268.9亿美元、广播83.2亿美元、户外广告11.11亿美元、直接邮寄广告219.45亿美元、其他153亿美元。美国现有广告公司6 000多家。1989年国际广告协会公布的全世界100家大广告代理商中,美国占50家。其中萨切·萨切、杨罗比克、达比思、麦肯、奥美、BBDO、智威汤逊、灵狮等规模巨大的跨国公司,在世界主要国家和地区都有子公司或办事机构。纽约是世界广告界公认的三大广告中心的第一中心,著名的麦迪逊大街大广告公司云集。美国企业的广告费投入巨大,广告投入前五大类别为非家庭用车、家庭用车、金融服务、电信和零售。据1988年统计资料,该年美国广告费支出超过1亿美元的企业有87家,其中通用汽车10.2亿美元。从广告投放媒体看,除报刊、电视等传统广告投放主渠道,网络广告发展势头十分迅猛。2005年上半年,美国网络广告收入约58亿美元,创历史新高,比2004年同期上升26%。

二、美国政府对广告业的监督管理

美国政府具有监督管理广告职能的机构中,联邦贸易委员会(FTC)是最权威、最综合的广告监督管理机构。联邦贸易委员会是美国反不正当竞争、反垄断和保护消费者权益的权威机构。它是1914年由美国国会根据《联邦贸易委员会法》设立的。它由5名委员组成,该委员会的委员由总统任命,经参议院推荐及批准,从1950年起,总统依法指定委员之一担任委员会主席。该委员会下设6个局,欺诈行为局是专门监督管理广告的机构。该局下设食品药物广告处、一般广告处、一般营业处、科学意见处。联邦贸易委员会的主要职责是制定广告监管的规章制度并负责监督实施,调查处理消费者对违法、虚假广告的控告,召开听证会,处理各种违反广告法律的欺诈广告(Deceptive Advertising)、不实广告(False Advertising)和不公平广告(Unfair Advertising)。

联邦贸易委员会的具体工作包括:制定广告规章,调查处理消费者对虚假广告的控告,召开听证会,调查和听取市民和广告界双方对案件的看法和意见。经过调查,如果控告事实成立的话,联邦贸易委员会将采取两个步骤进行处理。第一个步骤是“认可通知”,即由联邦贸易委员会向违法者发出“认可通知”。“通知”指出违法广告的问题所在,要求对错误进行确认,并执行委员会的决定,修改违法广告,赔偿消费者损失。“认可通知”主要是协商、规劝性质,并不终止该条广告的继续实施。如第一步骤没有成功,联邦贸易委员会就实施第二步骤,即向违法者发出"终止通知",要求立即终止该广告宣传,并采取必要的处罚措施。联邦贸易委员会虽然没有司法权,但在处理虚假广告和不道德广告方面有权采取以下措施:① 责令发布更正广告;② 要求赔偿消费者损失;③ 发布广告禁止令;④ 公布处理决定;⑤ 罚款;⑥ 冻结银行存款;⑦ 封存商品。如果违法者在接到"终止通知"之后,仍然不服从决定,联邦贸易委员会就会向法院起诉,通过司法途径进行强制性的处理。这种情况一般很少发生,主要由于法院的审理时间很长,费用很大,法律制裁也非常严厉。一旦刊播虚假广告的事实成立,罚款数额最高可达上千万美元,且必须马上执行,否则,继续刊播违法广告1次将受到1万美元的罚款。

除联邦贸易委员会以外,联邦通讯委员会是美国政府监督管理广告的又一重要机构。其主要负责邮寄广告的监督管理,它也有权管理广播电视广告的播出数量和时间。它有一支庞大的审查队伍,对广播电视广告进行全面审查。食品及药物管理局(FDA)是美国管理食品、药品、化妆品、医疗器械广告的专业机构。在美国,产品标示及包装亦属广告的一种。由于食品、药品和化妆品的安全卫生及贴签工作由食品药物管理局负责。在涉及食品,药品和化妆品标示及包装方面的广告,虽然联邦贸易委员会也有管理权限,但仍以食品药物管理局为主。

美国涉及广告监督管理的机构还包括:邮政部对淫秽的或者带有欺骗性质的印刷品广告和彩票等进行查处;烟酒税务司监督管理烟酒广告;农业部负责监督管理种子、肉类、杀虫剂之类产品的广告;证券交易委员会监督管理证券广告;专利局负责监督管理涉及商标和专利内容的广告;国会图书馆监管涉及版权方面的广告等。

美国政府通过广告立法活动来加强对广告的管理。涉及广告监管的法律很多,其中最重要的是《联邦贸易委员会法》。该法规定了虚假广告的含义、法律责任、虚假广告的管理机关。该法第15条规定虚假广告是指在主要方面是欺骗性的广告,决定广告的欺骗性时,既要考虑广告说明、词句及设计、声音或其组合,还要考虑其对相关事实的表述程度。该法第12条规定,任何个人、合伙人、公司传播或者导致传播虚假广告,都是非法的。

美国涉及广告管理的法规还有1906年美国颁布的《食品与医药卫生法》,该法要求商品的包装和刊登广告均应符合法律规定,禁止伪造、冒牌和不实之词。1911年美国颁布了《印刷物广告法案》,规定任何个人、企业、公司的广告代理人,为直接或间接地向公众出售或推销商品、不动产、服务项目等等而通过各种出版物,如报纸、杂志、书刊、手册、传单、招贴等,或通过收音机和其他无线电通信设备向公众进行广告宣传时,如果其中有任何不真实、欺骗性,或使人误信的地方,都将以诈骗论罪。1938年的《食品、药物和化学品法》对欺骗性广告提出了更加严厉的制裁措施。以后的《不当包装与商标法》、《消费者信贷保护法》、《玩具安全法》等法规均对广告活动作了明确规定,并把不真实的欺骗性的广告列为禁止和制裁之列。

美国法律对违法广告法律责任的追究作出了有关规定：美国严格广告责任制度的同时,规定了集团诉讼制度。因为现实中,虚假不实广告对单一消费者的损害可能很微小,不过遭受同样损失的消费者可能成千上万,所以从整体上看,一个虚假不实广告可能造成重大损失。由于消费者很少有人愿意通过诉讼来获得数额很小的赔偿,美国的集团诉讼规定,因同一法律上或事实上的原因,利害关系相同者人数众多,无法全部进行共同诉讼时,由人数众多的利害关系人群体中的一人或数人代表全体当事人进行诉讼,而该诉的判决结果对全体成员有效。这一制度使得一般消费者无需直接参加诉讼也可获得损害赔偿。虚假不实广告的广告主、广告公司在承担民事责任后,并不能免除其行政责任和刑事责任。根据美国联邦贸易委员会法,对于违反该法第十二项的规定,制作发布不实广告的行为,得处六个月以下有期徒刑,单处或并处 5 000 美元以下罚金；再犯者则可处一年以下有期徒刑,单处或并处 10 000 美元以下罚金。美国联邦贸易委员会、通讯委员会有权要求经营者停止播放违法广告并处以罚款,有权要求经营者作更正广告(Correcting Advertising),将事实告诉消费者。为真正达到更正广告的目的,让受骗的消费者知道广告真实的一面。更正广告必须符合以下要求：① 从时间上,更正广告刊登时间至少一年；② 从规模上,更正广告的成本不得少于原广告的四分之一；③ 从内容上,更正广告必须针对原广告中虚假不实部分进行揭露。对于虚假广告,联邦贸易委员会可以发出禁止令,向区法院起诉对其处以 1 万美元以下的民事处罚。在审理虚假广告案件时,委员会有权传唤当事人、证人出庭作证、复制被调查和起诉的公司的任何文件性证据。任何人如违抗,法院可发布命令要求当事人执行,凡不执行的以藐视法庭罪论处。此外,委员会可以请求法院发布永久禁令。

三、美国广告业的行业自律

美国的广告行业自律十分严格。广告行业的自律受到广告界自身、消费者和政府的欢迎。有了行业自律组织的帮助和审查,广告从业人员可以减少因违法而受到重罚的风险,消费者也有了一个不用诉诸法律就可以解决因虚假广告而受到损害问题的地方,政府也借此减轻了负担。

美国的行业自律体系比较健全,政府通过行业组织审查广告、处理纠纷,收到了良好的效果。美国的行业自律体系包括以下三方面。

(一) 全国广告业自律机构

全国广告审查理事会是美国全国性的广告业自律机构。它是 1971 年由美国营业质量促进委员会、美国广告业联合会、美国广告公司协会和全国广告主协会共同筹办的。其宗旨是：促进真实、准确、健康的广告的发展，增强广告界的社会责任感和道德感。

全国广告审查理事会下设两个广告管理部门：一个是全国广告部，另一个是全国广告审查委员会。全国广告部主要负责监视、监听各种全国性广告，并受理来自消费者、品牌竞争者和营业质量促进局等个人、单位的申诉。如果经调查申诉成立，有权要求广告主修改广告或停止刊播广告。全国广告审查委员会主要是在全国广告部调解无效的情况下，负责仲裁经过全国广告部调查和调解上诉的案件。如广告主对作出的裁决不服，则案件移交有关的政府机构处理。

（二）地方广告业自律

最主要的是各地的营业质量促进局，每个局由广告主、广告公司、媒介代表和公众代表组成。各地的营业质量促进局的主要职责与全国广告审查理事会的职责类似，也是负责监察广告、受理消费者和企业的申诉。如果经调查后，认定广告确实存在问题，通知广告主更正。如调解无效，再移交政府管理机构处理。

（三）行业协会自律

美国有很多的行业协会组织，一般来说，每个广告公司、广告主和媒介团体至少是一个行业协会的会员。协会成员必须遵守协会的规定。如美国广告联合会在章程中明确规定："广告在美国经济制度和生活方式中承担着双重的责任，既要为多数人的利益服务，又要尊重少数人的权力。因此，本协会禁止会员制作不公正的、影响社会风尚的广告。对违反章程的会员，协会有权采取处罚的措施，直至取消会员的资格。"

广告媒介的协会组织，行业自律更为严格。如 1975 年美国广播事业协会制定的《美国电视广告规范》，除了对一些电视广告播映的基本标准作出规定外，另外还订立了 6 项准则，规范的内容非常具体，包括禁止香烟广告、带迷信色彩的广告，不得用虚构的人物呼吁消费者购买商品，以及禁止医师、牙医、护士、药剂师为药品、治疗方法作广告，医药广告中，不得使用"安全可靠"、"无副作用"等夸大医疗效用的词句等规定。

总之，通过广告行业的自律，不仅提高了广告的信誉、维护了消费者的利益，也有力地促进了广告行业的健康发展。

四、美国广告管理中若干特殊问题的规定

（一）关于虚假广告的问题

虚假广告是各国广告管理中的首要问题。但是对虚假广告的定义，却各有不同。在美国将虚假广告界定为"只要广告的表述由于未能透露有关信息而给理智的消费者造成错误印象的，这种错误印象关系到所宣传的产品、服务的实质性特点

的，均为虚假广告。”一般认为具备下面要件的广告视为虚假广告：① 虚假广告的内容必须产生误导消费者，消费者认知错误的结果，而不管广告是否真正虚假；② 一般合理的消费大众会相信广告内容为真。在判断一般合理的消费大众时，应考虑该广告是否针对老人、儿童等特定对象，不同的对象在合理的判断标准上会有所不同；③ 广告中虚伪的部分应属于广告向消费者表述的重点。这些重点包括涉及产品质量、效果、耐用度、保证以及有关健康、安全等方面的表述。还包括经营商品明示或有意暗示的表述。以上三点是判断构成虚假广告的要件。如果一则广告内容虚假夸张，但不会使消费者产生误信，这就不属于虚假广告。

（二）关于烟酒广告问题

美国1970年通过的《公众健康和吸烟法》中规定，电波媒介播放香烟广告是违法的，并要求所有的香烟盒上和印刷广告中，必须印有一条健康警告语。对于酒的广告，主要集中在烈性酒上，美国酿酒行业协会规定，禁止在电视、电台上作烈性酒广告，并且不能以路牌、招贴等户外形式出现在军事基地附近。对于非烈性酒，美国是允许作广告的，但要求制作应谨慎，内容力求高尚。

（三）关于药品广告问题

通常美国制药厂商发布的广告有三种类型：“product-claim”广告，“help-seeking”广告和“reminder”广告。在广告中包括药品名称及其用途的叫product-claim广告。FDA对这种广告的管理比较严格，要求广告内容必须全面平衡，需包括药物利与弊的全面信息，而且必须包含经过批准的标签中所有用药风险信息。对于广播电视媒体广告来说，也可以提供一个可以获得这些信息的途径。“help-seeking”广告和“reminder”广告则不需要包括所有的风险信息。“help-seeking”广告中只是讨论一种疾病或病症，并建议受众去看医生寻求治疗方案，因为广告中并没有提及或暗示任何药品，所以这种类型的广告不认为是药品广告，FDA也无权管理。“reminder”广告允许提及药品的名称或某种特性（如剂型），但是不允许提到药品的适应症或建议剂量。这种广告主要是提醒医生等专业人士对某种药品的注意。FDA对这种广告没有关于处方药广告应包括关于有效性、副作用、禁忌症等简要说明的硬性规定。1997年，FDA颁布了《工业指南：直接面对消费者的广播电视广告》草案，草案规定，广播电视媒体广告应包括关于有效性、副作用、禁忌症等的简要说明或者提供可以获得这些信息的途径。《指南》草案提出了四种建议渠道：① 免费电话；② 网址；③ 印刷品广告取得途径；④ 拜访药师或医生。1999年8月《指南》被FDA正式通过。1997年，FDA对33个“product-claim”广告、12个“reminder”广告、3个“help-seeking”广告发出了《违规通知信》，要求立即停止违规的促销行为；对广播电视发出了3封《警告信》，要求广告主采取补救措施以消除广告带来的负面影响。这些违规广告大多是因为夸大了疗效，扩大了适应证或目标人群,故意缩小或不提不良反应。另外,FDA 虽然无权对处方药的 DTC 广告内容进行预先审批,但它要求处方药广告主在广告首次发布后,将广告促销材料作为促销药品上市后监督的一部分提交给 FDA,当然广告主也可以在广告发布前,预先将促销材料提交给 FDA 进行审评。虽然预先审查没作要求,但是许多厂商都自愿将他们的广播电视广告内容材料提交给 FDA 进行预先审评。1999 年,FDA 对大约 30 000 份直接面向消费者的促销材料进行了审批。

(四) 关于证人广告问题

证人广告于 20 世纪 50 年代以后开始在国际上流行。美国对于证人广告有着明确的规定,凡是证言性质的广告,内容必须有真人真事为证。即向消费者推荐产品或服务的证人,无论是明星、名人还是专家或普通人,都必须是产品的真实使用者,否则按虚假广告处理。

(五) 关于比较广告问题

比较广告容易使消费者看到自己产品的优点,同时比较广告也容易涉嫌或导致贬低竞争对手。因此,各国对比较广告的态度是不同的,一般来说,对于暗比广告是比较宽容的;对于明比广告,有些国家则是禁止的。美国是允许比较广告的国家之一。据说美国一半以上的广告属于比较广告。美国联邦贸易委员会认为,比较型广告既能给消费者提供信息,又能鼓励竞争,因此予以支持。但同时也明确规定,任何不利于竞争者的广告表达必须与事实相符,备有凭据,否则视同虚假广告。

第三节　英国的广告业及其监督管理

一、英国广告业发展概况

英国是广告业发展较早的国家之一。从 17 世纪初到 19 世纪 50 年代,英国一直处于世界广告发展的前列,这与英国政治、经济的发展是分不开的。19 世纪 50 年代以后,美国广告才超过英国,居于世界首位。目前从广告量和广告支出来看,英国一般与德国的水平相当,居于世界第三或第四位。1997 年英国广告费 190.16 亿美元,居世界第三位,人均广告费 323.4 美元,广告费占国民生产总值的比重为 1.48%;1998 年广告费 147.58 亿美元,居世界第四位,人均广告费 250.1 美元,广告费占国民生产总值的比重为 1.06%;2000 年英国广告费总支出为 186.88 亿美元,居世界第四位,广告费占国民生产总值的 1.32%,人均广告费 313.4 美元,居世界第 5 位。英国伦敦广告业虽在规模上无法与纽约、东京等量齐观,但在广告创造性上独具特色,跻身于世界三大广告中心的地位。

英国有 1 600 多家规模大小不一的广告代理公司。公司一般都设有经理、计划、创作、媒介、财务等部门,可以为广告客户提供全面的服务。另外还有一些专门代理某一行业商品广告的公司,使广告业务更趋专业化。在英国,由国家主办的广播电视不办理广告,其他电台、电视台的广告业务由英国独立广播局统一控制。该局统辖15 个地区性电视台和19 个地区性广播电台。英国的报纸有100 多家,其中全国性的报纸有10 余家,它们各有不同的读者群。《每日快报》、《每日邮报》是一般读者阅读的;《泰晤士报》的读者群主要为政界人士、知识分子;《每日镜报》、《太阳报》的主要读者是蓝领工人。英国刊登广告最多的主要是办公设备广告、金融机构及服务广告、公司广告、政府广告、出版广告和汽车广告。

二、英国广告业的监督管理

(一) 英国有关广告的法律规定

英国政府对广告的监督管理的重要方面是制定法律。英国是世界上第一个通过广告法规来加强广告监管的国家,也是广告法规比较健全的国家之一。英国广告监管法律法规包括判例法和成文法两种,而以判例法为主。以成文法出现的法律法规大多散见于有关法律法规中,大约有40 多个法律法规中涉及限制、管理或影响广告的内容。比较重要的有《公平贸易法》、《儿童与青年法》、《食品和药物法》、《消费者保护法》、《癌症法》、《版权法》、《诽谤法》、《奖励和娱乐法》、《贸易说明书法规》、《商标法》、《独立广播电台法规》、《消费者信用法》等。

1907 年英国颁布的《广告法》是世界广告发展史上最早的比较完整的广告法。该法规规定禁止广告妨碍娱乐场所、公园、风景地段的自然美,1952 年修订版规定,凡影响乡村风景、公路、铁路、水道、公共场所及任何有历史价值的建筑物及场所,均禁止广告。1972 年又增加禁止广告饰成车辆行驶街市,不准任何人步行、骑马或乘车在闹市中作广告的规定。

《英国广告标准与实践》是由独立广播局制定的最重要的专门广告法规。该法规在总则部分就广告事项所涉及的36 个方面作出全面、系统的规定,包括广告的原则、广告的界限、费解的广告、广告与政治和工业争论、广告与宗教、广告与慈善事业、广告品格、广告与礼物和奖品、不可接受的产品和劳务的广告、广告与贸易说明书和主张、广告与价格、比较广告、广告与复制技术、广告推荐书的使用、业余教育广告、邮购广告、酒精饮料广告、金融广告、药品和医疗广告、广告与儿童等。除总则外,该法规专门制定了三个单项广告管理规定:《广告与儿童》、《财政金融广告》、《卫生和医疗广告》。英国独立电视委员会1998 年制定的《英国电视广告业行为标准准则》是规范英国电视广告的主要依据。其内容包括45 个条款和《电视广告与儿童》、《金融电视广告》、《药品、治疗、健康宣传、营养品与营养补充品》、《慈善电视广告》、《宗教电视广告》、《与电视广告有关的法律》6 个附则(具体内容详见本节参考附录）。

（二）英国广告业的监管机构和职能

英国的广告标准局（ASA）负责制定和执行《英国广告和营销准则》，监督管理所有非广播、电视类媒体广告；英国广播局（RA）负责制定和执行《广播广告和赞助准则》，但对广告不负有事前的审查义务，广告稿的审查，由广播广告审查中心（RACC）负责；独立电视委员会（ITC）是监督电视广告的机构，负责制定和执行《独立电视委员会广告业行为标准准则》，电视广告稿或电视广告样本的审查由电视广告审查中心（BACC）负责。此外英国专业性的政府管理部门也对特定行业的广告进行监管。

广告标准局是英国广告业重要的自律组织。该组织由广告界出资，于1962年在广告实践法规委员会的基础上成立。并在1974年重新组建。重建后的广告标准局，进一步扩大和增强了它的管理职能。广告标准局的局长是独立于广告界的人士，他有权指定12人组成广告标准局理事会，12人中的半数以上是来自广告界之外，与广告业无任何利益关系的人士。因此，英国广告标准局不属于纯粹性的自律机构。广告标准局的组织经费来自广告版面的附加费，即每则广告刊登时须交版面费的0.1%。另外，媒介单位有时捐赠版面和时间，让广告标准局在全国性和地方媒体、影院里作广告进行宣传。

英国广告标准局，除广播、电视以外，对所有其他的媒介广告都负责管理。他的基本职责是：代表所有消费者的利益，仲裁和处理所有的广告申诉；与政府机构保持联系，并负责报道广告业自律方面的活动等等。英国广告标准局的具体职责有两项：一是审查广告。该组织严格地和毫无偏见地审查广告，包括预审所有的香烟广告和某些特定类型产品的广告，如烈性酒、妇女卫生用品等。二是受理申诉。由于不少广告在发布前已经受到预审，申诉数量大大减少。如果是来自消费者的投诉，直接由英国广告标准局负责，首先由秘书处对申述作一评估，然后进行调查，若申述成立，则要求广告主修改广告或撤销广告，广告主不听劝告，有问题的广告将被停止刊登。如果是同行业或行业之间竞争的申述，则由英国广告标准局下属组织广告实践法规委员会判决。

对特定行业的广告监管方面，由于英国的金融业在世界占有重要地位，对金融广告的监管非常严密。英国政府的金融服务监管局从维持高效有序的金融市场和促进公平交易出发，积极查处他们认为是误导性的或虚假的金融类广告。由于虚假的投资产品类广告容易引发大规模损失，英国金融服务监管局出台了金融广告的标准，误导性的陈述更不能刊登。各公司必须对自己的广告是否符合金融服务监管局“清晰、公正以及非误导性”的要求负责。一旦金融服务监管局认定广告涉嫌误导消费者，可以责令该公司重新设计广告，或勒令其撤回广告，甚至责令该公司找到上当的消费者,消除其造成的不良影响。检查人员将每年公布两次其所受理的消费者投诉以及误导性广告的数目和类型的报告。

英国的广告业管理基本以行业自律为主。重要的自律组织还有电视广告研究联合委员会和发行量审计局,其负责确定电视广告收费率和报刊发行量。电视广告研究联合会成立于1955年,每年从24 000个家庭中抽样调查,取得数据,依据这些数据分析归纳出观众收看广告的比例,推算广告成本,确定广告收费率;发行量审计局建立于1931年,由国家的报纸、杂志发行人、广告主、广告公司的代表组成,是非营业性的组织。其宗旨是审核会员单位申报的报刊发行数,为会员报刊的确切发行量颁发证书。每年3月及9月中旬,该局出版《发行量审计局发行量评论》,公布审计结果。此外,还不定期出版《公报》,公布《评论》中未能收进的统计数字。由于该组织审核发行量的手续较严格,一般都认为其公布的数字可信度较高。这一权威审计机构的存在,使广告主和广告公司减少了虚假报刊发行量的困扰和蒙骗,也提高了会员单位的信誉。英国广告业的自律团体还包括:广告人联合会、广告商协会、独立电视公司协会、报纸出版者协会、期刊出版者协会等,它们分别对本专业的广告进行一定的管理。

三、对若干广告热点问题的规定

(一) 关于比较广告

英国允许发布不违背公平竞争原则的比较广告。规定比较广告的设计不得因比较而使消费者对广告中的产品或被对比的产品产生误解。对比要点应以确凿的事实为基础,选题不得有不公证之处。特别是对比的基础对所有参与比较的商品必须是同一的,并且要在广告中明确列明是相互之点互相比较,列举的产品项目和与之相比的竞争者的商品项目必须是完整的,否则应在广告中明确说明所列项目仅为产品的一部分。

(二) 关于针对儿童的广告

英国对针对儿童的广告有严格的规定。有关法规规定产品或劳务广告不得有意使用广大儿童喜闻乐见的,但其结果却有害儿童身心健康的方式。任何方式的广告,不得利用儿童的取信和模仿的意识。对有可能使儿童产生不良后果的广告内容所涉及的9个方面作出严格的限制性规定。如规定广告不得鼓励儿童进入生疏地区;不得直接吸引或劝诱儿童购买;不得使儿童相信,如果得不到广告中的商品,同其他儿童相比,他们就是低下的,或者没有得到这种商品而被人轻蔑或嘲笑等。该法规还对儿童节目前后禁止播放的产品广告种类、广告中儿童形象的表现,不得出现儿童的场面等作出具体的规定。

(三) 关于证人广告

英国对于证人广告有严格的规定。英国独立广播局的《广告标准和实践法规》中,对广播、电视中的证人广告要求证词必须属实,不可因此造成误解。广告主和广告公司一经要求就必须向广播局出示证词或表述的凭据。若没有凭据,或凭据不真实,则按欺骗广告处理。英国的《交易表述法》中也指出,在产品(或服务)广告中使用假证言就是犯法,若消费者因购买和使用这种产品而受到损害,可根据民法,向为该产品作过广告而没有表述凭据的广告主索赔。另外,英国还规定在医药和治疗法广告中不可使用证人或证言,在酒类广告中不可出现年轻人所追随的名人形象。

(四) 关于邮购广告

在英国必须符合下列条件才能发布邮购广告:一是广告公司随时可向查询者报道关于广告受托人的名称、详细地址等情况;二是营业时间内办公地点有负责人员对查询事项进行处理;三是备有货物样品以供公众检验;四是广告委托人保证买主所购货物提出不满的正当理由或延期发货时,将货款全部退回;五是必要时由一个被批准的独立组织收存买主所付货款,直至货物确已发出。

(五) 关于药品和医疗广告

有关法规规定药品和医疗广告必须符合以下要求:一是药品和医疗广告以及有关健康和营养的广告,在发布前,必须向由指定的医疗专家和一般医疗人员组成的医疗顾问小组征求意见;二是药品广告必须符合《药物法》的各项要求和任何关于药物的条件;三是不得接受戒烟药物、治疗秃顶的诊所等 8 项药物或其服务广告;四是不允许以医生等专业人员的名义推荐药品或医疗服务;五是广告不得有任何有奖竞赛或类似的内容;六是广告不得鼓励人们特别是儿童采取任何不安全的实验,不得鼓励滥用药物;七是广告不得使用任何词、短语或图表宣称或暗示其药物包治百病;八是不得发布使用“补药”一词的药品或治疗广告等。

第四节 法国广告业的发展及其监督管理

一、法国广告业发展概况

法国是世界广告业发达国家之一。就广告经营额而言,法国一般位列世界第五或第六位。1989 年法国广告经营额为 86.69 亿美元,人均广告费为 155 美元,1997 年广告经营额为 92.77 亿美元,1998 年广告经营额为 97.85 亿美元,2000 年达到 92.43 亿美元,占世界广告经营总额的 2.9%。法国广告业 2004 年的投放达到 230 亿美元,较上年增加 5.9%。法国广告行业投放比较均匀,广告投入集中的类别分别是零售(12.4%)、食品(10.5%)、交通(汽车)、电信和金融服务。2004

年雷诺汽车以2.977亿欧元的广告投入成为当年第一大广告主。从投放的媒体来看,电视是法国广告业投放的主渠道,但网络广告的发展引人注目。2005年,法国网络广告业收入超过11.3亿欧元,同比增幅高达73.9%,占广告市场上的份额已经达到5.9%。截至2005年底,法国共有1 399家网络广告商,其中仅2005年就新增了323家。从网络广告投放行业来看,电讯、旅游和服务业占据半壁江山,但作为法国电视广告三大支柱的批发业、化妆品和食品行业已经开始大举进军网络广告领域。法国有广告公司1 000多家,专职广告人员3万多人,在国际广告协会公布的全球50家大广告代理商中,法国有5家。法国广告业的发展历史悠久,风格独具,以其突出的艺术性而闻名。世界上的第一个广告商、第一个霓虹灯广告以及现代招贴广告都出自法国。1631年,法国最早的印刷周报《报纸》出版,出版人雷诺道特被称为"法国报业之父"。19世纪30年代,法国巴黎出现广告代理商店。1903年法国就建立了广告协会。1927年创办了广告学院。法国还通过举办众多的广告艺术节来推动广告发展水平的提高,例如世界广告界的最高级别的盛会——戛纳国际广告节每年在法国戛纳举办,而法国广告在戛纳世界广告评比中每每是其大奖"金狮奖"、"银狮奖"的有力问鼎者;还有户外招贴广告大奖,是法国广告界年代最久、最负盛名的大奖之一;此外每年在巴黎举办"广告大餐之夜"的晚会,持续6小时专门放映世界各国广告的精品,堪称是一场世界广告文化的盛宴。

二、法国广告业的监督管理

(一)法国的广告审查制度和机构

法国实行对广告的事先审查制度,任何广告未经审查,不得在媒体发布。

广告的审查监管机构主要有两个:一是国家广告联盟所属的广告检查协会(BVP),一是电视、广播审查机构RFP。广告检查协会(BVP)是根据法国法律建立的行业组织,其宗旨是为了公众,特别是消费者的利益,力求使广告合法、真实。它由4类成员组成:广告主、广告公司、广告媒体和相应机构(如协会、联合会、行业工会等)。BVP与消费者协会等组织建立经常的联系,每季度会联合消费者协会和广告方面的专业人士召开会议,共同讨论当前广告存在的问题。BVP作为"欧洲广告道德联盟"的创始会员,积极参与诸如处理跨国投诉、在欧洲发展自律组织、与欧盟组织进行接触、发布研究成果和资料等。BVP的广告审查工作范围包括:一是广告主、广告公司、媒体可以出于自愿,把准备发布的广告提交BVP,BVP会就这些广告是否符合现行法律以及自律性规定提供咨询意见。BVP提供的意见不是合法的标记,但该意见可以避免广告出现违反现行法律法规或伦理性规定的情形;二是电视广告在发布前,必须由BVP提供意见。BVP的有关意见和建议会在48小时内提出；三是BVP根据第三方，诸如消费者、消费者协会、专业人士或专业组织等的要求，对已发布的广告及其所用的载体进行分析。对经分析认定违法或不当的广告，会要求广告主更正其内容或要求其媒体会员全部或部分停止违法广告的发布。

（二）有关广告发布标准的规定

1. 关于酒类广告

根据法国1991年《酒类销售法》，酒类商品广告应当遵守如下规定：① 任何广告不得表现过量饮酒是勇气，也不能建立少饮或禁饮的标准；② 任何广告不得面向未成年人，也不能向未成年人介绍、提及那些有诱惑力的场景、真实的或虚构的人物；③ 任何广告不得强调酒类的治疗、刺激、陶醉、镇静作用，也不得表现改善生理或心理的作用；④ 任何情况下，广告不得表现饮酒有助于解决问题，或取得成功；⑤ 广告不得参照任何体育运动，也不能参照体育比赛场馆；⑥ 任何广告不得与驾驶汽车或其他有潜在危险的机器操作的行为联系在一起。

BVP规定酒类广告只能表示法律认可的商品质量的信息、解释，以及商品的用法，并应在广告中标明如下内容：① 酒精浓度。酒精浓度不得有任何争议；② 历史渊源、产地，或者是与造酒主要原料有关的来源；③ 酒的名称、商标或标志；④ 酒的成分。广告应清楚地标明其成分或原料；⑤ 生产商、经销商的名称和地址；⑥ 生产方式、销售方式（包括合法的促销减价）；⑦ 酒类的使用方法。广告可以介绍品尝或使用酒类的最佳条件、可能的或理想的烹饪组合，但禁止由消费者来作介绍；⑧ 获奖情况。奖项应当是无可非议的，是由官方或行业权威组织授予的；⑨ 除针对专业人士的商业通报外，所有酒类商品广告应当明显标注“饮酒过量对身体有害”的警示语、在广播广告中的内容为“为了您的健康，请勿过量饮酒”。商品的包装也必须符合上述规定；企业不应为了美化广告效果而给酒类商品建立、修改商标、标签、包装。

2. 关于烟草广告

法国规定电视不得出现烟草广告。并从1993年起，在全国境内禁止出现烟草广告。根据新法令的规定，烟草公司不得以任何形式赞助体育比赛，其他公共场所也禁止烟草广告的宣传。

3. 关于卫生和美容品广告

在所使用的特定词汇、特定内容方面规定：①“新”及其派生词。只有在产品或使用方法有了改动或在展示方法、外包装上有了改动，才能使用，使用期限为1年；②“变年轻”及其派生词。只有在表示有较大程度的年轻现象时，才可以使用；③“抗过敏”。表示在设计产品时，尽可能把过敏最小化。禁止使用“过敏”的其他派生词；④“天然”一词只指那些不包括任何合成产品的成品；⑤“成分”。

只有当某一种或几种物质或其典型特征在技术分析时能被觉察出来，才能被称作“成分”、只有当某一种或几种物质在产品主要属性中占主导地位或者占组成成分的50%以上时，才能称为“主要成分”；⑥“变瘦”或其派生词，不能含糊使用，只有在保留证明材料的情况下，才可以声称减轻了多少体重或取得某种结果需要多长的时间；⑦ 在美发产品、设备或方法上，可以使用“防脱发”一词表示用于阻止、放慢、限制或预防脱发的产品或治疗。禁止使用生发、长发概念以及其他企图让人相信某产品、设备、方法是治疗秃发药物的说法；⑧ 关于防晒产品，广告时应把太阳的好处写进广告。企业可以自由选择下列表达方式。如“光照强烈时，避免阳光照射。”“曝晒危险，尤其儿童，请选择适合自己皮肤类型的防晒用品”；⑨ 在产品性能说明方面，量化结果的标注，应当说明使用方法类型和计算出该结果的参考元素；⑩ 在产品的证明方面，根据统一分析方法大会制定的《美容产品效果评估指导准则》来论证文件资料和所完成的实验；⑪ 关于产品的证明。当产品的使用建议或性能评估都是来自医疗行业、科学行业的一名或多名成员，这些保证性内容不能写进广告。但是可以标注产品的有效性或耐药性的调整、控制是由医生、科学家或一组医生和科学家来完成的；⑫ 在竞争方面，为了树立美容产品的正面形象，广告应当主要写产品的优点，不得写竞争产品的弱点。

4. 关于医药广告

法律规定无论公立还是私立医院均不允许做广告；能够被社会保险报销的药品，以及在有毒物质名册上登记的药品可以向医药专业人员做广告，但禁止向公众做广告。非处方药品如需要做广告，需要事先获得法国卫生安全和健康产品委员会 AFSSAPS 颁发的许可。

5. 关于不动产广告

不动产广告中涉及的具体内容应遵守下列规定：① 关于价格，不管价格是否可修改，应当参照价格的日期明确标价；② 定价，只有在签订合同时的不变价格才能称作“定价”；③房型，若以价格为参照，价格应当与相关房型相联系；④ 面积，若以面积为参考，只涉及居住面积，其他面积除外，附属面积应当单独确定；⑤ 设施和通道，至少要有相关社会设施、体育设施、商业设施、通道、绿地或道路等的完成时间、地理位置、主要特征、未来使用状况；⑥ 在任何情况下，项目的名称、图片介绍不得导致对地理优势和地理位置产生错误评价；⑦ 距离，本项目到城市设施、文化设施、商业设施、体育设施、公交设施的距离应当用现有道路的直线地面距离，或者使用某交通工具所需平均时间表示；⑧ 时间，建议在预测整个项目或部分项目的直接公告文件里，标明第一次交付的时间，涉及个人房屋时，只要标出施工时间；⑨ 对不动产广告中使用的词汇规定了具体的定义和标准，包括布局、套房、毛坯房、模型房、装饰房、阳台、卫生间、地窖、电梯间、独立房间等。例如对于

“旧”一词，是指 1948 年前建造的房子。

6. 关于汽车广告

在语言、声音和画面上，广告不得证明其速度，也不得利用广告来进行诱惑；广告不得把马达功率或刹车介绍成鼓励高速开车，而应当把它们介绍成安全因素，其效果根据公路的质量和状况、大气条件、驾驶员的反应而发生改变；广告画面不得是违反《公路法》和安全规定的车辆；广告不得引起驾驶员之间的攻击、暴力、抢道行为等。

7. 关于儿童广告

关于儿童广告，除应遵守国际商会广告有关条款外，应遵守以下规定：① 广告的认定。当广告面向儿童时，广告的特点应当能够很快地辨认出来。② 社会责任。广告设计应当有社会责任感。广告不得介绍反社会的、色情的动作，也不得引诱儿童做这些动作；广告不得引发儿童的恐慌和不安情绪，广告应当避免各种直接或隐含的暴力或虐待场面，广告不得引诱儿童模仿这些暴力或攻击行为。③ 安全。面向儿童的广告应当在符合现形标准的安全环境和情况下介绍商品。任何形式的广告，包括游戏，不得让人以为危险和莽撞的行为是能够接受，可以被模仿的。④ 广告应当诚实。面向儿童的广告要考虑到儿童的轻信和缺乏经验，面向儿童的广告应简单明白。⑤ 广告不得错误地引导儿童，特别在以下方面：商品的特点、大小、价格、质地、使用寿命和性能；使用商品后能产生的最低效果等。⑥ 对年轻消费者的教育。广告不得建议儿童，只有拥有、使用某商品才能比同龄的其他儿童有生理、社会、心理优势，若不使用该商品，会有相反效果；面对儿童的广告不得暗示儿童该商品非买不可。⑦ 互动广告。当广告直接请儿童参与，并要求支付一定的费用，广告应当明确要求父母参加；禁止鼓励儿童和陌生人约会，或者到陌生或危险的地方去参加游戏、领取礼物；个人资料的收集和使用要严格遵守“国家信息委员会”的法律和规定。⑧ 录像和娱乐软件广告应当清楚地注明“娱乐软件发布工会”制定的电影的年龄段和等级。

8. 关于电视插播广告

电视插播广告或者电视广告片断应当具有可识别性，在发布前后，能够通过有视觉和声音特色的屏幕与其他节目相区别。在广告片断中，必要时可以插入没有广告特色的公益广告；广告一般插在节目之间。在不影响节目的整体性和节目价值，以及权利所有者的权利前提下，考虑节目的自然停顿及停顿的时间和性质，广告也能插在节目中间，但两次中断之间应当至少连续播放节目 20 分钟；当节目由独立部分组成时，或者在体育节目中，或在转播有间隔的事件和演出节目时，电视广告就插在这些独立的节目之间或插在间隔里；播放时间低于 30 分钟的电视新闻节目、宗教节目和儿童节目，不能插播广告；当播放的电影作品被广告中断时，广告总持续时间不得超过 6 分钟。

9. 关于因特网广告

关于因特网广告应当遵循的基本原则包括：① 所有在因特网上做广告的广告主、广告发布者应当能够为网络用户容易而明确地辨认；② 广告内容应与其他内容区分开来。当广告做在信息或编撰的文章里时，广告文字应当做成迅即消逝的，对于电子邮件广告同样适用；③ 广告要真实、有效、诚实、得体。设计广告应当有正确的社会责任意识，还应当符合正当竞争的原则。任何广告不得在本质上降低大众对广告的信任；④ 广告应当尊重人的尊严。并且鉴于电子网络的全球化和电子文本读者的多样化，因特网广告不能做成淫秽的、暴力的、带有种族主义和性别歧视的。因特网广告的特别规定包括：① 保护儿童。面向儿童、青少年等易受广告影响群体的广告，不管其形式如何，应当遵守国际商会法中关于在因特网上做广告和销售产品的特别规定，以及 BVP 广告规定中有关儿童的章节。② 尊重网络用户的隐私。规定个人资料的收集和使用应当按照告知网络用户的动机使用。用户有权拒绝对其个人资料的使用，除非根据法律，否则不得泄漏用户的个人资料，网上应当有让用户行使其拒绝权的链接；鼓励网站设置关于尊重隐私的政策声明；通过电子邮件发送未被用户要求的广告，一旦收件人接到时，收件人应当能够明确地分辨其为广告。不得向表示不希望接收在线广告的用户发送在线广告等。

（三）有关欺骗或误导性广告及其处理

根据法国《消费法》的规定：禁止发布含有错误断言、标注、介绍，或者会误导消费者的广告，不管其形式如何。这些错误断言、标注、介绍含有以下一方面或多方面内容：性能、成分、质量，主要成分的含量、类别、产地，销售产品的生产日期、广告提到的服务、使用条件、使用效果、销售或服务的目标或方法、广告客户作用的范围，生产者、销售者、经营者、发布者的认定、品德或资质。

维护竞争秩序、打击欺诈机构的官员，农业部食品管理机构的官员，工业部计量机构的官员有资格通过记录，来观察有无违反上述规定的行为。他们可以要求广告客户提交广告断言、标注、介绍方面所有证明材料。他们还可以要求广告客户、广告经营者、广告发布者提交所发布的广告内容。预审法官或提起诉讼的法院可以下令停止广告的发布。该措施的执行不因上诉而停止。检察院或上诉法院自接受上诉的 10 天内做出裁决。法院判决书可以确定更正通知的用语、发布方式以及期限，费用由被判决人承担。关于责任追究的对象规定：为了广告客户的利益而发布广告，广告主是违法行为的主要责任人；罚款金额为构成违法广告的广告费的 50%。

第五节 日本的广告业及其监督管理

一、日本广告业发展概况

(一) 日本广告业发展的总体状况

日本的广告业与英美相比起步较晚,但发展相当迅速。20世纪50年代初日本经济逐渐恢复并发展,广告业也随之而开始崛起,并在60、70年代取得长足进展,到了80年代,日本已成为仅次于美国的世界第二号广告大国。自1955年以来,日本的广告费在国民生产总值中所占的比例一直保持在1%左右。1989年日本广告经营额为367.6亿美元,占国民生产总值的1.3%,人均广告费298.8美元。到90年代,随日本泡沫经济的破灭,日本广告业的发展也蒙上阴影,1992年和1993年日本广告总额出现负增长。1998年受东南亚金融危机影响,日本经济陷入低谷,国民经济增长率下降4.1%,日本的广告总额也比前一年下降7.7%。近年来,在有所缓和的经济形势下,日本广告业也有所恢复,2000年,日本的广告经营额为375.38亿美元,位列美国之后,居世界第二位,占全球广告费的比例达11.9%,人均广告费297.2美元,居世界第六位。

(二) 日本各媒体广告发展情况

日本媒体与广告的关系相当密切,广告某种程度上成为媒体发展的生命线,例如日本商业电视台的绝大部分收入来自于广告。据1987年的统计,日本有报纸3 504种,杂志3 777种,电台48家,国有电视台4家,私有电视台107家,国有电台、电视台不发布广告。日本的报业十分发达,1999年度报纸发行总量达到7 200余万份,占世界第一位,每千人拥有报纸数为576份,仅次于挪威,位居世界第二。日本的商业电视、广播以东京、大阪为中心,形成电视广播网覆盖全国各地。其中东京广播公司(TBS)是日本最大的商业广播电台和电视台,其次是日本电视广播网公司(NTV)、全国朝日广播公司(ANB)、富士电视公司(FUTITV)、东京12台(IZ)。一些新兴媒体在日本也有较好的发展前景。2000年底,日本卫星数码放送(BS)正式播出,揭开日本高清晰数字电视时代的序幕。随互联网的发展,在日本互联网广告的收入呈跳跃式的发展。在日本2000年的广告收入构成中,传统四大媒体所占比例高达65%,其中电视广告的比例最高,达到34%,报纸广告占20.4%,杂志广告占7.2%,广播广告占3.4%,此外报纸夹页广告、直邮广告(DM广告)和户外广告作为区别于传统媒体广告的促销广告(SP广告)形式显示了很好的发展趋势,在广告总额中的比例分别为7.4%,5.6%和9.1%。因特网、数字电视、手机移动媒体等新媒体广告的发展令人瞩目,在2000年达到1%以上的比例,成为成长性最好的媒体。日本刊登广告最多的商品和行业包括:食品、饮料、嗜好品、服务、娱乐业、流通业、商业、化妆品、卫生品、出版业、汽车、零配件、药品、不动产、住宅设备、金融、保险、家电等，其中，食品，化妆品、洗涤用品，饮料、嗜好品的广告投入最多，在1999年其在广告投入总额中的比例分别为10%，9.4%和8.5%。

（三）日本广告公司的发展情况

据日本通产省1998年的统计，日本共有规模不等的广告公司4 998家，从业人员达10.3万人。其中100人以上的公司有118家，占2.4%，不满30人的公司则占86.7%。在全世界排名100位以前的大广告代理商中日本曾占21家。日本电通株式会社是世界第一大广告公司，它成立于1901年，从1973年起，其营业额就跃升到世界第一位，并在日本广告界以其绝对的市场占有率，对媒体和广告主的影响力以及对市场独到的研究能力而占据龙头地位，电通公司1999年的广告总收入达210 880万美元，其广告经营额长期占日本广告经营总额的四分之一左右，控制了日本五大商业电视系统46%黄金时段广告代理权，其分支机构遍布世界主要国家，从业人员超过5 000人，电通公司每年举办的广告电通奖是日本广告行业的最高奖项，并成立"电通塾"致力于日本广告行业人才的培养。此外，日本的著名广告公司还有博报堂、旭通、东急、大广广告公司等，它们在1999年日本广告公司营业排行榜上名列前5位。在日本广告主必须通过广告公司而不能直接在媒体刊播广告，广告公司在广告业的发展中扮演最重要的角色。日本广告业强调为广告主提供"全方位的信息交流服务"，注重与广告主之间的沟通，其业务范围可以涉及客户的各个方面。日本广告业分工明确、合理，机构健全，广告创作现代化、专业化程度高。特别是在现代化程度方面，日本广告公司名列世界前茅。日本各广告公司在公司的经营管理和广告的设计、制作方面都普遍朝电子化方向发展，以降低成本、提高效率和质量。特别是大广告公司都采用了电脑、传真机、收视仪器、文字处理机、机器人等先进技术。电脑在日本广告制作中运用相当普遍，从电视广告公司控制和制作电视广告片，到报社刊用设计广告，版面和着色制版都采用了电脑。博报堂广告公司的每一位业务主管人员，都有一台终端机，每一台终端机都与连接全国各地的连线系统联通，通过电脑检索就可以得到全国的商情和各种资料。电通公司的现代化程度更高，它利用卫星收集和传播广告情报；使用传真机直接和客户联系，互通信息；并使用收视率调查机，来了解广告收视率。总之，各种先进的科学技术都在日本的广告公司中得到了充分的利用。日本的广告代理不同于美国广告代理之处在于：美国的广告代理商是客户的代理商，而日本的代理商是媒介的代理商。日本广告公司可以同时代理同种行业中的多家公司，且其与媒体的交易是不透明的，这与欧美公司有很大不同。在广告创作表现上，美国的表现形式是自我主张型，日本则是视觉和情感型，广告并不直接追求商品的表现，而是以形象广告为主来接近消费者。

二、日本政府对广告业的监督管理

日本政府对广告业的监督管理主要是通过法律规范广告行为，调节广告活动所产生的各种社会关系。早在 1908 年和 1911 年日本政府分别制定的《治安处罚条例》和《广告物品管理法》中就规定废除夸大和虚假广告，监督管理有损环境美观和有伤风化的户外广告，排除破坏公共秩序安定的广告物品等。经过长期的发展，日本的广告监管的法律法规体系逐渐完善。目前日本政府实施广告监管所涉及的法律主要有《民法》、《不正当竞争防止法》、《不当赠品及不当标识防止法》、《户外广告物法》、《消费者保护基本法》、《药物法》、《食品法》、《滞销商品及其不正当宣传防止法》等。

日本的《民法》中第 529 到 532 条规定了广告主、广告代理公司及媒介三者之间的权利与义务，为调节广告法律关系确立了基本的法律规范。如果广告内容违法，给他人造成损害时，可以适用《民法》第 709 条规定，追究其损害赔偿的责任。

《不正当竞争防止法》制定于 1934 年，1975 年又进行了修改。该法从防止不正当竞争的角度对广告作了禁止性规定：一是在广告上对商品的质量、内容、制作方法、用途或数量作出令人误解的表示；二是在广告中对商品的原产地作虚假表示；三是在广告上作出可以使人错认为该商品是在出产、制造或加工地以外的地方出产、制造或加工的表示；四是陈述虚假事实，损害有竞争关系的他人信用。根据该法规定，对实施上述行为的处三年以下劳役或 20 万日元以下的罚金。给他人造成损害的，承担赔偿责任。

《不当奖品及不当标示防止法》制定于 1962 年，由于 1960 年伪造牛肉罐头事件引起公众对虚假广告的不满，日本政府为保护消费者利益而制定了该法。《不当奖品及不当标示防止法》禁止提供金额过大的奖品及不当标注。该法规定奖品是“作为招揽顾客的手段，无论是直接的还是间接的，是抽奖的还是其他方法，企业在自己商品的销售或业务交易中，附加提供给对方的由公正交易委员会指定的物品、金钱及其他经济上的利益”。对于买一送一式的奖品规定：1 000 日元以下商品奖品的最高额为 100 日元，1 000 日元以上商品奖品的最高额为交易价格的 10%；对于抽奖式的奖品规定：5 000 日元以下的商品奖品的最高额为交易价格的 20 倍，5 000元以上的商品奖品的最高额为 30 万日元，并且奖品总额不得超过销售总额的 2%；对于不把购买商品作为前提条件的，诸如广泛在消费者中征集智力竞赛答案，从回答正确者中进行抽奖，提供奖品的公开抽奖行为规定：奖品的最高额为1 000万日元。此外对于某些特定的行业也有提供奖品、奖品的最高额及奖品总额的限制规定。该法还将在广告、商品的容器及包装上等用来诱导消费者产生误解的标示视为“不当标示”而加以禁止。从保护公平竞争及消费者利益的角度规定禁止广告出现下列“不当标示”，主要包括三方面：一是“在有关商品、服务质量、计划及其他内容上，使一般消费者误认为其明显优于实物或竞争对手，以此招揽顾客、阻碍公平竞争”的质量误导标示；二是“在商品或服务的价格及其他交易条件上，使一般消费者误认为其明显优于实物或竞争对手，以此招揽顾客、阻碍公平竞争”的价格误导标示；三是其他由公平交易委员会认定，并发出限制或禁止令的不当标示。例如：使一般消费者难以辨别商品的原产国标示、无法进行交易或无销售意图的物品，却通过广告不正当招揽顾客的诱饵广告标示等。

《户外广告物法》对户外广告设置的场所、方法和形态等进行限制。规定广告牌、招牌、招贴等户外广告不得影响市容美观，在公园、绿化区、纪念地、坟墓等地不得设置广告牌，违反者除了被取缔非法设置物外，同时对其予以罚款。该法还规定，地方政府可以根据该法制定有关条例，禁止在道路两旁的树木及桥梁、铜像、纪念碑和其他指定的建筑物上设置广告。即使是上述范围以外的建筑物，如果户外广告与周边环境不协调，地方政府也有权要求其拆除或修改。同时执行该法时不得妨碍国民正当的政治权利及基本人权。

日本还有一些特定行业领域的专项法律涉及该行业特定内容广告的管理规范。如《药事法》规定禁止医药品、医药部门外有关产品、化妆品、医疗用品的虚假、夸大广告，禁止医师做证明的广告，限制表现治疗某些特定疾病的广告，禁止没有许可证的医药品广告。日本厚生省根据《药事法》制定了《医药品广告标准》。《医疗法》对医疗行业、医院、诊所及助产房的广告进行了限制。《住宅建筑行业交易法》禁止住宅建筑行业的夸大、虚假广告。《职业安定法》限制招工广告。《分期付款销售法》规范分期付款广告的表现业务。《访谈销售法》规范通信销售广告的表现业务。《滞销商品及其不正当宣传防止法》中规定滞销商品的推销中隐瞒事实真相诱人购买的，除取缔外，罚款30 000日元。《进出口保险法》规定对日本企业到国外作广告的效果予以“海外广告保险”，保护在国际竞争中的日本企业的利益。此外日本有知识产权法方面较为完备的法律，有《著作权法》、《商标法》、《创意法》、《实用性新发明法》。这些法律规定禁止擅自使用他人的著作物；禁止擅自使用他人的注册商标；禁止擅自使用他人已有的创意构思和实用性新发明。这些法律与广告制作密切相关，广告作品不得侵犯他人的知识产权，否则会有相应的法律后果。

三、日本广告行业自律规定

(一) 日本广告行业自律的总体特点

日本广告业的自律较为完善和严密。日本广告业自律是在遵守各项法律基础上的自我限制,虽没有法律效力和强制的约束力,但却得到行业内部成员的认同,对推动日本广告业的健康快速发展起到了重要作用。这些自律机构一般都制定了本行业广告活动应当遵守的规则。这些规则主要涉及以下几方面:一是广告伦理纲要等,强调保证广告的真实、品位、社会责任等;二是公平竞争的规范,为确保公平竞争,一些企业团体经公平交易委员会认可制定本行业的自我约束规则;三是媒体对广告刊播的基本准则。

(二)日本广告行业自律的主要机构

日本广告业自律机构十分健全,分工细密,遍及广告业的各个部门和方面。包括全日本广告联盟、日本广告业协会、日本广告主协会、日本新闻协会、日本ABC协会、日本杂志广告协会、全日本户外广告联合会、日本民间放送联盟、新闻广告审查协会、日本广告审查机构等。

日本ABC协会(Japan Audit Bureau of Circulations),成立于1952年,是由发行公司、广告主和广告公司三方面共同设立的社团法人,其主要工作是调查、确认报纸、杂志等广告媒体的发行量和分布等情况;日本的广告审查机构主要有两个,即新闻广告审查协会和日本广告审查机构。新闻广告审查协会(NARC)成立于1971年,是由媒体和广告公司组成的财团法人,其主要职责是对其会员的广告进行事先审查,以提高广告的真实性和媒体的信用度;日本广告审查机构(简称JARO),成立于1974年,它由广告主、媒体、广告业、广告关联公司等各方面成员组成,是得到日本政府认可的社团法人机构,该机构的主要工作包括:受理广告的有关咨询业务、审查和指导有问题的广告、制定和实施广告及广告表现的有关标准、联络和协调消费者团体及有关政府机构、针对消费者和企业开展教育和公共关系活动等。社会舆论对其有较高的评价。

(三)日本广告行业自律的主要规则和内容

全日本广告联盟制定的《日本广告业协会伦理纲领》是日本广告行业自律的典型的纲领性文件。该纲领提出:日本广告业要通过广告,承担起提供将生产和消费、需求和效果、社会和个人联结起来的生活信息的责任,发挥广告业的社会效益,为建设物质丰富的社会贡献力量。要同广告主、媒体一起,尊重各自的立场,团结协作,为完成广告的使命尽最大的努力,为广告伦理的提高作出贡献。在广告必须遵循的纲领方面提出:广告必须以真实取得社会的信赖;广告重视品格,必须为建设光明、健康的生活作出贡献;广告为了生活者的利益,必须优先提供信息;广告尊重科学,必须为提高经济活动的效率作出贡献;广告讲求美学,给人以美的享受。在广告的创作规则方面提出:在保证社会秩序的原则下,广告可以扩大表现的自由;广告尊重创造性,不许模仿和剽窃;禁止虚伪和夸张的广告表现,尊重事实;广告不能隐瞒事实,不能使用暧昧的语言和内容,不许有给人造成误解的表现；广告不能站在自己的立场，诽谤、中伤、攻击他人；广告必须保持自己的品格，不能给人留下不愉快和卑劣的印象；广告不能有损健康的社会生活习惯；广告不能妨害少年儿童的教育，在创作时必须周密考虑；广告表现要简洁，严禁扩散无秩序的噪音；广告尊重有关法规和伦理制度，广告进行公正的表现。

日本广告主协会制定的《公正真实广告协定》规定广告应当做到真实、高雅，不得使用有损广告信誉、欺诈、夸大、贬低他人、规避法律的行为和言辞。《报纸广告伦理纲要》规定，报纸广告必须高雅、可靠，维护社会道德和良好习俗。不得刊登虚假、迷信、侵犯他人人身权利、不道德、残暴性的广告，不得与新闻相混淆等。《广播的基准》对电视、广播广告应当遵守的规则做出了既全面又具体的规定，要求广告尊重人权、法律、政府、宗教、家庭与儿童及社会公共道德。同时对医疗、药物和化妆品广告、金融与房地产广告、广播播出时间的限制等分别做出了具体规定。《户外广告伦理纲要》要求户外广告必须做到真实、美观，美化环境，不得对社会产生危害。

日本广告业自律的严谨、细致、全面、具体还表现在除广告业的行业协会外，其他各行业协会也制定了本行业广告应当遵守的规则。如日本制药团体联合会制定有《医药品有关广告自律纲要》，日本卫生材料工业会制定有《卫生用棉类（包括棉纸）广告自律纲要》，日本全国银行协会联合会制定有《广告等之合理化措施》，日本照相机工业会制定有《照相机业广告宣传共同遵守事项》等。

四、消费者对广告的监督和管理

消费者对广告的监督管理，是消费者保护运动的一项重要内容。保护消费者运动起源于20世纪30年代，兴起于第二次世界大战后。从50年代起，在发达国家以广告为主要手段争夺消费者的过程中，出现了大量的虚假广告，引起了消费者的不满和攻击。消费者进一步组织起来，成立各种消费者协会团体，要求广告向消费者提供足够的、真实的商业信息，并向政府施加压力，要求制定更为严格的法律法规和规则，制裁虚假广告和不正当竞争手段，保护消费者的利益不受侵害。日本对广告实行的消费者监督和管理，正是在这种背景下产生和发展起来的。日本的消费者组织建于1948年，到目前已形成了从地方到中央的社会监督和管理网络。例如日本消费者组织之一的主妇联合会，在日本许多地方设立了消费者受害接待室，根据消费者的投诉独立进行商品测试。一旦发现问题，就向政府和商家进行交涉。

第六节　澳大利亚的广告业及其监督管理

一、澳大利亚广告业发展概况

澳大利亚是世界广告业发达国家之一。根据国际广告协会公布的资料,1989年澳大利亚的广告费总支出为39.83亿美元,占国民生产总值的1.6%,人均广告费237.6美元。1989年广告媒介营业额分布情况是:印刷品19.88亿美元,电视13.22亿美元,广播3.78亿美元,电影0.54亿美元,户外和交通2.71亿美元,分别占广告费总额的49.9%、33.4%、8.5%、1.3%、6%和8%。2000年澳大利亚的广告费总支出为47.39亿美元,人均广告费247.3美元,排名世界第九位。在广告媒介上,《澳大利亚日报》和《金融评论报》是两家最有影响的全国性报纸。电视和广播由澳大利亚政府广播委员会经营,现有85个电视台和60个转播电台。政府电视台不播放广告,商业电视台播放广告的时间每小时不得超过12分钟。广播电台有8家,109个分台。商业电台每小时允许播放12分钟广告。杂志有805家,其中《妇女》杂志发行数量较大。电影院有800多家,在电影放映前播出一定时间的广告。户外广告点3 000多个。广告公司近200家,较大的公司约有50多家。广告的商品主要有食品、汽车、保险、家用设备、化妆品、酒类、办公设备、药品、香烟、软饮料、建筑材料、机械、旅游等。

二、澳大利亚政府管理广告的主要机构和职责

澳大利亚政府涉及广告管理的机构有澳大利亚贸易实践委员会、澳大利亚广播电视局和地方政府。澳大利亚贸易实践委员会的主要职责是促进企业竞争,保护消费者的利益。委员会根据消费者的控告,对违反《贸易实践条例》的广告向法院起诉,交司法部门处理。澳大利亚广播电视局的职责是审批、颁发广播、电视台的开业执照,制定广播电视节目和广告标准,处理违反广播、电视标准的案件。各地方政府的任务是贯彻、执行国家有关广告管理法规,制定地方广告法规,管理当地户外广告。

三、澳大利亚广告业的自律机构及职责

澳大利亚的广告行业自律比较严密健全,以行业协会为管理的组织形式,建立起立法、审查、仲裁等一整套管理体系。其广告业的自我管理机构主要有澳大利亚广告主协会、澳大利亚广告公司联合委员会、澳大利亚媒介委员会,以及由这三个组织发起成立的澳大利亚广告业委员会和广告标准局。

澳大利亚广告业委员会的主要职责是对内协调广告主、广告公司、广告媒介三

方的关系,对外向公众宣传广告的作用。广告标准局的主要职责是处理广告纠纷案件,并对广告进行仲裁。为了保证仲裁的公正,广告标准局的11名成员中,有5名是广告业之外的社会知名人士,使标准局相对独立于广告界。

澳大利亚广告媒介委员会是澳大利亚广告业自我管理体系的核心组织,澳大利亚所有民办商业媒介都是媒介委员会的会员。媒介委员会内设有媒介认许处、广告行规和标准处、香烟广告处、酒类饮料广告处、医药广告处、贬低广告管理处等机构。

媒介委员会的主要职责是制定广告标准;向广告公司颁发允许其与媒介发生业务关系的许可证,并按不同媒介、不同广告内容建立不同层次的广告发布前的审查制度。这样可以有效地把虚假广告阻止在发布之前,避免由此而引起的纠纷。凡利用电视、广播媒介作为药品、香烟、酒、减肥、农药等内容广告的,必须事先由电视、广播专业媒介协会审查,未经审批,媒介无权发布。印刷出版物广告包括报纸、杂志和各种印刷品广告,由于印刷品媒介零散、广告量大,由各个媒介自行负责审查。其他媒介发布的广告,由于影响面小,广告内容不易出现问题,所以由广告主或广告公司分别负责审查;媒介委员会还通过仲裁机构广告标准局,专门处理违法广告的行业纠纷案件。广告标准局接受公众或企业的控告信,分别交给广告主、广告公司、媒介单位进行讨论,并听取有关专业媒介委员会的意见,最后对案件进行仲裁。媒介委员会内部无法调解的案件,上报政府,借助政府管理的强制性来解决。一般来说,在案件的处理上,大案归政府处理,一般案件归行业组织处理,充分发挥出行业组织自我调解的机能作用。

媒介委员会内设的媒介认许处的主要职责是:向广告公司颁发媒介许可证。广告公司保证稳定的财政状况,遵守媒介委员会的各项规定,才能得到许可证。建立媒介许可证制度,目的是为了保护媒介的经济利益。同时也为了把广告公司和广告主纳入广告业的自我管理体系,使广告公司和广告主必须遵守媒介的统一政策和规定,通过媒介的行业管理达到整个广告业的自我管理;广告行规和标准处、香烟广告处、酒类饮料广告处、医药广告处的主要职责是:研究行业自我管理中的问题,提出各项行规、标准的修订、补充意见,并监督各项行规的实施。这些机构实际上相当于广告自我管理体系中的立法机构;贬低广告管理处的主要职责是:确定"贬低"界限,对有关"贬低"广告的纠纷进行裁决。在澳大利亚允许比较广告的存在,所以竞争对手之间在广告创意设计中也较多地采用比较广告的手法,进行广告宣传,由此也会带来利用广告相互贬低,进行不正当竞争的现象。贬低广告处就是为此而设置的专门处理贬低广告的机构。

四、澳大利亚广告管理的具体规定

澳大利亚广告管理法规体现了其广告管理的具体规定。有关法规包括政府制定的有关法规、媒介委员会的自制规约和各不同媒介协会的行规。这三者形成了一个有机联系的法规整体,任何一则广告必须同时符合这三种法规。澳大利亚的广告自律规则尤为完善和系统,形成了一套体系。有关自律准则体现了广告管理的具体方面。

关于广告应遵守的基本道德准则,《广告业道德准则》规定:广告内容必须真实,不得使人误解或上当受骗;广告内容必须符合国家法律、法规,不得出现怂恿违反国家法律法规的内容;广告必须尊重社会公共准则,不得触犯;禁止广告中使用迷信、过分恐吓人的方法,禁止以不公平或使人误解的方法贬低同类产品、服务或竞争者,广告内容中所引用的科学的、统计的或其他研究数据,不能使人误解,也不能与广告内容无关;广告中使用他人言论时,必须如实反映其意见,而且使用其意见不得与《准则》相抵触;广告中涉及有关保证或担保内容时,必须遵守国家或地方的有关规定;针对儿童的商品广告不得包含有损于儿童身体、智力、精神的危险内容,也不得直接促使儿童向父母施加购买该商品的压力。

关于酒类广告,《酒类广告准则》规定:酒类广告宣传必须以使消费者适量地、有节制地消费酒类饮料为原则,不得鼓励过分地、无节制地饮酒。酒类广告禁止出现下列内容或表现形式:一是宣传消费酒精饮料可以引起或有助于情绪或环境的巨大变化;二是宣传个人、商业、社会、体育、性生活或其他方面的成功是由于或归功于消费酒精饮料的作用;三是宣传饮酒具有医疗作用或有助于身体放松。为了保护未成年人的利益,该准则特别规定,酒类广告的内容应明显地针对成年人,不得有吸引儿童或青少年的表现。酒类广告有模特儿内容的,其担任模特儿者年龄在 25 岁以上,并具有成年人的表现。儿童和青少年只允许自然地在广告中出现,如家庭野餐会、有营业证的家庭餐厅等,而且不得有儿童或青少年斟酒或饮酒的动作或潜在动作。该准则还规定,饮酒表现不得出现在驾驶车、船、飞机以及游泳、水上运动等有潜在危险的场合。根据该准则规定,酒类广告必须经过有关批准机关批准后,才能发布。在印刷媒介上刊登的酒类广告,还必须发布批准文号。

关于香烟广告,《香烟广告准则》规定香烟广告仅以宣传新的商标或维护香烟商标为限,而且广告对象只能以成年人为限,并且不得鼓励成年人吸烟,或鼓励吸烟者提高消费量。该准则还规定香烟广告禁止出现下列内容或表现形式:一是将社会或商业活动的成功归功于吸烟行为;二是炫耀吸烟后的惬意;三是暗示人们如果接受吸烟者的挑战,将从某种意义上证明自身的价值;四是宣传香烟有保健性能等。为了保护未成年人的利益，该准则特别规定：香烟广告不得有吸引儿童或青少年的表现，不得诉求 18 岁以下的青少年，不得用 25 岁以下的模特儿；读者对象为 18 岁以下青少年的出版物不得刊登香烟广告，学校放假期间，影院中的任何节目不得播映香烟广告，在小学或中学的大门周围 200 米范围内不得设置户外香烟广告。该准则还规定，香烟广告中不得使用老年人做模特儿，不得出现著名的体育运动员。香烟广告必须标注健康警告语。在香烟广告发布之前，必须经有关批准机关批准，方能发布。在印刷媒介上发布香烟广告时，必须将批准文号同时发布。

关于减肥广告,《减肥广告准则》规定：减轻体重的广告宣传内容只能是饮食计划和辅助食物。推荐的饮食计划必须由权威的营养学家或注册的医疗工作者出具证明。辅助食物必须明确说明只有与控制饮食相配合时,才能做广告。食物、食品替代物、抑制食欲物和体育锻炼不得作为辅助食物做广告。该准则特别规定,任何广告不得作出体重会迅速下降的许诺和保证,包括体重减轻的具体数字或时间,由个人提供的体重减轻的证明,必须是现时的和一般的典型,不得是特例,而且必须说明体重下降的具体周期,并由本人签署同意发布广告的证明。有关与减肥有关的产品或服务,如按摩器或震颤器、桑拿浴和土耳其浴、紧身衣等不得在广告中涉及。该准则还规定减肥广告必须经有关批准机关批准后,才能发布。

关于药品广告,《药品广告准则》规定：药品广告不得含有错误的、含糊的或无法证实的说明。药品广告正文、插图、音响的使用不能设计为引起对产品效用无法保证的期望,广告文字必须按字典的定义以及公众的一般用法选用。广告不得使人直接误解或通过含意、强调、比较、对照、省略,使人对安全、效用、治愈速度发生间接误解。广告不得使消费者误解或迷惑,以致轻率地依靠药品治疗感情和情绪诸方面的问题。广告不得直接以儿童为宣传对象。广告内容必须包括商标和使用说明。

关于电视广告的审查管理。澳大利亚的电视广告由澳大利亚商业电视台联合会进行管理。电视台的广告内容必须符合国家和地方的法规、电视广播业标准和行业规约才能播出。具体负责全国电视广告事前审查的机构是澳大利亚商业电视台联合会的广告认许处。其审查的程序是：首先由广告公司、广告主提出审查申请，在提出申请时，要填好审查申请表，并提交含有音像创作情况的电视广告脚本和完整的配乐报告。如果是医药产品，还必须附带卫生部批准盖章的广告脚本和广告内容证明材料等。然后由广告认许处进行审查。经审查合格后，由广告认许处发给许可号，没有广告许可号的电视广告是不允许在电视台播出的。如果审查不合格，由广告认许处处长和广告公司、广告主一起讨论，对广告进行修改。如果经协商后，广告主或广告公司不同意广告认许处的意见，不愿意修改广告，可向澳大利亚商业电视台联合会设立的广告复审委员会提出书面申请，要求进行复审。此外，电视广告取得许可号后，如果有人持证据指控某一广告违反了《贸易实践条例》，则由广告认许处处长处理投诉。若投诉人的意见没有诚意，没有根据或实质内容，广告认许处处长可以决定不受理投诉；如认为投诉可能成立，但广告公司或广告主又不准修改广告的，则提交给广告复审委员会处理。当复审委员会认为投诉人提供的电视广告违反了澳大利亚广播电视标准及有关法规，可以在作出最后裁决前，临时吊销该广告的许可号，待做最后裁决后，再正式撤销广告的许可号。

广告审查处还具有停播广告的权力，在下列任何一种情况下，广告审查处处长可以有权决定停播广告：① 澳大利亚广播电视局已认定广告违反了广播电视法规；② 任何一个法院判决该广告违反了全国、州或地区的法律；③ 广告标准局支持对某一电视广告的投诉；④ 反贬低广告联合会支持对某一电视广告的投诉案；⑤ 广告主没有按照广告审查处处长的要求提供贸易实践保证书和赔偿书，或没有提供出对广告内容进一步证明的材料。

澳大利亚全国性、集中的电视广告审查制度，经过多年的实践，证实是行之有效的。这一制度不仅可以节约大量的人力、物力和财力，而且保证了执法的统一性，使澳大利亚的电视广告处于可控发展的状态。

问题与思考

1. 列举几个主要的广告管理的国际性组织。
2. 试述国际广告管理的有关规则。
3. 试述美国政府管理广告的主要机构及其职能。
4. 试述美国广告业的行业自律体系的构成。
5. 英国有关广告方面的立法情况如何?
6. 试述英国广告标准局的组织情况及职责范围。
7. 比较英美两国在若干广告热点问题管理规定上的异同。
8. 试述日本的有关法律、法规对广告的主要规定。
9. 试述法国广告检查协会的职责及法国有关广告的发布标准。
10. 试述澳大利亚主要的广告业自律机构及职责。
11. 澳大利亚电视广告审查管理的结构、程序是怎样的?
12. 国际广告管理对中国的广告监管有何借鉴意义。

附录一 《中华人民共和国广告法》

目　录

第一章　总　则

第一条　为了规范广告活动，促进广告业的健康发展，保护消费者的合法权益，维护社会经济秩序，发挥广告在社会主义市场经济中的积极作用，制定本法。

第二条　广告主、广告经营者、广告发布者在中华人民共和国境内从事广告活动，应当遵守本法。

本法所称广告，是指商品经营者或者服务提供者承担费用，通过一定媒介和形式直接或者间接地介绍自己所推销的商品或者所提供的服务的商业广告。

本法所称广告主，是指为推销商品或提供服务，自行或者委托他人设计、制作、发布广告的法人、其他经济组织或者个人。

本法所称广告经营者，是指受委托提供广告设计、制作、代理服务的法人、其他经济组织或者个人。

本法所称广告发布者，是指为广告主或者广告主委托的广告经营者发布广告的法人或者其他经济组织。

第三条　广告应当真实、合法，符合社会主义精神文明建设的要求。

第四条　广告不得含有虚假的内容，不得欺骗和误导消费者。

第五条　广告主、广告经营者、广告发布者从事广告活动，应当遵守法律、行政法规，遵循公平、诚实信用的原则。

第六条　县级以上人民政府工商行政管理部门是广告监督管理机关。

第二章　广 告 准 则

第七条　广告内容应当有利于人民的身心健康，促进商品和服务质量的提高，保护消费者的合法权益，遵守社会公德和职业道德，维护国家的尊严和利益。

广告不得有下列情形：

（一）使用中华人民共和国国旗、国徽、国歌；

（二）使用国家机关和国家机关工作人员的名义；

（三）使用国家级、最高级、最佳等用语；

（四）妨碍社会安定和危害人身、财产安全，损害社会公共利益；

（五）妨碍社会公共秩序和违背社会良好风尚；

（六）含有淫秽、迷信、恐怖、暴力、丑恶的内容；

（七）含有民族、种族、宗教、性别歧视的内容；

（八）妨碍环境和自然资源保护；

（九）法律、行政法规规定禁止的其他情形。

第八条 广告不得损害未成年人和残疾人的身心健康。

第九条 广告中对商品的性能、产地、用途、质量、价格、生产者、有效期限、允诺或者对服务内容、形式、质量、价格、允诺有表示的，应当清楚、明白。

广告中表明推销商品、提供服务附带赠送礼品的，应当标明赠送的品种和数量。

第十条 广告使用数据、统计资料、调查结果、文摘、引用语，应当真实、准确，并表明出处。

第十一条 广告中涉及专利产品或者专利方法的，应当标明专利号和专利种类。

未取得专利权的，不得在广告中谎称取得专利权。

禁止使用未授予专利权的专利申请和已经终止、撤销、无效的专利做广告。

第十二条 广告不得贬低其他生产经营者的商品或者服务。

第十三条 广告应当具有可识别性，能够使消费者辨明其为广告。

大众传播媒介不得以新闻报道形式发布广告。通过大众传播媒介发布的广告应当有广告标记，与其他非广告信息相区别，不得使消费者产生误解。

第十四条 药品、医疗器械广告不得有下列内容：

（一）含有不科学的表示功效的断言或者保证的；

（二）说明治愈率或者有效率的；

（三）与其他药品、医疗器械的功效和安全性比较的；

（四）利用医药科研单位、学术机构、医疗机构或者专家、医生、患者的名义和形象作证明的；

（五）法律、行政法规规定禁止的其他内容。

第十五条 药品广告的内容必须以国务院卫生行政部门或者省、自治区、直辖市卫生行政部门批准的说明书为准。

国家规定的应当在医生指导下使用的治疗性药品广告中，必须注明“按医生处方购买和使用”。

第十六条 麻醉药品、精神药品、毒性药品、放射性药品等特殊药品，不得做广告。

第十七条 农药广告不得有下列内容：

（一）使用无毒、无害等表明安全性的绝对化断言的；

（二）含有不科学的表示功效的断言或者保证的；

（三）含有违反农药安全使用规程的文字、语言或者画面的；

（四）法律、行政法规规定禁止的其他内容。

第十八条 禁止利用广播、电影、电视、报纸、期刊发布烟草广告。

禁止在各类等候室、影剧院、会议厅堂、体育比赛场馆等公共场所设置烟草广告。

烟草广告中必须标明“吸烟有害健康”。

第十九条 食品、酒类、化妆品广告的内容必须符合卫生许可的事项，并不得使用医疗用语或者易与药品混淆的用语。

第三章 广 告 活 动

第二十条 广告主、广告经营者、广告发布者之间在广告活动中应当依法订立书面合同,明确各方的权利和义务。

第二十一条 广告主、广告经营者、广告发布者不得在广告活动中进行任何形式的不正当竞争。

第二十二条 广告主自行或者委托他人设计、制作、发布广告,所推销的商品或者所提供的服务应当符合广告主的经营范围。

第二十三条 广告主委托设计、制作、发布广告,应当委托具有合法经营资格的广告经营者、广告发布者。

第二十四条 广告主自行或者委托他人设计、制作、发布广告,应当具有或者提供真实、合法、有效的下列证明文件:

(一) 营业执照以及其他生产、经营资格的证明文件;

(二) 质量检验机构对广告中有关商品质量内容出具的证明文件;

(三) 确认广告内容真实性的其他证明文件。

依照本法第三十四条的规定,发布广告需要经有关行政主管部门审查的,还应当提供有关批准文件。

第二十五条 广告主或者广告经营者在广告中使用他人名义、形象的,应当事先取得他人的书面同意;使用无民事行为能力人、限制民事行为能力人的名义、形象的,应当事先取得其监护人的书面同意。

第二十六条 从事广告经营的,应当具有必要的专业技术人员、制作设备,并依法办理公司或者广告经营登记,方可从事广告活动。

广播电台、电视台、报刊出版单位的广告业务,应当由其专门从事广告业务的机构办理,并依法办理兼营广告的登记。

第二十七条 广告经营者、广告发布者依据法律、行政法规查验有关证明文件,核实广告内容。对内容不实或者证明文件不全的广告,广告经营者不得提供设计、制作、代理服务,广告发布者不得发布。

第二十八条 广告经营者、广告发布者按照国家有关规定,建立、健全广告业务的承接登记、审核、档案管理制度。

第二十九条 广告收费应当合理、公开,收费标准和收费办法应当向物价和工商行政管理部门备案。

广告经营者、广告发布者应当公布其收费标准和收费办法。

第三十条 广告发布者向广告主、广告经营者提供的媒介覆盖率、收视率、发行量等资料应当真实。

第三十一条 法律、行政法规规定禁止生产、销售的商品或者提供的服务,以及禁止发布广告的商品或者服务,不得设计、制作、发布广告。

第三十二条 有下列情形之一的,不得设置户外广告:

(一) 利用交通安全设施、交通标志的;

(二) 影响市政公共设施、交通安全设施、交通标志使用的;

（三）妨碍生产或者人民生活，损害市容市貌的；

（四）国家机关、文物保护单位和名胜风景点的建筑控制地带；

（五）当地县级以上地方人民政府禁止设置户外广告的区域。

第三十三条　户外广告的设置规划和管理办法，由当地县级以上地方人民政府组织广告监督管理、城市建设、环境保护、公安等有关部门制定。

第四章　广告的审查

第三十四条　利用广播、电影、电视、报纸、期刊以及其他媒介发布药品、医疗器械、农药、兽药等商品的广告和法律、行政法规规定应当进行审查的其他广告，必须在发布前依照有关法律、行政法规由有关行政主管部门（以下简称广告审查机关）对广告内容进行审查；未经审查，不得发布。

第三十五条　广告主申请广告审查，应当依照法律、行政法规向广告审查机关提交有关证明文件。广告审查机关应当依照法律、行政法规作出审查决定。

第三十六条　任何单位和个人不得伪造、变造或者转让广告审查决定文件。

第五章　法律责任

第三十七条　违反本法规定，利用广告对商品或者服务作虚假宣传的，由广告监督管理机关责令广告主停止发布、并以等额广告费用在相应范围内公开更正消除影响，并处广告费用1倍以上5倍以下的罚款；对负有责任的广告经营者、广告发布者没收广告费用，并处广告费用1倍以上5倍以下的罚款；情节严重的，依法停止其广告业务。构成犯罪的，依法追究刑事责任。

第三十八条　违反本法规定，发布虚假广告，欺骗和误导消费者，使购买商品或者接受服务的消费者的合法权益受到损害的，由广告主依法承担民事责任；广告经营者、广告发布者明知或者应知广告虚假仍设计、制作、发布的，应当依法承担连带责任。

广告经营者、广告发布者不能提供广告主的真实名称、地址的、应当承担全部民事责任。

社会团体或者其他组织，在虚假广告中向消费者推荐商品或者服务，使消费者的合法权益受到损害的，应当依法承担连带责任。

第三十九条　发布广告违反本法第七条第二款规定的，由广告监督管理机关责令负有责任的广告主、广告经营者、广告发布者停止发布、公开更正，没收广告费用，并处广告费用1倍以上5倍以下的罚款；情节严重的，依法停止其广告业务。构成犯罪的，依法追究刑事责任。

第四十条　发布广告违反本法第九条至第十二条规定的，由广告监督管理机关责令负有责任的广告主、广告经营者、广告发布者停止发布、公开更正，没收广告费用，可以并处广告费用1倍以上5倍以下的罚款。

发布广告违反本法第十三条规定的，由广告监督管理机关责令广告发布者改正，处以1 000以上10 000元以下的罚款。

第四十一条　违反本法第十四条至第十七条、第十九条规定，发布药品、医疗器械、农药、食品、酒类、化妆品广告的，或者违反本法第三十一条规定发布广告的，由广告监督管理机关责令负有责任的广告主、广告经营者、广告发布者改正或者停止发布，没收广告费用，可以并处广告费用1倍以上5倍以下的罚款；情节严重的，依法停止其广告业务。

第四十二条　违反本法第十八条的规定，利用广播、电影、电视、报纸、期刊发布烟草广告，或者在公共场所设置烟草广告的，由广告监督管理机关责令负有责任的广告主、广告经营者、广告发布者停止发布，没收广告费用，可以并处广告费用1倍以上5倍以下的罚款。

第四十三条　违反本法第三十四条的规定，未经广告审查机关审查批准，发布广告的，由广告监督管理机关责令负有责任的广告主、广告经营者、广告发布者停止发布，没收广告费用，并处广告费用1倍以上5倍以下的罚款。

第四十四条　广告主提供虚假证明文件的，由广告监督管理机关处以10 000元以上100 000元以下的罚款。

伪造、变造或者转让广告审查决定文件的，由广告监督管理机关没收违法所得，并处10 000元以上10 000元以下的罚款。构成犯罪的，依法追究刑事责任。

第四十五条　广告审查机关对违法的广告内容作出审查批准决定的，对直接负责的主管人员和其他直接责任人员，由其所在单位、上级机关、行政监察部门依法给予行政处分。

第四十六条　广告监督管理机关和广告审查机关的工作人员玩忽职守、滥用职权、徇私舞弊的，给予行政处分。构成犯罪的，依法追究刑事责任。

第四十七条　广告主、广告经营者、广告发布者违反本法规定，有下列侵权行为之一的，依法承担民事责任：

（一）在广告中损害未成年人或者残疾人的身心健康的；

（二）假冒他人专利的；

（三）贬低其他生产经营者的商品或者服务的；

（四）广告中未经同意使用他人名义、形象的；

（五）其他侵犯他人合法民事权益的。

第四十八条　当事人对行政处罚决定不服的，可以在接到处罚通知之日起十五日内向作出处罚决定的机关的上一级机关申请复议；当事人也可以在接到处罚通知之日起十五日内直接向人民法院起诉。

复议机关应当在接到复议申请之日起六十日内作出复议决定。当事人对复议决定不服的，可以在接到复议决定之日起十五日内向人民法院起诉。复议机关逾期不作出复议决定的，当事人可以在复议期满之日起十五日内向人民法院起诉。

当事人逾期不申请复议也不向人民法院起诉，又不履行处罚决定的，作出处罚决定的机关可以申请人民法院强制执行。

第六章　附　则

第四十九条　本法自1995年2月1日起施行。本法施行前制定的其他有关广告的法律、法规的内容与本法不符的，以本法为准。

附录二 《广告管理条例》

第一条　为了加强广告管理,推动广告事业的发展,有效地利用广告媒介为社会主义建设服务,制定本条例。

第二条　凡通过报刊、广播、电视、电影、路牌、橱窗、印刷品、霓虹灯等媒介或者形式,在中华人民共和国境内刊播、设置、张贴广告,均属本条例管理范围。

第三条　广告内容必须真实、健康、清晰、明白,不得以任何形式欺骗用户和消费者。

第四条　在广告经营活动中,禁止垄断和不正当竞争行为。

第五条　广告的管理机关是国家工商行政管理机关和地方各级工商行政管理机关。

第六条　经营广告业务的单位和个体工商户(以下简称广告经营者),应当按照本条例和有关法规的规定,向工商行政管理机关申请,分别情况办理审批登记手续:

(一) 专营广告业务的企业,发给《企业法人经营执照》;

(二) 兼营广告业务的事业单位,发给《广告经营许可证》;

(三) 具备经营广告业务能力的个体工商户,发给《营业执照》;

(四) 兼营广告业务的企业,应当办理经营范围变更登记。

第七条　广告客户申请刊播、设置、张贴的广告,其内容应当在广告客户的经营范围或者国家许可的范围内。

第八条　广告有下列内容之一的,不得刊播、设置、张贴:

(一) 违反我国法律、法规的;

(二) 损害我国民族尊严的;

(三) 有中国国旗、国徽、国歌标志、国歌音响的;

(四) 有反动、淫秽、迷信、荒诞内容的;

(五) 弄虚作假的;

(六) 贬低同类产品的。

第九条　新闻单位刊播广告,应当有明确的标志。新闻单位不得以新闻报道形式刊播广告,收取费用;新闻记者不得借采访名义招揽广告。

第十条　禁止利用广告、电视、报刊为卷烟做广告。

获得国家级、部级、省级各类奖的优质名酒,经工商行政管理机关批准,可以做广告。

第十一条　申请刊播、设置、张贴下列广告,应当提交有关证明;

(一) 标明质量标准的商品广告应当提交省辖市以上标准化管理部门或者经计量认证合格的质量检验机构的证明;

(二) 标明获奖的商品广告,应当提交本届、本年度或者数届、数年度连续获奖的证明,并在广告中标明获奖级别和颁奖部门;

（三）标明优质产品称号的商品广告，应当提交政府颁发的优质产品证书，并在广告中标明授予优质产品称号的时间和部门；

（四）标明专利权的商品广告，应当提交专利证书；

（五）标明注册商标的商品广告，应当提交商标注册证；

（六）实施生产许可证的产品广告，应当提交生产许可证；

（七）文化、教育、卫生广告，应当提交上级行政主管部门的证明；

（八）其他各类广告，需要提交证明的，应当提交政府有关部门或者其授权单位的证明。

第十二条　广告经营者承办或者代理广告业务，应当查验证明，审查广告内容。对违反本条例规定的广告，不得刊播、设置、张贴。

第十三条　户外广告的设置、张贴，由当地人民政府组织工商行政管理、城建、环保、公安等有关部门制订规划，工商行政管理机关负责监督实施。

在政府机关和文物保护单位周围的建筑控制地带以及当地人民政府禁止设置、张贴广告的区域，不得设置、张贴广告。

第十四条　广告收费标准，由广告经营者制订，报当地工商行政管理机关和物价管理机关备案。

第十五条　广告业务代理费标准，由国家工商行政管理机关会同国家物价管理机关制定。

户外广告场地费、建筑物占用费的收费标准，由当地工商行政管理机关会同物价、城建部门协商制订，报当地人民政府批准。

第十六条　广告经营者必须按照国家规定设置广告会计账簿，依法纳税，并接受财政、审计、工商行政管理部门的监督检查。

第十七条　广告经营者承办或者代理广告业务，应当与客户或者被代理人签订书面合同，明确各方的责任。

第十八条　广告客户或者广告经营者违反本条例规定，由工商行政管理机关根据其情节轻重，分别给予下列处罚：

（一）停止发布广告；

（二）责令公开更正；

（三）通报批评；

（四）没收非法所得；

（五）罚款；

（六）停业整顿；

（七）吊销营业执照或者广告经营许可证。

违反本条例规定，情节严重，构成犯罪的，由司法机关依法追究刑事责任。

第十九条　广告客户和广告经营者对工商行政管理机关处罚决定不服的，可以在收到处罚通知之日起十五日内，向上一级工商行政管理机关申请复议。对复议决定仍不服的，可以在收到复议决定之日起三十日内，向人民法院起诉。

第二十条 广告客户和广告经营者违反本条例规定,使用户和消费者蒙受损失,或者有其他侵权行为的,应当承担赔偿责任。

损害赔偿,受害人可以请求县以上工商行政管理机关处理。当事人对工商行政管理机关处理不服的,可以向人民法院起诉。受害人也可以直接向人民法院起诉。

第二十一条 本条例由国家工商行政管理局负责解释;施行细则由国家工商行政管理局制定。

第二十二条 本条例自 1987 年 12 月 1 日起施行。1982 年 2 月 6 日国务院发布的《广告管理暂行条例》同时废止。

附录三 《广告管理条例施行细则》

第一条 根据《广告管理条例》(以下简称《条例》)第二十一条的规定,制定本细则。

第二条 《条例》第二条规定的管理范围包括:

(一) 利用报纸、期刊、图书、名录等刊登广告。

(二) 利用广播、电视、电影、录像、幻灯等播映广告。

(三) 利用街道、广场、机场、车站、码头等的建筑物或空间设置路牌、霓虹灯、电子显示牌、橱窗、灯箱、墙壁等广告。

(四) 利用影剧院、体育场(馆)、文化馆、展览馆、宾馆、饭店、游乐场、商场等场所内外设置、张贴广告。

(五) 利用车、船、飞机等交通工具设置、绘制、张贴广告。

(六) 通过邮局邮寄各类广告宣传品。

(七) 利用馈赠实物进行广告宣传。

(八) 利用其他媒介和形式刊播、设置、张贴广告。

第三条 申请经营广告业务的企业,除符合企业登记等条件外,还应具备下列条件:

(一) 有负责市场调查的机构和专业人员。

(二) 有熟悉广告管理法规的管理人员及广告设计、制作、编审人员。

(三) 有专职的财会人员。

(四) 申请承接或代理外商来华广告,应当具备经营外商来华广告的能力。

第四条 广播电台、电视台、报刊出版单位,事业单位以及法律、行政法规规定的其他单位办理广告经营许可登记,应当具备下列条件:

(一) 具有直接发布广告的媒介或手段。

(二) 设有专门的广告经营机构。

(三) 有广告经营设备和经营场所。

(四) 有广告专业人员和熟悉广告法规的广告审查员。

第五条 中外合资经营企业、中外合作经营企业以及外资企业申请经营广告业务,按照《外商投资广告企业管理规定》,参照《条例》、本细则和其他有关规定办理。

第六条 申请经营广告业务的个体工商户,除应具备《城乡个体工商户管理暂行条例》规定的条件外,本人还应具有广告专业技能,熟悉广告管理法规。

第七条 根据《条例》第六条的规定,按照下列程序办理广告经营者登记手续:

(一) 设立经营广告业务的企业,向具有管辖权的工商行政管理局申请办理企业登记,发给营业执照。

(二) 广播电台、电视台、报刊出版单位,事业单位以及其他法律、行政法规规定申请兼营广告业务应当办理广告经营许可登记的单位,向省、自治区、直辖市、计划单列市或其授权的县级以上工商行政管理局申请登记,发给《广告经营许可证》。

(三) 经营广告业务的个体工商户,向所在地工商行政管理局申请,经所在地工商行政管理局依法登记,发给营业执照。

第八条 广告客户申请利用广播、电视、报刊以外的媒介为卷烟做广告,须经省、自治区、直辖市工商行政管理局或其授权的省辖市工商行政管理局批准。

第九条 根据《条例》第七条的规定,广告客户申请发布广告,应当出具相应的证明:

(一) 企业和个体工商户应当交验营业执照。

(二) 机关、团体、事业单位提交本单位的证明。

(三) 个人提交乡、镇人民政府、街道办事处或所在单位的证明。

(四) 外国企业常驻代表机构,应当交验国家工商行政管理总局颁发的《外国企业在中国常驻代表机构登记证》。

第十条 根据《条例》第十一条第(一)项的规定,申请发布商品广告,应当交验符合国家标准、部标准(专业标准)、企业标准的质量证明。

第十一条 根据《条例》第十一条第(七)项的规定,申请发布下列广告应当提交有关证明:

(一) 报刊出版发行广告,应当交验省、自治区、直辖市新闻出版机关核发的登记证。

(二) 图书出版发行广告,应当提交新闻出版机关批准成立出版社的证明。

(三) 各类文艺演出广告,应当按照有关规定提交证明文件。

第十二条 根据《条例》第十一条第(八)项的规定,申请刊播下列内容的广告,应当提交有关证明:

(一) 各类展销会、订货会、交易会等广告,应当提交主办单位主管部门批准的证明。

(二) 个人启事、声明等广告,应当提交所在单位、乡(镇)人民政府或街道办事处出具的证明。

第十三条 广告客户申请刊播、设置、张贴广告,应当提交各类证明的原件或有效复制件。

第十四条 广告代理收费标准为广告费的15%。

第十五条 国内企业在境外发布广告,外国企业(组织)、外籍人员在境内承揽和发布广告,应当委托在中国注册的具有广告经营资格的企业代理。违反规定者,处以违法所得额三倍以下的罚款,但最高不超过三万元,没有违法所得的,处以一万元以下的罚款。

第十六条 根据《条例》第十二条的规定,代理和发布广告,代理者和发布者均应负责审查广告内容,查验有关证明,并有权要求广告客户提交其他必要的证明文件。对于无合法证明、证明不全或内容不实的广告,不得代理、发布。

广告经营者必须建立广告的承接登记、复审和业务档案制度。广告业务档案保存的时间不得少于一年。

第十七条 广告客户违反《条例》第三条、第八条第(五)项规定,利用广告弄虚作假欺骗用户和消费者的,责令其在相应的范围内发布更正广告,并视其情节予以通报批评、处以违法所得额三倍以下的罚款,但最高不超过三万元,没有违法所得的,处以一万元以下的罚款;给用户和消费者造成损害的,承担赔偿责任。

广告经营者帮助广告客户弄虚作假的,视其情节予以通报批评、没收非法所得、处以违法所得额三倍以下的罚款,但最高不超过三万元,没有违法所得的,处以一万元以下的罚款;情节严重的,可责令停业整顿,吊销营业执照或者《广告经营许可证》;给用户和消费者造成损害的,负连带赔偿责任。

发布更正广告的费用分别由广告客户和广告经营者承担。

第十八条 违反《条例》第四条、第八条第(六)项规定的,视其情节予以通报批评、没收非法所得、处五千元以下罚款或责令停业整顿。

第十九条　广告经营者违反《条例》第六条规定，无证照经营广告业务的，按照《无照经营查处取缔办法》有关规定予以处罚；超越经营范围经营广告业务的，按照企业登记管理法规有关规定予以处罚。

第二十条　广告客户违反《条例》第七条规定的，视其情节予以通报批评、处五千元以下罚款。

第二十一条　违反《条例》第八条第(一)(二)(三)(四)项规定的，对广告经营者予以通报批评、没收非法所得、处一万元以下罚款；对广告客户视其情节予以通报批评、处一万元以下罚款。

第二十二条　新闻单位违反《条例》第九条规定的，视其情节予以通报批评、没收非法所得、处一万元以下罚款。

第二十三条　广告经营者违反《条例》第十条规定的，视其情节予以通报批评、没收非法所得、处一万元以下罚款。

第二十四条　广告客户违反《条例》第十一条规定，伪造、涂改、盗用或者非法复制广告证明的，予以通报批评、处五千元以下罚款。

广告经营者违反《条例》第十一条第(三)项规定的，处一千元以下罚款。

为广告客户出具非法或虚假证明的，予以通报批评、处五千元以下罚款，并负连带责任。

第二十五条　广告经营者违反《条例》第十二条规定的，视其情节予以通报批评、没收非法所得、处三千元以下罚款；由此造成虚假广告的，必须负责发布更正广告，给用户和消费者造成损害的，负连带赔偿责任。

第二十六条　违反《条例》第十三条规定，非法设置、张贴广告的，没收非法所得、处五千元以下罚款，并限期拆除。逾期不拆除的，强制拆除，其费用由设置、张贴者承担。

第二十七条　违反《条例》第十四条、第十五条规定的，视其情节予以通报批评、责令限期改正、没收非法所得、处五千元以下罚款。

第二十八条　本细则自2005年1月1日起施行。

附录四 《广告审查标准》

前 言

第一条 为了加强对广告宣传的管理,维护消费者权益和社会公共利益,特制定本标准。

第二条 制定本标准的依据是:

(一)《广告管理条例》;

(二)《广告管理条例实施细则》;

(三)广告管理各单项规章;

(四)国家涉及广告管理的法律、法规;

(五)国际上通行的广告宣传准则。

第三条 本标准为广告发布前审查的基本标准。凡违反国家有关广告管理法律、法规,不符合本标准要求的广告,一律不得发布。

第一章 通 则

第四条 广告必须真实、合法、健康、明白,不得欺骗和误导公众。

第五条 广告必须具有可识别性,并能使公众清晰辨明广告客户。

第六条 下列广告,不得发布:

(一)损害国家、民族利益和尊严的;

(二)宣传法律、法规禁止生产、销售的产品的;

(三)宣传法律、法规禁止从事的服务的;

(四)使用中国国旗、国徽标志及国歌音响的;

(五)欺诈、虚假的;

(六)有淫秽、迷信、恐怖、荒诞、丑恶内容及其他有悖社会善良习俗和公共道德标准的;

(七)污辱、诽谤或贬低他人的;

(八)有种族、宗教、性别歧视的;

(九)不利于社会安定及公民生命财产安全的;

(十)不利于环境保护的;

(十一)中国加入的国际公约中明确规定禁止出现的;

(十二)违反国际通行惯例和道德准则的;

(十三)违反其他法律、法规规定的。

第七条 广告中宣传产品或服务的特性、构成、生产方法、价格、用途、质量、产地、担保必须准确,不得使公众产生误解。

第八条 广告应尊重他人权利。广告涉及他人名义、名誉、形象、言论、专有标记、注册商标等人身权或财产权的,必须在发布前经权利人书面同意。

禁止使用国家领导人的名义、形象、言论进行广告宣传。

第九条 广告涉及专利权的,必须标明专利号和专利类型。禁止用未授权的专利申请和已终止无效的专利进行广告宣传。

第十条 广告涉及产品或服务获奖或获其他荣誉的,必须标明所获奖或荣誉的性质、获得日期及颁奖组织。

第十一条 广告不得损害未成年人、妇女和残疾人的形象和利益,不得对其产生不良后果和影响。

第十二条 发布户外广告,不得有碍市容观瞻,不得造成对周围环境的损害。

第十三条 在新闻媒介上发布的广告,必须与新闻或其他非广告内容相区别,并足以使公众明显认定。

第十四条 发布下列广告,应提交相应的证明:

(一) 标明质量合格者,应提交省辖市以上标准化管理部门或经计量认证合格的质量检验机构出具的符合标准的证明;

(二) 标明获奖者,应提交本年度、本届获奖或数年度、数届连续获奖的证书,并在广告中注明获奖级别和颁奖部门;

(三) 标明优质产品称号者,应提交政府颁发的优质产品证书,并在广告中标明授予优质产品称号的时间和部门;

(四) 标明专利权者,应提交专利证书;

(五) 标明注册商标者,应提交商标注册证;

(六) 实施生产许可证制度的商品的广告,应提交生产许可证。

第二章 画面与形象

第十五条 广告中使用的画面、形象应当优美、高雅、文明,不得有下列问题:

(一) 使人对商品或服务的质量、用途、效果等宣传要点产生误解;

(二) 使人产生厌恶、恐怖、痛苦等不良感觉;

(三) 过分感官刺激;

(四) 有性挑逗或性诱惑;

(五) 可能导致危险或不良行为发生。

第十六条 广告中形象的运用必须恰当:

(一) 军人、警察、公务人员、医生、教师,非经所属主管部门同意,不得在广告中表示其头衔或声明其身份。

(二) 不得以医生、护士、药剂师、营养师、医疗机构、保健机构等人员或机构的名义为药品、食品、化妆品、医疗器械、医疗服务作广告。

(三) 国内产品广告,用外国人做模特的,应能够识别为国内产品; 国外产品广告,用中国人做模特的,应能够识别为国外产品。

第十七条 不得滥用公众对名人的信任感。聘用名人做广告宣传商品的使用效果,必须与其本人的真实使用情况相一致。

第十八条 妇女模特的使用,不得有损于妇女形象和健康。

第十九条 妇女模特不得裸露肩以下、膝以上 15 厘米的部位(泳装模特不在此限)。

第二十条 泳装模特的使用必须与宣传的产品、画面环境相适应。

第二十一条 商品使用、安装方面的使用示范必须真实,符合有关的技术规范。

第二十二条 有关交通和交通工具的表现,应遵守交通安全规则。交通工具的操作应符合有关的机械常识。

第三章 语言、文字与音响

第二十三条 广告中语言、文字的表述必须真实、规范、健康、文明、不得欺骗或误导公众。

第二十四条 广告中使用的语言、文字、计量单位等，必须遵守国家的有关规定和规范标准。

第二十五条 广告中使用的数据、统计资料、调查结果、文摘、引用语等，必须真实、含义完整并标明出处。

广告中使用的数字必须有依据；使用的百分比必须有检测机构出具的证明。

第二十六条 商品质量或使用效果方面的结论或断言，应有质量检验机构的证明。

第二十七条 运用承诺、保证、担保性语言、文字，应当有实际履行能力的证明。

第二十八条 使用或操作上有特殊要求的商品，应当在广告中加以说明。

第二十九条 广告中不得使用下列语言、文字：

（一）“最好”、“最佳”、“第一”、“首创”等无限高度的形容词；

（二）没有依据、不切实际的夸张；

（三）低级趣味、诲淫意识或渲染色情的描述。

第三十条 广告中使用的音响不应过于刺激或引起噪音干扰。

第四章 比较广告

第三十一条 比较广告应符合公平、正当竞争的原则。

第三十二条 广告中的比较性内容，不得涉及具体的产品或服务，或采用其他直接的比较方式。对一般性同类产品或服务进行间接比较的广告，必须有科学的依据和证明。

第三十三条 比较广告中使用的数据或调查结果，必须有依据，并应提供国家专门检测机构的证明。

第三十四条 比较广告的内容，应当是相同的产品或可类比的产品，比较之处应当具有可比性。

第三十五条 比较广告使用的语言、文字的描述，应当准确，并且能使消费者理解。不得以直接或影射方式中伤、诽谤其他产品。

第三十六条 比较广告不得以联想方式误导消费者，不得造成不使用该产品将会造成严重损失或不良后果的感觉（安全或劳保用品除外）。

第五章 儿童广告

第三十七条 儿童广告是指儿童使用的产品或有儿童参加演示内容的广告。

第三十八条 儿童广告必须有益于儿童的生理和心理健康，有利于培养儿童优秀的思想品质和高尚的品德。

第三十九条 不适于儿童使用的产品的广告，不得有儿童参加演示。

第四十条 针对儿童宣传的广告，应当进行浅显的、能够为儿童正确理解的描述。

第四十一条 广告中出现的儿童或家长，应当表现为具有良好行为或态度的典范。

第四十二条 不得发布下列儿童广告：

（一）有损儿童的身心健康或道德品质的；

（二）利用儿童给家长施加购买压力的；
（三）影响儿童对长辈和他人尊重或友善的；
（四）影响父母、长辈对儿童的言行进行正确教育的；
（五）以是否拥有某种商品使儿童产生优越感或自卑感的；
（六）儿童模特对宣传的商品的演示超出一般儿童行为能力的；
（七）表现不应由儿童单独从事的某种活动；
（八）可能引发儿童任何不良事故或行为的；
（九）利用超出儿童判断力的描述，使儿童误解，或者变相欺骗儿童的；
（十）使用教师或儿童教育家、儿童文艺作家、儿童表演艺术家等名义、身份或形象的。

第六章　家用电器广告

第四十三条　家用电器包括：

家用电子器具、收音机（含电子管收音机、晶体管收音机）、录音机（含录放机、收录机）、扩音机、电唱机、音响组合、音箱、电视机、录像机及其配套件、录音磁带（含无声带、有声带）录像磁带、电子元器件等。

家用电气器具：电风扇（含台扇、吊扇、落地扇、壁扇）、排气风扇、凉（热）风扇、单相空调器、空气清洁器、冷饮水器、电冰箱、冷藏柜、制冰机、电灶、电磁灶、微波电炉、电烤箱、电饭煲、电水壶、电热水杯、洗衣机、电熨斗、吸尘器、地板打蜡机、擦玻璃机、取暖电炉、电热毯（垫）、电褥子、电热水器、加湿器、电气器具零配件等。

第四十四条　申请审查家用电器广告，应交验以下证明：

（一）国家质量检验机构出具的质量检验合格证明；
（二）实行生产许可证制度的产品，须交验《生产许可证》。

第四十五条　禁止发布下列家用电器的广告：

（一）不合格产品；
（二）用不合格的原材料、零部件生产、组装的产品；
（三）国家明令淘汰的产品；
（四）没有产品质量标准，未经质量检验机构检验合格的产品；
（五）弄虚作假，以次充好，伪造注册商标，假冒名牌的产品。

第四十六条　达不到国家的有关标准规定等级，仍有使用价值的“处理品”，降价销售的，在广告中应显著标出“处理品”字样。

第七章　药 品 广 告

第四十七条　药品是指用于预防、治疗、诊断人的疾病，有目的地调节人的生理机能并规定有适应证、用法和用量的物质。包括中药材、中药饮片、中成药、化学原料及其制剂、抗生素、生化药品、放射性药品、血清疫苗、血液制品和诊断药品等。

第四十八条　申请审查药品（含进口药品）广告，应交验省、自治区、直辖市卫生行政部门出具的《药品广告审批表》。

第四十九条　申请审查精神药品、毒性药品、放射性药品广告，应出具经国务院卫生行政部门核准，由所在地省、自治区、直辖市卫生行政部门核发的药品宣传批准文号。

第五十条　禁止发布下列药品的广告：

（一）麻醉药品和国际公约管制的精神药品品种；
（二）未经卫生行政部门批准生产的药品（含试生产的药品）；
（三）卫生行政部门已明令禁止销售、使用的药品；
（四）医疗单位配制的制剂；
（五）未进行商标注册的药品（中药材、中药饮片不在此列）；
（六）临床使用，发现有超出规定的副作用的药品。

第五十一条 药品广告的语言、文字、画面的含义，不得超出卫生行政部门在《药品广告审批表》中核准的内容。

第五十二条 利用电视、广播、报纸、杂志和其他印刷品以及路牌发布药品广告的，药品的宣传批准文号应列为广告内容，同时发布。

利用前款媒介发布推荐给个人使用的药品广告，广告内容必须标明对患者的忠告性语言“请在医生指导下使用”。

第五十三条 药品广告不得含有下列内容和表现形式：
（一）有淫秽、迷信、荒诞语言文字、画面的；
（二）贬低同类产品或与其他药品进行功效和安全性对比评价的；
（三）违反科学规律，表明或暗示包治百病的；
（四）有“疗效最佳”、“药到病除”、“根治”、“安全预防”、“完全无副作用”等断言或隐含保证的；
（五）有“最高技术”、“最高科学”、“最进步制法”、“药之王”等断言的；
（六）说明治愈率或有效率的；
（七）利用医药科技单位、学术机构、医院或儿童、医生、患者的名义和形象作为广告内容的；
（八）专用于治疗性功能障碍的；
（九）标明获奖内容的。

第五十四条 药品广告的表现不得令人产生自己已患某种疾病的疑虑。

第八章 农药广告

第五十五条 农药包括：用于防治农、林、牧业的病、虫、杂草、鼠害和其他有害生物，以及调节植物、昆虫生长的药物（包括化学农药的原药、加工制剂及生物农药）。

第五十六条 申请审查农药广告，应交验农业行政主管部门出具的《农药广告审批表》。

在全国性报刊（含全国性专业报刊）、广播、电视上发布农药广告，交验由国务院农业行政主管部门农药检定所出具的《农药广告审批表》。

利用其他媒介刊播、设置广告，交验由省、自治区、直辖市农业厅（局）药检或植保部门出具的《农药广告审批表》。

第五十七条 申请审查进口农药广告，应交验由国务院农业行政主管部门农药检定所出具的《农药广告审批表》。

第五十八条 农药广告的文字、语言及画面的含义，不得超出《农药广告审批表》中核准的内容。如需要改，应重新申办《农药广告审批表》。

第五十九条 发布农药广告，不得出现下列内容；
（一）有安全性断言的，如“安全”、“无毒”、“不含毒性”、“无残毒”等；

（二）贬低同类产品或与其他药品进行功效和安全性对比评价的；

（三）有"保证高产"、"根治"等断言或隐含保证的；

（四）有违反农药安全使用规程的文字、语言或画面的。

第九章 兽药广告

第六十条 兽药是指用于预防、治疗、诊断畜、禽等动物疾病，有目的地调节其生理机能并规定作用、用法、用量的物质（含饲料药物添加剂），包括血清、菌（疫）苗、诊断液等生物制品、兽用中药材、中成药、化学原料药及其制剂；抗生素、生化药品、放射性药品。

第六十一条 申请审查兽药广告，应交验下列证明材料：

（一）省、自治区、直辖市农业行政主管部门出具的兽药广告证明；

（二）省、自治区、直辖市农业行政主管部门核发的兽药生产批准文号，兽药经营企业，应交验县以下农业行政主管部门核发的《兽药经营许可证》；

（三）商标注册证书；

（四）产品质量检验合格证；

（五）省、自治区、直辖市农业行政主管部门批准的兽药说明书。

第六十二条 申请审查进口兽药广告，应交验以下材料：

（一）国务院农业行政主管部门核发的《进口兽药登记许可证》或《进口兽药许可证》；

（二）省、自治区、直辖市或国务院农业行政主管部门指定的兽药监察所出具的检验合格证明；

（三）兽药说明书（附中文译本）。

第六十三条 兽药广告的内容，必须以省、自治区、直辖市农业行政主管部门批准的兽药广告证明或兽药说明书为准。

第六十四条 禁止发布下列兽药广告：

（一）未取得农业行政主管部门核发的批准文号的；

（二）国务院农业行政主管部门明令禁止使用的；

（三）非兽药冒充兽药的；

（四）兽药所含成分的种类、含量、名称与国家标准、行业标准或者地方标准不符的；

（五）超过有效期的；

（六）因变质不能药用的；

（七）因被污染不能药用的；

（八）兽用麻醉药品和精神药品；

（九）兽医医疗单位配制的兽药制剂；

（十）其他与兽药标准规定不符的。

第六十五条 兽药广告中下列用语的含义是：

（一）畜、禽等动物：指家畜、家禽、鱼类、蜜蜂、蚕及其他人工饲养的动物；

（二）新兽药：指我国新研制出的兽药原料药品；

（三）兽药新制剂：指用兽药原料药品新研制、加工出的兽药制剂。

第十章 医疗器械广告

第六十六条 医疗器械包括：用于人体疾病诊断、治疗、预防，调节人体生理功能或替代人体器官的仪器、设备、装置、器具、植入物、材料及其相关物品。

第六十七条 申请审查医疗器械广告,应交验国家医药管理部门或省、自治区、直辖市医药管理部门或同级医药行政管理部门出具的《医疗器械广告证明》。

申请审查进口医疗器械广告,应交验国家医疗管理部门出具的《医疗器械广告证明》。

第六十八条 医疗器械广告的文字、语言及画面的含义、不得超出《医疗器械广告证明》中核准的内容。如需更改,应重新申办《医疗器械广告证明》。

第六十九条 下列医疗器械,禁止发布广告:

(一) 未经国家医药管理部门或省、自治区、直辖市医药管理部门或同级医药行政管理部门批准生产的医疗器械;

(二) 临床试用、试生产的医疗器械;

(三) 已实施生产许可证而未取得生产许可证生产的医疗器械;

(四) 有悖于中国社会习俗和道德规范的医疗器械。

第七十条 医疗器械广告不得出现下列内容:

(一) 使用专家、医生、患者、未成年人或医疗科研、学术机构、医疗单位的名义进行广告宣传;

(二) 使用“保证治愈”等有关保证性的断语;

(三) 与同类产品功效、性能进行比较的言论或画面、形象;

(四) 运用数字或图表宣传治疗效果;

(五) 宣传不使用做广告的产品,可能导致或加重某种疾病的语言、文字、画面;

(六) 可能使人得出使用广告的产品,可以使疾病迅速治愈、身体康复的印象或结论的语言、文字、画面。

第七十一条 标明获专利权的医疗器械广告,必须说明获得专利的类型。在专利获批准以前,不得进行与专利有关的宣传。

第七十二条 标明获奖的医疗器械广告,其标明的获奖必须是获得省级以上(含省级)人民政府授予的各类奖。其他各种获奖,不得在广告中标明。

第七十三条 推荐给个人使用的具有治疗疾病或调节生理功能作用的医疗器械,除经医疗器械广告证明出具机关批准,可以不在广告中标明忠告性语言的以外,均须在广告中标明对患者的忠告语“请在医生指导下使用”。

第十一章 医 疗 广 告

第七十四条 医疗广告包括:医疗机构通过一定媒介或形式,向社会公众宣传其运用科学技术诊疗疾病的活动。

第七十五条 医疗广告内容仅限于医疗机构名称,诊疗地点,从业医师姓名、技术职称、服务商标、诊疗时间、诊疗科目、诊疗方法、通信方式。

第七十六条 西医临床诊疗科目,以《综合医疗分级管理标准》和卫生部有关文件为依据,疾病名称以国际分类 ICD—9 中三位数类目表为依据。

中医临床诊疗科目以全国中医院分级管理标准及国家中医药管理部门有关文件为依据;疾病名称以全国中医高等院校统一教材及国家中医药管理部门有关规定为依据;治疗方法、机理以中医药学理论及其有关规范为依据。

第七十七条 申请审查医疗广告,应交验省级卫生行政部门出具的《医疗广告证明》。

第七十八条　医疗广告证明文号必须与广告内容同时发布。

第七十九条　医疗广告的文字、语言及画面的含义，不得超出《医疗广告说明》中核准的内容。

第八十条　医疗广告中禁止出现下列内容：

（一）有淫秽、迷信、荒诞语言文字、画面的；

（二）贬低他人的；

（三）保证治愈或隐含保证治愈的；

（四）宣传诊疗效果及治愈率、有效率的；

（五）利用患者或医学权威机构、人员和医生的名义、形象或使用其推荐语进行宣传的；

（六）冠以祖传秘方或名医传授等内容的；

（七）以通信形式诊断疾病的；

（八）国家卫生行政部门规定不得进行宣传的诊疗方法；

（九）违反其他有关法律、法规的。

第十二章　食品广告

第八十一条　食品包括：各种供人食用或者饮用的成品和原料，但不包括以治疗为目的的药品。

第八十二条　申请审查食品广告，应交验食品卫生监督机构出具的《食品广告证明》。

申请审查特殊营养食品广告及食品新资源广告，应交验省级以上卫生行政部门出具的证明。

第八十三条　特殊营养食品，是指通过改变食品中天然营养素的成分和含量比例，以适应某些特殊人群营养需要的食品。

第八十四条　食品新资源，是指在我国新发现、新引进或新研制的，无食用习惯或仅在个别地区有食用习惯，而且符合食品基本要求的物品。

第八十五条　食品广告的语言、文字及画面的含义，不得超出《食品广告证明》中核准的内容。

第八十六条　食品广告中不得出现医疗术语、易与药品混淆的用语以及无法用客观指标评价的用语，如：返老还童、延年益寿、白发变黑、齿落更生、防老抗癌、祖传秘方、宫廷秘方等。

第八十七条　食品广告不得表示或暗示减肥功能，若表示有助于消化，保持体型，应在广告中同时强调体育锻炼、营养均衡等与之配合。

第八十八条　食品广告表示其低脂、低糖、低盐、低胆固醇等含量的，必须出具卫生监督机构说明其明显低于同类产品含量的证明。

第八十九条　禁止发布母乳替代食品广告。

第十三章　烟酒广告

第九十条　禁止利用广播、电视、报刊媒介及法律、法规明令禁止吸烟的场所发布烟草制品广告。

第九十一条　酒类广告及利用非禁止媒介发布烟草制品广告，不得出现以下内容：

（一）有鼓动、倡导、引诱人们吸烟、饮酒的文字、语言和画面；

（二）有吸烟和饮酒形象；

（三）有未成年人形象。

第九十二条 烟酒广告不得表示或暗示医疗、保健效果，如：增加记忆力、健胃健脾。不得使用无法以客观指标评价的用语，如：返老还童、延年益寿、防老抗癌等。

第九十三条 申请发布酒精含量在39度以上烈性酒广告及在非禁止媒介上发布烟草制品广告，应交验以下材料：

（一）产品质量检验合格证书；

（二）省、自治区、直辖市工商行政管理局或其授权的省辖市工商行政管理局批准做广告的证明。

第九十四条 发布39度以下（含39度）酒类广告，必须标明酒的度数。

第九十五条 利用非禁止媒介发布烟草制品广告，必须在广告中标明“吸烟有害健康”或其他类似内容的忠告性语言。

第十四章 化妆品广告

第九十六条 化妆品包括：以涂擦、喷洒或者其他类似的方法，散布于人体表面任何部位（皮肤、毛发、指甲、口唇等），以达到清洁、消除不良气味、护肤、美容和修饰目的的日用化学工业产品。

特殊用途化妆品，是指用于育发、染发、烫发、脱毛、美乳、健美、除臭、雀斑、防晒的化妆品。

第九十七条 申请审查化妆品广告，应交验下列材料：

（一）营业执照；

（二）《化妆品生产企业卫生许可证》；

（三）《化妆品生产许可证》；

（四）美容类化妆品，须交验省级以上化妆品检测站（中心）或卫生防疫站出具的检验合格的证明；

（五）特殊用途化妆品，须交验国务院卫生行政部门核发的批准文号；

（六）化妆品如宣称为科技成果的，须交验省级以上轻工行业主管部门颁发的科技成果鉴定书。

第九十八条 申请审查进口化妆品广告，需交验下列证明：

（一）国务院卫生行政部门批准化妆品进口的有关批件；

（二）国家商检部门检验化妆品合格的证明；

（三）出口国（地区）批准生产该化妆品的证明文件（附中文译本）；

第九十九条 对可能引起不良反应的化妆品，应在广告中注明使用方法、注意事项。

第一〇〇条 化妆品广告中禁止出现下列内容：

（一）化妆品名称、制法、成分、效用或性能有虚假夸大的；

（二）使用他人名义保证或以暗示方法使人误解其效用的；

（三）宣传医疗作用或使用医疗术语的；

（四）有贬低同类产品内容的；

（五）使用最新创造、最新发明、纯天然制品、无副作用等绝对化语言的；

（六）有涉及化妆品性能或功能、销量等方面的数据的；

（七）违反其他法律、法规的。

第十五章 金融广告

第一〇一条 金融广告包括银行业、证券业、保险业、信托业、租赁业、金银、外汇买卖以及各种社会融资活动的广告。

第一〇二条 金融广告的内容必须真实、准确、合法、明白、不得欺骗或误导公众。

第一〇三条 金融广告应当保证其内容的准确性和完整性,确保公众对广告中所涉及内容的性质(如投资机会、资金用途、附加条件等)有充分的了解,不得夸大或隐匿关键的内容;对于有风险的金融活动,必须在广告中予以说明。

第一〇四条 申请发布的融资广告,不得包含下列内容:

(一)对该融资活动收益前景的评论和建议,或比照其他证券和投资的收益;

(二)说明或暗示任何付还本金或应支付的任何利息是有保证的。

第一〇五条 融资广告提及广告主资产额的,应交验具有法律效力的资产负债证明。

第一〇六条 股票广告,应在显著位置标注"股市有风险,股民须慎重入市"或含有类似内容的忠告性语言。

第一〇七条 下列金融活动,禁止发布广告:

(一)违反国家法律、法规的;

(二)未经国家金融主管部门批准的;

(三)企、事业单位内容的资金融通行为。

第一〇八条 发布储蓄、信贷广告,应提交上一级人民银行出具的批准文件。

第一〇九条 发布保险、信托、租赁广告,应提交上级主管部门和同级人民银行出具的批准文件。

第一一〇条 发布批发金银及其制品广告,应提交中国人民银行出具的批准文件;发布零售金银及其制品广告,应提交省级或计划单列市人民银行出具的批准文件。

第一一一条 股票发行、上市广告,应分别情况,提交下列证明:

(一)中央企业发布股票发行、上市广告,须提交其主管部门和企业所在地省级或计划单列市人民政府出具的批准文件、中国证券监督管理委员会复审同意的证明和上市地(上海、深圳)证券交易所上市委员会准予上市的批准文件;

(二)地方企业发布股票发行、上市广告,须提交省级或计划单列市人民政府出具的批准文件、中国证券监督管理委员会复审同意的证明和上市地(上海、深圳)证券交易所上市委员会准予上市的批准文件。

第一一二条 发布其他与股票有关的(如新股认购权利证书、分红派息、配股说明书、年度业绩报告等)广告,应当提交当地省级和计划单列市证券主管机关,及上市地证券主管机关出具的批准文件。

第一一三条 发布投资基金证券广告,须提交中国人民银行出具的批准文件。

第一一四条 发布债券广告,应分别情况,提交下列证明:

(一)金融机构债券广告,须提交中国人民银行出具的批准文件;

(二)国家投资债券、国家投资公司债券广告,须提交国家计委出具的批准文件;

(三)中央企业债券广告,须提交中国人民银行和国家计委出具的批准文件;

(四)地方企业债券、地方投资公司债券广告,须提交省级或计划单列市人民政府出具的批准文件;

（五）企业短期融资券广告，须提交省级或计划单列市人民银行出具的批准文件。

第一一五条　发布定向募集法人股广告，应分别情况，提交下列证明：

（一）中央企业发布定向募集法人股广告，须提交国家经济体制改革委员会的批准文件；

（二）地方企业发布定向募集法人股广告，须提交省级或计划单列市经济体制改革委员会的批准文件。

第一一六条　为社会公益事业集资所发行的彩票广告，须提交国务院的批准文件。

发布其他有偿集资广告，根据国家有关规定提交相应的批准文件。

第十六章　其他广告

第一一七条　报刊出版发行广告，应提交新闻出版署核发的《报纸登记证》或《期刊登记证》。

第一一八条　图书出版发行广告，应提交新闻出版管理机关批准成立出版社的证明。

第一一九条　文艺演出广告，应提交县以上文化主管部门准许演出的证明。

第一二〇条　文化补习班的招生广告，应提交县以上（含县）教育行政部门同意刊播广告的证明。

第一二一条　职业技术培训班招生广告、招工招聘广告，应提交县以上（含县）教育行政部门或劳动人事部门同意刊播广告的证明。

第一二二条　大专院校招生广告，跨省招生，学制在一年以上的，须经学校所在地省、自治区、直辖市教育行政部门审核，报国家教育委员会批准后，方可发布。

第一二三条　中等专业教育广告，应提交地（市）级教育行政部门同意刊播广告的证明。

第一二四条　外国来华的招生广告，应提交国家教育委员会的证明。

第一二五条　展销会、订货会、交易会广告，应提交主办单位主管部门批准的证明。

附录五 《关于加快广告业发展的规划纲要》

在市场经济运行中,广告作为沟通生产与消费的中介,具有辅佐企业开拓市场和引导消费的特殊功能,是国内国际市场信息交换的有效渠道,也是参与国际经济循环的重要条件。发达的广告业可以促进经济资源的合理配置,取得更加丰富的物质产品和精神产品。广告业属于知识密集、技术密集、人才密集的高新技术产业,其发展水平,是一个国家或地区市场经济发育程度、科技进步水平、综合经济实力和社会文化质量的重要反映。为了促进我国社会主义市场经济的发展,并使我国商品在国际市场竞争中后来居上,迫切需要我国广告业有一个全面、快速、协调、健康的发展。

一、我国广告业的发展状况和主要问题

我国广告业是在党的十一届三中全会以后恢复和发展起来的。建国以后的很长时期内,由于受产品经济思想的影响和高度集中的计划体制的束缚,广告业发展十分缓慢,始终未能形成一个行业。"文化大革命"期间,广告被彻底否定。到1978年末,全国经营广告业务的专业公司不到10家,报社、广播电台、电视台基本不经营广告业务。党的十一届三中全会以后,在以经济建设为中心,坚持四项基本原则,坚持改革开放的基本路线的指引下,随着大力发展社会主义商品经济等一系列方针政策的深入实施,广告业迅速恢复和发展起来,并显示出强劲的发展活力。1981年至1992年的11年间,全国广告营业额从1.18亿元增加到67.86亿元,平均每年递增41%;广告经营单位从2 200家发展到16 683家,平均每年递增20%;广告从业人员从1.6万人增加到18.5万人,平均每年递增26%。1982年国务院颁布了《广告管理暂行条例》,1987年又颁发了《广告管理条例》,广告业开始纳入规范化管理轨道。1983年经国务院批准,中国广告协会成立,建立了广告业的行业组织。经过短短的十几年的发展。广告这一新兴行业已初步成为具有一定质量和规模、服务门类和媒介种类较为齐全、专门为社会提供经济信息服务的产业,并为促进社会主义现代化建设发挥了重要作用。

由于我国广告业起步晚,基础薄弱,虽然十余年内取得了长足发展,但也存在不少问题,主要是:缺乏宏观规划指导,发展中存在着一定盲目性;行业结构不合理,经营体制不顺;广告法制不健全,经营秩序比较混乱等等。我国的广告业从总体上看,特别是与经济发达国家相比,仍处于比较落后的状态。1989年,美国广告费占国民生产总值2.4%,日本占1%,而我国却只有1.27‰。这与发展社会主义市场经济很不相称,也不能适应我国社会主义现代化建设第二步战略目标的要求。

二、广告业发展的目标和重点

20世纪90年代是我国社会主义现代化建设的关键时期。中共中央、国务院发布的关于加快发展第三产业的决定,国务院批转的《全国第三产业发展规划基本思路》中,都明确将广告行业列为第三产业的发展重点之一。广告业作为直接服务于市场经济的新兴产业,将随着改革开放和经济发展步伐的进一步加快,在国民经济中发挥越来越重要的作用。

(一)发展广告业的指导思想和应遵循的原则

发展广告业总的指导思想是：围绕建立社会主义市场经济体制和90年代经济发展的目标，根据党中央、国务院关于加快发展第三产业的战略决策，针对当前广告管理体制和经营机制中存在的问题，不失时机地加快广告业改革与发展的步伐，逐步建立起适应现代商品经济要求的广告业发展新体制和经营机制，充分发挥广告引导企业进入市场、开拓市场的作用，进一步发育完善国内广告市场，参与国际广告市场竞争，使广告业迅速发展成为适应社会主义市场经济需要的信息中介服务产业。

发展广告业应遵循的原则是：

(1) 充分发挥市场机制作用，促进广告人才、资金、技术的合理流动与科学配置，沿着社会主义市场经济体制轨道振兴广告业。

(2) 统筹规划，规范管理，大力改善国家宏观调控手段，促进行业结构优化与地区布局合理。

(3) 依靠科技进步，弘扬民族文化，发挥广告在促进物质文明和精神文明建设中的特殊功能。

(4) 借鉴国际惯例和通行做法，吸收发达国家先进经验，促进国内广告市场与国际广告市场连接。

(5) 把广告人才培养放在优先位置，努力创造条件，不断提高人员素质。

(二) 广告业的发展目标和任务

广告业发展的目标是，争取用10年左右或稍长一些时间，逐步建立起企业自主经营，政府依法监督管理，以代理制为基本运营制度，广告发布前审查为基本保障，最大限度发挥行业协会自律与协调作用的新体制；建立以具备全面、综合服务能力的广告公司为主干，以高效、畅通的媒介网络为支撑，能够提供全方位，多层次、高质量、高效益服务的广告促销体系和信息传播体系。

(1) 发展规模。在大力开拓广告市场，提高广告经营效益的基础上，力争广告营业额在1992年的基础上，平均每年增长20%。到2000年，广告营业额达到280亿元以上，广告费占国民生产总值的比重从1990年1.4‰提高到9‰，广告专业技术人员增加9万人，具有全面服务能力的广告经营单位增加1 000家左右，出口贸易广告费从目前占出口贸易总额的2‰提高到1%。

(2) 优化行业结构，转换广告经营机制，采用适应现代商品经济发展的广告代理制，发挥广告公司的主干作用。支持具有综合实力的广告企业组建跨国、跨行业、跨地区、跨部门的广告企业集团。到2000年，全国要有一批实力雄厚、经营能力和技术水平达到国际标准的综合性广告公司，参与国际广告市场竞争。

(3) 积极开发广告新媒体，扩展现有全国性和区域性重点媒介广告容量。到2000年，新建全国性、区域性广告新媒体的质量、数量均达到亚洲领先水平；现有重点报纸媒介版面比1990年扩大5倍以上。广播电台、电视台在扩大经济信息节目的同时，开设经济专用频道或以经济信息为主的广播电台、电视台，在此基础上，使全国的广告传递速度比1990年提高3～5倍。

(4) 推动城市广告业发展，引导乡镇企业运用广告开拓市场，支持市、县兴办广告经营或服务机构。

(5) 填补行业缺门，加强薄弱门类。组建全国性或区域性广告效果测量中心和市场调查、广告制作等公共服务实体，并逐步形成网络。

（6）加强广告科技投入，研究开发及成果推广工作。建立广告研究与开发基地，争取每年有一定数量的具有国际先进水平的科研成果得到推广应用。

（7）大幅度增加对广告教育的投入，加快人才培养步伐，逐步建立起广告专业技术资格认证制度。在国家和直辖市以及若干地区建立广告人才培训中心。扩大有关高等院校广告专业招生规模，更新广告教学内容。到2000年，初步形成以广告人才培训中心为骨干，面向全行业，多层次（高、中级）、全日制、业余（电视、函授、自学考试）等多种形式相配合的人才培养系统和教育网络。到2000年，培养毕业生总数达到9万人，初步形成一支以高级人才为骨干，中级人才为主体，技术等级构成合理的广告专业技术队伍；全国广告从业人员70%以上达到中高级技术水平，10%的人员成为具有跨世纪、跨国经营能力和水平的专门高级人才。按国际通行做法，建立广告专业技术资格认证制度和认证机构，为广告业开拓国际市场打好基础。

（8）提高户外广告制作水平，开发推广应用国际先进的户外广告材料。到2000年，直辖市、各省会市、重点风景区、旅游城市，力争按照统一的户外广告规划，全部采用国际先进的户外广告装置材料，使户外广告成为城市美化、人文景观的重要组成部分。

（9）积极发展出口贸易广告，为扩大出口创汇服务。建立出口贸易广告市场竞争机制，打破部门分割和垄断。优化出口贸易广告战略，提高广告作品质量，为国内大型企业占领国际市场创造条件。

（10）全国提高广告设计制作水平和服务质量，推动建立广告质量评价标准体系及广告质量测定中心网络。到2000年，争取全国有相当数量广告的质量达到国际水平。

（11）改革广告审查制度，完善广告监控系统。建立在广告管理机关指导、监督下，由广告行业组织、企业和有关专业技术部门组成的广告审查机构。到2000年，对电视、广播、报刊和户外等媒介发布的广告全部实行发布前审查，保障广告真实、合法、符合社会主义物质文明、精神文明建设的道德规范和要求，维护社会主义市场的正常竞争秩序。

（12）建立接受国家宏观指导，以国内市场供求关系为基础，并能与国际市场价格接轨的广告价格体系和价格机制。

（13）加强广告法制建设。建立以《广告法》为主体的广告法律体系，把广告业发展的战略目标、方针、政策以法律的形式确定下来，全面规范和约束广告市场行为。

（14）改革广告管理体制。根据市场经济的要求，政府部门按政企分开、转换职能的原则，把工作重点转移到统筹规划、制定政策法规以及协调、服务和检查监督上来。在贯彻国家产业政策，对市场进行有效调控的基础上，大力促进广告业的发展，同时依法有效地制止不正当经营和虚假广告。改造现有广告行业组织，使之政企分开，增强综合服务能力和自律职能，充分发挥其在自觉接受政府法律、政策指导的前提下，组织企业自我管理、自我约束的作用。

三、“八五”期间广告业发展的主要任务和目标

“八五”期间要为广告业新体制的形成打好基础，大胆试验，确定新体制的初步框架。

具体目标和任务是：

（1）发展规模。广告营业额年增长率不低于20%，到1995年达到180亿元；广告费占国民生产总值的比重提高到5‰以上；广告专业技术人员增加2.5万人；具有较高服务质量的广告经营单位增加200～300家；东部沿海地区各市县，普遍兴办广告经营或服务机构；出口贸易广告费从目前占出口贸易总额的2‰提高到3‰～5‰。

（2）各地区根据本纲要规定的目标，结合经济发展水平，制定切合实际的分类指导规划，重

点放在提高企业负责人和营销人员的广告意识上,推动广告更有效地为企业营销服务,促进企业发展。

(3) 对现有广告公司服务能力分类排列,从政策上扶持具有较强改革意识和较高服务水平、具有帮助企业优质产品创名牌并占领国际市场能力的广告公司组建广告企业集团。到1995年,争取有40家左右广告公司的服务水平进入国际先进行列,为全面实现广告经营机制的转换打好基础。

(4) 全国性和省一级新闻媒介的广告容量扩大,质量有所提高,主要报纸版面在现有基础上扩大1~2倍;广播电台、电视台在扩大经济信息节目的同时,分别开设1~2个经济专用频道或开办以经济信息为主的广播电台、电视台。到1995年,广告传递速度比1990年提高1倍以上,初步缓解重点媒介供不应求的紧张状况。

(5) 重点扶持一批延伸到行业之外的经营服务实体,如市场调查机构、媒体收视率测定机构等,为广告策划的科学化打下基础。

(6) 完成广告研究与开发基地的筹建工作,争取1996年投入运行。

(7) 重点支持一些综合性大学和经济类院校开办广告专业,扩大有关普通、成人高等院校广告专业招生规模;落实场地、资金、师资,完成广告人才培训中心筹建工作;开展报纸、广播、电视函授教育和国际培训,到1995年,争取初步奠定广告人才培养和教育体制的基本格局。广告专业普通和成人高、中等院校及电视函授高等教育的毕业生人数达到3 000人,40%以上的从业人员达到中、高级技术水平,初步缓解广告专业人才供不应求的矛盾。

(8) 制定广告质量标准体系。1994年,在全国范围内开始广告质量评定工作。

(9) 直辖市和各省会市、重点风景区、旅游城市,全部落实户外广告规划,并在主要地点推广采用先进的户外广告材料。

(10) 选择一批大、中、小城市,开展广告经营机制向代理制转换的试点。

(11) 选择一批大、中、小城市,开展报纸、广播、电视和户外广告发布前审查试点工作。

(12) 完成《广告法》起草送审工作,争取"八五"期间,由全国人大颁布实施。

(13) 完成行业组织机构改革和职能转换工作。

(14) 制定广告行业资质标准,进行广告专业技术资格认证制度的试点。

四、主要政策措施

(1) 充分发挥中央、地方广告管理机关统筹规划、归口管理和组织协调职能,全面实行广告资格认证制度;依法确立行业管理的基本职责、任务和有关规章制度。

(2) 打破所有制、地区、部门界限,充分调动各方面的积极性,大力兴办广告事业。在平等竞争中,实现优化组合,促进广告企业间的合作与联营,引导广告企业开展股份制试点。

推动媒介广告经营转换机制,加速媒介广告经营进入市场的步伐,开辟商业媒介市场,鼓励平等竞争,消除主要媒介垄断广告市场的现象。

(3) 进行广告代理试点,理顺广告公司与媒介的职能分工关系。广告的发布由各种广告媒介承担,广告的代理和设计制作由广告公司进行。第一步,统一将代理权归于广告公司,将媒介发布广告、承揽广告、代理同类媒介广告改变为媒介承揽、发布广告,不再承担同类媒介代理业务;同时将媒介直接承揽外商广告权归于具有经营外商广告资格的广告公司。第二步,实行承揽与发布分开,媒介专职发布广告,广告公司承担广告承揽和代理,从而在广告公司与媒介间形成功能分工合理、运行高效畅通的经营机制。为引导广告经营向全面代理方向转化,商有关部门调整广告代理费标准,允许实力强的媒介在承揽与发布分开的前提下成立广告公司。广告公司应实行自主经营,自负盈亏,依法纳税。

(4) 积极开展广告发布前审查制度试点,建立广告发布前审查制度。变单一、被动的事后监督管理为包括事前、事中、事后全运行过程的监督管理。第一步,建立在广告管理机关指导、监督下,由广告协会、广告经营单位和有关专业技术部门代表组成的,提供有偿服务、经济自立的广告审查机构。选择确定广告发布前专门审查范围为电视台、广播电台、报纸三大媒介。审查内容为家用电器、药品、食品、化妆品广告。第二步,逐步推广并实行全部媒介和产品的广告发布前审查制度。

(5) 支持有条件的广告经营企业通过发行债券、股票等各种途径、方式筹集资金。实力雄厚的可以组建跨国性、全国性、区域性广告企业联合体。

(6) 进一步扩大对外开放,更多更好地利用国外资金、技术,支持国内广告公司与世界著名广告企业的合资与合作,在高起点上学习借鉴先进的广告经营与管理经验,引导外商向行业缺门、薄弱门类和研究开发项目投资,并给予相应优惠政策。鼓励国际化经营,提高出口贸易广告的质量和水平,推动国内商品拓展国际市场,鼓励国内广告企业对外开拓,跨国经营。

(7) 为了给广告经营单位创造公平竞争的环境,对研究开发高新技术、兴办行业缺门和薄弱门类的企业,在信贷、税收等方面,商有关部门给予优惠和支持。

(8) 建立广告专业技术职务资格评定标准和考核制度,鼓励各类高级人才向广告业流动,稳定和发展广告专业人才队伍。

(9) 加强对外交流,积极开展智力引进和国际合作,培训专业人才。

(10) 在城市统一规划前提下,由广告管理机关商有关部门,共同制定户外广告场地规划,报当地人民政府批准后,由广告管理机关负责组织实施,以简化户外广告审批手续。

(11) 划清政府部门与行业组织的职能界限,切实发挥行业组织协助政策部门贯彻产业政策、落实行业规划和组织企业实现自我管理、自我约束、自我教育的职能。

进一步明确政府部门管理职能。改革登记管理制度,简化登记审批手续,改革各种不利于广告业发展的限制措施。合理划分中央与各省、自治区、直辖市工商行政管理机关的广告管理权限,充分发挥地方的积极性。

(12) 进一步加强广告法制建设,加强广告管理队伍建设,增强依法行政、依法监督的能力,保障广告业沿着法制轨道健康发展。

(13) 在研究开发、教育培训基地的建设上,采取社会集资与广告经营者自筹等办法筹集资金,并按照统一规划进行建设。对部分大专院校开设广告系或广告专业和建设广告职业培训基地所需资金,也应多方面给予支持,多渠道予以解决。

国家工商行政管理局
国家计划委员会
一九九三年七月

主要参考书目

《广告法实用教程》——肖汉奇、郑国生主编，中国法制出版社，1995 年 6 月第 1 版

《广告法律理解与适用》——国家工商总局广告司编，工商出版社，2001 年 12 月第 2 版

《广告监督管理》——陈季修主编，北京工业大学出版社，1996 年 11 月第 1 版

《广告专业技术岗位基础知识》——国家工商总局广告司编，中国统计出版社，2000 年 4 月第 1 版

《中外广告史》——陈培爱著，中国物价出版社，1997 年 1 月第 1 版

《广告道德与法律规范教程》——陈绚著，中国人民大学出版社，2002 年 10 月第 1 版

《最新日本广告实务》——王润泽编著，中国人民大学出版社，2002 年 7 月第 1 版

《反不正当竞争法新论》——孔祥俊著，人民法院出版社，2001 年 5 月第 1 版

《现代广告管理》——张大镇、吕蓉编著，复旦大学出版社，1999 年 11 月第 1 版

《现代广告》杂志——中国广告协会主办

《中国广告》杂志——上海市广告协会主办

图书在版编目(CIP)数据

广告法规管理/吕蓉编著. —2 版. —上海:复旦大学出版社,2003. 9(2023. 7 重印)
(博学·广告学系列)
ISBN 978-7-309-03784-5

Ⅰ. 广…　Ⅱ. 吕…　Ⅲ. 广告法-中国-高等学校-教材　Ⅳ. D922. 294

中国版本图书馆 CIP 数据核字(2003)第 083113 号

广告法规管理(第二版)
吕　蓉　编著
责任编辑/李　华

复旦大学出版社有限公司出版发行
上海市国权路 579 号　邮编: 200433
网址: fupnet@ fudanpress. com　http://www. fudanpress. com
门市零售: 86-21-65102580　团体订购: 86-21-65104505
出版部电话: 86-21-65642845
盐城市大丰区科星印刷有限责任公司

开本 787×960　1/16　印张 20. 75　字数 395 千
2003 年 9 月第 2 版
2023 年 7 月第 2 版第 13 次印刷
印数 52 701—54 300

ISBN 978-7-309-03784-5/F · 814
定价: 42. 00 元
